KB063166

논리는 나의 힘

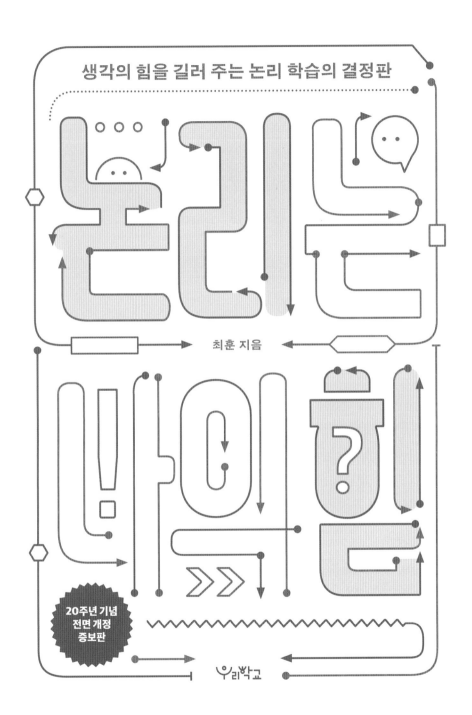

생각의 힘을 길러 주는 논리 학습의 결정판

논리는 나의 힘

최훈 지음

20주년 기념
전면 개정
증보판

우리학교

※ **일러두기**

1. 인명, 지명, 작품명 등 외래어 고유 명사는 국립국어원의 외래어 표기법에 따라 표기했습니다. 단, 외래어 표기법과 다르게 굳어진 일부 고유 명사의 경우 이를 우선으로 적용했습니다.
2. 단행본, 장편 소설 등은 『』로, 잡지, 신문은 《》로, 논문, 단편 소설, 시는 「」로, 방송, 영화, 노래 등은 〈〉로 구분했습니다.
3. 책에서 인용한 크리스트교 성서는 『공동 번역 성서』입니다.

가족에게 사랑과 감사를 전하며

논리는 여전히 나의 힘

나는 논리학이나 논술을 가르칠 때 첫 시간에 항상 학생들에게 이런 질문을 한다. "논리적이라는 건 언제나 미덕인가?" 이런 질문을 학생들에게 던지는 이유는, 일상의 문제를 풀어 갈 때 논리적인 사고가 만병통치약은 아니며, 논리적인 능력보다는 감성이나 상상력이 더 요구될 때도 많다고 생각하기 때문이다. 그러나 논리적인 사고를 필요로 하는 곳은 여전히 존재한다. 당장 우리가 살아가는 사회를 보라. 정보 통신 기술이 놀랍도록 발전하여 다채로운 방식으로 의사소통의 양은 많이 늘어났으며, 인터넷상의 다양한 게시판에서는 '게시판 문화'라는 말이 생겨날 지경으로 활발한 토론과 논쟁이 끊임없이 벌어지고 있다. 사회 관계망 서비스^{SNS: Social Network Services} 덕분에 사회적으로 논쟁거리가 되는 사안에 대해 여러 입장을 반영하는 주장과 반박이 곳곳에 넘쳐 난다. 온라인과 오프라인에서는 화려한 말솜씨의 논객들이 스타로 떠오르고 있다. 정치 영역에서도 공개 토론은 중요한 역할을 맡고 있으며,

정치가 제대로 힘을 쓰지 못할 때는 소통의 부족을 탓한다. 백가쟁명식의 토론은 극단적인 생각을 펼치는 집단을 낳고 사회의 우려를 불러일으키기도 한다. 이렇듯이 넘쳐 나는 논쟁과 토론의 홍수 속에서 방향을 잃지 않고 자기 생각을 지키며 펼쳐 나가고 정당한 자리매김을 하기 위해서도 '논리의 힘'은 그 의미와 가치가 여전한 것이다.

논쟁과 토론의 홍수만큼 논리학 책도 꾸준히 나오고 있다. 형식 논리학 일변도에서 벗어나 일상의 논증을 다루는 쉬운 논리학 책이 나오는데, 그런 책들은 형식 논리학의 형식적이고 비현실적인 보기들 대신에 우화나 일화를 이용해서 논리학 개념들을 전달한다. 독자들에게 직접적으로 의미가 와 닿지 않는 예로 가득 채워진 형식 논리학 책보다는 그런 책들이 훨씬 읽기 쉬운 게 사실이다. 그러나 현실과 동떨어져 있다는 점에서는 형식 논리학에 나오는 보기들이나 쉬운 논리 책의 '옛날 옛적에…'로 시작하는 우화가 서로 다를 게 없다. 쉬운 논리 책들에 나오는 우화는, 비록 이해하기 쉽고 재미있기는 하지만 개념을 설명하기 위해 꾸며 낸 옛날이야기일 뿐이다. 다시 말해서 우리 주변의 일상에서 건져 올린 생생한 보기는 못 된다는 점에서 똑같다.

신세대는 인터넷 게시판 '댓글 문화'의 주역이다. 그들은 게시판에 들어와서 다른 누리꾼네티즌이 남긴 의견에 답을 다는 독특한 인터넷 문화를 만들었다. '댓글'이야말로 실시간 쌍방향 대화의 상징인데, 논쟁적 글이 올라오면 거기에 수백 개의 댓글이 달린다. 결국 활용할 수 있는 힘 있는 논리는 바로 이런 곳에서 찾아야 한다는 말이다. 바로 이것이 이 책을 쓰게 된 동기이다. 논리적 사고는 댓글처럼 우리 주변에서 쉽게 접할 수 있는 신문·잡지·방송·인터넷·광고·소설·영화·만화 등에서 배울 수 있어야 하고 거기에 적용될 수 있어야 한다는 믿음을 갖고 이 책을 시작하였다.

이 책은 논리적으로 생각하고 읽고 쓰고 말하는 힘을 키워 주는 데 목적이 있다. 성공적인 논쟁과 좋은 논술문을 위해서는 무엇보다도 관련 분야에 대한 지식이 충분해야 하며, 그 지식을 종합적으로 처리할 수 있어야 하고, 풍부한 상상력도 갖추고 있어야 한다. 그리고 그것을 알맞게 포장하고, 상대방에 따라 적당한 때에 적당한 곳에서 제시하는 능력도 또한 필요하다. 이 모든 능력을 논리학자가 키워 줄 수는 없는 노릇이고, 적어도 논리학자가 키워 줄 수 있는 논리적인 사고는 주장과 그 근거 사이의 관계^{논증}에 한정된다. 그러나 모든 논쟁·토론·논술문이 주장과 근거로 이루어진 이상, 논리적인 사고는 그것의 전부는 아니어도 꼭 필요한 부분이다.

또한 논술은 다름 아닌 논증적인 글쓰기이다. 따라서 논증을 구성하고 평가하는 데 필요한 방법을 제대로 익혀야 한다. 이 책에서 강조하는 것이 바로 논증 구성과 평가이다. 그것을 따라 연습하면 어느새 논리의 힘이 부쩍 커지는 것을 느끼리라.

이 책은 지금까지 독자들이 접해 온 다른 논리 관련 책들과 다음 몇 가지 점에서 다르다.

첫째, 토론이나 논쟁 혹은 논술 등에서 바로 '써먹을 수 있는' 실용성에 무게를 두었다. 그래서 재미있는 영화, 만화, 광고, 소설, 시사적 내용, 인터넷에 올려져 있는 자료 등을 예시로 이용하여 다채롭게 꾸미려고 노력하였다. 우리가 논리적인 사고를 적용하고 활용해야 할 곳은 바로 그곳이기 때문이다.

둘째, 논리적인 사고는 지식보다는 기술이라고 강조하였다. 따라서 단순히 논리학의 개념과 방법을 익히는 데 그치는 것이 아니라, 그것을 바탕으로 논리적으로 생각하고 읽고 쓰고 말하는 힘을 기르는 데 초점을 두었다. 그래서 논증에서 언어의 쓰임새를 알고 논증을 어떻게 만들고 다른 사람의 논증을 어떻게 평가할 것인지가 중요하게 다루어진다.

셋째, 논증을 평가하는 과정에서 여러 가지 논리적 오류가 소개될 것이다. 이 논리적 오류는 그 자체가 꽤 재미있기 때문에 기존의 논리 책들도 즐겨 다루고 있다. 그러나 오류의 이름을 외우고 그 예들을 살펴보는 것은 논리적 사고를 키우는 데 별로 도움이 되지 않는다는 게 내 생각이다. 이 책에서는 오류만을 따로 공부하게 하지 않고 논증을 평가하는 과정에서 그 부산물로 익히도록 하였다. 그리고 똑같은 주장이 상황과 맥락에 따라서 오류가 될 수도 있고 안 될 수도 있음을 강조하였다.

넷째, 논리적인 사고의 기술을 닦을 수 있도록 각 장이 끝날 때마다 연습 문제, 즉 '논리 연습'을 두었다. 연습 문제를 풀어 봄으로써 본문의 내용을 충분히 익히고 소화했는지 확인할 수 있을 것이다.

다섯째, 읽는 재미를 위해 각 장 여기저기에 박스 형태로 본문의 내용과 관련 있는 읽을거리와 생각거리를 실었다. 학교에서 수업을 듣다 보면 사실 수업 내용보다 선생님께서 해 주시는 '여담'이 더 귀에 솔깃하다. 여러 가지 읽을거리와 명언들은 단순히 그런 재미를 주는 데 그치는 것이 아니라, 설명하는 논리 이론이 현실과 어떻게 관련되는지 보여 주는 구실도 한다.

세상에 존재하는 수없이 많은 책에 이 책 한 권을 더해, 독자들의 마음을 어지럽게 만드는 건 아닌가 하는 걱정도 있지만, 현명한 독자들의 건강한 질책을 기대하며 두려운 마음으로 책을 세상에 내놓는다. 이 책의 구성은 다음과 같다.

1부에서는, 논리적 사고란 어떤 것이며 왜 논리적 사고가 필요한지 그리고 논리적 사고를 위해 필요한 기술과 능력은 어떤 것인지에 대하여 함께 생각한다. 또한 논증의 윤리적 책임에 대한 문제를 함께 논의할 것이다.

2부에서는, 논증할 때 언어가 갖는 중요성에 관해 살펴본다. 먼저 언어가 사람들에게 어떻게 의미를 전달하는지 살펴본 다음, 언어가 오히려 논리적인 사고의 걸림돌이 되는 때는 언제인지도 알아본다.

3부에서는, 논증을 이해하고 분석하는 방법을 알아본다. 논리적인 사고에서 가장 핵심적인 일은 논증을 구성하고 평가하는 일이기 때문이다. 상대방의 논증을 평가하기 위해서도 그 논증을 이해하고 분석하는 일이 선행되어야 한다. 즉, 3부는 곧이어 나올 논증 평가의 전초 작업이라고 할 수 있다.

4부, 5부, 6부는 본격적으로 논증을 평가하는 방법을 배우는 부분이다. 우선 논증 평가의 세 가지 기준을 제시하고, 각 기준이 평가하는 것이 무엇인지 설명할 것이다. 또 기준을 어겼을 때 생길 수 있는 오류들을 살펴본다. 그런 다음 논증 평가의 과정을 단계별로 정리하고, 실제로 종합적으로 평가하는 연습을 해 본다.

마지막으로 7부에서는 지금까지 익힌 논리적인 사고 기술과 능력을 실제로 글쓰기에 적용할 수 있도록 논리적인 글쓰기의 5단계를 제시한다.

다섯 손가락 깨물어서 안 아픈 손가락 없다고 하지만 『논리는 나의 힘』은 나의 첫 단독 저서라 더 애정이 가는 게 사실이다. 이 책은 2003년에 초판이 나왔고, 2015년에 출판사를 바꿔 개정판이 나왔다. 그간 많은 독자에게 사랑받았고, 여러 학교에서 교재로 쓰였다. 그러나 실생활에서 바로 활용할 수 있는 논리학을 위해 생생한 예를 들다 보니 시간이 지남에 따라 그 예가 생생하지 못하게 되는 문제가 생겼다. 이번 판에서는 시대를 반영해서 '낡은' 예들을 수정했다. 그러다 보니 7장 제목이 초판의 박찬호에서 개정판에서는 류현진으로 바뀌었다가 이번에는 손흥민으로 바뀌었다. 크게 바뀐 부분은 논리 연습이다. 논리적 사고는 기술임을 강조했으므로 연습이 중요하다. 다른 한편으로는 수학 문제 풀 듯이 정좌하고 읽는 책이 아니라 지하철이나 잠자리에서 쭉 읽다 보면 논리적 사고력이 쑥쑥 늘어나는 책을 의도했으므로 연습 문제가 너무 많다 보면 그런 목표와 상반된다. 이런 딜레마가 있지만, 그래도 기존 판의 연습 문제가 너무 적다는 판단에 따라 그 양을 좀 늘렸다.

12장에서 논증의 종류를 연역, 귀납, 오류에서 연역과 귀납으로만 분류한 것도 중요한 변화이다. 연역과 귀납도 얼마든지 오류일 수 있기 때문이다. 22장에 가추법(최선의 설명으로의 추론)을 새로 추가했고, 23장에서는 인과 논증을 큰 폭으로 보충했다.

새 개정을 하면서 마침 20주년이 되어 '20주년 기념판'이라는 이름으로 내게 되었다. 유명한 다른 책들도 '꺾어지는 해'를 기념하는 개정판을 출간하기에 따라 해 본 것도 있다. (23장에서 말하는 원인과 결과의 혼동 오류를 스스로 저지르다니!) 눈 밝은 독자들은 눈치챘겠지만, 사실 작년이 20주년이다. 1년이 넘어 나오게 된 것은 순전히 내 게으름 탓이다. 재미있는 사례들을 인용할 수 있도록 허락해 준 민찬홍 교수님, 김성환 교수님, 문인동 선생님, 양윤창 선생님께 감사드린다. 공학도들에게 초판의 서평을 써서 추천해 주신 윤태웅 교수님께도 감사드린다. 일일이 거론은 못하지만 초판과 개정판에 유익한 도움말을 주신 선생님들과 독자들에게도 고마움의 말씀을 전한다. 법률 관련 내용에 도움말을 주신 김범진 변호사께도 감사드린다. 물론 오류가 있다면 필자의 책임이다. 귀한 연구년을 얻어 개정 작업을 할 수 있었다. 강원대학교와 동료 교수들께 감사드린다. 초판으로 끝나는 책이 태반인 출판계에서 20주년 기념판까지 내게 된 데는 우리학교의 홍지연 대표와 소이언 이사의 관심과 격려가 큰 몫을 했다. 고등학생 때 이 책을 읽었다는 김영은 편집자 덕분에 여러 아이디어를 얻고 오류를 바로잡을 수 있었다. 글을 쓰는 동안 '콘푸로스트를 먹은 호랑이 토니'처럼 기운이 솟는 것을 느낀다. 모두 다 나를 격려해 주는 가족이 있기 때문이다. 가족에게 감사와 사랑의 마음을 전한다.

놀이는 여전히 나의 힘이다.

2024년 8월

최훈

차례

1부

논리적 사고가 뭐길래

1장 허 생원과 '해리 포터 시리즈'에서 배우는 논리

논리적 사고와
비논리적 사고

우리는 아침에 일어나서 저녁에 잠자리에 들 때까지 많은 생각을 한다. 그 생각 중 "아휴, 더워.", "배가 고픈데.", "저 애 참 멋있다." 등과 같은 것은 단순한 느낌을 표현한다. 반면에 어떤 주장을 하거나 결정을 내리기도 하고, 남의 주장을 듣고 그 주장의 의미가 정확히 무엇인지 알아내려 하거나 그 주장을 받아들일지 거부할지 결정하기도 한다. '지하철로 가는 게 빠르겠어.', '여럿이 모인 곳에서 담배 피우는 것은 옳지 않아.', '이번 여행 장소는 엄마 말씀대로 하면 좋겠어.' 등이 그런 보기이다.

우리는 주장을 하면서 대개 어떤 이유를 대거나, 꼭 이유를 대지 않더라도 그것을 머릿속으로 생각한다. 그리고 다른 사람이 하는 주장을 들을 때도 무슨 이유로 그렇게 주장하는지 생각한다. 한국 문학사에서 가장 아름다운 밤길이 등장하는 이효석[1907-1942]의 소설 「메밀꽃 필 무렵」을 보자.

길은 지금 긴 산허리에 걸려 있다. 밤중을 지난 무렵인지 죽은 듯이 고요한 속에서 짐승 같은 달의 숨소리가 손에 잡힐 듯이 들리며, 콩포기와 옥수수 잎새가 한층 달에 푸르게 젖었다. 산허리는 온통 메밀밭이어서 피기 시작한 꽃이 소금을 뿌린 듯이 흐뭇한 달빛에 숨이 막힐 지경이다.

소설은 얽둑빼기요 왼손잡이인 허 생원이 같은 장돌뱅이인 동이가 자기 아들임을 알아차리고 동이의 어머니가 있는 제천으로 떠나자고 제안하는 장면으로 끝난다. 소설 자체가 신비스럽고 향토적인 분위기를 물씬 풍기다 보니 독자들은 이 출생의 비밀에 극적인 반전을 느낀다. 그럼에도 책을 덮고 나면 뒷맛이 영 개운치 않다.

허 생원은 드러내 놓고 말하지는 않지만 동이가 봉평에서 하룻밤 사랑을 나눴던 성 서방네 처녀의 아들이라고 판단한다. 그렇게 판단을 내리게 된 까닭은 동이 어머니가 봉평 출신이고 동이가 자기와 똑같은 왼손잡이이기 때문이다. 그런데 왼손잡이는 유전되지 않는다. 설령 유전이라고 하더라도 어머니가 봉평 출신이면서 왼손잡이인 사람은 한둘이 아니다.

근거와 '그냥'

한마디로 말해서 허 생원이 든 근거는 적절하지 않다. 물론 문학작품을 이런 식으로 감상하는 것이 적절하지 않을 수 있지만, 독자는 허 생원이 좀 더 신중하기를, 그가 든 근거가 좀 더 논리적이기를 기대한다. 논리적인 사고의 예는 「메밀꽃 필 무렵」과 같은 소설뿐 아니라 우리의 일상 곳곳에 있다. 조앤 롤링이 쓴 '해리 포터 시리즈'의 첫 번째 이야기인 『해리 포터와 마법사의 돌』에는 주인공 해리가 단짝인 론과 헤르미온느에게 다음과 같이 말하는 장면이 나온다.

"난 시합에 나갈 거야."

여기서 시합은 퀴디치를 말하는데, 빗자루를 타고 다니며 골대에 공을 넣는 마법사의 경기이다. 해리는 이어서 이렇게 말한다.

"내가 나가지 않으면, 슬리데린이 모두 내가 스네이프와 맞서기를 두려워해서라고 생각할 거야. 난 그들에게 보여 주겠어. 반드시 이겨서 그들의 얼굴에서 미소가 싹 사라지게 하겠어."

해리는 시합에 나가겠다고 다짐한다. 그리고 다짐의 근거를 제시하고 있다. 슬리데린은 해리의 경쟁자인 말포이가 속한 기숙사이자 해리를 매우 싫어하는 마법 교수인 스네이프가 담당하는 곳이다. 해리는 아무 근거 없이 그냥 시합에 나가겠다는 주장을 할 수도 있었다. 그러나 그동안 자신과 자신의 단짝들을 싫어했던 스네이프에게 당당하게 맞서겠다는 뜻을 보여 주기 위해서 그런 주장을 한다고 근거를 제시한다. 헤르미온느는 해리의 이 말에 "네가 경기장에서 싹 사라지는 일만 없길 바라."라고 응원 아닌 응원을 한다. 해리가 든 근거가 못 미더운 모양이다. 앞으로 해리와 헤르미온느는 이 책에서 몇 번 더 나올 것이다.

논리적 사고logical thinking 또는 **비판적 사고**critical thinking란 대단한 것이 아니라 바로 이렇게 **주장을 할 때 어떤 이유 또는 근거를 제시하는 것**을 말한다. 마찬가지로 **다른 사람의 주장을 받아들이거나 거부할 때도 그럴 만한 이유가 충분히 있는지 신중하게 생각하는 것**이 논리적 사고다.

> **한처음, 천지가 창조되기 전부터 말씀이 계셨다.**
> 『성서』, 「요한의 복음서」 1장 1절. 여기서 '말씀'이 곧 로고스이다.

> **"말하지 않아도 행동으로 보여 주면 그게 말인 거야."**
> 드라마 〈미생〉2014에서 주인공 장그래의 어머니가.

'논리論理'란 말의 한자에는 말씀 언言이 들어 있다. 논리를 뜻하는 영어 로직logic도 말씀 또는 이치라는 뜻의 그리스어 로고스logos에서 나왔다. 따라서 논리적인 것은 숙명적으로 말과 연관될 수밖에 없다. 그래서 비록 해리가 시합에 나가는 나름의 이유를 속으로 생각하고 있었더라도, 말하기 귀찮아서 또는 말로 표현하기 어려워서 겉으로 표현하지 않았다면 결코 논리적이라고 말할 수 없는 것이다. 물론 말로 하지 않고 행동으로 보여 주더라도 누구나 같은 뜻으로 짐작할 수 있고 말로 옮길 수 있다면, 논리적 사고의 후보가 될 수 있다. 「메밀꽃 필 무렵」의 허 생원 역시 자신의 주장과 그것에 대한 근거를 말로 한 것은 아니지만 우리는 작품을 감상하면서 '동이 어머니가 봉평 출신이고 동이가 나와 똑같은 왼손잡이이다. 그러므로 동이는 나의 아들이다.'와 같이 말로 된 꼴을 충분히 짐작할 수 있다.

이처럼 주장을 하거나 남의 의견을 들을 때 이유 또는 근거를 묻기 시작하면 그 사람은 논리적인 사고를 하는 것이라고 말할 수 있다. 반면에 주장을 하거나 의견을 말할 때 아무런 이유가 없거나, 남의 주장도 정당한 이유 없이 받아들이거나 거부하는 태도를 **비논리적** 또는 **무비판적**이라고 부른다. 만약 허 생원이 아무 이유 없이 직감만으로 동이가 자기 아들이라고 생각했다고 해 보자. 누군가 그에게 왜 그렇게 생각하느냐고 묻는다면 허 생원은 뭐라고 할까? 십중팔구 "그냥. 그냥 그런 생각이 드네."라고 대답할 것이다. 또 허 생원은 술좌석에서 충줏집과 농탕을 치고 있는 동이를 보자 '어찌 된 서슬엔지' 발끈 화가 난다. 이유 없이 그냥 화를 내는 것이다. 우리도 허 생원처럼 '그냥' 어떤 행동을 하거나 '그냥'이라는 말을 자주 쓴다.

- "그냥 그렇게 하는 것이 좋은 것 같아요."
- "그냥 이걸로 선택했어요."

물론 아무 이유가 없다는 뜻으로 '그냥'이라는 말을 써도 이심전심으로 이해될 때도 있다. 가령 아빠가 전화하자 딸이 "전화 왜 했어?"라고 묻는데, 아빠는 "그냥 한 번 걸어봤다."라고 대답한다. 아무런 이유도 제시하지 않았지만. 속 깊은 딸이라면 아빠의 말에서 숨은 이유를 찾아내 살갑게 전화를 받을 것이다. 그러나 합리적인 대화 상황에서 '그냥'이라고 말하는 것은 비논리적이고 무비판적인 사고를 전형적으로 보여 주는 말이다. '그냥' 그런 생각을 하거나 행동을 했다는 것은 그렇게 퇴근길에 부모는 "그냥 걸었다"는 말로 자식에게 전화를 걸고 연인들은 서로 "그냥 목소리 듣고 싶어서"라며 사랑을 전한다. "그냥"이란 말은 대개 별다른 이유가 없다는 걸 의미하지만, 굳이 이유를 대지 않아도 될 만큼 충분히 소중하다는 것을 의미하기도 한다. 후자의 의미로 "그냥"이라고 입을 여는 순간 '그냥'은 정말이지 '그냥'이 아니다.
이기주, 『언어의 온도』 중에서

하게 된 이유에 대해 전혀 따져 보지 않았음을 드러낸다. 만약 여기에 '그냥'이라는 낱말을 빼고 "왜냐하면"으로 적절한 이유를 대기 시작하면 논리적인 사고의 첫걸음을 내딛었다고 말할 수 있다.

😊 마법 같은 단어 '왜냐하면'

주장에 근거를 드는 것은 논리적 사고이기도 하지만 삶에 도움이 되기도 한다. 심리학자인 로버트 치알디니는 『설득의 심리학』에서 복사기를 먼저 사용하고 싶은데 이유를 제시하지 않았을 때와 제시했을 때 순서를 양보하는 실험을 소개했다. 먼저 "실례합니다. 제가 서류 다섯 장이 있는데, 복사기를 먼저 사용해도 될까요?"라고 아무 이유도 제시하지 않았을 때는 60퍼센트가 순서를 양보했다. 이번에는 "실례합니다. 제가 서류 다섯 장이 있는데, 복사기를 먼저 사용해도 될까요? 왜냐하면 지금 제가 몹시 바빠서요."라고 이유를 제시했더니 무려 94퍼센트가 순서를 양보했다. 이유를 제시하지 않았을 때보다 이유를 제시했을 때 자신의 의도를 상대방에게 훨씬 잘 설득할 수 있음을 실험으로 보여 준 것이다.

여기까지는 누구나 예상할 수 있는 결과이다. 반전은 그다음 실험에 있다. 이번에는 "실례합니다. 제가 서류 다섯 장이 있는데, 복사기를 먼저 사용해도 될까요? 왜냐하면 제가 복사를 좀 해야 하거든요."라고 말했다. 이유를 제시하기는 했지만 주장과 근거가 똑같은, 말이 안 되는 이유이다(17장에서 이것을 순환 논증이라고 설명할 것이다). 얼마나 많은 사람이 순서를 양보했을까? 무려 93 퍼센트가 순서를 양보했다. 이 실험이 말해 주는 것은 누군가에게 부탁할 때 이유를 밝히면 성공적인 결과를 얻을 수 있다는 것이다. 비록 뒤에 제시한 이유가 적절하지 않더라도 말이다. '왜냐하면'은 상대방의 승낙을 유발하는 마법 같은 단어이다.

더 좋은 논리적인 사고와 덜 좋은 논리적인 사고

그러나 근거를 대고 이유를 물어본다고 해서 모두 논리적이라고 부를 수 있을까? 허 생원이 동이가 자기 아들이라고 '그냥' 생각한 게 아니라, 메밀꽃이 "소금을 뿌린 듯이 흐뭇한 달빛에 숨이 막힐 지경"이어서 기분에 취해 그렇게 생각했다고 해 보자. 이것도 동이가 자기 아들이라고 생각한 나름의 이유라고 본다면 논리적인 사고를 하고 있다고 할 수 있을 것이다. 그러나 논리적인 사고라고 해서 다 똑같은 것은 아니다. 더 좋은 논리적 사고와 덜 좋은 논리적 사고가 있다. 논리적인 사고가 필요할 때 감정에 의존하는 것은 대부분의 경우 그리 좋은 논리적 사고는 아니다. 감정은, 항상 그런 것은 아니지만 개인적인 것이므로 다른 사람은 그것을 좋은 근거라고 생각하지 않을 수 있기 때문이다. 그리고 감정은 엄격하게 보면 지금 이야기되고 있는 주장과 관련이 없는데도 사람들의 마음을 끄는 경우가 많기 때문이다.

따라서 감정보다는 많은 사람이 동의할 수 있는 객관적인 근거를 들어야 좋은 논리적 사고가 된다. 허 생원이 제시했으리라 생각되는 근거인 '동이 어머니가 봉평 출신이고 나와 똑같은 왼손잡이이다'는 감정은 아니지만, 이것도 우리가 알고 있는 통계적인 지식이나 과학적인 지식에 어긋난다.

정리하면, 논리적인 사고는 어떤 주장의 이유를 찾고 물어보는 데에서 출발한다. '그냥'이라고 말하지 않고 이유나 근거를 제시하기만 해도 이미 논리적인 사고를 훌륭하게 하고 있는 것이다. 그러나 이왕이면 더 좋은 논리적인 사고를 해야 할 것이다. 그러기 위해서는 감정에 기대거나 사실에 어긋나는 이유가 아니라 적절한 이유에 근거해서 주장해야 한다. 그렇다면 도대체 어떤 이유가 적절한 이유인가? 그것이 바로 이 책에서 말하려고 하는 내용이다.

사실 논리적인 사고는 그리 낯선 것이 아니다. 우리는 매일 인터넷에서 검색하고 댓글을 달 때, 다른 사람들과 대화를 나눌 때, 신문이나 책을 읽을 때, 심지어는 혼자서 생각을 할 때도 어떤 것을 믿고 어떤 것을 믿지 말아야 하는지에 대한 문제에 맞닥뜨린다.

- 안락사에 반대하는 신문의 사설을 받아들여야 할까?
- 텔레비전 토론 프로그램에서 사형제를 폐지해야 한다고 말하는 교수의 주장을 수긍해야 할까?
- 성 소수자의 권리를 주장하는 인터넷 사이트의 주장에 동의해야

할까?

■ 특목고 폐지를 주장하는 나의 태도에 모순되는 점이 있다고 지적하는 친구의 말을 인정해야 할까?

우리는 평소에 안락사나 사형제 따위의 찬반 주장들을 자주 접하지만, 그때마다 그냥 받아들이거나 그냥 거부하지는 않는다. 그 주장들의 이유를 나름대로 평가하고 있으므로 어쩌면 우리에게 논리적인 사고가 새삼스러운 것은 아닐지 모른다. 다만 이 책은 그 평가 과정을 더

혐오는 다른 성별이나 세대, 성 소수자, 난민 등을 차별할 때 드러내는 감정으로 쓰인다. 혐오 자체도 문제이지만, 적절한 근거 없이 '그냥 싫다'는 것도 문제이다. 2021년 미국에서 아시아인을 대상으로 한 혐오 범죄가 잇따르자, 태국 출신의 예술가 아만다 핑보디파키야Amanda Phingbodhipakkiya가 '나는 여전히 이 도시를 믿습니다'라는 이름으로 혐오 반대 캠페인을 벌였다.

욱 효율적이고 체계적으로 하는 길잡이가 됨으로써, 각자의 삶을 가로지르는 수많은 문제에 대해 더 신중하고 올바른 판단을 내릴 수 있도록 안내할 것이다.

1. 논리적 사고가 무엇인지 예를 들어 설명해 보자.

*2. 다음 중 가장 논리적인 사고를 하고 있는 사람은?

(1) 나는 쟤가 주는 것 없이 미워.

(2) 다음 올림픽 개최지는 로스앤젤레스가 맞아. 내가 인터넷에서 검색
   했어.

(3) 나는 앱으로 영화표를 예매했다. 그리고 친구와 함께 영화를 봤다.

3. 다음 주장의 근거를 제시해 보자. 주장에 지지하지 않는다고 하더라도
지지 근거를 찾아보자.

(1) 저출산 문제는 해결해야 한다.

(2) 아폴로 11호 우주선은 달에 착륙하지 않았다.

(3) 인공 지능은 얼마 지나지 않아 인간과 같은 지능을 가지게 될 것이다.

(4) 소수자를 향한 혐오 발언은 처벌해야 한다.

(5) 국제 대회에 입상한 체육인뿐만 아니라 유명 연예인도 군 복무를 면제
   해 주어야 한다.

* 표시된 문제의 정답 및 해설은 482쪽에

2장   논리적으로 생각하면
뭐가 좋을까?

열린 마음과
비판적인 마음

앞서 논리적인 사고는 주장을 하거나 남의 주장을 들을 때 적절한 이유를 찾는 것이라고 했다. 그러면 비논리적인 사람은 얼른 생각해 보면 아무 이유 없이 자기주장만 내세우는 고집불통이나 독불장군 스타일의 사람 또는 남의 주장을 무조건 믿거나 무조건 반대하는 사람을 가리키는 것 같다. 그러나 꼭 그런 특이한 성격의 소유자만을 비논리적인 사람이라고 하지는 않는다. 혹시 자신의 견해가 너무 당연하다고 생각해서 한 번도 의심해 본 적이 없는가? "저 사람 말은 들어 보나 마나야!" 하고 생각한 적은 없는가? "아, 나는 복잡한 것은 머리 아파!"라고 고개를 절레절레 흔든 적은 없는가? 이런 것이 모두 비논리적 사고의 시작이다.

논리적 사고의 자세
논리적인 사람과 비논리적인 사람은 어떻게 다를까? [표 2-1]을 보

논리적인 사람	비논리적인 사람
개인적인 감정을 억제하고 자신의 이익에 따라 판단하지 않으며, 많은 사람이 동의할 만한 합리적인 이유를 찾으려고 노력한다.	개인적인 감정에 따라서 충동적으로 판단하고, 자신의 이익에 부합하는 증거만 받아들이는 경향이 있다.
자신이 가지고 있는 첫인상과 그동안 가지고 있던 생각이 선입견이나 편견이 아닌지 의심해 본다.	자신의 첫인상과 생각을 의심해 보려고 하지 않고 그것에 따라 판단한다.
자기 생각이 언제나 틀릴 수 있다는 사실을 인정하고, 그것이 그럴듯한 이유로서 가치가 있는지 묻는 것을 게을리하지 않는다.	자기 생각이 틀릴 수도 있다는 것을 인정하지 않으며, 그것들이 적합한 이유가 될 수 있는지 따져 보지 않는다.
다른 사람의 생각이 자기 생각과 다르다고 해도 주의 깊게 들으며, 그것과 비교해서 자기 생각이 잘못임이 드러나면 그 생각을 바꾼다.	자기 생각과 다른 의견에는 귀 기울이지 않고, 다른 사람의 생각과 자기 생각을 비교 검토하려고 하지 않는다.
복잡하고 이해하기 힘든 주장도 명확하게 이해하려고 노력하며, 그 주장이 어떤 근거에서 주장할 만한 것인지 따져 본다.	복잡하고 이해하기 어려운 말을 이해하려고 노력하지도 않으며, 쉽게 믿거나 거부한다.

[표 2-1] 논리적인 사람과 비논리적인 사람의 차이

면서 여러분 스스로는 어느 쪽에 더 가까운지 생각해 보자.

　비논리적인 사람은 하나같이 자신의 주장에 이유를 제시하지 않거나 자신의 이유가 적절한지 검토해 보지 않는다. 이런 태도가 논리적 사고의 가장 큰 걸림돌이다. 주장에 적절한 이유를 찾는다는 것은 자신의 주장이 됐든 남의 주장이 됐든 무조건 받아들이지 않고 끊임없이 근거를 묻는 태도를 말한다. 그러기 위해서는 항상 그 주장이 틀릴 수 있다는 생각을 하고 있어야 한다. 이때 이 주장이 나의 주장인가 남의 주장인가에 따라서 태도가 달라야 한다. 내 주장이 틀릴 수 있다는 생각,

즉 **열린 마음**과 다른 사람의 주장이 틀릴 수 있다는 생각, 즉 **비판적인 마음**을 가져야 한다. 언뜻 보면 모순되어 보이는 이 두 마음이 논리적 사고의 기본자세이다.

열린 마음을 갖는다는 것은 내 의견을 가능한 한 여러 각도에서 다양하게 살펴본다는 뜻이다. 그러다 보면 내 의견이 틀릴 수도 있으며 다른 사람들이 내가 미처 보지 못한 점을 생각했다는 것을 인정하게 될 것이다. 그런데 마음을 연다는 것이 말처럼 쉬운 일은 아니다. 별로 관심이 없거나 이해관계가 없는 문제에 열린 마음이 되는 일은 전혀 어렵지 않다. 그러나 이해관계가 걸린 문제에 마음을 여는 것은 몹시 어려운 일이다. 내가 틀렸다는 것을 인정하고 다른 사람의 의견이 옳다는 것을 인정하면 손해가 돌아오는 것처럼 느껴지기 때문이다. 하지만 마음을 여는 일이 꼭 내가 틀렸다는 것을 뜻하지 않고, 내 의견을 여러 각도에서 검토해 보아 더 좋은 의견을 낳는 과정이라고 이해한다면 열린 마음을 받아들일 수 있을 것이다.

> **"열린 마음은 문지기 없는 요새와 같다."**
> 이오시프 스탈린1879-1953, 옛 소비에트 연방(소련)의 정치가이자 독재자. 민주적이지 않은 체제에서는 열린 마음을 경계한다.

논리적 사고를 하기 위해서는 비판적인 마음 또한 가져야 한다. 그러나 이것도 말처럼 쉬운 것이 아니다. '비판'이라는 말이 꼭 남의 잘못만을 지적하

> **"우리들의 부싯돌은 부딪혀야 빛이 난다."**
> 볼테르1694-1778, 19세기 프랑스의 사상가. 비록 틀린 견해라도 내 견해가 옳다는 것을 생생하게 드러내는 데 도움이 되므로 억압하는 것은 어리석다.

는 것 같은 부정적인 뜻으로 생각되기 때문이다. 비판적으로 사고하는 것을 무조건 트집 잡는다거나 말대꾸한다거나 딴죽 건다는 식으로 생각하는 경향이 있다. 논리적으로 사고한다는 것은 근거를 거듭 물어 가

공도자가 물었다. "다른 사람들은 모두 스승께서 따지기를 좋아한다고 일컫는데, 감히 여쭙겠습니다. 왜 그러시는지요?" 맹자가 대답했다. "내가 어찌 따지기를 좋아하겠는가. 어쩔 수 없어서다."
맹자, 『맹자』 중에서. '좋은 게 좋은 거다'라고 생각해서 따지지 않으면 사회는 발전하지 못한다.

는 것인데, 따진다거나 말대꾸한다고 버릇없게 여기기도 한다.

그러나 논리적 사고에서 말하는 비판은 건전하고 생산적인 비판임을 잊지 말자. 인간을 흔히 이성적인 동물이라고 정의한다. 여기서 이성이 함축하는 것 중 하나는 합리적 이유를 댈 수 있다는 점이다. 실제로 '이성', '합리', '이유'는 어원이 모두 같다. 다시 말해 이성적이라는 뜻 자체가 합리적 이유를 찾는다는 뜻이다. 인간은 다른 동물과 달리 본능과 감정 또는 힘이 아니라 이유와 근거를 가지고 일을 처리한다. 논리적으로 사고하는 습관이 있으면 무엇인가를 선택할 상황에 처했을 때, 당장 편리하거나 이기적인 입장보다는 합리적인 입장을 선택할 것이며 그것이 결국에는 개인에게 이득이 된다. 특히나 오늘날의 사회는 한 명의 통치자 또는 일부 통치 세력의 의견이 지배하는 사회가 아니라 민주적인 시민 사회이다. 이런 사회에서 논리적이고 비판적인 사고로 자유롭게 토론하지 않고 힘과 감정, 관습에 따라 일을 처리한다면 우리의 삶이 풍요롭지 못할 것이다. 최근에는 인터넷의 발달에 힘입어 토론의 장과 기회가 많아지고 안티 문화가 확산되는 등 논리적이고 비판적인

사고의 가치를 인정해 가고 있다. 그러나 다른 한편에서는 의견이 비슷한 사람들끼리만 인터넷 커뮤니티를 형성하다 보니 열린 마음을 가지지 않게 되고, 나와 의견이 다른 사람은 일단 틀렸다고 몰아가다 보니 생산적이고 비판적인 태도를 갖지 않는 모습도 보인다.

논리적인 사고를 하기 위해서는 마음을 열고 비판적인 자세를 갖추어야 한다. 결국 논리적으로 생각한다는 것은 일단은 우리가 어떤 태도와 자세를 갖느냐의 문제이다. 논리적으로 사고하는 능력과 기술은 그다음 문제이다. 그러므로 당장 논리적인 사람이 되고 싶다면 상대방의 말을 잘 들어라. 상대방이 이치에 안 맞는 말을 하는 것 같아도 왜 그런 말을 하는지 잘 들어 보라. 뭔가 그럴 만한 이유가 있으리라 생각하라. 그러면 상대방으로부터 배우는 것이 있어 내 지식을 늘릴 수 있을 뿐만 아니라, 상대방의 논증 구조를 잘 파악할 수 있어서 효과적으로 반박을 할 수 있다. 거꾸로도 마찬가지이다. 내가 상대방이 터무니없는 주장을 한다고 생각하는데, 상대방은 나에 대해 안 그렇게 생각하겠는가? 내 주장도 틀릴 수 있다고 생각해야 더 좋은 논증으로 고칠 수 있다. 이것이 일찍이 영국의 철학자 존 스튜어트 밀John Stuart Mill, 1806-1873이 『자유론』에서 인간이 내리는 판단의 힘과 가치를 강조한 이유이다.

인간이 내리는 판단의 힘과 가치는 어디에서 오는가? 그것은 판단이 잘못되었을 때 그것을 고칠 수 있다는 사실에서 비롯한다. 따라서 잘못된 판단을 시정할 수단을 언제나 손쉽게 구할 수 있을 때, 비로소 그 판단에 대한 믿음이 생긴다. 어떤 사람의 판단이 진실로 믿음직하다고 할 때, 그 믿음은 어디에서 나오는 것일까? 그것은 바로 자신의 생각과 행동에 대한 다른 사람의 비판에 늘 귀를 기울이는 데서 비롯된다. 자신에 대한 반대 의견까지 폭넓게 수용함으로써, 그리고 자신은 물론 다른 사람에게도 어떤 의견이 왜 잘못되었는지 자세히 설명해 줌으로써, 옳은 의견 못지않게 그릇된 의견을 통해서도 이득을 얻게 되는 것이다.

논리적 사고와 삶

논리적 사고 능력은 우리 삶에서 아주 중요하다. 살아가면서 문제 해결과 결정을 해야 할 일이 아주 많으며, 그런 일은 대체로 우리 삶에서 안전이나 복지나 성공을 좌우할 만한 중요한 일들이다. 그때 논리적 사고 능력이 있다면 나쁜 결정을 피할 수 있고 문제를 해결하는 데 도움을 받을 수 있다. 다음과 같은 몇 가지 사례에서 볼 때 우리 삶에는 논리적인 사고 능력이 필요한 일이 아주 많다.

■ 우리는 민주 사회에 사는 시민이다. 따라서 정부 또는 지방 자치 단체의 정책을 평가하고 대통령·국회의원·단체장 등을 선출할 일이 많은데, 이때 정책을 신중하고 합리적으로 평가하고 내가 선호하는 후보자에 현명하게 투표할 책임이 있다. 내가 지지하고 선택한 정책과 후보자는 결국 나의 생활에 영향을 끼치게 되므로 감정과 각종 연고에 의존하여 비논리적으로 판단하면, 그 피해를 고스란히 우리가 입게 된다.

■ 우리는 날마다 인터넷과 방송·신문에서 수많은 광고를 접한다. 그 중에서 무언가 도움이 될 만한 정보를 찾고 쓸데없는 내용에 현혹되지 않으려면 논리적으로 사고해야만 한다. 그렇지 않고 단지 유명인이 광고한다거나 많은 사람이 찾는다는 이유로 구매하다가는 경제적인 손해를 입게 된다.

■ 우리는 인터넷과 신문·방송의 뉴스 등에서 날마다 수많은 의견을 듣는다. 그것 중 어떤 것들은 서로 모순되기도 하고, 일부는 사실을 왜곡한 것도 있다. 이것들 중에서 사실과 견해를 구분할 줄 알고, 서로 대립하는 의견들을 비교 검토할 줄 알고, 의견을 논리적으로 해석할 줄 알아야 특정 사안에 대해 자신의 의견을 제대로 내세울 수 있을 것이다.

■ 우리는 사회생활에서 공부, 비즈니스, 인간관계 등 각자의 업무와 관련해 수많은 정보에 노출된다. 그 정보 중 어떤 것이 자신의 업무와 직접적인 관련이 있는지, 그 정보가 참인지 거짓인지, 더 많은 정보가 필요할 경우 그것을 어디서 어떻게 얻는지 알고 싶어 한다. 논리적 사고는 어떤 결정을 내리는 데 필요한 정보를 이용하려는 능력을 포함한다.

이렇게 우리가 어떤 삶을 살아가느냐는 우리가 마주치는 여러 주장 가운데서 어떤 주장을 받아들이고 어떤 주장을 버리느냐에 달려 있다.

그러기 위해서는 그 주장들에 대한 적절한 근거를 찾아야만 한다. 우리는 삶의 많은 부분을 논리적 사고 능력에 의존하는 것이다.

논리적 사고, 과대평가 말아야

물론 논리적 사고가 우리 삶에서 만병통치약은 아니다. 논리적 사고는 중요하지만 과장해서도 안 된다. 우선 논리적인 사고를 한다고 해서 마술처럼 진실과 거짓을 구분하는 눈이 밝아지는 것은 아니다. 논리적인 사고는『성서』의 창세기에서 뱀이 말하듯 "그 나무 열매를 따 먹기만 하면 너희의 눈이 밝아져서 하느님처럼 선과 악을 알게 될" 선악과가 아니다. 정보를 얻기 위해서는 머리보다는 몸을 움직여야 한다. 다시 말해서 실제로 탐구와 조사를, 경험을 해야 한다. 그것은 근거를 찾는 과정이 아니라 사실을 확인하는 과정이다. 다시 강조하지만 논리적인 사고는 주장에 대한 근거를 찾는 과정이다. 가령 지원이라는 사람을 직접 만나지 못하고 이름만 들었다고 해 보자. 여자인지 남자인지 궁금한데, 그 궁금증은 당사자를 직접 만나든 그 사람을 아는 사람을 통해 듣든 해야 해결된다. 논리적인 사고를 작동해서 풀 수 있는 것이 아니다. 논리적인 사고는 우리가 이미 일정 정도의 정보를 가지고 있다고 전제하고, 그다음에 그 정보를 어떻게 받아들이며 정보 사이의 관계는 어떠하며 그 정보에 숨어 있는 것이 무엇인지 알아내는 일을 말한다. 예를 들어 '지원이는 결혼 안 한 총각이다.'라는 정보를 얻게 되면 지원이를 한 번도 본 적이 없어도 '지원이는 남자이겠구나.'라고 추측해 내는 것이 논리적인 사고이다. 누군가가 총각이면 그 사람이 남자라는 것은 논리적으로 당연히 따라 나오기 때문이다.

우리는 매우 논리적인 사람의 본보기로 탐정을 든다. 특히 아서 코난 도일Arthur Conan Doyle, 1859-1930의 탐정 소설 주인공인 셜록 홈스는 논리적으로는 둘째가라면 서러운 탐정이다. 그러나 홈스도 논리적인 능력만 갖추어서는 절대 명탐정이 될 수 없다. 예를 들어 홈스는『네 개의 서명』이라는 작품에서 동료인 왓슨이 우체국에 다녀왔다는 것을 알아맞힌다. 왓슨의 구두에 진흙이 묻어 있는데 그 진흙은 우체국 거리에 있는 것이기 때문이다. 이는 안락의자에 앉아 생각에만 골몰해서는 알 수 없고 많은 것을 관찰하고 증거를 모으는 수고를 해야만 알 수 있는 사실이다. 논리적인 사고력은 그 진흙이 우체국 거리에 있다는 것과 왓슨의 구두에도 묻어 있다는 것을 알고 난 후에 그 지식으로부터 왓슨은 우체국에 갔다 왔을 가능성이 크다는 결론을 끌어낼 때 필요하다. 물론 현장에 나가지 않고 안락의자에 앉아 추리만으로 사건을 해결하는 이른바 '안락의자 탐정'도 있기는 하다. 애거사 크리스티Agatha Christie, 1890-1976의 작품에 나오는 에르퀼 푸아로 탐정이 대표적인 안락의자 탐정이다. 그러나 그런 탐정도 평소에 예리한 관찰과 풍부한 독서로 현장에 관한 지식을 쌓아 놓았기 때문에 논리적 추리를 할 수 있는 것이다.

논리적인 사고를 하면 다른 사람과 대화할 때나, 협상을 해서 설득

ⓒHethers. 영국 런던에 있는 셜록 홈스의 동상. 근처에 셜록 홈스 박물관이 있는데, 소설 속에서 홈스가 하숙하던 바로 그 주소이다. 논리적인 셜록 홈스는 논리적 사고를 다루는 이 책에 자주 나온다.

할 때 유리할 것이라는 추측도 논리적인 사고에 대한 오해이다. 논리적인 사고의 기본은 어떤 주장의 이유를 찾고 제시하는 작업이기 때문에 일단은 개인적인 영역에 속한다. 반면 대화·협상·설득·설교·상담 등은 사람과 사람 사이의 관계에서 생기는 일이기 때문에, 논리적인 사고만 한다고 해서 되는 일은 아니다. 그리고 가끔은 비논리적으로 행동해야 그런 일에 성공할 때도 있다. 그렇다고 해서 논리적인 사고가 현실과 무관한 형식적인 면만 다룬다는 말은 절대 아니다. 나중에 얘기하겠지만 최근의 비판적 사고 연구는 실제 생활에서 쓸모 있는 논리적 사고에 관심을 갖는다. 다만 실제 생활에서 논리적인 사고에 의해 정보를 추려 내는 것과 그것을 다른 사람에게 어떻게 전달하느냐는 별개의 문제라는 뜻이다.

토론의 경우에는 애초에 서로 논리적인 대화를 하겠다는 사람들이 모인 자리이기 때문에 논리적인 사고가 많은 도움을 줄 것이다. 그러나 협상이나 설득처럼 내가 아쉬운 입장인 경우나, 대화 상대방이 합리적인 태도를 보이지 않는 경우, 예컨대 부당하고 극악한 권력이나 막무가내인 사람 등에게는 논리적 사고만 가지고는 어림없다.

1장에서 비논리적인 사고의 전형적인 표현으로 '그냥'이라는 말이 있다고 했다. 어떤 사람이나 대상이 '그냥' 싫다고 말하는 사람들이 있다. 호불호는 개인적인 감정이므로 굳이 설득할 이유가 없을 때가 많지만, 혹시 그 싫어하는 사람이나 대상이 우리 사회의 공적인 영역에 해당할 때는 사회 전체의 이익과 관련되므로 논리적이고 합리적인 방법으로 반드시 설득해야 할 때도 있다. 그러나 특별한 이유를 제시하지 못하고 감정적인 거부감을 보인다면 논리적으로는 어떻게 해 볼 도리가 없다. 그럴 때는 시간을 두고 기다리거나 논리적인 사고와는 다른 능력을 사용해야 한다.

어떤 정치인은 옳은 말을 '싸가지' 없이 한다고 비난받은 적이 있다.

"저토록 옳은 얘기를 어쩌면 그렇게 싸가지 없이 할까." 국회의원 김

> "그건 논증이 아니라 협상이란다."
> ...
> "어떻게 설득한 거니?" "협상이 아니라 논증을 했죠."
> 영화 〈땡큐 포 스모킹〉 2005. 아버지는 아들에게 논증과 협상의 차이를 가르쳐 준다. 그것을 배운 아들 조이는 논증이 아닌 협상을 통해 어머니를 설득한다.

영춘의 이 말을 유시민은 매우 아파했다. 유시민이 "싸가지 없다는 비판이 두고두고 나를 가두는 올가미가 될 것"이라고 침울한 목소리로 예언하듯 말하는 걸 들은 적이 있다. 그 무렵 유시민의 딸이 고교생이었다. 그 딸이 김영춘을 원망하며 아빠에게 했다는 말이 걸작이다. "그토록 싸가지 없는 얘기를 어쩌면 저렇게 예의 바르게 말할 수 있을까요?" 유시민한테 들은 얘기다. 뛰어난 언어 순발력이 아버지를 쏙 빼닮았다. 유시민은 나중에 어느 인터뷰에서 이렇게 말했다. "김영춘의 말이 맞을 수 있다. 나는 논리적이라고 말을 했는데 그 말이 타인에 대한 배려가 부족했다. 내 안에서도 그런 지적을 받아들였기 때문에 복지부 장관으로 갈 때부터 나를 바꾸려고 노력했다."

–《한겨레》, 2014년 9월 9일 자.

이 예에서 보듯이 자신의 주장과 근거를 어떻게 전달하는가는 논리적인 사고력과 별도의 설득 커뮤니케이션 또는 화술 또는 수사학의 영역이다. 또 다소 극단적인 예로 영화관에서 영화를 보고 있는 도중에 화재나 테러 등 돌발 사태가 일어났다고 해 보자. 공포에 빠지거나 우왕좌왕하며 아무 생각 없이 다른 사람들을 따라가는 것보다 침착하게 비상구가 어디 어디에 있는지 확인하고, 그다음 지금 상황에서 어느 쪽으로 나가야 가장 빠르고 안전한지 가늠해 본 다음에 나간다면 살아남을 확률이 높을 것이다. 그러나 그런 상황에서 한가하게 논리적으로 따져 볼 수는 없다. 그때는 몸에 밴 신속한 논리적 사고가 필요하다.

그리고 논리적인 생각보다는 감정에 호소하는 것이 알맞은 상황도 있다. 엄마가 아이를 사랑한다는 표현은 꼭 껴안아 주는 것으로 해야지, 엄마가 얼마나 사랑하는지 이유를 조목조목 말하면 사랑이 전달되겠는가? 애인끼리도 마찬가지일 것이다. 또 혼자 사는 노인이나 소년·소녀 가장을 도와줘야 한다고 주장할 때는 그래야만 하는 이유를 낱낱이 제시하는 것보다 어렵게 살아가는 모습을 한번 보여 주는 것이 훨씬 더 설득적이다. 예술이나 종교도 이성보다는 감성이 중요시되는 영역이다. (감정에 호소하는 논증은 20장에서 다시 설명하겠다.)

누군가와 토론을 잘하기 위해 논리적인 사고력을 배워야겠다고 생각하는 사람들이 많다. 그러나 논리적 사고는 토론을 잘하기 위해서 필요한 능력이기는 하지만 그것만으로 충분하지는 않다. 지금까지 살펴보았듯이 관련 분야에 대해 풍부한 지식을 갖추고 있어야 하고, 토론 상대방에 적합한 설득 기술도 있어야 하고, 말하는 태도도 중요하며, 순발력도 필요하고, 감정이 더 중요할 때도 있다. 이 모든 것을 인정한다고 하더라도 논리적인 사고가 필요한 영역과 상황에서는 논리적이고 합리적으로 생각해야 한다. 사실 우리 사회는 논리적인 사고의 지나침을 걱정하기에는 논리적이고 합리적인 사고방식이 아직도 많이 부족하다. 사람들은 여전히 감정·편견·미신·독단·사적인 관계·힘 등에 의

ⓒ뉴시스. 2017년 서울시의 한 지역에서 혐오 시설이라는 이유로 특수 학교 설립을 반대했다. 공청회에서 엄마들은 무릎을 꿇고 호소했고, 결국 비장애인의 지지를 얻어 내어 특수 학교가 설립되었다. 때로는 이성에 의한 논증보다 감정의 자극이 더 설득력 있다.

존해서 일을 처리하기 때문이다.

■ 쓰레기 처리장을 우리 동네에 세운다고요? 당연히 안 되죠. 집값 떨어지는데.

■ 난 기호 1번을 찍을 거야. 우리가 남인가?

■ 여자가 어떻게 한 나라를 책임지는 대통령이 될 수 있어? 여자는

안 돼!

■ 20일로 날 잡았어. 그날이 길일이래.

■ 나는 이 치약을 쓸 거야. 내가 좋아하는 아이돌이 광고 모델이거든.

■ 그렇게 하세요. 좋은 게 좋은 거잖아요.

앞의 진술들은 논리적 사고가 필요한데도 아무 근거 없이 또는 적절하지 못한 근거를 가지고 어떤 주장을 받아들이는 보기이다. 이런 비논리적이고 비합리적인 사고는 앞에서도 강조했듯이 결국에 개인과 사회의 발전을 후퇴시키는 결과를 가져온다. 논리적인 사고는 결코 삭막한 것이 아니며 나 자신과 사회를 풍요롭게 한다는 사실을 잊지 말자.

논리 연습

1. 열린 마음과 비판적인 마음이 무엇인지 각각 예를 들어 설명해 보자.

*2. 다음 중 논리적인 사고에 대해 가장 잘 설명한 것은?

 (1) 다른 사람의 주장에서 흠을 찾는 것

 (2) 다른 사람과의 협상에서 성공하는 것

 (3) 다른 사람의 주장이 참인지 거짓인지 판단하는 것

 (4) 다른 사람의 주장이 적절한 근거를 가지고 있는지 따져 보는 것

*3. 다음 중 논리적인 사고력이 꼭 필요한 부분이라고 할 수 없는 것을 모두 고르라.

 (1) 어제 축구 경기에서 누가 이겼는지 안다.

 (2) 이 업무 수행과 나이는 상관없다고 생각한다.

 (3) 내가 그녀를 얼마나 사랑하는지 그녀가 알게 한다.

 (4) 왜 우리 회사와 계속 거래해야 하는지 상대방을 설득한다.

 (5) 박정희 대통령이 1979년에도 TV 뉴스 시간에 모습을 보였기 때문에
    1974년 8·15 경축식장에서 암살당하지 않았다는 것을 안다.

* 표시된 문제의 정답 및 해설은 482쪽에

3장　자전거 타기보다 쉬운 논리적 사고

논리적 힘과 기술

　논리적 사고를 구체적으로 어떻게 해야 할까? 지금까지 이유를 가지고 주장을 하거나 남의 주장에서 이유를 찾는 것이 논리적 사고라고 했지만, 실제로 논리적 사고를 하려고 할 때는 이런 말이 별로 도움되지 않는다. 앞서 말했듯이 아무 이유나 갖다 댄다고 해서 논리적으로 생각한다고 말할 수는 없기 때문이다. 어린이들이 야구를 하고 있다. 누가 투수를 맡을 것인지를 놓고 이야기를 하는데 한 아이가 "내가 투수를 해야 해. 왜냐하면 이 공은 내 거니까."라고 말한다. 이런 터무니없는 이유를 대며 주장한 것을 보고 논리적으로 사고한다고 말할 수 없다. 따라서 정당한 이유와 정당하지 않은 이유를 구분할 줄 알아야 한다. 그러나 아쉽게도 어떤 이유가 정당한 이유인지 아닌지를 결정할 수 있는 간단한 방법은 없다.

논리적 사고의 능력

이 책은 논리적인 사고 능력을 키우는 데 기본적인 목적이 있다. 따라서 '좋은' 논리적 사고가 어떤 것이고 어떻게 하면 논리적으로 사고할 수 있는지 그 방법을 설명할 것이다. 물론 수학 공식처럼 이렇게 하면 좋은 논리적 사고이고 저렇게 하면 나쁜 논리적 사고라고 딱 부러지게 말할 수 있는 공식을 만들 수는 없다. 또 음식 만드는 방법처럼 따라 하기만 하면 완성되는 방법을 제시할 수도 없다. 그러나 좋은 논리적 사고를 어떻게 구분하는지, 논리적 사고를 어떻게 해야 하는지 대강의 방법을 안내할 수는 있다. 그 방법을 눈여겨보고 많은 연습을 거친다면 정당한 이유와 정당하지 못한 이유를 구분할 수 있을 것이다. 다시 강조하겠지만 논리적인 사고 능력은 연습으로 향상될 수 있다. 좋은 논리적 사고를 하려면 어떤 것이 필요한지 둘러보기 위해 다음 토론을 보자.

교실 앞에 사회자 1명, 두 입장을 가진 토론자들이 3명씩 원형으로 앉아 있고, 나머지 학생들은 그 뒤에서 경청하고 있는 상황. 화기애애한 분위기를 만들기 위해 사회자는 가벼운 이야기로 토론을 시작한다.

사회: 여러분들 요번 밸런타인데이 때 뭐 좀 주고받았어요?(학생들 궁시렁궁시렁) 뭐? 시시해서 요즘 그런 것 안 한다고요?(황당한 척) 어쨌든 이런 '데이'를 기념하는 일을 두고 말이 많습니다. 지난번에 주제를 알려 드린 이후로 자료도 많이 찾아보고, 생각도 많이 했을 줄 압니다. (한 학생을 쳐다보며) 자, 이런 문화에 대해 어

떻게 생각합니까?

소희: 예, 전 좋다고 보는데요! 얼마나 좋아요. 그런 날이 없다면 저 같은 사람은 절대 남자 친구 못 사귈 거예요.(일동 뒤집어짐) 생각만 해도 끔찍합니다.(실감 나는 한숨)

대익: 저는 그거 좀 안 좋다고 생각합니다.(모두들 심각한 얼굴로 확 변함) 그런데 이유는 소희와 비슷합니다. 요번에 초콜릿 하나도 못 받았어요. 힘이 다 빠집니다. (그러자 또 뒤집어짐)

사회: 이해할 만합니다.(웃음) 하지만 이건 좋고 싫음의 문제라기보다는 옳고 그름의 문제이기 때문에 좀 다르게 이야기해 줬으면 좋겠는데요.

인동: 예, 제가 먼저 말씀 드리겠습니다. 그동안 제가 찾은 자료를 보면 다음과 같습니다. (자료를 발표한다) 이것을 토대로 해서 생각해 본 바에 의하면 '데이 문화'는 계속 유지하고 발전시킬 만한 충분한 의미를 지니고 있습니다. 사회의 변화와 함께 새롭게 만들어지는 문화를 올바르게 확립하는 것이 모든 면에서 생산적입니다. 새로운 문화를 건전한 방향으로 정착시켜야 한다고 봅니다.

은경: (단호하게) 그건 안 될 말입니다.(지나치게 심각한 표정에 아이들 웃음) 제가 그동안 연구한 바에 의

사회자는 토론의 초반부에 무엇을 토론할 것인지 **주제를 명확히 짚고 있다.** 주제가 분명하게 정해지지 않은 경우 토론은 헛돌기 십상이다.

두 사람의 발언은 아주 사적인 감정과 경험에 근거한 주장이기 때문에 일반화해서 토론하기가 쉽지 않다. 사회자도 뒤에서 이 점을 잘 정리하고 있다.

토론의 기본 틀이 서로 간에 일치하여 갖추어졌으면, 토론자들은 다음과 같은 질문에 정확히 대답하려고 노력해야 한다. "상업적이라는 것에 긍정적인 면과 부정적인 면이 다 있다면 지금 논의되고 있는 데이 문화는 어떤 성격이 더 강한가?", "데이 문화는 허구 문화인가?", "외국에서 들어온 문화는 우리의 정체성을 해치는가?" 토론자들은 자신의 주장을 정당화함으로써 이 질문들에 대답하려고 애쓰고 있다. 그리고 그 과정에서 **자신의 주장을 지지할 적합한 증거를 끌어들이는 것**이 핵심이다.

하면 데이 문화는 분명히 상업적인 목적을 위해 과장되거나 조작된 허구 문화일 뿐입니다.(조사한 자료를 발표함) 우리가 이런 허위 문화에 놀아나게 된다면 우리 자신은 물론 사회적으로도 많은 문제가 발생할 겁니다. 이런 허구 문화는 반드시 우리의 참된 의식을 반영한 좋은 문화로 바꾸어 나가야 합니다.(똑 부러지는 이야기에 모두들 감탄하며 웅성웅성)

지은: 그런데요, 상업적이라고 해서 다 나쁜 것은 아니잖아요? 우리는 자본주의 사회에 살고 있기 때문에 우리 문화는 대개 어쩔 수 없이 상업성을 띨 수밖에 없다고 봅니다. 오히려 저는 그렇게 해야 더 문화가 발전하고 재미도 있다고 생각하는데요. 상업적이라고 해서 꼭 파는 사람한테만 이익이 돌아가고 사는 사람은 아무런 혜택도 못 받는 것은 아니잖아요?

원재: 물론 그렇긴 하지만요. 이건 정도의 문제라고 생각해요. 그러니까 상업성이 목적이 되느냐, 수단이 되느냐의 차이랄까요? 데이 문화는 상업성이 목적이기 때문에 절대 무비판적으로 추종할 수 없는 거라고 봅니다.

지은: (원재를 째려보며) 아니, 상업성이 목적이라는 게 무슨 뜻이야? 목적 없는 상업도 있니? 그럼 너는 상업적이지 않은 문화가 유행할 수 있다고 생각하니? 제가 조사해 봤는데 전통문화인 송파 산

'상업적이다'라는 말이 내포한 여러 가지 의미를 따져 보고 있다. 비판적 사고를 하기 위해서는 지금 토론하고 있는 주제에서 중심적인 개념의 의미와 함축을 명확히 해 두는 것이 필요하다. '상업적'이라는 말에 꼭 부정적인 뜻만 있는지 아니면 긍정적인 뜻도 있는지 살펴보는 것이 이 토론에서는 아주 중요하다. 데이 문화를 비판하는 중요한 근거가 상업적이라는 것이기 때문이다. 중심 개념이 명확하지 않으면 토론의 주제가 정확하게 정해지지 않은 것만큼이나 토론이 갈팡질팡할 것이다.

상업적 문화의 현실에 대한 사실적 정보의 신빙성을 평가하는 과정을 상대방의 동의를 받아 밟고 있다.

대놀이나 양주 별산대놀이 역시 일정하게는 장터 상인들의 이익을 위해 전승됐다고 합니다. (갑작스런 반격에 아이들이 '우아!' 하고 놀란다. 지은이는 손가락으로 '브이' 자를 그린다.)

원재: (당황하며) 나도 지금 문화 대부분이 어느 정도 상업적인 것을 부정하는 것이 아냐. 데이 문화는 상업성이 지나치다는 거지.

소희: 그런데 제가 보니까요, 원래 밸런타인데이는 참 좋은 의미를 갖고 있던데요?(갖고 온 자료를 보며 간단히 구체적인 의미를 이야기함) 이런 의미만 잘 살린다면 참 좋겠다는 생각을 했어요. 상업적인 목적 때문에 사람들이 자꾸 부풀리지 못하게끔 하고요.

> 계속해서 데이 문화의 상업성과 정체성 훼손을 주제로 찬반 주장을 이어가고 있다. 양쪽은 이 주장을 위해서 각자가 조사한 자료를 증거로 이용한다.

대익: 그게 잘되냐 말이지요.(노인 버전으로 이야기하는 바람에 모두 또 웃음) 사람들이 자꾸 돈 벌 욕심 때문에 수단과 방법을 안 가리고 부풀리려고 할 텐데요. 아까 지은이의 말처럼 자본주의 사회에서는 당연히 그럴 텐데요.

은경: 그렇습니다. 밸런타인데이를 비롯한 데이 문화는 제도나 법의 차원에서 제재할 만한 성격이 아니기 때문에 더 큰 문제를 보입니다. (자료를 뒤적이며) 사실 이런 문화는 일본에서 건너온 것이라 일본 이야기를 안 할 수 없겠군요. 우리도 그렇지만 일본은 이런 데이 특수를 위한 판촉 행위에 엄청난 과열 현상을 보이고 있습니다. 허위 이미지를 극대화하여 기호품을 판매하려는 이런 의도가 계속된다면 불

> 일본에서 데이 문화가 상업적으로 과열되고 있다는 사실을 근거로 드는데, 이것은 **유사한 상황을 비교하는 것**이다.

필요한 생산과 소비, 생산자만의 이윤 증대 등 좋지 않은 결과로 이어질 게 분명

합니다.

원재: 또 이런 데이 문화를 '문화적 사대주의'라고 비판하는 사람들도 많습니다. 어쨌거나 이런 문화는 서구에서 들어온 것일 뿐더러 '데이' 기념일 가운데에는 그 출처도 알 수 없는 정체불명의 것도 많습니다. 만일 우리가 정체성을 살리고 참된 문화를 만들어 나갈 생각이라면 이런 국적 불명의 문화를 무비판적으로 받아들이지 않을 것입니다. 그리고 밸런타

> 모두 동의하리라 생각하는 근본 원칙을 전제로 삼아 데이 문화를 비판하고 있다.

인데이의 순수한 의미만을 살린다고 한다면 의미가 비슷한 전통문화나 대안적인 문화를 생각해 보는 것도 좋겠습니다. 그렇게 된다면 지금의 상업적인 경향에서 벗어날 뿐 아니라 우리가 아는 것이기 때문에 견제하기도 더 쉬울 거예요.

사회: 어때요? 상대 측에서 막 퍼붓고 있는데요? 인동 군 할 말 없어요?

인동: 왜 없겠어요?(깜찍한 척하는 표정에 모두들 기절 일보 직전) 저는 좀 더 현실적으로 생각하려 합니다. 물론 여러분들이 하신 말씀도 다 맞습니다. 그러나 그 말들은 조금 현실성이 떨어진다고 봅니다. 밸런타인데이를 예로 들지요. 이미 밸런타인데이는 일상화되어 있습니다. 그리고 요즘 청소년들의 성향을 가장 잘 반영하고 있기도 하고요. 그런데 억지로 생소한 전통문화 등을 들어 바꾸라고 한다면 그렇게 하겠습니까? 이것은 기호이며 선택의 문제이기 때문에 절대 강요할 수 없는 것입니다. 오히려 이 문화를 좀

> 전통문화 강요가 성공할 수 없을 것이라고 **실제적인 적용 가능성**을 검토하고 있다.

더 긍정적인 방향으로 발전시켜 나가는 것이 더 설득력 있을 것 같습니다.

지은: 저도 그렇게 생각합니다. 우리는 이미 서양 옷을 입고 있고 퓨전 음식을 먹으며 아파트에 살고 있습니다. 그런데 초콜릿이나 사탕 대신에 떡을 선물하라고

하면 하겠냐고요. (일동 웃음) 무조건 반대하지 말고 오늘날의 상황에 어울리는 새로운 문화 형태로 정착시켜 나가는 게 훨씬 더 생산적이라고 봅니다.

사회: 예, 열띤 토론인데요. 잠시 쉬었다가 두 입장의 객관적 평가와 결론을 이야기해 보겠습니다.

논리적 사고는 어떤 주장을 받아들일지 말지 결정하는 문제에 관여하지만, 논리적 사고의 힘만으로 결정할 수는 없다. 2장에서도 말했듯이 논리적 사고는 맨땅에서 생기는 것이 아니다. 데이 문화가 옳은지 그른지 결정하기 위해서는 데이 문화가 실제로 사회에서 어떤 양상으로 나타나는지 사실적 정보를 살펴봐야 한다. 다시 말해서 **우리의 결정을 지지해 줄 수 있을 정도로 충분한 정보**가 있어야 한다. 이것은 발품으로 이루어지는 것이다. 그러나 **그 정보가 지금 토론 주제와 관련 있는지 평가하는 것과 특정 입장을 정당화하는지 판단하는 것**은 논리적 사고가 할 일이다. 실제로 지은과 원재는 상업적인 데이 문화의 현실에 대해 서로 다른 판단을 내리고 있다.

좋은 논리적 사고에서 가장 중요한 것은 **각 주장 사이에 차이가 있는지, 그리고 있다면 어느 주장이 옳은지 평가할 기준을 정하고 적용하는 것**이다. 앞의 토론에서는 이 과정까지 나아가지는 않았는데 이는 독자의 몫이다.

논리적인 사고를 잘하기 위해서는 이렇게 여러 가지 능력이 필요하다. 그 능력을 정리해 보면 다음과 같다.

- 명확하게 듣고 읽는 능력(6~9장, 10~13장)
- 숨은 전제와 원리를 찾아내는 능력(11장)
- 적절한 정보를 찾는 능력(15~17장)
- 논증을 평가하는 능력(14~23장)
- 주장의 결론을 추적할 수 있는 능력(13, 18~23장)
- 사고에서 잘못을 피하고 찾아낼 수 있는 능력(14~23장)

앞으로 주로 괄호 속의 장에서 각 능력을 설명하겠다.

🗨 논리적 사고와 발품

다음은 홈스가 왓슨 박사에게 자기 형 마이크로프트에 대해 한 말이다.

> 관찰력이나 추리에 있어서 형이 나보다 한 수 위라는 건 틀림없는 사실이
> 네. 탐정이라는 것이 안락의자에 앉아 골똘히 생각만 하는 일이라면 형
> 은 벌써 굉장한 명탐정이 되었을 걸세. 그러나 형에게는 그런 야심이나 의
> 욕이 없다네. 머릿속에서 푼 문제를 두고 발품을 팔아 실제로 확인해 보
> 려고 하지도 않거니와, 그런 수고를 해서 자기의 추리가 정확하다는 것을
> 증명해야 하는 일이라면 틀린 것으로 알게 내버려 두는 것이 낫다고 하는
> 사람이거든. 나는 풀리지 않는 문제를 형에게 들고 가 해결 방법을 들은
> 적이 여러 번 있네만, 그것이 정확한 판단이었다는 것을 나중에야 알게

되었지. 하지만 사건을 재판관이나 배심원에게 넘기기 전에 실제적인 증거를 끌어모아야 하는데, 절대로 그런 수고를 할 수 없는 사람이 바로 우리 형이라네.

- 코난 도일, 『그리스어 통역관』 중에서

논리적 사고와 연습

논리적 사고는 이와 같이 지식이라기보다는 능력이나 활동, 또는 기술의 성격이 짙다. 그 말은 이 책 그리고 다른 논리와 논술 관련 서적을 아무리 많이 읽는다고 해도 그런 능력이 곧바로 생기지는 않는다는 것을 뜻한다. 비유를 하자면 자전거 타는 방법을 소개한 책을 아무리 열심히 읽고 그 방법을 머릿속에 담아 두어도 실제로 자전거 타는 능력이 생기지 않는 것과 같다. "자전거가 왼쪽으로 넘어지려고 하면 핸들을 오른쪽으로 틀어라."라는 법칙을 안다고 해서 실전에서 넘어지지 않는 것은 아니다. 자전거 타는 능력은 실제로 자전거를 타면서 오랜 연습과 숙련을 거친 다음에 몸에 배도록 습득하고 익혀야 하는 기술이다. 그래서 이런 능력을 '노하우know-how'라고 부른다.

논리적인 사고가 지식이 아니라 능력이라는 말을 다르게 생각하면 누구나 연습하면 그 능력을 키울 수 있다는 뜻이다. 연습을 통해서 몸에 배게 하는 것은 글로 읽어 머릿속에 담는 것보다 시간은 오래 걸리지만 한번 습득하면 훨씬 오래 간직된다. 그리고 논리적인 사고를 키우는 것은 자전거 타는 것만큼이나 쉬운 기술이다. 앞에서 말한 대로 자신이나 상대방의 주장을 무조건 받아들이지 않고 근거를 찾으려는 자세만 되어 있다면 논리적인 사고를 시작하는 셈이기 때문이다. 결국 논리적인 사고 능력을 키울 수 있는 지름길은, 2장에서 말한 논리적인 사람의 태도를 염두에 두면서 좋은 논리적 사고의 실례를 많이 보고 스스로 논리적인 사고를 꾸준히 연습하고 실천하는 것이다. 이 책은 그런 연습과 실천을 할 수 있도록 도와줄 것이다.

> **"연애를 글로 배웠어요."**
> 연애에서는 지식보다는 능력 또는 기술이 중요함을 강조하는 유행어.

논리 연습

1. 논리적 사고에 필요한 능력은 어떤 것이 있는지 예를 들어 설명해 보자.

2. 다음 토론을 보자.

학생 세 명이 도서관 앞에서 토론 수업 준비를 하고 있다.

미현: 우리 이번 토론 수업에서 여성 할당제에 대해 토론하는 게 어때?

윤희: 여성 할당제?

미현: 그래. 종사자의 일정 비율을 여성으로 뽑는 제도 말이야. 여성 할당제가 여성들의 사회적 진출을 확대하고 평등 사회를 실현하는 데 진정 걸맞은 것인지 토론해 보면 좋을 것 같아.

윤희: 그거 좋은데? 서구에서는 여성뿐만 아니라 소수 민족에 특혜를 주는 역차별 제도를 진작에 시행하고 있다더라.

철호: 나도 좋은 주제라고 생각해. 내가 조사한 바로는 정확한 용어는 여성 할당제가 아니라 양성평등 채용 목표제야. 공무원을 뽑는 시험에서 남성이든 여성이든 어느 한쪽의 합격자가 30% 미만일 때 해당 성의 응시자를 추가로 합격시키는 제도거든. 근데 주로 여성이 이 제도의 혜택을 보고 있으므로 여성 할당제라고 불러도 괜찮겠어. 어쨌든 난 이게 공평하지 않다고 생각해.

윤희: 그래? 왜 공평하지 않다고 생각하니? 너는 '공평하다'는 말을 무슨

뜻으로 쓰는데?

철호: 공평하다는 것은 사람들을 차별이나 편견 없이 대하는 것을 말하잖아. 공직에 지원하는 사람들도 가령 국가 고시 같은 객관적인 시험의 점수나 경력의 공정한 심사로 평가해야지 여성이라고 해서 특혜를 주는 것은 차별이라고 생각해.

미현: 시험이나 경력 심사는 공평무사하게 실력대로 평가한다는 거지?

철호: 그렇지. 객관적으로 측정 가능한 기준으로 평가해야지, 여성이냐 남성이냐라는 자의적인 기준으로 채용 정원을 할당하는 것은 공정하지 않다고 봐.

윤희: 고시 점수나 경력으로만 공무원을 뽑는다면 공정한 결과가 나오지 않아. 우리 사회 각 분야에는 남녀 불평등을 조장하고 고착하는 제도와 인식이 만연해 여성에 대한 관행적 차별이 눈에 보이지 않게 존재하고 있어. 실질적으로 여성의 권한 행사에서 가장 중요한 정치·경제 분야에서 여성은 여전히 10퍼센트대의 비율밖에 차지하지 못해. 낮은 지위에 머물고 있어. 이건 철호 너도 알고 있지? 그러니까 그 불평등과 차별을 시정하기 위해 잠정 기간 필요한 것이 바로 적극적 조치로서의 여성 할당제야.

철호: 그런 현실은 나도 인정해. 그렇지만 노력에 대한 정당한 보상을 받을 수 있어야 정의로운 사회라고 할 수 있어. 열심히 공부해서 고시에서 좋은 점수를 얻은 지원자가, 또 공직에 어울리는 경력과 이력을 갖춘 사람이, 그 사람이 남자든 여자든 상관없이 공직에 진출해야 올바른 사회가 된다고 생각해. 더 낮은 점수를 받았는데도 단순

히 여자라는 이유로 합격한다면 말이 되니? 또 충분히 합격할 점수의 사람이 남자라는 이유로 떨어진다면 얼마나 억울하겠니? 그럴 만한 자격이 있는 사람, 다시 말해서 시험 성적이 우수한 사람이 합격해야지.

미현: 지금 우리나라에서는 장애인이나 국가 유공자 가족을 네가 말하는 객관적인 시험 성적과 상관없이 일정 부분 채용하고 있어. 네 말대로 하면 이것도 공평하지 않잖아?

철호: 그것은 좋은 비유가 아니야. 장애인이나 국가 유공자는 그 수가 많지 않기 때문에 그 사람들 때문에 억울하게 피해 보는 사람이 별로 없어. 그리고 그 사람들은 특혜도 주지 않으면 공직에 진출하기가 아주 어렵지만 여성은 그렇지 않잖아.

미현: 넌 여성이 차별받고 있다는 것을 인정하지 않는구나.

철호: 무슨 소리야. 차별받고 있다는 것을 나도 인정하지. 다만 여성 할당제와 같은 제도는 또 다른 차별을 낳는다는 거지. 나는 공평한 것을 좋아하잖아.

윤희: 지금의 불평등을 바로 잡기 위해서는 여성이 전문직이나 공직에 진출하는 것을 더 장려하고 지원해야 해. 그런데 그동안의 불평등 때문에 한참 뒤처져 있는 여성들에게 열심히 공부해서 고시에 합격하면 된다고, 또 좋은 경력 쌓아서 공직에 들어가라고 말하는 것은 공정하지 못하잖아. 단순한 기회의 평등을 넘어서서 불리한 집단의 구성원들에게 우선적인 대우를 해 줘야지. 내 생각에는 고용보다 더 중요한 영역은 교육이야. 왜냐하면 교육은 높은 수입을 얻거

나 만족스러운 직업을 가지거나 사회 내에서 권력과 지위를 장악하는 데 큰 영향을 끼치기 때문이야. 그래서 나는 양성평등 채용 목표제뿐만 아니라 대학 입학에서도 여학생에게 일정 비율 이상 정원을 할당해야 한다고 생각해.

철호: 뭐라고? 공직에 여성 할당제를 두는 것만 해도 반대가 심한데, 온 국민이 민감하게 반응하는 대학 입학에 그게 가능할까? 그리고 왜 여성에게만 할당제를 하니? 군대 다녀오는 남자도 그만큼 차별받은 거니까 우선적인 대우를 해 줘야 하잖아? 그런 식으로 하면 소득, 출신 지역 등에서 차별받는 사람들한테까지 다 특혜를 줘야 하는데 이게 가능할까? 그리고 이렇게 혜택받는 사람들은 조금만 노력해도 된다고 생각할 거야.

*(1) 앞의 토론에서 논리적 사고의 어떤 능력이 쓰이고 있는지 찾아보자.

(2) 앞의 토론에서 누가 더 논리적 사고를 잘 드러낸다고 생각하는가?

(3) 토론이 계속된다고 할 때 여러분이 미현이나 윤희의 입장이라면 철호의 마지막 주장에 어떻게 대꾸할 수 있을까?

* 표시된 문제의 정답 및 해설은 482쪽에

4장   논증은 전쟁인가?

논증의 윤리적 책임

논증·논쟁·싸움

논리적인 사람이 되려고 생각해 본 적도 없는 평범한 사람이 갑자기 논리적이 되는 때가 있다. 언제일까? 바로 다른 사람에게 따질 때이다. 자동차 접촉 사고가 났을 때 운전자들끼리 잘잘못을 가리는 장면을 길거리에서 흔히 볼 수 있다. 핏대를 올리고 손가락질을 하며 싸우는 단계까지 간다면 결코 논리적인 사고라고 할 수 없지만, 왜 자기가 잘못한 것이 아닌지를 조목조목 이유를 들어 따질 때는 논리적인 사고를 하고 있는 셈이다. 자동차 접촉 사고나 남에게 부당한 대우를 받았을 때, 우리는 잘 따진다는 의미에서 가장 논리적인 사람이 된다. 그런데 이런 따짐이 정말로 바람직한 논리적 사고인지 생각해 봐야 한다. 두 가지 의문 때문이다. 첫 번째는 사적인 이익을 위해 따질 때 정말로 논리적일 수 있겠는가 하는 것이고, 두 번째는 논리적 사고의 목표가 남과 다투어 이기는 것인가 하는 것이다.

첫 번째 의문에 대한 대답은 금방 나온다. 2장에서 논리적인 사람이 되려면 열린 마음을 가져야 한다고 강조했다. 논리적인 사고를 하려면 자기 생각이 틀릴 수 있음을 인정하고 다른 사람의 견해를 듣고서 그럴 듯하다고 생각되면 주저 없이 받아들여야 한다. 그러나 자동차 접촉 사고 때의 다툼은 기본적으로 물질적인 이익이 달린 문제이기 때문에 내가 잘못이 없다는 것을 보여 주는 데 모든 노력을 집중하고 잘못을 선뜻 인정하지 않는다. 이는 결코 열린 마음이 아니며 논리적인 사고라 할 수 없다. 님비NIMBY: Not In My Backyard 현상처럼 집단의 이익을 위해 따지는 경우도 마찬가지이다. 우리 동네에 쓰레기 소각장이나 화장터 같은 혐오 시설이 들어설 수 없다는 주장의 근거는 다른 동네에도 똑같이 해당하는 것이고 결국에 우리는 각자 집에서 쓰레기를 처리해야 한다. 이는 결국 나만은 안 된다는 닫힌 자세가 아닐 수 없다. 그러나 외세의 압력이나 국가 권력·재벌 등의 부당한 대우에 항의하는 일은 경우가 다르다. 비록 개인적인 사유로 항의를 한다고 하더라도 내가 따지는 근거는 비슷한 처지에 있는 사람들의 것으로 공론화할 수 있고, 분노에서 비롯한다고 해도 그것은 공분公憤이기 때문이다. 무엇보다도 권위의 힘과 판단을 의심하고 항의한다는 것은 그 자체가 열린 마음이며 비판적인 마음이다.

이제 두 번째 의문에 대해서 생각해 보자. 주장(결론)에 근거(전제)를 제시하는 것을 논증이라고 한다(논증에 대해서는 10장에서 자세하게 다루겠다). 곧 논증은 주장과 근거로 이루어져 있다. 그런데 우리말 '논증'과 비슷한 말인 '논쟁論爭'에 이미 논하여 다툰다는 뜻이 들어가 있다. 그리고 칼싸움을 잘하는 사람을 '검객'이라고 부르는 것처럼, 말이나 글로 논하는 싸움을 잘하는 사람을 '논객'이라고 부르기도 한다. 특히 인터넷 공간에서는 이 논객들의 활동이 아주 활발하다. 그래서인지 우리는 사람들끼리 의견이 달라 조금만 토론을 벌이고 있어도 "좋은 말로 하지 왜 싸우느냐?"고 질타하기도 한다. '논증하다'에 해당하는 영어 단어^{argue}는 '다투다'는 뜻으로 더 많이 쓰인다. 그렇다면 논쟁은 전쟁일까? 논증 또는 토론의 목표가 누가 이기고 지는지 가리는 데 있는 것일까?

💬 논쟁은 전쟁

언어학자 조지 레이코프와 철학자 마크 존슨은 함께 쓴 『삶으로서의 은유』에서 논쟁은 전쟁이라고 생각하는 은유가 우리 언어에 얼마나 많이 스며들어 있는지 지적한다. 우리가 논쟁할 때 수행하는 많은 행동이 전쟁이라는 개념으로 표현되는데, 다음이 그런 보기이다.

- 너의 주장은 방어될 수 없다.
- 그는 나의 논증의 모든 약점을 공격했다.
- 그의 비판은 적확한 것이었다.
- 나는 그의 주장을 분쇄했다.
- 나는 그와의 논쟁에서 한 번도 이긴 적이 없다.
- 동의하지 않는다고? 그래, (그럼 나를) 해치워 봐.
- 네가 그 전략을 사용한다면, 그가 너를 쓸어버릴걸.

- 그는 나의 모든 논증을 격파했다.

우리는 자주 논쟁에 '이긴다'거나 그의 주장을 '공격했다'는 표현을 쓴다. 이런 '공방' 형식의 논쟁은 서로 대립되는 의견들이 분명히 드러나고 쟁점도 비교적 분명하다는 그 나름의 장점이 있다. 그러나 논쟁에서 승리하는 것이 목표이기 때문에 상대방의 잘못이 무엇인지 파헤치려고 온 힘을 쏟게 된다. 이는 상대방의 의견이 자신의 생각과 다르다고 해도 주의 깊게 들으며 그것과 비교해서 자기 생각이 잘못임이 드러나면 의견을 수정하는 논리적인 사람의 자세와 어긋난다. 물론 승리를 노리더라도 객관적인 사실과 합리적이고 엄밀한 근거에 의존하고 상대방을 끝까지 존중한다면 문제가 없다고 생각할지 모른다. 그러나 승리를 목표로 하면 자신의 의견을 끝까지 관철하려는 자세가 되기 쉽고, 그것은 자신의 생각에 오류가 있을지도 모른다는 열린 마음보다는 내 생각은 틀리지 않았다는 독단적인 태도로 나아갈 가능성이 크다. 그래서 논증의 목표는 승리가 아니라, 논증에 참석한 사람들이 힘을 합해 더 좋은 해결책을 찾아내는 것이라는 점을 명심해야 한다.

주의할 것은 이런 논증의 윤리도 상대방이 대화할 자세가 되어 있고 설득될 만한 여지가 있다고 생각될 때 성립한다는 것이다. 논증에 참석한 사람들이 협력해 더 좋은 해결책을 찾는다는 논쟁의 목표는 당연히 논증 참석자들이 모두 합리적인 대화가 가능하다는 전제에서 성립한다. 한쪽이 대화를 거부한다면, 가령 아돌프 히틀러, 일본 제국주

1999년 시작해 2024년 1000회를 넘긴 TV 프로그램 <MBC 100분 토론>의 특집 다큐멘터리 한 장면.

의자, 군사 독재 정권, 극우주의자와의 논증에서 차분하고 인내심 있는 대화와 협력을 강조하는 것은 순진한 발상일 수 있다. 그때는 공분, 풍자, 독설이 담긴 성명서, 격문 등을 이용해서 여론을 형성하는 방법이 더 적절하고 효과적일 것이다. 상황에 따라서 논증의 목표가 승리일 때도 있다. 다만 그때라도 승리하기 위해서라면 열린 마음, 그리고 비판적인 마음을 잃지 말아야 한다. 흥분하면 진다.

논쟁의 위험

다음은 논쟁의 위험을 경고한 성현의 말씀이다. 논쟁의 목적을 곰곰이 생각하며 읽어 보자.

나와 다르다고 공격하면 손해가 되어 돌아온다.
- 『논어』 중에서

어떤 사람들은 '이것만이 청정하다'고 고집하면서, 다른 가르침은 청정하지 않다고 말한다. 자기가 따르고 있는 것만을 진리라 하면서, 서로 다른 진리를 고집하고 있다.

그들은 토론을 좋아하고, 토론장에 나가 서로 상대방을 어리석은 자라고 비방하며, 스승을 등에 업고서 논쟁을 벌인다. 자신이 논쟁에서 이기고자 스스로를 진리에 도달한 사람이라 여기면서.

논쟁을 하는 사람은 이기고자 애를 쓴다. 그리고 패배하면 풀이 죽어 상대방의 결점을 찾다가 남에게 비난을 받고 화를 낸다.

다른 사람들이 그에게 '그대는 패배했다. 논파당했다.'라고 하면, 논쟁에 패배한 자는 슬퍼 울고 '저 사람이 나를 이겼노라.'며 비탄에 잠긴다.

이러한 논쟁이 수행자들 사이에 일어나면, 이들 가운데에는 이기는 사람이 있고 지는 사람이 있다. 사람들은 이것을 보고 논쟁을 하지 말아야 한다. 논쟁에서 이겨도 잠시 칭찬을 받는 것 이외에 아무런 이익도 없기 때문이다.

또는 다른 사람들 앞에서 자기 의견을 말하고 그것으로 칭찬을 받으면 속으로 기대했던 이익을 얻어 그 때문에 기뻐 우쭐해진다.

우쭐해진다는 것은 오히려 그를 해치는 일이다. 그는 교만해지고 허세를 부리게 된다. 그러므로 논쟁을 해서는 안 된다. 지혜로운 사람은 누구도 논쟁으로 깨끗함을 얻을 수 있다고 말하지 않는다.

- 『숫타니파타』, 「파수라」 중에서

변호사 논증법

논증이 가장 많이 사용되는 곳을 꼽으라면 법정을 들 수 있다. 변호사는 논리적인 사람의 전형에 아주 가까운 것은 분명하지만 논증 상대를 협동 관계보다는 적대 관계로, 다시 말해서 꼭 이겨야 하는 상대로 본다는 점에서 완벽한 의미의 논리적인 사람이라고 할 수는 없다. 변호사는 의뢰인의 승소를 위해 최선을 다하기 때문에 자신에게 불리한 증거는 최대한 감추려고 노력하고 상대방의 주장에서 최대한 흠을 찾으려고 노력한다. 그러나 우리가 변호사에게서 배워야 할 논리적인 사고의 자세가 있다. 바로 심정적으로 동조할 수 없는 의뢰인의 사건이라고 할지라도 자신의 일처럼 적극적으로 변호한다는 것이다. 가령 아버지를 죽인 자식의 변호를 맡았다고 생각해 보자. 변호의 가치가 전혀 없는 파렴치범이라고 생각하기 전에 정말로 이 사람이 아버지를 죽였는지, 죽인 것이 맞는다면 아버지를 죽일 수밖에 없었던 이해할 만한 이유가 있는지 찾아보는 것이 변호사의 자세이다.

이것은 바로 비록 자신의 기존 지식과 선입견으로는 옳다고 또는

옳지 않다고 생각되는 주장이
더라도 모든 가능성을 의심해
보고 합당한 근거를 찾는 논리
적인 사고이다. 변호사가 기존
지식과 선입견을 버리고 사건
을 바라보는 것은, 비록 그것이

> 화가와 변호사는 흰 것을 검게 만들 수 있다.
> 미국 속담.
>
> "재판장님, 피고인은 불쌍한 고아이니 관대
> 하게 판결해 주세요."
> 부모를 죽인 범인의 변호사가 하는 말. 유머.

돈 때문이든 변호사의 윤리 때문이든, 논리적인 사람이 가장 먼저 갖추
어야 할 열린 마음을 실천하는 모습이라고 할 수 있다. 그래서 논증을
할 때 변호사 역할을 해 보는 것은 아주 좋은 논리적 사고 연습이다. 예
를 들어 내가 임신 중절이 그르다고 생각하더라도 그 반대 주장을 하는
사람의 변호인 또는 대변인이라고 생각하고 어떤 근거들이 있는지 찾
는다면 상대방의 주장을 훨씬 잘 이해하게 될 것이다.

🗨 동심을 울리는 '냉철한' 토론

과거 어느 코미디 프로그램에 〈토론 배틀〉이라는 코너가 있었다. 이 코너에
서는 유명 논객으로 분장한 어른이 '냉철한' 토론으로 어린이의 동심을 울린
다. 가령 "뽀로로와 크롱은 친구"라는 어린이의 말에 "악어와 펭귄은 먹이사
슬에서 상하 관계다. 어떻게 둘이 친구가 될 수 있느냐?"라고 반박하여 울리
는 식이다. 코미디로 이해한다고 하더라도 논리적인 사고를 이렇게 희화화하
는 것은 논리적인 사고는 상대방을 무조건 이기는 것이라고 오해하게 만들 수
있다. 참고로 크롱은 악어처럼 생겼지만 공룡이다.

어떻게 보면 무엇보다도 공정해야 하는 재판관의 역할이 변호사보다 논리적인 사고와 가장 어울리는 것 같다. 재판관은 선입견과 편견을 모두 버리고 원고와 피고 누구에게도 치우치지 않는 객관적인 시각으로 판결을 내려야 한다. 그러나 그도 누군가의 손을 들어 줘야 한다는 점에서 논증을 협동적인 과정으로 보는 데는 어울리지 않는다. 그런 점에서 판결보다는 조정을 주된 목적으로 하는 가정 법원의 역할이 우리가 지금 생각하는 논증의 모형으로 적합해 보인다. 이혼과 자식 양육 문제에 관해서 어느 한쪽의 손을 들어 주는 것은 이긴 쪽이나 진 쪽 모두에게 고통을 주지만 조정을 통해 슬기로운 해결책을 찾는다면 당사자 모두에게 행복을 줄 것이기 때문이다.

자비로운 해석의 원리

논증은 상대방을 쓰러뜨리는 파괴의 작업이 아니라 협동하여 최선의 결론을 찾는 건설의 작업이다. 당연히 논쟁 상대자도 굴복시켜야 할 대상으로 볼 것이 아니라 파트너로 봐야 한다. 그러기 위해서는 우선 상대방에게 충분한 정보를 주고 자유로운 의사 결정을 할 수 있게 해 줘야 한다. 논증의 목적이 누가 이기는 것이 아니고 가장 좋은 해결책을 찾는 것이므로 상대방에게 유리한 정보를 일부러 숨기는 짓은 치사하고 결국에는 나에게도 도움이 안 된다. 그리고 검열이나 강압적인 분위기에서는 생산적인 논증을 이끌어 낼 수 없다.

그다음에 상대방의 논증을 최대한 합리적인 논증으로 해석해야 한다. 이것을 **자비로운 해석의 원리**라고 부른다. 상대방의 주장을 액면 그대로 해석하여 잘못부터 찾아낼 것이 아니라, '나라면 저런 뜻으로 주장했을 거야.'라고 상대방에게 감정 이입을 한 다음 선의로 해석하여 가능한 한 가장 강한 주장이 되게 해야 한다. 왜 그런 수고를 해야 하는가? 논증을 펼치고 있는 상대방을 합리적인 사람으로 인정하기 위해서이다. 사회를 이루어 살고 있는 우리들에게 효과적인 의사소통은 생존을 위해 꼭 필요한 자세이다. 효과적으로 의사소통을 하려면 상대방이 합리적인 사람임을 인정해야 상대방도 나를 합리적인 사람이라고 간주할 것이다. 상대방이 합리적인 사람이라고 인정한다는 것은 그 사람의 논증을 가능한 한 가장 좋은 논증이 되도록 해석해야 한다는 뜻이다.

형석이 제임스라는 흑인 친구를 알게 되었고 다음과 같이 주장했다고 해 보자.

■ 제임스는 흑인이니까 틀림없이 농구를 잘할 거야.

일단은 형석의 논증이 좋은 논증이 되도록 겉으로 드러나지 않았거나 말해지지 않은 부분을 찾아 재구성하는 자비를 베풀어야 한다. 그것이 형석을 합리적인 대화 상대방으로 인정하는 태도다. 명희가 형석의 논증을 다음과 같이 재구성한다고 해 보자.

■ 제임스는 흑인이다.
 흑인은 모두 농구를 잘한다.
 따라서 제임스는 농구를 잘한다.

명희는 형석의 주장에 '흑인은 모두 농구를 잘한다.'라는 숨은 전제가 있다고 해석하고 있다. 형석의 논증을 이렇게 해석하면 반박하기가 상대적으로 쉽다. 명희가 농구를 잘하지 못하는 흑인을 몇 명, 아니 한 명만 이야기해도 '흑인은 모두 농구를 잘한다.'라는 숨은 전제가 거짓이 되므로 형석의 주장은 반드시 옳다고 할 수 없기 때문이다. 그러나 형석의 논증을 이렇게 재구성하는 것은 형석에게 공정하지 못하다. 형석은 다음과 같이 논증했을 수도 있기 때문이다.

■ 제임스는 흑인이다.
　흑인은 대체로 농구를 잘한다.
　따라서 제임스는 농구를 잘한다.

이런 해석에서의 숨은 전제는 반박하기가 쉽지 않다. 명희가 농구를 잘하지 못하는 흑인을 몇 명 이야기한다고 해도, 형석은 어쨌든 흑인은 대체로 농구를 잘하고 그래서 제임스는 아마도 농구를 잘할 것이라고, 자기가 한 말은 그게 다라고 대꾸할 수 있기 때문이다. (이 논증은 '통계적 귀납'으로 22장에서 자세하게 설명하겠다.)

우리는 이 두 해석 중에서 어느 쪽을 선택해야 할까? 논리적인 사고는 비판적인 자세를 갖는 것이라고 했지만, 그것이 무조건 상대방의 잘못을 찾고 비난하라는 말은 아니다. 그런 목적이 다르면 첫 번째 해석을 선택해서 손쉽게 공격할 수 있다. 그러나 그것은 힘이 없는 어린아이의 손목을 비트는 것과 다르지 않다. 어린아이와 팔씨름해서 이겼다고 기뻐하지는 않지 않는가? 이것을 **허수아비 공격의 오류**라고 부르는 데 반성 없이 편안하게 독단에 빠져 있다는 점에서 논리적인 사고를 하는 것이라고 볼 수 없다. 그리고 의도적이든 의도적이지 않든 허수아비를 만들어서 비판하는 것은 지적인 성실성을 의심받기 쉽다. 의도적으로 그랬다면 비양심적인 것이고 의도적이 아니었다면 상대방의 논증을 이해하는 데 게을렀다는 말을 들을 것이다. (허수아비 공격의 오류에 대

©곽백수, 네이버 웹툰 〈가우스 전자〉. 자비로운 해석의 원리를 따르는 것은 꼰대가 되지 않는 길이기도 하다.

해서는 20장에서 더 자세하게 다루겠다.) 논리적인 사람은 상대방의 논증을 평가할 때 근거가 적절한지, 또 근거가 적절하다고 해도 거기서 어떤 주장이 따라 나오는지 끊임없이 의심해 봐야 하지만, 상대방의 논증을 해석할 때는 최대한 공정하고 관대해야 한다.

논증을 할 때 자비로운 해석의 원리를 발휘해야 한다고 해서 착한 사람이 되라는 것은 아니다. 불필요한 시간을 절약한다는 실용적인 목적 때문이다. 형석의 주장을 첫 번째처럼 해석해 봤자 형석이 합리적인 사람이라면 곧바로 자신의 원래 뜻은 그런 게 아니었다고 대꾸할 것이다. 애초에 자비로웠다면 없어도 되는 과정이다.

사람은 누구나 자기중심적으로 생각하는 경향이 있다. 논증할 때 이유를 찾기는 찾는데 자기한테 유리한 이유만 찾고 불리한 이유는 애써 무시한다. 특히 요즘처럼 인터넷이 발달한 사회에서는 생각이 비슷한 사람들끼리 모이고 정보를 주고받으므로, 자기는 이유를 찾았다고 생각하지만 자기한테 유리한 이유만 찾은 셈이다. 이는 공정하지도 못하고, 충분한 이유를 검토하지 않으면 우물 안 개구리가 되므로 결국에 논증에서 불리하게 된다. 나에게 불리한 근거도 자비롭게 찾는 것이 결국에 논증에 이기는 길이다.

미국의 철학자 대니얼 데닛은 『직관펌프, 생각을 열다』에서 심리학자 아나톨 래퍼포트가 발표한 규칙을 소개한다.

1. 상대 입장을 매우 명확하고 생생하고 공정하게 다시 표현하여 상대방의 인정을 얻는다.

2. 의견이 일치하는 지점을 전부 나열한다.

3. 상대방에게 배운 것을 모두 언급한다.

4. 이렇게 한 뒤에야, 반박하거나 비판할 자격이 생긴다.

얼른 짐작하겠지만 바로 자비로운 해석의 원리이다. 데닛은 이 규칙의 즉각적인 효과는 상대방이 내 비판에 귀를 기울이는 것이라고 말한다. 내가 상대방의 입장을 충분히 이해한다는 사실을 밝혔고 훌륭한 판단력을 소유하고 있음을 입증했기 때문이다. 그렇지 않겠는가? 논증도 사람끼리 하는 일인데, 내 의견이 공정하게 대우받고 있다는 사실을 알면 논증에 참석한 사람들이 협력해 더 좋은 해결책을 찾는다는 논쟁의 목표가 쉽게 달성될 수 있다.

논증의 윤리적 책임

우리는 논증을 통해서 사람들을 설득하고 변화시키려고 한다. 당연히 논증은 사람들이 더 나은 결정을 하게 하고 사람들의 삶을 개선하는 데 목표를 두고 있다. 그래서 우리는 논증을 이용해서 정의와 평화를 실현하고 전쟁과 빈곤을 없애기 위해 노력한다. 그러나 논증이 항상 그런 목적을 위해서 쓰이는 것은 아니다. 논증은 때때로 사람들을 해치고 사람들의 삶을 피폐하게 만든다. 특히 사회에서 지도적인 위치에 있는 사람의 논증은 똑같은 주장이라도 그들의 권위 때문에 대중에게 쉽게 받아들여진다. (권위에 의거한 논증은 15장과 16장에서 자세하게 설명하겠다.)

그런데 그들이 논증을 이용해서 진실을 숨기고 세상 사람들을 잘못된 길로 인도하여, 수많은 사람을 죽음으로 이끌고 불행에 빠지게 하는 일이 많다. 우리나라에서는 일제 강점 시기에 지식인과 언론이 일제의 식민 지배를 미화하고 합리화하는 논증을 펴서 수많은 젊은이를 전쟁터로 내몰았다. 그 젊은이들은 그런 논증이 없었다면 적어도 자발적으로 전쟁터에 나가지는 않았을 것이다. 그리고 군사 독재 정권 시절에도 역시 지식인들이 군사 독재 정권의 통치를 정당화하고 언론은 여론을 조작해서 자유와 인권을 억누르고 민주주의를 한참이나 후퇴시켰다. 외국에서도 20세기 초반의 나치스 그리고 최근의 신나치주의자나 인종 분리주의자들의 논증은 전쟁과 학살을 불러일으켰다. 논증은 이렇게 좋은 결과든 안 좋은 결과든 사람들의 삶에 끼치는 영향이 매우 크다. 그렇기 때문에 논증을 하는 사람들은 자신의 논증에 대해서 해명할 수 있어야 하고 윤리적인 책임감을 가져야 한다. 특히 사회에 대한 영향력이 아주 큰 지식인들은 자신의 논증이 무기가 될 수도 있다는 것을 잊지 말아야 한다.

지식인의 논증과 윤리적 책임

이제야 기다리고 기다리던 징병제라는 커다란 감격이 왔다. … 그러나 반도 여성에게 애국적 정열이 없는 것은 아니다. 그것을 나타낼 기회가 적었을 뿐이다. … 우리에게 얼마나 그 각오와 준비가 있는 것인가! … 우리는 내지 여성(일본 여성)에게서 배울 점이 많다. … 즉, 국가를 위해서 즐겁게 생명을 바친다는 정신이다. 모든 것이 내 것이 아니다. 내 남편도, 내 아들도 물론 국가에 속한 것이다. 최후의 내 생명까지 국가에 속한 것임을 절실히 깨달아야 한다.

이 글은 대표적인 친일 여성 지도자 김활란이 《신시대》 1942년 12월호에 기고한 「징병제와 반도여성의 각오」라는 논문의 일부다. 아마기 가쓰란^{天城活蘭}으로 창씨개명을 하고 각종 어용 조직에 주도적으로 참여하며, 여러 강연의 연사로 나선 김활란이 일본의 침략 전쟁을 위해서라면 기꺼이 징병제에 참여하라고 독려한 대목이다. 당시 식민 조국의 많은 젊은이는 지식인인 김활란의 이 주장에 선동되어 비장한 각오로 전쟁터에 나갔을 것이다. 김활란은 비록 고인이지만 자신이 한 논증 때문에 전쟁터에서 비참하게 죽어 간 젊은이들에게 역사적으로나마 윤리적 책임을 져야 할 것이다. 이화여대는 1999년 고 김활란 박사의 탄생 100주년을 맞아 '우월 김활란 상'을 제정해 국제적으로 탁월한 업적을 이룩한 전문 여성에게 상을 수여하기로 결정했으나 누리꾼과 시민 단체의 반대로 무산되었다.

논리 연습

*1. 다음 중 논증에 대한 옳은 설명은?

(1) 나의 이익을 극대화하기 위한 것이다.

(2) 상대방의 논증을 선의로 해석해야 한다.

(3) 상대방을 이기기 위해서 최선을 다해야 한다.

(4) 그것이 가져올 결과까지 고려할 필요는 없다.

*2. 다음 중 자비로운 해석의 원리를 가장 잘 따르는 주장은?

(1) 너무 어처구니없는 주장이네. 들어 보나 마나야.

(2) 이런 주장은 그냥 거르면 됩니다. 상대하지 마세요.

(3) 뭐부터 가르쳐야 할지 모르겠어요. 커다란 벽을 느낍니다.

(4) 저런 주장을 할 때는 무슨 이유가 있을 텐데 한번 알아봐야겠네.

* 표시된 문제의 정답 및 해설은 483쪽에

5장 논리학을 배우면 논리적으로 생각하게 될까?

논리학과 논리적 사고

논리적인 사고와 가장 가까운 학문은 논리학이다. 논리적인 사고는 어떤 주장에 대해서 적절한 근거를 대는 것이라고 했다. 이때 주장과 근거를 논리학의 전문 용어로 **전제**와 **결론**이라고 하고 전제와 결론의 쌍을 **논증**이라고 하는데(11장에서 자세하게 설명하겠다), 논리학은 이 전제와 결론의 관계를 연구하는 학문이다. 약간 더 자세하게 말하면, 전제가 결론을 언제 지지하는지 그리고 얼마나 잘 지지하는지 연구하는 학문이다. 그런데 논리적인 사고를 잘하기 위해서 논리학을 배워야 할까? 정말 논리학을 제대로 배우면 논리적인 사람이 될까? 논리적이지 못한 논리학자는 '착한 악마'라는 말처럼 형용 모순일까?

논리학의 역사

논리학은 학문의 창시자가 누구인지 분명히 알려져 있고 또 창시자가 완전히 혼자 힘으로 시작해 낸 거의 유일한 학문이다. 논리학을 만든 사람은 바로 철학자 아리스토텔레스Aristoteles, BC 384-BC 322다. 그가 쓴 논리학에 관한 글들은 『오르가논』이라는 책 제목으로 전해 내려오는데 이 말은 '도구' 또는 '수단'이란 뜻이다.

아리스토텔레스는 논리학이 올바른 사고를 위한 도구라고 생각했던 것 같다. 왜 중고등학교에서 국어, 영어, 수학을 '도구 과목'이라고 하지 않나? 아리스토텔레스는 논리학을 그런 식으로 본 듯하다. 아리스토텔레스의 논리학은 중세를 거쳐 19세기까지 그 본질적인 내용이 거의 변하지 않은 채 전해 내려왔다. 그러던 것이 19세기 후반부터 수학자들이 수학의 토대에 관한 문제를 풀기 위해 논리학을 이용하기 시작

ⓒVerveridis Vasilis. 고대 그리스의 철학자 아리스토텔레스는 논리학뿐만 아니라 물리학, 생물학, 수사학, 정치학 등 여러 학문의 창시자이다.

하면서 논리학의 모습은 전혀 딴판으로 변하기 시작했다. 특별히 **기호 논리학** 또는 **수리 논리학**이라고 부르는 현대 논리학은 일상 언어에서는 완전히 벗어난 아주 복잡하고 이론적인 학문이 되었다.

그런데 아리스토텔레스의 논리학이 됐든 현대의 기호 논리학이 됐든 모두 우리가 나날의 생활에서 주장하는 진술의 내용보다는 그 형식에 관심이 있다. 논리학자들이 전제와 결론의 후보가 될 수 있는 세상사 하나하나에 다 관심을 가질 수

> "아는 것이 힘이다."
> 이 말을 한 17세기 영국의 철학자 프란시스 베이컨1561-1626은 아리스토텔레스의 논리학에 도전하여 『노붐 오르가눔』, 곧 '새로운 도구'라는 뜻의 책을 썼다('오르가눔'은 그리스어 '오르가논'의 라틴어이다). 아리스토텔레스의 논리학은 연역 중심인데 베이컨이 말한 새로운 도구는 귀납이다. 연역과 귀납의 차이는 12장에서 설명하겠다.

는 없는 노릇이고, 그들은 전제가 결론을 잘 지지하는지 평가할 때 그 내용을 확인하기보다는 전제와 결론 간의 관계가 보여 주는 형식을 보고 판단한다. 사실 아리스토텔레스가 논리학이 올바른 사고를 위한 도구 구실을 한다고 생각한 것도 내용에서 벗어나 내용을 담는 형식을 탐구하는 논리학의 특성 때문에 가능한 것이다. 비유하자면 논리학자들은 붕어빵을 어떤 틀에 찍어 내야 좋은 붕어빵이 되는지에 관심이 있을 뿐이며 그 틀에 들어갈 밀가루와 팥소앙꼬에 대해서는 관여할 일이 아니라고 생각하는 것이다. 이런 논리학을 **형식 논리학**이라고 부른다.

논리학 훈련

사정이 이러한데 논리학을 배운다고 해서 논리적으로 생각하게 된

다고 말할 수 있을까? 온 세상에 가장 널리 알려진 논리학 교과서를 쓴 미국 철학자 어빙 코피Irving Copi, 1917-2002는 논리학을 배운 사람만이 논리적으로 생각할 수 있다고 말하는 것은 마치 달리기와 관련된 물리 법칙이나 운동 생리학을 배운 사람만이 잘 달릴 수 있다는 말이나 마찬가지로 틀린 얘기라고 말한다.

뛰어난 육상 선수가 자기가 달리는 동안에 자기 몸 안에서 일어나는 복잡한 과정에 대해서 전혀 무지할 수도 있다. 그리고 말할 필요도 없는 이야기지만, 그런 것에 대해서 많이 알고 있는 노교수가 육상 트랙에 자신의 권위를 걸고 뛴다고 해도 그리 잘 달리지는 못할 것이다. 똑같은 근육과 신경 조직을 갖춘 사람들의 경우에도 많이 아는 사람이 '천부적인 육상 선수'를 이긴다는 보장이 없다.
– 어빙 코피, 『논리학 입문』 중에서

코피의 지적은 꽤 설득력이 있다. 정말로 우리는 주식 투자에 실패하는 경제학 교수나 정치에 입문했지만 정치를 잘 못하는 정치학자를 그 이유 때문에 비난하지는 않는다. 아마도 주식 투자의 성공 방법은 경제학이라는 학문의 본래 영역이 아닐지도 모른다. 아니면 경제학의 본래 영역은 맞는데 사회과학의 짧은 역사 탓에 아직 완벽한 과학의 수준에 오르지 못해서 설명과 예측이라는 과학의 제 기능을 못하기 때문일지도 모른다. 실제로 역사가 깊은 자연과학은 그런 기능을 상대적으로 잘 해낸다. 일식이 언제 일어날지 모르면 제대로 된 천문학자라고 할 수 있겠는가? 로켓의 이동 방향을 설명 못한다면 제대로 된 물리학자라고 할 수 있겠는가? 어쨌든 경제학자나 정치학자가 현실 경제나 정치에서 성공해야 하느냐는 논란의 여지가 있다. 그러나 운동 생리학에 대해서는 경제학이나 정치학과 달리 과감하게 말할 수 있다. 운동 생리학을 잘하는 것과 잘 달리는 것은 상관없다고 말이다.

『장미의 이름』의 논리

중세의 수도원에서 일어나는 일을 그린 추리 소설인 움베르토 에코[1932-2016]의 『장미의 이름』에는 당시 수도원에서 논리학을 공부했음을 보여 주는 대목이 자주 나온다. "어허, 너는 삼단 논법이라는 걸 너무 믿는구나." 윌리엄 수도사가 그를 수행하는 아드소를 나무라며 하는 말이다. 아드소가 하는 다음 말이 무슨 뜻인지 생각해 보자.

> 나는 기가 죽고 말았다. 그때까지만 해도 논리야말로 만능의 무기라고 믿던 나는 그제서야, 그 적용의 근거가 확실할 때만 무기가 될 수 있다는 것을 알았다. 뿐만 아니었다. 나는 사부님을 시봉하면서, 논리라고 하는 것은 그것이 적용되어야 할 사상事象 안에 있을 때보다는 거기에서 떠나 있을 때 더욱 유용한 문제 해결의 열쇠가 되어 준다는 것도 깨닫게 되었다. 나의 이러한 깨달음은 사부님과 함께하는 기간이 길어지면 길어질수록 더욱 확실하게 내 것이 되어 갔다.

논리학도 운동 생리학과 비슷할까? 논리학을 잘 아는 것은 논리적이 되는 것과 상관이 없을까? 논리학은 운동 생리학과 경우가 다르다. 논리학을 공부하면 논리적으로 생각하게 될 가능성이 높다. 논리학은 일상생활에서 실제로 사용되는 수많은 논증을 형식화하고 거기서 일반적인 원리를 찾은 것이므로, 논리학을 공부한 사람은 그런 논증과 원리를 다루거나 생각해 본 적이 없는 사람보다 더 정확하게 추론할 것이기 때문이다. 더구나 논리적인 사고는 3장에서 이야기한 것처럼 지식보다는 기술의 성격이 짙다. 논리학은 경제학이나 정치학처럼 하나의 이론으로만 습득하는 것이 아니라 하나의 기술로서 습득하므로 그것을 구체적인 사례에 실제로 적용해 보는 연습을 한다. 논리학은 아리스토텔레스가 처음 창시할 때부터 연습을 핵심적인 요소로 포함했다. 따라서 '연습이 완벽을 낳는다.'라는 서양 속담처럼 논리학을 공부하면 논리적인 사람이 될 가능성이 높다. 만약 운동 생리학자, 경제학자, 정치학자 들도 학문을 하면서 거기에 연습을 반드시 포함한다면 실제 운동이나 현실 경제나 정치에서 훌륭한 업적을 낳을 것이다.

> "연습이 완벽을 낳지 않는다. 완벽한 연습만이 완벽을 낳는다."
> 빈스 롬바르디 1913-1970, 미국의 전설적인 미식축구 감독

논리적 능력은 타고나는가?

논리학을 공부하면 논리적인 사고를 할 수 있다고 말했지만, 형식에만 관심을 쏟는 논리학 학습으로는 그 효과가 그리 크지 않다. 형식

논리학에서 논증에 관계되는 일반적인 원리를 배워 해결할 수 있는 것은 다음과 같은 논증이 올바른 논증인지 평가하는 것이다.

재봉사에게 돈을 지불한다면 수중에 돈이 하나도 없을 것이다. 돈이 있을 때에만 여자 친구와 춤추러 갈 수 있다. 내가 그녀와 춤추러 가지 않으면 그녀는 불행할 것이다. 그러나 재봉사에게 돈을 지불하지 않으면 그는 내게 옷을 주려고 하지 않을 것이다. 그리고 옷이 없으면 나는 그녀와 춤추러 갈 수 없다. 나는 재봉사에게 돈을 지불하거나 지불하지 않는다. 따라서 내 여자 친구는 반드시 불행해질 것이다.
– 어빙 코피, 『논리학 입문』 중에서

그런데 이런 논증 평가 연습이 논리적 사고 능력을 향상하는 데 전혀 의미 없지는 않겠지만 그리 큰 도움은 되지 못한다. 두 가지 이유를 들 수 있는데, 먼저는 앞의 보기에서 그 내용이 무엇인지는 전혀 중요하지 않기 때문이다. 실제로 이 논증이 올바른 논증인지 평가할 때 '재봉사' 대신에 '교수'로 바꾸어도 '발레리나'로 바꾸어도 아무 상관이 없다. 그리고 '나'가 어떤 사람인지는 중요하지 않다. 오직 그 진술들의 형식적인 관계만이 중요할 뿐이다. 그러나 우리가 현실에서 올바른지 알고 싶어 하는 주장들은 누가 언제 어떤 상황에서 무엇을 이야기하고 있는지 그 맥락에 따라서 시시각각으로 달라지지 않는가?
논리적 형식의 연습이 그리 큰 도움이 되지 않는 또 다른 이유는 우리 일상생활에서 논리적 사고가 필요할 때 앞의 보기와 같이 복잡한 논리적 형식을 띠는 경우는 그리 많지 않다는 사실이다(보기와 같은 연습 문제는 형식 논리학 교과서에서 복잡한 축에 끼지도 못하며, 일상 언어로 된 연습은 그나마 많지도 않다). 대부분 간단한 논리적 형식을 이해하면 충분하다. 실제로 논리적인 사고에 필요하다고 3장에서 말한 기술과 능력을 되새겨 보아라. 그것들은 주장의 형식적인 면을 이해하는 능력이라기보다는 내용에 대한 풍부한 이해와 그것이 지금 논의와 관련이 있는지 파악하는 능력이다.

40여 년 전부터 미국에서 이른바 '비판적 사고 운동'이라는 것이 벌어져서 현실의 구체적인 문제들에 관심을 갖는 논리학이 등장했다. 그런 논리학을 **비형식 논리학**이라고 부른다. 이 새로운 논리학은 어떻게 하면 일상생활에서 논리적이고 비판적으로 생각하는 능력을 키울 수 있는가 하는 고민에서 나왔다. 따라서 비형식 논리학을 공부하는 것은 곧 논리적으로 사고하는 방법을 연습하는 것이다.

이 책은 그 연습 방법과 내용을 소개하며 연습을 돕는 데 목적이 있다. 달리기 선수의 신체 변화를 연구하는 운동 생리학 교수의 역할이 아니라 달리기 선수를 훈련시키는 트레이너의 역할을 맡는 것이다. 달리기 선수의 재능은 천부적인 소질이 많이 좌우한다. 논리적인 사고도 비슷한 면이 있다. 천성적으로 논리적인 사람이 있고 그렇지 못한 사람이 있다. 명탐정 홈스의 동료이며 조수인 왓슨 박사는 홈스의 흉내를 내 보지만 번번이 실패한다. 홈스는 자신의 관찰력과 추리력이 어느 정도는 훈련으로 이루어진 것이지만 타고난 것이라고 인정한다.

"지금까지 들은 자네의 이야기에 따르면 자네의 관찰력이나 추리력은 분명히 스스로 훈련한 결과겠구먼." 홈스는 약간 머뭇거리다가 대답했다. "어느 정도는 그렇다는 거지. 하지만, 나의 그런 재능은 주로 혈통에서 온 것이 아닐까 싶네."
– 코난 도일, 『그리스어 통역관』 중에서

나[왓슨 박사]는 이 사나이를 자세히 관찰하면서 내 친구[홈스]의 수법을 흉내 내어 그의 복장이나 외모에서 어떤 단서를 찾아내 보려고 애썼다. 그러나 내 관찰로는 별 소득이 없었다.
– 코난 도일, 『붉은 머리 클럽』 중에서

천성적으로 논리적인 사람은 어려운 형식 논리학의 개념을 몰라도 논리적이라고 불러도 손색이 없는 추리를 한다. 홈스가 무슨 논리학을 공부했겠는가? 그러나 논리적으로 타고난 사람이라도 거기에 덧붙여 새로운 논리적 사고의 연습을 하면 더욱더 논리적인 사람이 될 것이다. 원래부터 비논리적인 사람은 연습을 해도 향상 속도가 더디긴 할 것이다. 그러나 달리기 선수와 다른 점이 있다. 날 때부터 느려 터진 사람들은 아무리 훌륭한 트레이너에게 훈련을 받아도 한계가 있지만 논리적인 사고는 그렇지 않다는 사실이다. 그 까닭은 2장에서 말한 것과 같다. 논리적인 사고를 한다는 것은 기술 이전에 태도의 문제이기 때문이다. 달리려는 폼만 잡는다고 해서 잘 달리는 것은 전혀 아니지만, 열린 마음과 비판적인 태도를 지니는 것만으로도 상당히 논리적으로 사고한다고 말할 수 있다. 따라서 논리적인 사람이 되려는 마음 자세를 갖추고 거기에 비형식 논리학에서 가르치는 연습을 한다면 누구나 논리적으로 생각할 수 있다.

논리 연습

*1. 논리학의 창시자는 누구인가?

2. 주변에서 유명인이든 친구든 논리적이라고 생각되는 사람이 있다면 그 사람의 논리적인 능력은 타고난 것인지 연습으로 생긴 것인지 알아보자.

*3. 다음 중 논리 또는 논리학을 가장 잘 이해하고 있는 진술을 고르라.

(1) 참말과 거짓말을 가름하는 것도 논리의 힘 가운데 하나지요.

　　　　　　　　　　　　　　　- 위기철,『반갑다 논리야』중에서

(2) 논리 공부는 오직 생각의 뼈대가 잘못되는 것만을 막아 준단다.

　　　　　　　　　　　　- 황경식,『재미있는 논리+논술 이야기』중에서

(3) 논리학(여기서는 형식 논리학을 말한다)을 공부하면 새로운 지식을 탐구하는 데 필요한 논리적 도구를 얻을 수 있다.

　　　　　　　　　　　　　- 김득순,『이야기 속의 논리학』중에서

(4) 논리학자는 대서양이나 나이아가라 폭포를 보지 않고도 단지 물 한 방울만 가지고 그것들이 존재함을 추론해 낼 수 있다.

　　　　　　　　　　　　　-코난 도일,『주홍색 연구』중에서

* 표시된 문제의 정답 및 해설은 483쪽에

2부

논리적 사고의 걸림돌, 언어를 넘자

6장   '사과'를 말하기 위해 사과를 가지고 다녀야 하나?

언어와 의미

언어의 기능

언어는 우리가 의사소통할 때 없어서는 안 되는 아주 중요한 도구이다. 우리는 언어를 통해 자기 생각을 남에게 전달하며 다른 사람의 생각을 이해한다. 말이 통하지 않는 외국 사람을 만났을 때를 생각해 보라. 사람 사는 게 다 비슷하다고 손짓발짓으로 어느 정도 의사소통이 되기는 하겠지만, 전하고자 하는 내용이 조금만 복잡해져도 생각을 정확하게 전달하기 어려우며 상대방의 생각도 제대로 이해할 수 없을 것이다.

한편 언어는 단순히 의사소통하는 도구에 불과한 것이 아니라 상대방을 설득할 수 있는 강력한 무기가 되기도 한다. 고려 시대 때 서희[942-998, 고려 전기의 외교가]는 칼 하나 쓰지 않고 말만으로 거란군을 철수시키지 않았는가? 똑같은 사실을 어떻게 표현하느냐에 따라 다르게 전달되는 것이다. '아 해 다르고 어 해 다르다.'라는 속담이나 '말 한마디에 천 냥 빚도 갚는다.'라는 속담은 그래서 생겼다.

언어는 세상을 바라보는 창이기도 하다. 많은 철학자와 언어학자 들은 세상은 누구에게나 똑같은 것이 아니라고 말한다. 즉, 세상은 객관적인 것이 아니라 우리가 어떤 언어를 가지고 있느냐에 따라 다르게 보인다는 뜻이다. 에스키모들에게는 눈에 해당하는 언어가 '내리는 눈', '땅 위에 쌓인 눈', '얼음처럼 단단하게 뭉쳐진 눈', '찌꺼기 같은 눈', '바람에 날리는 눈' 이렇게 다섯 가지가 있다고 한다. 그러나 우리에게 '눈'이라는 언어는 한 가지뿐이고 그런 것을 표현하려면 일일이 수식어를 이용할 수밖에 없다. 한편 더운 지방 사람들에게는 눈이라는 언어 자체가 없기 때문에 '날씨가 아주 추울 때 하늘에서 내리는 하얀 것'이라고 풀어서 설명해야 할 것이다. 이 모든 사람에게 눈이란 똑같은 것일 수 없다.

> "언어는 존재의 집이다."
> 마르틴 하이데거 1889-1976, 20세기 독일의 철학자
>
> "나에게 나무를 자를 여섯 시간을 준다면 나는 먼저 네 시간을 도끼를 날카롭게 하는 데 쓰겠다."
> 에이브러햄 링컨 1809-1865, 미국의 제 16대 대통령

의견의 불일치

사람들 사이에 의견이 일치하지 않는 경우는 몇 가지로 나눌 수 있다. 첫 번째는 사실에 대해 의견 차이가 있을 때다. 가령 지구에서 가장 가까운 별이 무엇이냐는 문제를 가지고 다툼을 벌이는 것은 실제로 천문 관측을 통해서 알아내든가 아니면 천문학자에게 물어보면 될 일이다. 다시 말해서 사실을 확인해 보면 해결할 수 있는 문제이다.

두 번째는 취향을 놓고 의견이 일치하지 않는 경우다. 이를테면 짜장면이 더 맛있느냐 우동이 더 맛있느냐 하는 논쟁은 사람마다 입맛이 다르기 때문에 사실 확인으로 해결할 수 있는 문제가 아니다. 의견 차이가 있더라도 각자의 취향을 존중해야 한다.

> **"취향을 두고 논쟁하지 말라."**
> 작가인 유시민은 『유시민의 글쓰기 특강』에서 글쓰기의 세 가지 규칙을 말하는데, 첫 번째는 취향 고백과 논증을 구별하라는 것이다. 취향에는 근거가 필요 없다. 두 번째는 주장은 반드시 논증하라는 것이고, 세 번째는 처음부터 끝까지 주제에 집중하라는 것이다.

마지막으로 언어 때문에 생기는 의견의 불일치가 있다. 논쟁할 때 중심이 되는 말의 뜻이 확실하지 않거나 사람들마다 그 말에 다른 생각을 품고 있어서 해결책을 찾기 힘들 때가 많다. 예를 들어 남자와 여자가 친구가 될 수 있는가 하는 문제로 이야기를 주고받는다고 할 때 '친구'란 말의

> **"남자와 여자는 친구가 될 수 없어. 섹스가 언제나 문제가 되기 때문에."**
> 영화 〈해리가 샐리를 만났을 때〉1989에서 샐리가.

뜻을 서로 다르게 생각하고 있다면 쉽게 결론을 내리지 못할 것이다. 대화는 겉돌고 진전이 되지 않아, 합의점을 찾는 것은 고사하고 서로를 제대로 이해조차 하지 못하는 상황이 된다. 설령 어느 한쪽 방향으로 의견의 일치가 이루어졌다고 해도, 곧 남자와 여자가 친구가 될 수 있다고 합의했다고 해도 실은 서로 다른 생각을 품고 있을 수 있다. 언어가 부정확하게 쓰이면 논리적으로 사고하는 데 걸림돌이 되는 것이다.

앞에서 취향을 존중하라고 했는데 누군가가 몰래카메라를 찍으면

서 "내 취향이니 존중해 줘."라고 말한다고 해 보자. 다른 사람에게 피해를 주거나 인권을 해치는 행동을 취향이라고 말할 수 없다. 그 사람은 언어를 잘못 사용하고 있다. 그보다 앞에서 지구에서 가장 가까운 별이 무엇이냐는 문제를 말했는데 그 답은 무엇일까? 달? 화성? 금성? 밤하늘에 떠 있는 것은 모두 별이라고 생각하는 사람이 많지만 별의 정확한 의미는 스스로 빛을 내는 천체, 곧 항성을 말한다. 위성인 달이나 행성인 화성·금성은 스스로 빛을 내지 못하므로 별이 아니다. 지구에서 가장 가까운 별이 무엇이냐는 질문은 사실에 관한 질문처럼 보이지만 이렇게 말의 의미가 문제되는 질문인 것이다. 지구에서 가장 가까운 별은 태양이다. 태양은 밤하늘에서 볼 수 있는 것은 아니지만 분명히 별이다. 그러나 지구에서 가장 가까운 별이 무엇이냐고 질문하는 사람은 사실 태양을 제외하고 어떤 별이 가장 가까운지 궁금해서 질문한 것이다. 따라서 태양을 제외하고 지구에서 가장 가까운 별이 무엇이냐고 물어야 정확한 질문이다. 정확한 대답을 위해서는 언어가 끝까지 문제가 됨을 알 수 있다. (태양을 제외하고 지구에서 가장 가까운 별은 켄타우루스 알파별이라고 한다. 지구로부터 '고작' 4.3 광년 떨어져 있다. 그만큼 아주 밝은 별이지만 남반구 쪽에 있어서 우리나라에서는 볼 수 없다.)

이 장과 이어질 세 장에서는 논리적인 사고에서 언어의 중요성에 대해 살펴보려고 한다. 언어는 사람들에게 의미를 어떻게 전달하는가? 언어는 어떤 경우에 논리적인 사고의 걸림돌이 되는가? 이런 문제에 대해 궁리해 볼 것이다.

서로 다른 의미

앞에서 말한 것처럼 언어는 우리 삶에서 아주 중요해서, 우리가 언어를 부려 쓰는 것 같지만 실은 언어가 우리를 지배하는 경우가 많다. 공과 대학의 '요업 공학과'는 '요업'이 변기를 연상시킨다고 하여 이름을 '무기 재료 공학과'로 바꾼 뒤 커트라인이 확 올라갔다고 한다. '무기 재료'를 무기 만드는 재료라고 아는 학생들도 있다고 한다. 꼭 그 이유 때문은 아니겠지만 요즘에는 '재료 공학과'나 '신소재 공학과'라고 바꿨다. 같은 사람을 '간호부', '간호원', '간호사' 중 어떻게 부르냐에 따라 사람이 다르게 보인다(우리나라에서는 저 순서대로 명칭이 바뀌었다). '찻집', '다방', '카페'는 드나드는 세대가 완전히 다르다. 이런 현상은 여러 언어가 가지는 의미^뜻가 각각 다르기 때문에, 그리고 우리가 그 의미를 따르기 때문에 생기는 것이다.

언어는 어떻게 의미를 가지게 되는 것일까? 어린이책으로 널리 알려진 조너선 스위프트^{Jonathan Swift, 1667-1745}의 『걸리버 여행기』는 사실 풍자 소설이다. 책 속에 등장하는 나라 중 소인국과 대인국이 많이 알려져 있지만 주인공 걸리버는 그 외에도 여러 나라를 여행한다. 그중 한 나라가 라퓨타(미야자키 하야오 감독의 애니메이션 〈천공의 성 라퓨타〉²⁰⁰⁴는 여기서 모티브를 따온 것이다)인데, 그 나라에 대해 다음과 같이 이야기한다.

그다음에 우리는 언어학부로 갔는데, 그곳에서는 세 명의 교수들이 자기 나라의 언어를 개선하는 문제를 의논하고 있었다. 그들은 모든 어휘를 없애자는 생각을 갖고 있었는데, 이야말로 획기적인 건강 향상과

다방과 카페는 모두 차를 마시며 이야기를 나눌 수 있는 곳이지만 공간이 함의하는 바는 서로 같지 않다.

시간 절약을 가져다줄 계획이라고 제안했다. 그 이유는 분명한데, 즉 우리가 말하는 단어들은 제각기 어떤 형태로든 마모 현상을 일으켜 폐의 수축을 가져오고 급기야는 말을 많이 할수록 생명이 단축된다는 점이다. 그래서 다음과 같은 해결 방안이 제안되었다. 즉, 단어란 사물을 이르는 명칭이기 때문에, 이야기하고자 하는 특정 사건을 설명하는 데 필요한 사물을 직접 갖고 다니는 것이 훨씬 합리적이라는 것이다. 내로라하는 학자들과 현인들이 사물을 빌어 의사소통을 하자는 계획에 찬성했다. 그러나 이 계획은 불편한 결과를 가져올 수밖에 없었는데, 즉 매우 광범위하고 다양한 사건을 전하려는 사람은 그만큼 큰 사물의 짐 덩어리를 지고 다녀야 했고, 만일 스스로 그렇게 할 수 없을 때는 한두 명의 건장한 하인들이 그를 수행해야 했다. 나는 이러한 현인들 가운데 두 사람이 그러한 짐 무게 때문에 행상인들처럼 주저앉다시피 하는 경우를 흔히 보았다. 그들은 길에서 만나면 일단 짐을 풀어놓고 보따리를 풀어 헤친 다음 한 시간 동안이나 의견을 교환하는 것이었다. 그 뒤에 그들은 각자 자기 도구들을 챙기고 서로 짐을 등에 지는 것을 도와주고 나서야 헤어졌다.

예를 들어 '사과'라는 말을 하고 싶다고 해 보자. 이 소설에 나오는 교수들의 계획에 따르면 사과를 일일이 들고 다녀야 하고 사과에 대해서 말할 때 사과를 보여 주어야 할 것이다. 이런 계획은 '집'이나 '태양' 같이 무거운 것은 들고 다니지 못한다는 문제가 단박에 생길 뿐만 아니라 '사랑'이나 '1'이나 '남자'(남자 한 명이 아니라 남자 전체)처럼 아예 들고 다닐 수 없는 것이 너무 많다는 난관에 부닥치게 된다. 그러니까 어디까지나 풍자일 뿐이다(스위프트는 라퓨타를 통해 당시 영국 지식인의 쓸모없는 지식을 풍자했다).

그러나 우리는 이 풍자를 통해서 언어가 왜 필요한지 그리고 언어가 어떻게 의미를 획득하는지 생각해 볼 수 있다. '사과'라는 말을 생각해 보자. 우리는 사과를 직접 보거나 또는 상상을 통해서 사과를 머릿속에 그리게 된다. 이 머릿속에 그려진 사과를 어려운 말로 **표상**representation 또는 **심상**mental image이라고 한다. 사과라는 대상이 머릿속에 그대로 들어올 수 없으므로 표상이라는 일종의 이미지로 대신해서 들어오게 된 것이다(물론 뇌 속에 진짜 사과 그림이 그려진다는 뜻은 아니다). 이제 다른 사람들과 의사소통을 하기 위해서는 이 머릿속에 있는 표상을 끄집어내어 전달해야 한다. 그때 필요한 것이 언어이다. 사과의 표상은 '사과'라는 언어로 번역되어 상대방에게 전달된다. 그래서 그 사람은 언어 덕택에 내가 머릿속에 담고 있는 표상이 무엇인지 알게 되고 결국에는 그 표상이 무엇을 가리키는 것인지 알게 되는 것이다.

[그림 6-1]을 보자. **지시 대상**은 우리가 언어로 가리키려고 하는 실제 사물이다. 그리고 의사소통을 할 때 그 대상을 짊어지고 다닐 수 없으므로 그것을 기호로 나타낸 것이 언어이다. 이 기호는 성대를 울려서 나오는 소리일 수도 있고 종이에 쓴 글씨일 수도 있다. 그런데 대상과 기호가 직접 연결된다면 같은 낱말을 쓰는 사람들은 모두 같은 의미를 생각하고 있어야 한다. 그러나 실상은 그렇지 않다. 기호와 대상은 직접 연결되지 않고, 중간 단계인 표상을 통해 간접적으로 연결된다. 그

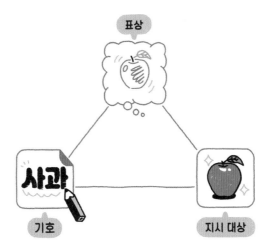

[그림 6-1] 지시 대상과 표상, 기호의 차이

런데 이 표상이 사람들마다 똑같지 않기 때문에 같은 낱말을 쓰는 사람 사이에서도 의미가 다른 것이다. '사과'라는 기호를 듣거나 보고서 누구는 부사를 떠올리고 누구는 홍옥을 떠올리며, 미국 사람 같으면 북미의 사과 품종인 매킨토시를 떠올릴 것이다. 또 맥락을 제대로 파악하지 못한 누구는 '미안하다'는 의미를 생각할 수 있다. 그래서 언어 때문에 의견의 불일치가 생기고 오해가 생길 수 있는 것이다.

언어의 의미가 무엇인지는 학자들마다 의견이 조금씩 다르지만, 지시 대상과 표상 중 어느 하나라고 꼭 집어 말할 수는 없고 둘 다라고 볼 수 있다. 그런데 같은 낱말인데도 의사소통을 하는 사람들마다 의미가 달라질 수 있는 것은 주로 표상 때문이다. '사과'라는 말의 지시 대상을 다르게 생각하는 경우는 드물 것이기 때문이다. 물론 '사과'라는 말의 지시 대상으로 사과 한 알이 아니라 사과나무 한 그루, 사과 과수원 전체, 사과 한 바구니, 심지어는 사과 껍질을 드는 사람도 있겠지만 보통의 대화 상황에서 그런 것을 떠올린다면 특이한 사람일 것이다. 그래서 사람들마다 의미가 달라지는 것은 주로 표상 때문이다.

사실은 사람들마다 표상이 조금씩 다르다고 해도 대부분 의사소통에 방해가 될 정도는 아니다. 빌헬름 텔이 아들의 머리에 사과를 놓고 거기에 활을 쏘았다는 이야기를 듣는데 사과의 표상으로 부사를 떠올리든 홍옥을 떠올리든 아무런 지장이 없기 때문이다. 그러나 말하는 사람의 표상과 듣는 사람의 표상이 전혀 다르다든가, 아니면 미세한 차이라고 해도 그 차이가 대화에서 민감한 부분이라면 문제가 달라진다. 사과 재배자들이 '사과'의 표상으로 한 명은 부사를 생각하고 한 명은 홍옥을 생각한다면 엉뚱한 결과가 나올 수 있으며, 더 나아가 한 명은 부사를 생각하고 한 명은 미안하다는 의미를 생각하면 동문서답이 될 것이다. 따라서 의사소통이 효율적이려면 의사소통에 참여하는 사람들 사이의 지시 대상은 물론이고 표상까지 일치해야 하며, 꼭 일치하지 않더라도 대세에 지장이 없는 정도로만 달라야 한다.

서양 역사에서 유명한 사과

사과는 동서양을 막론하고 인류에게 오랫동안 사랑받는 과일이라 역사 속에 자주 등장한다. 서양 역사에서 유명한 사과는 다음과 같다.

- 그리스 신화에서 헤라, 아테나, 아프로디테 중 가장 아름다운 여신에게 준다고 한 황금 사과

- 하와이브의 사과선악과

- 뉴턴이 만유인력을 발견한 계기가 된 사과

- 빌헬름 텔의 사과

- 백설 공주의 사과

- 컴퓨터의 아버지라 불리는 앨런 튜링1912~1954이 자살할 때 먹은 청산가리 묻은 사과

- 애플사의 사과. 참고로 사과 품종 매킨토시의 스펠링은 McIntosh이고, 애플사의 상표는 MacIntosh이다.

논리 연습

*1. 다음 드라마 또는 영화에서의 의견 불일치는 사실, 취향, 언어 중 무엇에 관한 불일치인가?

(1) 홍차: (탕수육에 소스를 붓는다)

　　백중: (놀라며) 어~~(소스가 든 그릇을 손으로 쳐서 날려 버린다)

　　홍차: (당황하는 표정)

　　백중: 미안해. 나도 모르게 그만.

　　홍차: 탕수육은 튀긴 고기에 전분물, 식초, 설탕, 간장 등으로 만든 소스를 부어 먹는 음식이야.

　　백중: 그래.

　　홍차: 소스를 붓지 않으면 탕수육이 아니라 고기 튀김이지.

　　백중: 알았어.

　　홍차: 우린 탕수육을 시켰잖아.

　　백중: 알았다잖아. 부어 먹으면 되잖아.

- 드라마 〈닭강정〉²⁰²⁴ 중에서

(2) 준호: 상태야! 니 아시아의 물개 조오련하고 바다거북이하고 헤엄치기 시합하믄 누가 이기겠노?

　　상택: 조오련

　　종호: (동수와 준석을 쳐다보며) 그 봐라.

준석: 아이다. 거북이가 물속에서는 얼마나 빠른데… 거북이가 이긴다.

- 영화 〈친구〉[2001] 중에서

(3) 순대: 바다야. 짜잖아.

태수: 붕어 사는 바다 봤냐? 호수야. 이름도 영랑호잖아.

순대: 저 밑에 하구 쪽엔 전어, 우럭 천지거든.

…

영배: 쟤넨 또 왜 저래?

석호: 영랑호가 바단지 호순지 싸우는 중.

순대: (다가오며 소리) 석호야, 니가 공부 젤 잘하니까 말해 봐. 여기 바다지?

태수: 븅신아! 바다에서 어떻게 물수제비를 뜨냐고~오?

-영화 〈완벽한 타인〉[2018] 중에서

2. 취향이나 언어 때문에 의견의 불일치가 생긴 사례를 들어 보자.

*3. 다음 중 언어에 대한 설명으로 적절하지 않은 것은?
(1) 어떤 언어를 가지고 있느냐에 따라서 세상은 다르게 보인다.
(2) 어떤 말에 대한 정의가 서로 달라 의견의 불일치가 생길 수도 있다.
(3) 어떤 말을 사용하면서 그 말의 표상뿐만 아니라 지시 대상도 조금씩 다를 수 있다.
(4) 어떤 말에 대해 말하는 사람의 표상과 말을 듣는 사람의 표상이 다르면 의사소통은 전혀 불가능하다.

(5) 언어는 단순히 의사소통하는 도구에 불과한 것이 아니라 상대방을 설

득할 수 있는 강력한 무기가 되기도 한다.

* 표시된 문제의 정답 및 해설은 484쪽에

7장 손흥민은 한국 사람인가, 축구 선수인가?

의미의 추상화

6장에서는 언어가 어떻게 의미를 갖게 되는지 알아보았다. 그리고 같은 낱말을 쓰고 있는 사람들 사이에서도 그 의미가 서로 다를 수 있는 이유에 대해서도 살펴보았다. 이제 언어가 논리적인 사고에 걸림돌이 되는 경우를 알아보자. 의미가 추상화되는 정도가 상황에 맞지 않을 때도 있고, 각자의 의미가 달라서 언어가 분명하지 않을 때도 있다. 그리고 정의가 명료하지 않아서 걸림돌이 될 때도 있다. 여기서는 의미의 추상화가 어떻게 논리적인 사고의 걸림돌이 되는지 살펴볼 것이다. 다른 걸림돌에 대해서는 다음 장들에서 알아보자.

적당하게 모호한 표상
다음 대화를 보자.

고참: 너 집이 어디냐?

신병: 네, 이병 홍길동, 서울입니다.

고참: 서울이 다 너희 집이냐?

신병: 네, 대방동입니다.

고참: 아니, 대방동이 다 너희 집이야?

이 대화의 신병이 사는 집 주소가 서울시 동작구 대방동 123-45번 지라고 하자. 그런데 자신의 신상 기록을 적거나 우편물을 배달할 주소를 말하는 경우가 아니라면 집이 어디냐는 질문에 정확히 번지수까지 대답하는 경우는 드물다. 우리는 집의 위치를 질문하는 맥락에 맞게 적당히 모호하게 대방동 또는 서울이라고 대답하거나, 외국에서 외국인이 물어보는 경우라면 한국이라고 대답한다(우주에서 우주인이 물어보면 지구에 산다고 대답하겠지). 앞의 대화 속 신병도 상황에 맞게 잘 대답했지만, 고약한 고참은 신병을 괴롭히는 것이다. 고참이 신병의 정확한 집 주소까지 알아서 뭐하겠는가?

🗨️ 군대와 논리적 사고

군대에서 유행하는 '까라면 까야 한다.'라는 말이 있다. 고참의 명령에는 어떤 이의 제기도 허용하지 않는 것을 단적으로 표현하는 말이다. 자유로운 토론에 의한 합리적인 사고를 방해하는 것으로, 비논리적인 사고의 전형이라고 할 수 있다. 군대의 이런 문화가 상명하복을 생명처럼 여기는 조직의 특성상 불가피한 것인지 아니면 왜곡된 것인지 따져 보아야 할 것이다. 그런데 군대뿐만 아니라 합리적일 것이라고 생각되는 조직에서도 이와 같은 문화가 퍼져 있는 것을 보면 의아하다. 의사와 기자 집단도 특히 수련 과정에서는 군대처럼 서열이 정해져 있고 후배가 선배와 대등한 관계에서 대화하기 힘들다고 한다. 사람의 생명을 다룬다거나 분초를 다투는 취재를 해야 한다거나 하는 그 나름의 이유를 대지만, 효과를 극대화하기 위해 비합리적인 문화를 허용하는 것은 스스로 비합리적인 집단임을 드러내고 비합리성에 길들여지게 할 뿐이다.

우리는 지시 대상을 기호화하면서, 다시 말해서 언어를 사용하면서 적당하게 모호한 표상을 부여한다. 내가 지금 먹기 위해 손에 쥐고 있는 사과는 경북 청송군의 최재권 씨 과수원에서 10월 15일에 출하되어 중간 상인을 거쳐 나에게 판매된 바로 '이 사과'이다. 애석하게 사과는 한 알 한 알에 따로 이름이 없으므로 그냥 '이 사과'라고 부를 수밖에 없다. 바로 이 사과를 어려운 말로 **개체**라고 한다. 그런데 우리는 이 사과를 가리키는 언어를 사용할 때 개체로서의 사과를 표상하는 것이 아니라 모호하게 사과 일반을 표상한다. 그리고 어떨 때는 더 모호하게 과일을 표상하기도 하고 더 모호하게 먹을 것을 표상하기도 한다. 내가 지금 누구와 어떤 상황에서 대화를 하고 있느냐에 따라 이 사과를 개체로서 표상하지 않고, 사과 또는 과일 또는 먹을 것으로 표상해도 얼마든지 의사소통이 가능하다. 후식으로 나온 사과를 먹고서 "후식으로는 과일이 최고야."라고 말했다고 하자. 이때 나는 내가 먹은 사과라는 개체를 보고서 개체로서의 사과도 아니고 사과 일반도 아니고 바로 과일을 표상한 것이고, 이 의도는 다른 사람에게 충분히 전달된다. 나는 내가 방금 먹은 것이 사과라는 것을 모르고 그렇게 말한 것이 결코 아니지만 말이다.

다양한 추상화

한 개체를 무엇이라고 표상하는 것을 **추상화**한다고 말한다. 우리는 한 개체를 여러 단계에서 추상화할 수 있으며 상황에 따라 적당한 추상화를 이용한다. 이것은 쉬운 말로 하면 한 개체가 이러저러한 **특성**을 갖는다고 말할 수 있고, 좀 어려운 말로 하면 여러 수준의 **정체성**identity을 갖는다고 말할 수 있다.

아롱: 내 스마트폰 좀 갖다 줄래?
다롱: 그래. 근데 네 스마트폰이 어떤 거지?
아롱: 갤럭시 S24야.
다롱: 갤럭시 S24가 여러 개인데.
아롱: 스마트폰 케이스에 키티 캐릭터가 있어.

아롱이의 스마트폰에는 R3CX2OSVGS라는 고유 번호가 붙어 있다. 그러나 아롱이는 다롱이가 자신의 스마트폰이 어떤 것인지 알고 있을 것이라고 전제하고 그냥 스마트폰을 가져다 달라고 추상화하여 말한다. 그런데 다롱이가 어느 휴대전화인지 모른다는 것을 알고 추상화의 수준을 조금 낮춰서 '갤럭시 S24'라고 말하고, 그래도 못 찾자 '스마트폰

케이스에 키티 캐릭터가 있는 휴대전화'라고 더 구체적인 정보를 준다. 키티 캐릭터가 있는 휴대전화도 여러 개라면 더 구체적인 정보를 줘야 할 것이다. 어느 수준의 추상화를 이용할 것인가는 대화 상대방이 어느 정도의 지식을 가지고 있느냐에 따라 달라진다.

사람에 대해서는 아주 다양한 단계로 추상화를 하며 또 다양한 방향에서 추상화를 한다. 박정희라는 한 개인을 보기로 들어 보자. 박정희

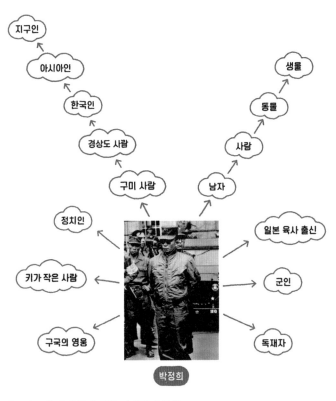

[그림 7-1] 박정희에 대한 다양한 추상화

는 '자연인 박정희-남자-사람-동물-생물-…'과 같이 추상화가 가능하다. 다시 말해서 그와 같은 특성 또는 정체성 들을 갖는다. 또 '박정희-구미 사람-경상도 사람-한국인-아시아인-지구인-…'과 같은 추상화도 가능하다. 또 독재자라는 추상화도 가능하고 구국의 영웅이라는 추상화도 가능하다. 우리는 그중 자신의 목적에 맞는 추상화를 이용한다. 다른 사물이나 생물과 달리 사람에 대해서는 아주 다양한 수준과 방향에서 추상화가 가능한 것이다. 사과와 달리 사람은 한 명 한 명이 이름을 가지고 있지만, 우리가 모든 사람의 이름을 알지는 못한다. 그래서 추상화는 요긴하게 쓰인다. "그 왜 있잖아. 키 크고 머리 짧은 애."라는 식으로.

2012년 11월에 한 방송국의 뉴스 프로그램에서는 인터뷰한 사람들이 등장하는 영상에 '할아버지', '할머니', '환자', '상인'이라고 자막을 달았다. 시청자들은 황당하다는 반응을 보였다. 방송국 측에서는 각층에서 열심히 사는 시민들의 목소리를 모은다는 취지에 맞게 제작했다고 해명했다.

텔레비전 뉴스에서 사람들과 인터뷰할 때 그 사람의 이름과 소개가 나온다. 구체적인 직장과 직업이 나오기도 하지만, 가끔은 '누리꾼', '환자', '소비자'처럼 너무 막연해서 우스운 소개도 나온다. 물론 그런 것들도 그 사람을 규정하는 추상화 중 하나이다. 추상화의 수준은 상황에 맞게 적절해야 한다. 추상화 수준이 너무 높거나 반대로 너무 구체적이면 듣는 사람에게 정확한 정보를 제공해 주지 못한다. 어느 동네 골목에 식당 세 곳이 있었는데 경쟁이 아주 치열했다고 한다. 한 식당이 '국내에서 제일 맛있는 집'이라는 간판을 써 붙였다. 이에 자극받은 건넛집은

'세계에서 제일 맛있는 집'이라고 써 붙였다. 나머지 한 집은 소박하게 써 붙였는데 그 집에 손님이 제일 많이 몰렸다고 한다. 간판에 뭐라고 쓰여 있었을까? 바로 '이 골목에서 제일 맛있는 집'이었다. 추상화가 적절하면 돈도 벌 수 있는 것이다.

보통 추상화의 정도가 높을수록 그 추상화에 속하는 구성원의 결집력이 낮아진다. 나는 한 가족의 구성원이기도 하고 누리꾼이기도 하다. 그러나 가족에 비해 누리꾼이라는 추상화는 나의 정체성으로 삼기에 너무 약하고 이 점은 다른 누리꾼에게도 마찬가지다. 나는 누리꾼이 맞지만 누리꾼이라는 정체성을 한 번도 의식해 본 적이 없고, 그래서 나의 가족에 해당하는 일에는 강한 결집력을 보이지만 누리꾼으로서 나에게는 그만한 결집력을 기대할 수 없다.

'한국경제인협회'나 '한국경영자총협회' 같은 경제 단체나 '의사 협회' 같은 이익 단체의 결집력과 영향력은 시민 단체나 소비자 보호 단체 같은 이른바 비정부 기구NGO: nongovernmental organization의 그것보다 훨씬 강하다. '경영자' 또는 '의사'라는 추상화는 '시민' 또는 '소비자'라는 추상화보다 훨씬 더 구체적이기 때문이다. '경영자'나 '의사'를 묶어 주는 끈, 다시 말해서 공동의 이해관계는 아주 구체적이고 강하지만, 그에 비해서 '시민' 또는 '소비자'라는 추상화는 너무 공허해서 나와 내옆을 지나치는 사람은 모두 시민이고 소비자지만 그 사람이 나와 공통의 목표를 가지고 있고 도움을 주고받을 수 있는 사람이라고 생각하기는 아주 힘들다. 그러나 '한국인'이라는 정체성은 '시민'이라는 정체성 못지않게 추상적인데도 우리나라에서는 강한 결집력을 보인다. 월드컵이 열릴 때 보여 준 한국인들의 공동 행동과 의식을 생각해 보라. 이것은 초등학교 때부터 한국인이라는 정체성을 강하게 주입받은 결과로 해석해야 한다. 따라서 시민 의식을 고취하기 위해서는 어릴 때부터 우리 모두는 함께 사는 시민이라는 정체성 교육을 강화하는 길밖에 없다.

🗨 국민 vs 인민

국민과 인민은 강조하는 정체성이 다르다. '국민'은 같은 국적을 가진 사람을 가리키는 말인 데 비해, 국적이 다르더라도 똑같은 권리를 갖는 사람임을 가리키는 말로 '인민'이 있다. 인민의 영어는 people인데 국적이 같든 다르든 똑같은 사람이라는 것이다. 그러나 이 말을 사회주의에서 많이 쓰기에 우리나라에서는 잘 안 쓰인다. 한편 국민의 기본 교육을 담당하는 기관이라는 의미였던 '국민학교'는 일제의 잔재라는 이유로 1996년에 '초등학교'로 바뀌었다.

1999년에 공무원 시험에서 군 제대자에게 가산점을 부여하는 제도가 위헌 결정이 났다. 그때 수많은 제대 군인이 위헌 소송을 제기한 여성들의 소속 학교인 이화여대 서버를 집중 공격해서 다운시킨 결집력을 보였다. 한국에서 '제대 군인'이라는 추상화가 얼마나 강한 결집력을 보여 주는지 드러낸 사건이었다.

ⓒ연합뉴스. 2002년 한일월드컵 당시 시청 앞 광장 응원 모습과 2016년 박근혜 대통령 퇴진을 촉구하는 촛불집회 모습. 추상화의 정도가 높을수록 결집력은 약하다. 그러나 한국인이라는 추상화는 그 정도가 꽤 높은데도 결집력은 강하다.

추상화와 논리적 사고

논리적인 사고를 하기 위해서는 이렇게 다양한 수준과 방향의 추상화 중에서 자신이 지금 하고 있는 추상화가 과연 지금 상황에서 적절한 것인지, 지금 논의되는 주제와 관련이 있는지 따져 보아야 한다. 대통령 선거 후보가 한 명 있다고 생각해 보자. 우리는 흔히 그 후보를 어느 지역 출신인가, 어느 학교 출신인가 추상화하고 그 추상화를 어느 추상화보다 우선해서 생각한다. 그러나 대통령의 업무 수행과 그의 출신 지역이나 학교가 관련이 있는지 생각해 보아야 한다. 그 대통령 후보는 신발 크기가 260밀리미터인 사람이라고 추상화할 수도 있다. 우리는 이 추상화가 대통령 업무와 아무런 관계가 없다는 것을 잘 안다. 그리고 2024년 5월 30일에 종로를 지나간 사람이란 추상화는 정말 아무 의미가 없다. 대통령을 비롯한 정치인 선거에서는 어느 지역 출신이고 어느 학교 출신인가가 흔히 이야기된다. 그러나 과연 어느 지역 출신, 어느 학교 출신이라는 추상화가 신발 크기가 얼마인 사람이나 2024년 5월 30일에 종로를 지나간 사람이라는 추상화보다 대통령 업무에 더 관련 있는 추상화인지 곰곰이 생각해 봐야 한다. 그것이 논리적이고 비판적인 사고이다.

> 예수께서 이번에는 "그러면 너희는 나를 누구라고 생각하느냐?" 하고 물으셨다.
> 『성서』, 「마태오의 복음서」 16장 15절. 예수는 자신의 정체성에 대해 제자들에게 묻고 있다.

우리는 영국 프리미어리그에서 활동하는 손흥민 선수를 보면서 가장 먼저 한국 사람이라는 추상화를 하고, 그 추상화가 자신의 추상화 중 한 가지와 같다는 데서 동질감을 느낀다. 그러나 손흥민 선수의 추상화는 남자, 축구 선수, 양발잡이, 이름이 'ㅅ'으로 시작하는 사람 등 여러 가지가 가능할 텐데 왜 하필 한국 사람이라는 추상화를 먼저 생각할까? 이것은 '우리는 자랑스러운 한국 사람'임을 끊임없이 강조하는 국민 윤리 교육의 영향일 것이다. 사람을 특정할 때 추상화가 요긴하게 쓰인다고 말했지만, 그 추상화가 올바른 것인지 반성해 보아야 한다. 상대방이 어떤 사람인지 모를 때 겉으로 보이는 성별, 나이, 인종 따위가 손쉬운 추상화인 것은 맞는다. 그러나 그 추상화가 현재 논의되는 주제와 관련이 있어야 한다. 어떤 남성이 난폭 운전을 한다. 대부분의 사람들은 "저런 미친 x이 있어?"라고 그 사람 '개체'에게 욕한다. 반면에 어떤 여성이 미숙한 운전을 하면 "여자가 집에서 밥이나 하지 차를 끌고 나와서는…"이라고 여성에게 욕한다. 같은 종류의 행동을 보고 상대가 누구인가에 따라 서로 다른 수준의 추상화를 하는 것이다. 차별이고 결국에는 혐오가 된다. 우리나라는 추상화할 때 특히 나이를 중요하게 여긴다. 그러다 보니 나이로 집단을 나누거나 심지어 차별하고 싸우는 일도 생긴다.

어떤 노동자가 한 명 있다. 이 노동자의 정체성은 여자, 누구의 엄마, 파란색을 좋아하는 사람, 외국인 등 여러 가지로 추상화가 가능하다. 그런데 우리가 한국 사람임을 강조하는 교육은 그 노동자를 규정하는 여러 가지 추상화 중에서 다름 아닌 '외국인'이라는 추상화를 먼저 떠올려서 차별하고 혐오하는 결과를 가져온다. 그 추상화는 노동자의 능력과 복지에 아무런 관련이 없는데도 말이다. 그래서 어떤 외국인 노동자가 범죄를 저지르면 그 사람의 잘못이라고 생각하는 게 아니라 '외국인'

©지강민. 네이버 웹툰 〈와라! 편의점〉. 이 웹툰에서 '여자 사람'이라는 말이 처음 쓰였다. 한 대상에 대해 '여자'라는 추상화보다 '사람'이라는 추상화에 더 주목하여 이성으로서의 친구가 아님을 강조한다.

노동자가 문제라고 생각하는 것이다. 심지어 같은 노동자 입장에서는 한국 사람이면서 재벌인 사람보다 외국인이지만 노동자인 사람에게 연대감을 느껴야 할 텐데도 '외국인'이라는 추상화를 먼저 떠올려 한국인 재벌보다 외국인 노동자를 더 낯설게 생각한다.

우리가 아무 생각 없이 사람들이나 사물에 부여하는 추상화는 사실은 선입견과 무반성함의 산물일 가능성이 아주 크다. 그런데도 우리는 대통령 후보가 어느 지역 출신이라거나 입사 지원자가 여자라는 추상화를 다른 무엇보다 우선시하기도 한다. 합리적이고 논리적으로 사고하려는 사람에게는 그 추상화들이 지금 논의하고 있는 주제와 정말로 관련이 있는지 검토해 보는 일이 정말로 중요하다. 특히나 한 사람이 갖게 된 어느 지역 출신, 한국인, 여자 등의 추상화는 본인의 노력으로 선택된 추상화가 아니므로 그런 추상화에 의해 다른 사람을 긍정적이든 부정적이든 판단한다는 것은 논리적이지 못할 뿐만 아니라 윤리적이지도 못하다.

> "성찰되지 않은 삶은 살 가치가 없다."
> 소크라테스BC 470-BC 399. 자신의 믿음을 성찰하는 것은 자신의 삶을 성찰하는 것이다.

> "진보주의의 출발은 세상을 계급으로 구분하는 것입니다. 물론 국가가 있고 국경이 있는 한 국가나 민족의 구분을 무시할 순 없겠지만, 한국 국적을 가졌거나 한국인의 피가 흐른다고 해서 다 내 나라 내 동포는 아닙니다. 일생을 비정규직 노동자로 살아오신 해미 님 아버님은 과연 이건희 씨와 동포입니까, 켄 로치의 〈빵과 장미〉에 나오는 3등 미국인들과 동포입니까."
> 김규항1962-, 작가. 노동자든 한국 사람이든 모두 추상화이다. 김규항은 우리 주위의 많은 사람에게는 노동자라는 추상화가 한국 사람이라는 추상화보다 더 의미 있음을 강조하고 있다. 이건희는 삼성의 회장이었고, 〈빵과 장미〉2000는 여성 노동자의 투쟁을 그린 미국 영화이다.

논리 연습

*1. 다음을 추상화 정도가 낮은 것부터 높은 것 순서로 나열하라.

(1) 탈것 (2) 자동차

(3) 아반떼 (4) 99가1234

(5) 현대 자동차

*2. 다음 대화에서 추상화가 적절한지 말해 보자.

(1) 아버지: 빌 게이츠는 네 나이 때 마이크로소프트를 창업했다는데, 너는 허구한 날 집구석에서 게임만 하냐?

아　들: 워런 버핏은 아버지 나이에 억만장자라는데, 아버지는 왜 집구석에서 아들한테 잔소리만 하세요?

(2) 나도 네가 쓰는 스마트폰을 사야겠다. 새로운 기능도 많고 디자인도 예뻐.

(3) 주　인: 죄송합니다, 손님. 우리 가게는 노 키즈 존입니다. 뛰어다니고 시끄럽게 하는 아이가 많아서요.

손　님: 술 마시고 깽판 치는 어른도 많던데 왜 노 어덜트 존은 안 해요?

3. 추상화가 논리적 사고에 걸림돌이 되는 사례를 들어 보자.

* 표시된 문제의 정답 및 해설은 485쪽에

8장 《벼룩시장》을 보며
경제학을 배운다?

언어의 애매함과 모호함

우리는 의도적이든 의도적이지 않든 언어를 분명하지 않게 사용하는 경우가 많다. 언어는 우리의 생각을 표현하거나 다른 사람의 태도를 바꾸려고 할 때 아주 중요한 구실을 하기 때문에 불분명한 언어는 논리적인 사고에 심각한 걸림돌이 된다. 분명하지 않은 언어는 **애매함**ambiguity과 **모호함**vagueness으로 구분할 수 있다. 언어가 애매하다는 것은 그 언어가 두 가지 이상의 의미로 쓰이는 때를 말하고 모호하다는 것은 의미가 적용되는 범위가 확실하지 않을 때를 말한다. 물론 이런 구분은 어디까지나 논리학이나 언어학의 전문 영역에서 이루어진다. 일상어에서는 애매함과 모호함이 꼭 그렇게 구별되지 않고 두 낱말이 서로 넘나들며 쓰인다. 두 낱말을 합해서 '애매모호하다'고 말하기도 한다. 국어학에서는 '중의적' 표현이라고도 말한다.

동음이의어와 다의어

우리말에는 소리는 같으나 뜻이 다른 경우가 있는데 그런 낱말을 **동음이의어**라고 한다. 먹는 '배'와 타는 '배', 머리를 '감다'와 실을 '감다' 등 그 보기는 상당히 많다. 한국어만 어휘가 부족해서 동음이의어가 있는 것이 아니라 어느 언어에나 다 있는 현상이다. 같은 낱말에 두 가지 이상의 뜻이 있는 경우는 **다의어**라고 한다. 동음이의어는 그 말밑^{어원}이 서로 관련이 없지만, 다의어는 같은 말밑에서 갈려 나온 말들이다. 예를 들어 먹는 '배'와 타는 '배'는 서로 관련이 없으므로 동음이의어지만, 사람의 '배'와 장독의 튀어나온 '배'는 관련이 있으므로 다의어이다.

그러나 낱말은 홀로 쓰이는 것이 아니라 특정한 맥락 속에서 쓰이기 때문에 동음이의어든 다의어든 지금 무슨 상황에서 그 낱말이 거론되는지 알 수 있고 그래서 무슨 뜻으로 쓰이고 있는지 헷갈리는 경우는 생각보다 그리 많지 않다. "배를 먹고 배를 타서 그런지 배가 아프네."에서 각 '배'가 무엇을 가리키는지 모르는 사람은 아무도 없을 것이다. 또 "요즘 벤처 기업에서는 사장이란 말보다는 CEO라는 말을 더 많이 쓴다."라고 할 때 '사장社長'을 '모래톱[沙場]' 또는 '사진관[寫場]' 또는 '썩혀 둔다[死藏]'는 의미로 알아듣는 사람은 아무도 없다. (이런 점에서 동음이의어를 구분하기 위해서 한자를 섞어 쓰자는 주장은 설득력이 없다. 참고로 국립국어원의 『표준국어대사전』을 보면 '사장'의 뜻이 32가지나 있다.)

그러나 맥락에서 벗어나 있을 때는 무슨 뜻으로 쓰였는지 고정할 수 없을 것이다. 예를 들어 '산토끼의 반대말은 무엇인가?'라는 퀴즈의 답은 무엇일까? 많은 사람이 '집토끼'나 '죽은 토끼'라고 대답할 것 같지만 다음과 같은 답도 가능하다.

■ 바다 토끼, 판 토끼, 알칼리 토끼, 인형 토끼, 끼토산

'산토끼를 잡으려다가 OOO를 놓친다.'에서 숨김표 자리에 무엇이 들어가겠는가? 이 퀴즈에서는 토끼가 잡는 대상이 되므로 '산토끼'의 반대말은 '집토끼'라는 것을 누구나 안다. 그러나 그런 구체적인 맥락이 없을 때는 다른 답도 가능하다. 그런 질문이야 난센스 퀴즈지만 현실에서 일어나는 일도 있다. IMF 경제 위기 때 《월간 말》이라는 시사 잡지의 기자가 서울역 앞으로 노숙자를 취재하러 갔다. 기자가 "월간 말 지에서 나왔습니다. 말 지 아세요?"라고 묻자 노숙자는 "아, 경마장에서 나오는 잡지요."라고 대답했다고 한다. '말[言]'이라는 말이 구체적인 맥락에서 쓰이지 않고 따로 독립되어 쓰였기 때문에 그 잡지를 처음 들어본 사람은 말[馬]로 착각할 수도 있는 것이다.

동음이의어는 유머·광고· 수수께끼·문학작품 등에서 말 장난^{언어유희}으로 쓰이는 경우가 많다.

> **발 없는 말이 천 리 간다.**
> 이 속담에서의 '말'은 물론 '말[言]'을 가리키지만, '말[馬]'을 연상시키기도 하기에 더 진리처럼 느껴진다.

■ Q. 개는 개인데 날 수 있는 개는?
  A. 솔개
  – 수수께끼

■ 밟고 있지만

밟고 싶구나.

– 이환천의 시 「체중계」. '밟다'가 누르다는 뜻과 못살게 군다는 뜻
이 있는 다의어임을 이용해 웃음을 준다.

■ 용기 내 용기

지구를 위한 착한 용기

애정한다, 착한 용기! 애착용기

– 한국방송광고진흥공사 공익 광고 〈애착용기〉 편[2021].

환경부와 한국방송광고진흥공사가 함께한 애착용기 캠페인의 한 장면. 언어유희를 이용했다.

『이상한 나라의 앨리스』와 『거울 나라의 앨리스』로 널리 알려진 루이스 캐럴Lewis Carroll, 1832~1898은 소설가이기도 했지만 실은 수학자이자 논리학자였다. 그는 소설에서 동음이의어를 즐겨 쓴 것으로 유명하다. 『이상한 나라의 앨리스』에는 다음과 같은 대목이 나온다.

이번에는 붉은 여왕이 다시 물었다.

"유익한 문제를 내겠다. 빵을 어떻게 만드는지 아니?"

"물론이죠! 먼저 밀가루가 필요해요."

하얀 여왕이 물었다.

"꽃을 어디서 뽑지? 정원에서? 아니면 울타리?"

"밀가루는 뽑는 게 아니라 빻는 거예요."

하얀 여왕이 말했다.

"얼마나 넓은 땅에서? 그렇게 많이 빼놓고 얘기하면 어떡하니?"

캐럴은 영어에서 '밀가루flour'와 '꽃flower' 그리고 '빻다ground'와 '땅ground'이 동음이의어인 것을 이용해서 언어유희를 하고 있다. 이렇게 동음이의어를 이용한 익살을 영어로 '펀pun'이라고 한다. 우리말로는 주로 나이 든 사람들이 실없이 하는 우스갯소리라는 뜻으로 '아재 개그'라고 부른다. 그러나 영어로 된 펀은 우리말로 번역하면 그 재미가 완전히 없어져 버리므로 번역이 불가능하다. 글로 번역을 할 때는 설명을 달아 주면 된다지만 영화를 번역할 때는 그것도 불가능하므로 외국 영화를 볼 때는 펀을 듣는 재미는 포기해야 한다.

동음이의어는 소리는 같으나 뜻이 다른 낱말을 말하지만, 꼭 낱말이 아니라도 낱말들로 이루어진 구절 또는 문장이 다른 뜻으로 해석되는 경우도 있으며 그것을 이용한 유머나 광고도 많다.

■ 호주는 시드니, 한국은 꽃피리
 - 2015 아시안컵 축구 결승전 응원 구호. 경기가 열리는 도시인 시드니와 '시들다'의 활용형인 '시드니'가 동음이의어임에 착안하여 한국 팀이 호주 팀에 이기기를 기원하고 있다.

2015 아시안컵 축구 결승전을 응원하는 포스터.

- "이러니 반하나 안 반하나?"

  – 빙그레 바나나 맛 음료 광고. '반하나'가 '바나나'로 읽힌다.
- 어떡해 오늘 나 또 지각이야

  아 미치겠네 미치지 말고 손을 쳐봐

  뭔 소리야 이게 웃긴 얘기야

  참 어이없게 집 갈 때 생각나

  – 마마무의 노래 〈아재개그〉[2017]의 첫 소절. '뭔 소리야'가 '뭔 솔이야'로 들린다.

사실 이와 같은 경우는 논리적인 사고를 방해하지는 않는다. 낱말 또는 구절에 두 가지 이상의 뜻이 있다는 것을 말하는 사람이나 듣는 사람 모두 알고 있다는 것을 전제하고 있기 때문에 웃어넘기고 말면 된다. 그러므로 지나친 말장난이 아니라면 문제될 것이 없고 오히려 삶에 재미를 주기도 할 것이다.

애매함과 애매어의 오류

그런데 간혹 가다가 동음이의어가 구체적인 맥락 속에서도 구분되지 않고 헷갈려서 논리적으로 사고하는 데 걸림돌이 되는 경우가 있다. 그럴 때 그 낱말은 **애매하다**ambiguous고 말한다. 사실 먹는 '배'와 타는 '배' 같은 동음이의어나 지금까지 예로 든 것들은 6장에서 말한 구분에 따르면 기호만 같을 뿐이고 지시 대상과 표상 모두 다르다. 전혀 다른 뜻이기 때문에 웃음을 주는 것 말고 토론에서 혼란을 가져오는 경우는 드물다. 그렇다면 애매하다고 말할 수 있는 때는 언제일까? 한 낱말이 거의 비슷한 두 가지 뜻으로 해석되는데 결정적인 부분에서 의미가 달라지는 경우이다. 그만큼 그 낱말이 애매하게 쓰였는지 알아차리기가 힘들다.

임신 중절이 윤리적인가 아닌가에 대한 논의를 예로 들어 보자. 임신 중절이 비윤리적이라고 생각하는 사람은 태아는 생물학적으로 사람이기 때문에 태아를 죽이는 것은 살인과 같다고 주장하는 데 반해, 찬성하는 사람들은 태아는 합리성·자의식·자율성 등을 갖추지 못했기 때문에 사람이 아니므로 임신 중절은 개인의 선택 문제라고 주장한다. 임신 중절을 찬성하는 사람들과 반대하는 사람들은 '사람'이라는 낱말을 서로 다른 뜻으로 사용하고 있는 것이다. 임신 중절 찬반 논쟁에서 '사람'이라는 말이 애매하게 쓰였다고 해서 어린이나 성인을 두고 사람이다, 아니다로 의견이 갈리는 것은 아니다. 다만 태아처럼 미묘한 지점에서 의견이 엇갈린다. 찬반 진영 사람들이 가지고 있는 사람의 표상이 거의 같지만 결정적인 지점에서 달라지는 것이다. 따라서 사람의 의미와 태아의 지위에 대한 서로 다른 의견을 좁히지 않고서 임신 중절에 대해 논의를 계속해 봤자 시간만 낭비하는 꼴이 될 것이다.

이미 여러 사람이 지적했지만 우리나라에서 '자유 민주주의'란 말은 애매하게 쓰이는 대표적인 사례이다. 밀은 『자유론』에서 "모든 사람들에게 다양한 개성을 인정해 주고 인간의 본성을 무수한 방향으로 계발할 수 있도록 완전한 자유를 부여하는 것이 인간을 위해서나 사회를 위해서 극히 중요하다."라고 강조하고, 의식 내면의 영역으로서 사상의 자유, 우리들 자신의 생활 계획을 세울 수 있는 자유, 그리고 취미를 갖고서 일할 수 있는 자유, 타인에게 해를 미치는 것이 아니라면 어떠한 목적을 위해서 결합해도 좋다는 단결의 자유를 옹호하였다. 자유주의에서도 재산권의 자유에 대해서는 제한해야 한다는 주장이 받

> "양이 잡아먹힐 위험에 처했을 때 양치기가 늑대를 몰아내자 양은 양치기를 자유를 준 '해방자'로 칭송하고, 늑대는 양치기를 자유를 파괴하는 자로 비난한다. 분명히 양과 늑대는 자유에 대해 서로 다른 정의를 가지고 있다."
> 에이브러햄 링컨. '자유'라는 말이 사람마다 서로 다른 뜻으로 이해됨을 비유로 말하고 있다. 노예 제도가 있던 당시 미국 남부 사람들에게 '자유'는 다른 사람을 노예로 만드는 자유였다.

아들여지지만 적어도 사상의 자유는 자유주의의 핵심 요소로 널리 인정받고 있다. 그런데 우리나라에서는 일부 극우 단체와 극우 언론이 '사상 검증'이란 이름 아래 표현의 자유와 인권을 유린하면서 자유 민주주의를 지켜야 한다고 주장한다. 이는 '자유 민주주의'란 말이 사람들에게 서로 다른 뜻으로 이해되고 사회적인 혼란을 가져오는 사례라고 할 수 있을 것이다. 시쳇말로 '자유 민주주의'가 객지 와서 고생한다.

이와 같은 경우 애매하게 쓰인 낱말의 발음이 똑같고 그 뜻도 거의 비슷하기 때문에 애매하게 쓰였는지 알아차리기가 아주 어렵다. 그러나 정말로 중요한 부분에서는 서로 다른 뜻이기 때문에 사실은 먹는 배와 타는 배만큼이나 다른 말에 대해서 이야기를 나누고 있다고 봐야 한다.

이것들은 낱말들이 서로 다른 사람들에게서 서로 다른 뜻으로 쓰이는 경우이다. 그런데 한 사람이 논증에서 핵심적인 용어를 두 가지 이상의 다른 뜻으로 쓰고 있으면서 같은 뜻인 것처럼 주장할 때가 있는데,

그것을 **애매어의 오류**라고 부른다(오류에 대해서는 16장에서 자세하게 설명할 것이다).《벼룩시장》이라는 지역 정보지가 TV에서 광고를 하면서 "전 요즘《벼룩시장》에서 경제학을 배웁니다."라는 광고 문안을 내놓았다. 그때 한 학생이 경제학을 수강 신청하자 친구가 다음과 같이 말하는 것을 들었다. "야, 경제학을 뭐하러 듣니?《벼룩시장》보면 되지." 그러나 광고 문안의 '경제학'이란 말은 실물 경제를 말하고 대학에서 수강하는 '경제학'은 그것에 대한 이론이므로 서로 다른 뜻이다. 이 친구는 애매하게 쓰인 '경제학'에 근거해서 잘못된 결론을 내리고 있는 것이다.

우리나라 헌법은 우리 국민에게 '인간다운 생활을 할 권리', 곧 행복 추구권을 보장하고 있으며 이 권리의 실효성을 확보하기 위해 국가의 사회 정책적 의무를 강조하고 있다. 그런데 정부가 생활이 어려운 자들에게 지원해 주는 기초 생활 보장 급여액이 최저 생계비에 못 미쳐 행복 추구권을 보장한 헌법에 위반된다는 헌법 소원이 제기된 적이 있다. 이를 논증으로 정리해 보면 다음과 같다.

■ 헌법에서는 행복 추구권을 보장하고 있다.
현재의 기초 생활 보장 급여액으로는 행복을 추구할 수 없다.
따라서 현재의 기초 생활 보장 급여액은 헌법에 어긋난다.

그러나 헌법 재판소는 1997년에 이 위헌 신청을 기각하기로 결정하였다. 헌법에 명시된 행복은 선언적인 권리일 뿐이며, 최저 생계비에 못 미쳐 실제로 누릴 수 없는 행복은 실질적인 권리라고 생각한 듯하다. 선언적인 의미로서 행복을 말했는데 그것을 실질적으로 누려야 하는 권리로 오해하는 것은 쉽게 말해서 "우리 밥 한번 먹자."라고 말했는데 언제 밥 먹느냐고 자꾸 물어보는 것과 비슷하다는 것이다. 헌법 재판소는 첫 번째 전제와 두 번째 전제의 '행복'이 애매어이기 때문에 위헌이라는 결론이 따라 나올 수 없다고 판단했다. 헌법 이론에서 사회권이 추상적인 선언적 권리와 구체적 권리로 나누어지긴 하지만, 행복이 과연 선언적 권리에 불과한지 따져 볼 일이다.

각종 혐오 현상이 사회 문제가 되고 있지만, 자신의 발언이나 행동이 혐오인가를 두고도 논쟁거리가 된다. 가령 여성 혐오를 한다고 비난받는 남자는 자기는 여성을 좋아하는데 왜 여성을 혐오한다고 말하냐고 대꾸한다. 이 남자는 이런 논증을 하고 있다.

> ■ 나는 여성을 싫어하지 않는다.
> 싫어하지 않는 것은 혐오하지 않는 것이다.
> 따라서 나는 여성을 혐오하지 않는다.

그러나 혐오라는 낱말에는 싫다는 개인적 감정과 차별한다는 사회학적 용어 두 가지 뜻이 있다. 많은 남자는 여자를 싫어하지 않는다. 싫어하는 정도가 아니라 여성을 만나고 싶어 하고 누군가를 좋아한다. 그러나 혐오는 특정 집단의 고유한 정체성을 부정하고 차별하는 것이기 때문에 여성을 좋아하면서도 얼마든지 여성을 혐오할 수 있다. 결국 앞의 논증에서 두 번째 전제의 혐오와 결론의 혐오는 서로 다른 뜻의 애드라마 제목인 〈슬기로운 의사 생활〉2020은 문장 구조로만 보면 '슬기로운 의사의 생활'로 읽을 수도 있고, '의사의 슬기로운 생활'로 읽을 수도 있다. 그러나 초등학교의 〈슬기로운 생활〉 교과목도 있고, 같은 시리즈로 〈슬기로운 감빵 생활〉2017-2018이라는 드라마도 있어서인지 (아무도 감빵이 슬기롭다고 생각하지 않는다) 다들 '의사의 슬기로운 생활'로 읽는다. 전작들이 맥락 역할을 하는 것이다.

'애매모호'의 각 나라말
한국어: 애매모호
독일어: 애매모흐('흐'를 ㅋ리 묻어나게 발음한다)
프랑스어: 알송달송
일본어: 아리까리
중국어: 갸우뚱
가나어: 긴기민가

매어이므로 전제에서 결론은 따라 나오지 않는다.

꼭 낱말이 아니더라도 두 가지 이상의 뜻으로 해석되는 구절이 있다고 했는데 대부분 어떤 맥락에서 쓰이는지 알기 때문에 혼란이 오지 않는다. "나는 영희보다 아이스크림을 좋아한다."라는 말은 영희와 아이스크림이 비교 대상이라는 것인지 아니면 아이스크림을 누가 더 좋아하는지 명확하지 않기 때문에 애매한 예로 흔히 거론된다. 그러나 그 말을 하고 있는 맥락을 알고 있다면 헷갈릴 까닭이 없다. 이와 달리 맥락에서 벗어나서 쓰이는 구절은 애매할 수 있다. 영화 〈프라하의 봄〉1989의 원작 소설인 밀란 쿤데라Milan Kundera, 1929-2023의 『참을 수 없는 존재의 가벼움』은 책 제목만 보면 '참을 수 없는'이 '존재'를 꾸미는지 '가벼움'을 꾸미는지 알 수 없다. '참을 수 없을 만큼 가벼운 존재'라고 번역해야 제대로 의미가 전달될 것이다.

모호함

언어가 **모호하다**^{vague}는 것은 그 의미가 부정확하여 적용되는 범위가 분명하지 않은 경우를 말한다. 공부를 잘한다고 할 때 상위 20퍼센트에 드는 학생은 잘하는 것인지 못하는 것인지 분명하지 않으며, 잘사는 사람이라고 할 때 돈이 얼마나 있어야 잘사는지 또 꼭 돈이 많아야 잘사는 것인지 분명하지 않다. 그러므로 공부를 잘한다거나 잘산다는 것은 모호한 표현이다. "잘 지내니?"라고 물었을 때 "그저 그래."라고 대답하는 것이나 "좀 거시기하네요."라고 하는 표현도 모호하긴 마찬가지지만 말하려는 의도를 짐작할 수 있고 또 짐작 못 한다고 해도 애교로 봐 넘어갈 수 있다. 그러나 막연히 공부 잘하는 사람이나 잘사는 사람이라고 하는 것은 듣는 사람에게 혼란을 가져올 가능성이 많다. 예를 들어 어떤 대학에서 "우리 대학은 공부를 잘하는 사람을 뽑습니다."라고 한다면 공부를 어느 정도 해야 잘하는지 모호하므로 혼란스럽다. 요리를 배우는 사람에게 양념을 '적당히' 넣으라고 한다면 얼마나 넣어야 하는지 도무지 알 수 없을 것이다. 요리를 어깨너머로 배울 때는 그렇게 가르쳤겠지만, 지금은 '1작은술'이나 '1큰술'처럼 계량화하여 모호함을 없앤다.

앞에서 임신 중절을 논의할 때 '사람'이라는 말이 애매어여서 태아가 사람인지 아닌지 의견이 갈린다고 말했다. 사

> **"바닥에서 사서 천장에서 팔아라."**
> 증시 격언. 그러나 어디가 바닥이고 어디가 천장인지 참 모호하기 때문에 사람들이 증시에서 다 돈을 버는 것은 아니다. 요즘은 안정적인 투자를 강조하기 위해 "무릎에서 사서 어깨에서 팔아라."라는 격언이 생겼는데, 역시 무릎이 어디이고 어깨가 어디인지 모호하긴 마찬가지이다.

따뜻한 강남을 만들어갑니다

(상) ⓒDue'sCamera. '손잡이를 꼭 잡으세요.'라 쓰여 있는 에스컬레이터 경고문. 손잡이를 단단히 잡으라는 말인지 손잡이를 반드시 잡으라는 말인지 애매하다. (하) ⓒ최훈. 버스 정류장에 온돌 의자를 설치한 지방 자치 단체. '따뜻하다'는 온도가 알맞게 높다는 뜻과 정답고 포근하다는 뜻 두 가지를 모두 의미하도록 의도적으로 애매하게 쓰였다.

람의 정의는 애매하기도 하지만 모호하기도 하다. 의식 능력이 있어야 한다든가 태동을 해야 한다든가 사람의 정의가 정해지더라도 임신 후 몇 개월부터 그런 능력이 생기는지 분명하지 않기 때문이다. 영어의 익은말 중에 'in due course of time'이 있다. '적당한 시기에, 때가 되면'의 뜻인데 이것은 한국인에게는 잊지 못할 숙어이다. 1943년 11월, 미국(루스벨트), 영국(처칠), 중국(장제스) 세 나라의 수뇌가 카이로에서 회담하고 카이로 선언을 발표했다. 그중 조선 문제에 관해서는 "우리 3대국은 조선 인민의 노예 상태에 유의하여 적당한 시기에 조선을 자유, 독립시킬 것"을 공약했다. 그런데 이 '적당한 시기에'가 문제다. 도대체 그때가 언제란 말인가? 모호한 표현이 아닐 수 없다. 비슷한 사례가 또 있다. 한글 전용에 관한 법률이 1948년 공표되었는데 그 내용은 다음과 같다.

대한민국의 공용문서는 한글로 쓴다. 다만 얼마 동안 필요할 때에는 한자를 병용할 수 있다. 이 법은 공표한 날부터 시행한다.

그런데 이 '얼마 동안'이 모호하기 때문에 한참 동안 공용문서에 한자를 섞어 쓰는 것이 허용되었다. 그러다가 2005년에 국어 기본법이 한글 전용에 관한 법률을 대체하여 만들어지면서 이 조항은 자연스럽게 없어졌다. '얼마 동안'이 60년 가까이나 된 것이다.

법조문이나 행정 규칙은 모호해서는 안 된다. 앞에서 본 것처럼 모호한 규정은 자의적인 해석이 가능하여 법과 행정의 시행에서 혼란을 가져올 수 있기 때문이다. 법률에는 명확한 용어로 분명하게 규정해야 한다는 '명확성의 원칙'이 요구되지만, 법률을 시시콜콜하게 만들 수 없으므로 어느 정도의 추상성은 불가피하다. 그러다 보니 모호함이 논란이 되는 때가 많은데, 국가 보안법이 대표적인 사례이다. 이 법의 제7조 1항은 "국가의 존립·안전이나 자유 민주적 기본 질서를 위태롭게 한다는 점을 알면서 반국가 단체나 그 구성원 또는 그 지령을 받은 자의 활동을 찬양·고무·선전 또는 이에 동조하거나 국가 변란을 선전·선동한 자"를 처벌한다고 말하고 있는데, 이것은 헌법에서 보장한 표현의 자유에 위배될 뿐만 아니라 무엇보다도 그런 사람이 어떤 사람인지가 아주 모호하다. 그래서 '코에 걸면 코걸이, 귀에 걸면 귀걸이' 식으로 많은 사람이 이 법 때문에 억울하게 처벌을 받았던 것이다. 다만 헌법 재판소에서는 1999년에 이 조항이 명확성 원칙에 위배되지 않는다고 판시하였다. 법률 조항에서 이 정도의 추상성은 흔한 일이고, 무엇보다 이미 판례에 의해 그 개념의 모호성이 상당히 제거되었다는 것이 그 근거이다.

1. 인터넷 게시물이나 광고에서 애매하거나 모호한 표현의 사례를 찾아
보자.

*2. 다음 문장들에서 애매하거나 모호한 표현을 찾고 왜 그런지 말하라.

(1) 우표를 제자리에 붙이시오.

(2) 어느 회사의 여직원이 복사를 하러 갔을 때였다. 마침 남자 신입 사원이
    그곳에서 복사를 하고 있었다. 신입 사원은 여직원을 쳐다보더니 한참
    을 머뭇거리다가 말했다. "저… 반 했습니다." 그러자 여직원의 얼굴이
    빨개졌다.

(3) 명찰을 항상 패용하십시오.

(4) 엄마는 기도할 때 '하나님 아버지'라고 하시네. 하나님이 엄마의 아버
    지면 나는 하나님의 손자겠네.

(5) 엄마: 시험 잘 봤니?

    딸: 몇 문제 풀지 못했어요.

(6) 창밖에 앉은 바람 한 점에도

    사랑은 가득한걸

    널 만난 세상 더는 소원 없어

    바람은 죄가 될 테니까

    - 김동규, 〈10월의 어느 멋진 날에〉 중에서

(7) 주인: 뭐 드시겠어요?

손님: 빨리 먹을 수 있는 것으로 주세요.

(8) ① 도박을 한 사람은 1천만원 이하의 벌금에 처한다. 다만, 일시 오락 정도에 불과한 경우에는 예외로 한다. ② 상습으로 제1항의 죄를 범한 사람은 3년 이하의 징역 또는 2천만원 이하의 벌금에 처한다.

- 형법 제246조

* 표시된 문제의 정답 및 해설은 486쪽에

9장   정의를 하는 사람이
논쟁에 이긴다

정의

정의의 중요성

짜장면 배달하는 오토바이가 보도로 가는 것을 가끔 볼 수 있다. 오토바이가 보도로 가는 것은 불법일까 아닐까? 도로 교통법 제2조 18항에 따르면 자동차에는 승용 자동차 등과 함께 이륜자동차도 포함되는데, 자동차는 보도와 차도가 구분된 도로에서 차도로 통행해야 한다. 이 이륜자동차가 바로 오토바이이며 따라서 오토바이는 보도로 통행하면 안 된다.

이렇게 정의는 분명하지 않은 것을 명확하게 해 준다. 정의하는 것은 앞 장에서 말한 언어의 애매함과 모호함을 피하는 한 가지 방법이 될 수 있다. 공부 잘하는 학생은 가령 상위

> "이 책은 어디로 분류할까요?"
> "음… 교육으로."
> 영화 〈쇼생크 탈출〉1994에서. 교도소 도서관에서 책 분류를 하던 앤디팀 로빈스 분가 동료 레드모건 프리먼 분에게 탈옥을 주제로 한 책을 어디로 분류할 것인가 물어보자, 레드는 잠시 생각하다가 대답한다.

1퍼센트에 드는 학생이라고 정의하면 혼란은 사라질 것이다.

과학 기술의 발달은 이전에는 전혀 문제가 안 됐던 개념을 다시 정의하게 만든다. 지금까지 호흡이 멎고 심장이 멎을 때를 죽음이라고 정의하였고, 의사는 심장이 멎은 시간을 사망 시간으로 하여 사망 진단서를 발급하였다. 그러나 심폐 소생술이 발달한 요즘에는 뇌의 기능이 완전히 정지하고 회복할 수 없는데도 호흡과 심장 박동을 인공적으로 지속할 수 있기 때문에 심장의 정지보다는 뇌 기능의 정지를 죽음의 새로운 정의로 널리 받아들이고 있다. 우리나라에서는 법적으로는 아직 심장의 정지가 죽음이다. 다만 장기 기증을 전제로 할 때만 뇌사를 인정하고 있다. 정의를 어떻게 하느냐는 아주 중요하다. 심장은 아직 뛰고 있지만 뇌의 기능이 완전히 멈춘 환자에게서 장기 이식 수술을 위해 심장을 떼어 내는 의사의 행위는 옛날의 정의에서는 살인이 되겠지만, 새로운 정의에서라면 그 환자는 더 이상 산 사람이 아니므로 살인이 아니다. 똑같은 행위를 어떻게 정의하느냐에 따라 살인이 되기도 하고 의술을 베푸는 것이 되기도 한다.

과학 기술의 영역뿐만 아니라 정치와 공공 정책 결정 과정에서도 정의는 아주 중요하다. 국내 시민·인권 단체에서는 수백 명의 양심수가 있고 그들을 석방하라고 주장하는 데 반해 정부에서는 양심수가 한 명도 없다고 말한다. 이게 어떻게 된 일인가? 양쪽이 '양심수'라는 말을 서로 다르게 정의하기 때문이다. 시민·인권 단체는 양심수를 '정의·평화·인권 등의 보편적 가치를 지키기 위해 행동하다 구속된 사람'으로 정의하지만 정부에서는 그 정의에 비폭력적 방법이 반드시 전제되어야 한다고 주장한다. 그런데 우리나라의 공안 사범은 모두 폭력 혁명론 추종자이거나 폭력 사범이기 때문에 양심수는 단 한 명도 없다는 것이다. 이렇게 양심수를 어떻게 정의하느냐에 따라 양심수의 숫자가 달라지고 자연히 그에 대한 정책도 달라질 수밖에 없다. 그밖에 '빈곤층' 또는 '실업'을 어떻게 정의하느냐에 따라 지원 대상과 정책이 달라질 것이다.

유럽에서는 초콜릿을 어떻게 정의하느냐에 따라 연간 수십억 달러에 이르는 초콜릿 시장의 판도가 달라진다고 한다. EU유럽연합는 '초콜릿이란 무엇인가'라는 정의를 둘러싸고 두 파로 갈라져 싸웠는데, 초콜릿은 순수하게 코코아 버터만으로 만들어야 한다고 주장하는 프랑스·벨기에 주도의 8개국과 식물성 기름이 혼합된 것도 초콜릿으로 인정해야 한다고 맞서 온 영국·덴마크 주도의 7개국이 1973년부터 이른바 초콜릿 전쟁을 벌였다. EU에서는 코코아 버터만 사용해 제조된 제품만 초콜릿으로 인정해 수출입을 자유롭게 허가하는 반면, 식물성 기름을 섞어 만든 제품에 대해서는 제조는 통제하지 않았지만 수출입을 금하고 있었다. 관련 업계에서 혼합식 초콜릿 제조사들의 영향력이 큰 영국 등 7개국이 이를 개정하기 위해 애썼지만 프랑스 등 '순수주의파' 국가들이 동의하지 않아 양측 간 공방이 계속됐던 것이다. 그러다가 2000년에 유럽 의회에서 식물성 기름이 섞인 초콜릿도 초콜릿으로 분류하도록 허가하면서 27년간의 초콜릿 전쟁이 끝났다. 단, 식물성 기름이 섞인 초콜릿은 영국을 제외한 유럽 대륙에서는 '패밀리 밀크 초콜릿'이라는 이름을 붙여야 한다. 우리나라에도 비슷한 일이 있었는데 2017년에 한 가수가 USB로 앨범을 냈다. 그러나 문화 체육 관광부에서는 음이 유형물에 고정된 것이 음반의 정의이기 때문에 링크로 다운을 받는 형식의 USB 음반은 음반으로 인정할 수 없다고 못 박았다(이후 USB도 음반으로 인정받게 바뀌게 되었다). 언뜻 보면 별것 아닐 것 같은 초콜릿이나 음반의 정의가 무시 못 할 경제적 이득을 가져오는 사례다.

> 다진 돼지고기는 먹을 수 있다. 쇠고기도 먹을 수 있다. 그러나 두 가지를 한데 섞어 이를 햄버거라 불러서는 안 된다는 것이다.
> 장정일의 소설 『너희가 재즈를 믿느냐?』 중에서. 햄버거의 정의가 소설 전개의 한 모티브가 된다.

이렇게 정의를 하는 것은 사람들의 이해관계에 변화를 가져올 만큼 중요한 일이다. 정의를 어떻게 내리느냐에 따라 생사의 갈림길에 서기도 하고, 정의로운 사람이 됐다가 나쁜 사람이 되기도 하며, 막대한 돈이 오가기도 하는 것이다. 정의를 하는 사람이 논쟁에 이긴다.

정의의 어려움

정의가 중요한 사례를 몇 가지 봤지만 언어를 사용할 때 웬만해서는 정의가 필요 없다. 대부분 어릴 때부터 어떤 말이 무슨 뜻으로 쓰이는지 배워서 알고 있고, 애매하거나 모호하다고 하더라도 구체적인 맥락에서 쓰이기에 굳이 정의가 없어도 그 말을 이해할 수 있기 때문이다. 정의가 필요한 경우는 새로운 말('보보스', '돌봄 경제' 등)이 만들어졌을 때나 어려운 개념('줄기세포', '선물환 투기', '라우터' 등)을 소개할 때, 그리고 앞에서 말한 것처럼 구체적인 맥락에서도 여전히 발생하는 애매함이나 모호함을 없애려고 할 때이다.

당연한 말이지만 정의를 할 때는 되도록이면 많은 사람이 동의할
수 있게끔 해야 할 것이다. 앞 장에서 말한 루이스 캐럴의『거울 나라
의 앨리스』에는 자기 마음대로 낱말의 뜻을 정의해서 쓰는 장면이 나
온다.

"그리고 생일 선물을 받을 수 있는 날은 딱 하루뿐이고. 너한테는 영광
스럽겠다!"

앨리스가 말했다.

"'영광'이라니 무슨 말씀이세요?"

험프티 덤프티는 거만하게 웃었다.

"내가 가르쳐 주지 않으면 물론 모르겠지. 너한테는 '납작하게 깨진 말
싸움'이라는 뜻이야!"

앨리스는 반박했다.

"하지만 '영광'이란 말은 '납작하게 깨진 말싸움'이라는 뜻이 아니잖
아요."

험프티 덤프티는 조금 깔보는 투로 말했다.

"내가 어떤 단어를 쓰면, 그것은 바로 내가 선택한 의미만 가지는 거
야. 그 이상도 그 이하도 아냐."

앨리스가 말했다.

"문제는 당신이 그렇게 여러 가지 것을 뜻하는 단어를 쓸 수 있느냐 없
느냐 하는 것이지요."

ⓒflowergardensarah. 험프티 덤프티는 본래 영어 동요에 등장하는 가상 인물로, 영어권 아이들에게 잘 알려진 캐릭터. 『거울 나라의 앨리스』에서는 담벼락 위에 올라앉아 있다가 떨어져 깨지는 것으로 묘사되는데, 이 험프티 덤프티는 담벼락 아래에 앉아 있다.

험프티 덤프티가 말했다.

"문제는 누가 주인이냐는 거야. 그게 전부야."

험프티 덤프티처럼 다른 사람이 무슨 뜻으로 그 말을 쓰는지 상관하지 않고 제멋대로 정의하면 사람들 간의 의사소통은 불가능해질 것이고 그 사람은 사회에서 소외될 것이다.

정의는 언어를 사용하는 사람 대부분이 동의할 수 있는 객관적인 것이어야 한다. 그런 정의를 찾는 가장 좋은 방법은 사전을 참조하는 것이다. 사전은 한 사회에서 가장 표준적으로 쓰이는 뜻을 담고 있기 때문이다. 그런 정의를 **사전적 정의**라고 부른다. 그러나 사전적 정의도 완벽한 것은 아니다. 영화 〈세 얼간이〉[2011]에는 '기계'의 정의에 관한 재미있는 에피소드가 나온다. 기계를 정의해 보라는 교수의 말에 주인공인 란초는 이렇게 정의한다.

"인간의 수고를 덜어 주는 건 다 기계라고 할 수 있죠. (…) 일을 좀 더 쉽게 만들어 주거나 걸리는 시간을 줄여 주는 것이 기계입니다."

그러면서 멀리 떨어진 친구와 이야기할 수 있는 전화기나 수백만의 단위를 몇 초 만에 계산하는 계산기가 그 정의에 맞지 않느냐고 예를 든다. 더 나아가 자기 바지의 지퍼를 올렸다 내렸다 하면서 바지의 지퍼도 기계라고 말한다. 그러나 교수는 바지 지퍼를 올렸다 내리는 시늉을 하면서 "시험 때도 그렇게 쓸 건가?"라고 비웃는다. 밉상 캐릭터인 차투르는 기계를 다음과 같이 정의한다.

"기계란 연결되어 있는 물체의 결합이라고 할 수 있으며 그들의 상대적 운동이 발생합니다. 그 말은 즉, 힘과 운동이 전달되고 변형됩니다. 나사와 너트, 지렛대 원리를 이용한 지레, 도르레의 회전 등이 예라고 할 수 있습니다. (…)"

교수는 이번에는 "훌륭해!"라고 칭찬한다. 교수는 '쉽게 풀어 쓴' 정의가 아니라 '책에 나온' 정의를 원한 것이다. 란초의 정의와 차투르의 정의 중 어떤 정의가 더 객관적이라고 생각되는가? 영화에는 반전이 있다. 교수의 의견에 토를 다는 란초는 교실에서 쫓겨나지만, 놓고 온 것이 있다고 말하며 다시 들어온다. 교수가 무엇이냐고 묻자 이렇게 대답한다.

"기록되고 분석되고 요약되고 정리된 정보를 설명하고 논의하는데, 그림이 첨부되기도 하고 안 되기도 하고, 딱딱한 표지를 씌웠는데 커버는 있는 것도 있고 없는 것도 있고, 머리말, 개요, 목차, 색인이 있고 인간 지식을 높이고 풍성하게 하며 계몽시키기 위해 만들어졌으며, 시각 기관을 통해 전달되고 어떤 사람에겐 촉각 기관을 통해 전달되는 물건이요."

다른 게 아니라 책이다. 교수의 어려운 정의를 비꼬아 이렇게 정의한 것이다. '결혼'이라는 낱말을 사전에서는 이렇게 정의한다.

(남자와 여자가, 또는 어떤 사람이 이성의 상대와) 부부로서의 법률적 관계를 맺는 것.
– 『뉴에이스 국어사전』

여기서 '법률적 관계'란 무슨 뜻일까? 관청에 혼인 신고를 하는 것을 말하는가? 그러나 결혼식을 올리고 혼인 신고를 하지 않아도 우리는 결혼했다고 인정한다. 다른 사전을 보자.

남녀가 정식으로 부부 관계를 맺음.
－『표준국어대사전』

'정식으로'란 말이 모호한 표현임을 얼른 짐작할 수 있을 것이다. 예식장에서 결혼해야 정식인가? 혼인 신고만 하는 것은 정식인가? 동거하면서 친구들을 초청해 인정을 받는 것도 정식인가? 그리고 이 사전들은 모두 결혼은 이성끼리만 할 수 있는 것으로 정의하고 있는데, 우리나라에서도 동성끼리의 결혼을 주장하는 의견이 있고 동성 결혼이 이미 허용된 국가도 있지 않은가? '사랑'의 정의는 사회적으로 논란을 일으키기도 했다. 표준국어대사전을 만드는 국가 기관인 국립 국어원은 '사랑'의 뜻풀이에 성차별적 요소가 있다는 지적에 '어떤 상대의 매력에 끌려 열렬히 그리워하거나 좋아하는 마음'이라고 성 중립적으로 수정했다. 그러나 동성애를 옹호한다는 항의에 '남녀 간에 그리워하거나 좋아하는 마음'으로 다시 바꿨다. 이런 보기는 사전이 잘못되어 있다는 것을 보여 주는 것이 아니라 어떤 낱말을 정의하는 것이 얼마나 어려운가를 보여 준다.

'인간'이라는 낱말은 참 쉬운 말 같지만 철학자들이 여러 정의를 시도했음에도 모두 만족스럽지 못했다. '이성적인 동물'이라고 정의하면 이성적이지 못한 인간은 그 정의에서 빠져 버리는 일(이런 정의를 '너무 좁

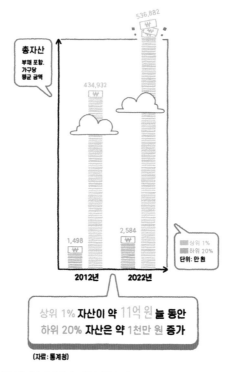

상위 1퍼센트라는 말은 공부에서든 재산에서든 최상위층을 애매하지 않고 분명하게 가리키는 말로 즐겨 쓰인다. 심지어 영화 〈신라의 달밤〉[2001]에서는 깡패가 조폭 집단에서의 지위를 묻는 친구에게 "난 항상 상위 1퍼센트에 들잖아."라고 말한다.

은 정의'라고 한다)이 생기고 거꾸로 '사회적인 동물'이라고 정의하면 사회성이 있는 다른 동물이 이 정의에 끼어들게 되는 일(이런 정의는 '너무 넓은 정의'라고 한다)이 생긴다. 모두가 이해할 수 있는 언어로, 분명하게, 예외를 허용하지 않도록 정의 내리는 것은 결코 쉬운 일이 아니다. 그리고 앞에서 말했지만 아주 엄격한 정의를 하지 않고서도 언어생활을 하는 데에 그리 큰 지장이 없을 때가 대부분이다.

한편 모든 정의가 다 사전에 나오는 것은 아니다. '돌봄 경제'같이 새로 만든 말이나 '라우터'처럼 새로 들어온 전문 용어는 당장에는 사전을 찾아봐도 나오지 않는다. 또 '공부를 잘하는 학생은 상위 1퍼센트에 드는 학생이다.'와 같이 모호함을 없애고 엄격하게 만드는 정의(이런 정의를 **조작적 정의**라고 부른다)는 정의하는 사람과 상황에 따라 달라지므로 사전에 나올 성격의 것이 아니다.

설득적 정의

정의에는 또 다른 재미있는 기능도 있다. 예전에 한 신문에 연재되었던 〈광수생각〉이라는 만화에 아들이 아버지에게 범죄자가 뭐냐고 묻는 장면이 나온다. 아들의 질문에 아버지는 "사전적인 의미를 원하는 것이냐? 아니면 진실을 원하는 거냐?"라고 되묻는다. 아들이 "저는 언제나 진실만을 원해요."라고 말하자, 아버지는 '돈이 드는 변호사를 살 만한 재력이 없는 사람'이 범죄자라고 정의한다. 이런 정의는 결코 사전적 정의가 아니며 많은 사람이 동의하는 정의도 아니다. 이것은 듣는 사람에게 어떤 감정이나 태도를 불러일으키려는 목적의 정의인데, 이런 정의를 **설득적 정의**라고 부른다. 〈광수생각〉은 이 정의를 통해서 범죄자는 정말로 죄를 저지른 사람이 아니라 유능한 변호사를 고용할 돈이 없어서 범죄자가 된 것뿐이라는 냉소적인 태도를 보여 주고, 그것이 이 사회

> **유전무죄 무전유죄**
> 돈 있으면 죄가 없고 돈 없으면 죄가 있다는 뜻으로 사법부에 대한 불신을 드러내는 말. 1988년 탈주범들이 인질극을 벌이면서 이 말을 외쳐 유명해졌다.

"은행은 비가 개면 우산을 빌려주고 비가 오면 우산을 회수하는 곳이다."
떠도는 말. 은행이 꼭 필요할 때는 돈을 빌려주지 않는 것을 비꼬는 설득적 정의.

중소기업중앙회에서 소기업과 소상공인을 지원하는 노란우산공제는 이런 설득적 정의를 의식해서 이름을 그렇게 지었을 것이다.

의 진실이라고 말하는 것이다.

설득적 정의는 특히 정치나 광고의 영역에서 많이 쓰인다. 정치인이나 광고인은 누구보다도 대중의 감정을 사로잡아야 하는 사람들이기 때문이다. 논증이나 증거로 상대방을 설득할 수 없을 때, 상대방에게 대상에 대한 긍정적이거나 호의적인 가치를 연상시키거나 반대로 부정적이거나 적대적인 가치를 연상시킴으로써 태도의 변화를 가져오게 한다. 일부 정치인과 언론인 들은 고교 평준화를 다음과 같이 정의한다.

교육의 수준과 질과 내용을 하향시켜 모두를 '도토리'로 만드는 결과를 초래할 좌파적 정책

이 정의는 '좌파'에 대해 우리 국민이 가지고 있는 알레르기 반응에 기대어 평준화에 부정적인 감정을 불러일으키고 있다. 다음과 같은 광고 카피가 있었다.

침대는 가구가 아닙니다. 과학입니다.

이 광고는 '가구'에 비해 '과학'이 가지고 있는 첨단의 이미지를 소비자에게 전달하여 소비자의 정서를 긍정적인 방향으로 움직이게 하고 있다. (이 카피는 엄격하게 말하면 정의의 형태는 아니다. 굳이 정의하자면 '침대는 잠을 잘 수 있는 곳으로서 과학의 산물' 정도가 되겠지.)

설득적 정의는 분명히 중립적인 정의는 아니다. 6장에서 말한 것처럼 같은 지시 대상에 대해서도 여러 가지 표상이 가능하기 때문에 그 대상을 좋게 보기도 하고 삐딱하게 보기도 하는 것이다. 그래서 의사를 보고 어떤 사람은 "사람들의 고통을 덜어 주는 데 헌신하는 사람"이라고 정의하기도 하고, 또 다른 사람은 "인간에 대해서 아무 것도 모르면서 잘 알지도 못하는 병을 치료하겠다고 거의 알지도 못하는 약을 처방하는 사람"이라고 정의하는 것이다. 사실 이 정도 정의들은 속이 보이거나 노골적이기 때문에 정의를 내린 사람에게 중립적이지 않은 의도가 숨어 있다는 사실을 알아차리기 어렵지 않다. 그러나 앞에서 말한 고교 평준화의 정의나 침대는 과학이라는 정의는 중립적이 아니라고 판단하기가 그리 쉽지 않다. '임신 중절은 태아에 대한 살인이다.'나 '안락사는 인간의 존엄성을 지키는 존엄사이다.'라는 정의도 각각 임신 중절을 반대하고 안락사를 찬성하려는 특정 관점이 개입된 정의라는 것을 알지 못한다면 정의한 사람의 의도에 휩쓸려 넘어가기 쉽다. 그런 정의를 인정하고서 논쟁에 참여하는 것은 차포 떼어 놓고 장기 두는 것보다 더 어려운 일이다. 임신 중절이 살인임을 인정하고서 어떻게 임신 중절에 찬성할 수 있겠는가? 또 인간의 존엄성을 인정하면서 어떻게 안락사를 반대할 수 있겠는가? 최근에는 회복이 불가능한 환자를 대상으로 무의미한 연명 치료를 중단하는 것을 '존엄사'라고 널리 부른다. 안락사가 어느 정도 인정되는 상황을 반영한 것이다.

🌐 설득적 정의의 집대성

설득적 정의를 한곳에 모아 놓은 책 가운데 미국의 앰브로즈 비어스Ambrose Bierce, 1842-1914가 1906년에 펴낸 『악마의 사전』이 유명하다. 우리나라에는 인터넷에 올라 있는 「학교대사전」과 「백괴사전」이 있다. 이것들은 대체로 부정적인 뜻을 담은 설득적 정의를 잔뜩 모아 놓는다. 그중 몇 개만 보기로 들어 보면 다음과 같다.

- 고뇌: 친구의 성공을 목격했을 때 유발되는 질병.　　　　　 – 『악마의 사전』
- 신문 기자: 추측에 의해 진실을 찾아가며 말의 홍수로 그 진실을 흐리는 자.
　　　　　　　　　　　　　　　　　　　　　　　　　 – 『악마의 사전』
- 아는 사람/지인: 물건을 빌려 쓸 정도로 잘 알고 있으나, 물건을 빌려줄 정도로 잘 알지는 못하는 사람. 가난하거나 하찮은 사람일 경우 '그냥 아는 정도'가 되지만 그가 부유하거나 유명인일 때는 '친밀하다'고 불린다.
　　　　　　　　　　　　　　　　　　　　　　　　　 – 『악마의 사전』
- 우정: 좋은 날씨에는 두 사람을 실을 수 있지만, 사나운 날씨에는 한 사람만 탈 수 있는 배.　　　　　　　　　　　 – 『악마의 사전』
- 개교기념일: 1년에 한 번 학교가 학생들을 기쁘게 해 주는 날.
　　　　　　　　　　　　　　　　　　　　　　　　　 – 「학교대사전」

- 급훈: 태극기와 교훈을 교실 벽 앞에 붙이는 것만으로는 균형이 맞지 않아서 생기게 된 글귀. -「학교대사전」
- 방학: 여름에는 냉방비, 겨울에는 난방비가 크게 요구되기 때문에 고육지책으로 만들어진 제도. -「학교대사전」
- 법인 카드: 써도 써도 없어지지 않는 마법의 또는 화수분의 카드. -「백괴사전」
- 지속 가능하다: 뭔가 팔아먹기 위해 써먹는 무의미한 말들 중 하나. -「백괴사전」
- 초코파이: 군대에서만 무신론자가 종교를 갖게 하고 이미 종교를 갖고 있는 사람도 다른 종교로 개종하게 만드는 기적을 십중팔구 이뤄 내는 간식. -「백괴사전」

가르랑말과 으르렁말

설득적 정의와 같은 설득적인 기능은 꼭 정의뿐만 아니라 낱말 자체에도 있다. 똑같은 대상을 여러 가지 다른 낱말로 부를 수 있는데 그때 각 낱말의 감정적 힘이 서로 다른 경우를 볼 수 있다. '정치인'을 '공복公僕'이라고 부를 때는 국민에게 봉사하는 사람이라는 긍정적인 뜻을 내포하고 있지만, '정치꾼'이나 '위정자'는 부정적인 면을 돋보이게 한다. 5·18 민주화 운동이라는 역사적 사건은 하나이지만 거기에 참여한 시민들을 '민주 투사'라고 부르느냐 '폭도'라고 부르냐에 따라 평가는 하늘과 땅 차이이다. 이토 히로부미를 저격한 안중근 의사는 우리에게

(좌) ⓒ마일로, 네이버 웹툰 〈여탕보고서〉. (우) 한국여성민우회 차림사 홍보 포스터. 목욕탕에서 때를 밀어 주는 사람을 가리키는 '때밀이'는 아직도 많이 쓰이지만 '세신사' 또는 '목욕 관리사'도 많이 쓰인다. 이에 비해 식당에서 주로 '아줌마', '이모', '여기요'로 불리는 종업원은 '차림사'로 바꾸자는 운동이 벌어졌지만 거의 쓰이지 않는다. 말은 언중에 의해 자발적으로 쓰여야지 인위적인 운동에 의해 쓰이는 것은 아님을 보여 주는 사례.

는 '의로운 사람[義士]'이지만 일본 사람들에게는 '테러리스트'일 뿐이다.

자유, 사랑, 민주주의, 평화 따위는 따뜻하고 밝은 이미지의 말이다. 반면에 미움, 착취, 암, 사기꾼 따위는 사람들이 꺼리는 낱말이다. 긍정적인 이미지와 부정적인 이미지가 섞여 있는 낱말도 있다. 신神, 사회주의, 돈 따위가 그런 말들이다. '조직 폭력배(이하 조폭)'는 많은 사람에게 흉악무도한 집단으로 받아들여지지만 몇몇 사람에게는 숭배의 대상이 되기도 한다. '조폭'이 갖는 부정적인 이미지를 이용해서 일부 언론의 행태를 꼬집기 위해 '조폭 언론'과 같은 새로운 말이 만들어지기도 한다. 앞에서 논쟁의 예로 자주 나온 '임신 중절'은 '낙태'라고도 불린다. 그러나 '낙태'는 태아를 떨어뜨린다는 섬뜩한 이미지가 있어 임신 중절을 반대하는 쪽에 유리해 보인다. 임신 중절을 찬성하는 쪽은 최근에 '임신 중지'라는 말을 쓰기도 한다. 여성의 적극적인 선택권을 강조하려는 의도일 것이다. 본디는 긍정적이거나 부정적인 이미지가 없었는데 생기기도 하고 있었는데 없어지기도 한다. '공산주의'나 '페미니즘'은 본디는 각각 사적 재산의 철폐와 성적 차별을 없애야 한다는 이념을 뜻한다. 그러다가 부정적인 이미지를 떠올리는 사람이 생겼다. '귀머거리'나 '벙어리' 등 장애인을 가리키는 고유어는 부정적인 이미지만 남게 되었다. '악바리'는 사전에 성미가 깔깔하고 고집이 세며 모진 사람이나 지나치게 똑똑하고 영악한 사람으로 부정적으로 풀이되어 있다. 그러나 최근에는 끈기나 근성이 있는 사람을 칭찬할 때 쓰이기도 한다.

상대방의 기분을 상하게 하지 않으려는 의도로 부정적인 이미지의 말을 긍정적인 이미지의 말로 에둘러서 표현하기도 한다. 가령 '청소부'를 '환경미화원'으로, '식모'를 '가정부'로 부르다가 이제는 다시 '가사 도우미'로 바꿔 부르는 것이 그러하다. 특히 영어권에서는 이것을 '정치적 올바름political correctness' 운동이라고 부르는데, '흑인'을 '아프리카계 미국인'이라고 부르는 것이 대표적인 예이다. 이 운동은 그 말을 쓰지 않는 사람이 '올바르지' 않은 사람인 것처럼 보이게 하기 때문에 반감을 불러일으키기도 한다. 때로는 어떤 표현을 쓰느냐에 따라 진실이 가려지기도 한다. 전쟁에서 민간인 사망을 '부수적 피해'라고 부르고 폭격을 '방어를 위한 공격'이라고 부르는 것은 전쟁의 참혹함을 숨기려는 꼼수이다.

미국의 언어학자 새뮤얼 이치예 하야카와는 『생각과 행동 속의 언어』라는 책에서 호감을 표현하는 말을 '가르랑말', 반감을 표현하는 말은 '으르렁말'이라고 부른다(고종석, 『국어의 풍경들』에서 재인용). 앞의 말은 고양이가 가르랑거리거나 개가 꼬리를 흔들 듯 남의 호감을 사기 위한 언어 행위이고 뒤의 말은 언어를 사용해서 남을 도발하거나 위협하는 으르렁거림이기 때문에 그렇게 표현한 것이다. 언어에는 이렇게 남의 호감을 사기도 하고 위협하기도 하는 힘이 있다. 그 힘을 과소평가하고 중립적인 것처럼 다루면 다른 사람의 의도에 넘어가게 되는 것이다.

💬 '정치적 올바름'은 올바름인가?

정치적 올바름 운동은 사회적으로 차별 받는 소수자를 향한 편견을 없애자는 취지에서 나왔다. 따라서 꼭 말을 바꾸는 차원에서만 일어나는 것이 아니라 정책이나 예술 작품을 '올바르게' 바꾸는 차원에서도 일어난다. 디즈니 사의 영화 〈인어 공주〉2023에서 흑인이 인어 공주 배역을 맡거나 '스타워즈 시리즈'에서 주인공이 남성에서 여성으로 바뀐 것이 대표적인 예이다. 정치적 올바름 운동이 너무 지나치다고 반대하는 쪽에서는 잘못된 캐스팅 때문에 이들 작품이 흥행에 실패했다고 비난한다.

*1. 다음 정의는 사전적 정의, 설득적 정의, 조작적 정의 중 어디에 해당하는 가?

(1) 동성애자는 성이 같은 사람에게 부자연스러운 감정을 느끼는 사람이다.

(2) 전자는 원자를 구성하는 입자의 하나로, 원자핵 주위를 회전한하고 있다.

(3) 민주주의는 권리·기회·대우의 평등이라는 원리를 받아들이고 실천하는 정치이다.

(4) 보수주의자란 현재의 악을 다른 악으로 대체하고자 하는 자유주의자들과는 달리 현재의 악에 매료당한 정치가이다.

(5) 부자는 부동산 외에 금융 자산이 10억 원 이상인 사람을 말한다.

(6) 버퍼는 동작 속도가 크게 다른 두 장치 사이에 접속되어 속도 차를 조정하기 위하여 이용되는 일시적인 저장 장치이다.

(7) 고혈압이라는 것은 수축기 혈압이 140mmHg 이상이거나 이완기 혈압이 90mmHg 이상인 경우를 말한다.

2. 정의 때문에 생기는 사회적 논쟁의 사례가 있는지 찾아보자.

3. 각자 관심 있는 분야에서 『악마의 사전』이나 「학교대사전」에 나온 예와 같은 설득적 정의를 만들어 보자.

*4. 다음 정의는 너무 좁은가 또는 너무 넓은가? 아니면 너무 좁기도 하고 넓기도 한가? 그도 아니면 좁지도 않고 넓지도 않은가?

(1) 컴퓨터는 수학 계산을 매우 빨리 시행하는 데 이용되는 전기 장치이다.

(2) 총각은 결혼하지 않은 성인 남자를 뜻한다.

(3) 아이돌은 춤과 노래와 외모가 뛰어난 가수를 말한다.

(4) 고래는 물속에 사는 포유류를 말한다.

* 표시된 문제의 정답 및 해설은 487쪽에

3부

논증
이해하고
분석하기

10장 오늘 날씨가 좋은 이유가 뭘까요?

논증과 논증이 아닌 것

논증이란?

앞에서 주장을 할 때 이유 또는 근거를 가지고 하고, 다른 사람의 주장을 받아들이거나 거부할 때 그럴 만한 충분한 이유가 있는지 신중하게 생각하는 것을 '논리적 사고'라고 하였다. 논리적 사고에서는 주장과 이유가 가장 핵심적인 개념임을 알 수 있다. 이제부터 이유가 제시된 주장을 **논증**argument이라고 부르겠다. 예를 들어 "최 교수는 훌륭한 교수예요. 이번 강의 평가에서 좋은 결과가 나왔거든요."라는 진술은 논증이다. '최 교수는 훌륭한 교수이다.'라는 주장을 정당화지지하기 위해서 '이번 강의 평가에서 좋은 결과가 나왔다.'라는 이유가 제시되었기 때문이다(물론 그 이유가 좋은 이유인지 나쁜 이유인지는 별개의 문제이다).

이제부터 우리의 관심은 어떤 것이 논증이고, 논증을 어떻게 구성하며, 좋은 논증과 나쁜 논증을 구분할 줄 아는 것이다. 논증을 구성하고 논증을 평가하는 것은 논리적 사고에서 가장 핵심적인 일이다. 우리는 논증을 구성하면서 우리가 주장하는 것의 이유를 대려고 노력할 것이고 그럼으로써 그 이유에 근거가 있는지 다시 한번 검토해 볼 기회를 갖는다. 그리고 다른 사람의 논증을 검토할 때도 그 사람이 주장하는 것이 무엇이고 그 주장을 정당화하기 위해 무슨 이유를 대고 있으며 그 이유가 말이 되는지 논리적으로 생각해 보는 것이다.

논증이 아닌 것

주장과 이유는 모두 '말', 좀 어려운 말로 하면 '진술'로 되어 있다. 그런데 진술이라고 해서 모두 논증의 구성원이 될 수 있는 것은 아니다. 참임을 주장하는 진술만 논증의 구성원이 될 수 있다. 우리가 하는 진술 중에는 참을 주장하지 않고 다른 목적으로 하는 경우도 많다.

- ■ "문 닫아라."(명령)
- ■ "너 리포트 다 썼니?"(질문)
- ■ "이 돈 다음 달까지 갚을게."(약속)
- ■ "오랜만이야! 잘 지냈어?"(인사)
- ■ "그 오빠 정말 멋있더라!"(감탄)

이와 같은 진술들로 논증을 만들 수 없다. 왜냐하면 이런 진술은 무엇이 참임을 주장하거나 그 이유를 제시하는 것이 아니기 때문이다.

어떤 진술이 논증인지 아닌지 구분하기 위해서는 유의해야 할 점이 몇 가지 있다. 첫째로, 진술 가운데 겉으로는 명령이나 질문의 형식을 띠고 있지만, 사실은 주장을 하고 있는 경우이다.

> 명태: 마약을 복용하는 것이 범죄가 아니라고?
> 지연: 그럼 너는 마약 복용이 범죄라고 생각하니? 다른 사람한테 피해
> 를 주어야 범죄지? 그런데 마약을 복용한다고 해서 다른 사람한
> 테 무슨 피해를 주니?

이 대화에서 마약 복용이 범죄가 아니라는 지연의 주장과 그것을 지지하는 이유는 평서문이 아니라 질문의 형태로 진술되어 있다. 그러나 지연의 주장은 다음과 같이 평서문의 형태로 바꿀 수 있다.

> 다른 사람에게 피해를 주어야만 범죄인데, 마약 복용은 다른 사람에게 아무런 피해도 주지 않는다. 따라서 마약 복용은 범죄가 아니다.

사실 보고서나 신문의 사설이 아니라면 일상생활에서 대화할 때 이렇게 재미없게 주장을 펼치는 경우는 드물다. 영화로도 만들어진 위기철의 소설 『아홉 살 인생』에서 주인공의 친구인 기종은 다음과 같이 말한다.

> 처음에는 그랬다. 하지만 나는 곧 그 최면술은 안 먹힌다는 걸 알아차렸다. (…) 왜냐하면 선생님이란 아이들을 때려야만 월급을 받기 때문이다. 월급은 내 최면술보다 세다. 왜냐하면 월급을 못 받으면 사람들이 굶어 죽기 때문이다. 하지만 최면술 때문에 사람이 굶어 죽는 일은

없다. 그러므로 월급은 최면술보다 센 거다.

'…이다'로 말을 끝내고 '왜냐하면'이라는 말을 써서 꽤 논리 정연하게 보이지만, 일상생활에서 이렇게 말하는 사람은 없고 있다고 하더라도 이상하게 보일 것이다. 실제로 이 소설에서도 기종은 특이한 인물로 그려진다. '…이다' 체로 평서문으로 표현해도 전달되는 정보는 똑같겠지만 그 말이 표현하는 분위기와 맛이 달라질 것이고, 따라서 논증의 심리적 설득력도 떨어질 수 있을 것이다. 우리는 이런 현실을 잘 헤아려서 각종 진술에서 겉으로 드러난 형식만 볼 것이 아니라 말하는 이의 실제 의도를 찾아내어 무미건조하긴 하지만 평서문의 꼴로 바꾸는 연습을 해야 한다. 그래야 논리적 사고의 능력 중 명확하게 듣고 읽는 능력을 키울 수 있다.

두 번째 조심할 점은 어떤 사실이 참이라고 서술하고 있는데도 논증이라고 볼 수 없는 진술이 있다는 것이다. 다음 보기를 보자.

이제 가늘고 차가운 이슬비가 내리고 있었으며, 바람도 세차게 불었다. 이 구역을 지나가는 몇 안 되는 행인들은 옷깃을 여미고 주머니에 두 손을 찔러 넣은 채 음울하게 입을 다물고 총총히 걸어갔다. 그리고 철물 가게 문 앞에서는 젊은 시절 친구와 했던 믿을 수 없을 만큼 어이없는 약속을 위해 천 마일 밖에서 달려온 사나이가 엽궐련을 피우며 기다리고 있었다.
– 오 헨리, 「20년 뒤」 중에서

논증은 논쟁거리가 되는 주장을 지지할 필요가 있을 때 하는 것이다. 그런데 이 글에는 도대체 논쟁거리가 되는 것이 없고, 따라서 지지해야 하는 주장이 없다. 이것은 단순히 사실을 **서술**하기만 하고 주장과 이유의 구조로 되어 있지 않으므로 결코 논증이 아니다.

논증과 설명

논증과 설명을 구분할 줄 알아야 한다는 것이 논증이 무엇인지 이해할 때의 세 번째 주의 사항이다. 우리는 뉴욕 세계 무역 센터 빌딩이 무너진 사실을 알고 있다. 그런데 어떤 사람이 뉴욕 세계 무역 센터 빌딩이 왜 무너졌는지 굳이 이유를 들이댄다고 해 보자. 가령 "뉴욕 세계 무역 센터 빌딩은 비행기의 충돌로 기둥을 지지하는 하중이 약해졌기 때문에 무너졌다."라고 말이다. 그래도 이것을 논증이라고 부르지 않는다. 우리가 왜 논증을 하는지 생각해 보자. 우리는 우리의 주장이 다른 사람에게 잘 받아들여지지 않을 것 같을 때 설득하기 위해 논증을 펼친다. 누구나 다 아는 뻔한 사실이라면 굳이 다른 사람을 설득할 필요가 없다. 따라서 이 경우에는 이유를 제시했다고 하더라도 그것은 주장에 대한 이유를 댄 것이 아니라 우리가 알고 있는, 이미 발생한 사실에 대해 왜 그런 일이 일어났는지 원인을 찾은 것이다. 이때는 논증이라고 하지 않고 **설명**이라고 부른다. 더 구체적으로 말하면 원인을 제시하는 설명이기 때문에 **인과적 설명**이라고 한다. 인과적 설명의 원인이 논증의 이

> "상대 맘 못 열면 대화 아닌 독백"
> 교황 프란치스코Franciscus PP., 1936-

유처럼 '왜냐하면 … 때문이다'의 형태를 띠고 있기에 인과적 설명은 논증과 헷갈린다. (인과적 설명은 23장에서 설명할 인과 논증과 다르다. 인과 논증은 원인이 이유 역할을 하기 때문에 논증이다.)

인과적 설명의 보기를 보자.

- 죄송합니다. 타이어에 펑크가 나서 늦었습니다.
- 영삼이 네가 버터를 햇볕에 내놓았지? 그래서 녹았잖아!
- 왕건이 우물가에서 물을 긷던 처자에게 물을 얻어 마시자고 청하니 처자는 바가지에 나뭇잎을 띄워 주었다. 왕건이 연유를 묻자 처자는 급히 마시면 체하기 때문에 그랬다고 대답했다.

첫 번째 예에서는 지각했다는 사실을, 두 번째 예에서는 버터가 녹았다는 사실을, 세 번째 예에서는 처자가 바가지에 나뭇잎을 띄워 주었다는 사실을 이미 알고 있으니 굳이 설득할 필요가 없다. 다만 그 사실들이 왜 일어났는지 원인을 제시해서 설명하는 것이다. 논증을 설명과 구분하기 위해서는 이렇게 지금 하는 진술에 상대방이 동의하고 있느냐 아니냐를 보면 된다. 설명은 상대방도 동의하는 사실이 왜 일어났는지 이해시키는 것이고, 논증은 상대방이 동의하지 않거나 미심쩍어하는 주장을 정당화하여 설득하는 것이다. 단 논증에서 정당화할 때 제시하는 근거는 상대방도 동의할 수 있는 것이어야 한다. 지금 논증과 설명의 구분을 언급하는 것은 그 구분 자체도 중요하지만, 논증은 상대방이 동의하지 못하는 주장을 상대방이 동의할 수 있는 근거를 가지

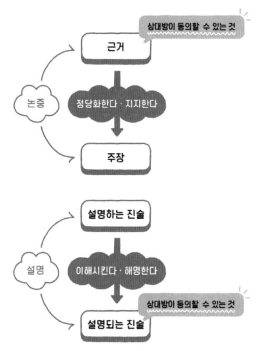

[그림 10-1] 논증과 설명의 구별

고 설득한다는 것을 강조하려는 의도이기도 하다. 15장에서 다시 강조하겠다.

그러나 논증과 설명을 구분하기란 그리 쉬운 일이 아니다. 다음 두 대화를 보자.

■아사녀: 오늘 날씨 참 좋은데.

　아사달: 이게 뭐 좋은 날씨니?

아사녀: 바람도 선선하고 공기도 맑잖아.

■아사녀: 오늘 날씨 참 좋은데.
아사달: 왜 그럴까?
아사녀: 대기 중에 불순물이 적어서 그렇지.

첫 번째 대화에서 아사녀는 오늘 날씨가 좋다는 자신의 주장에 동의하지 않는 아사달에게 왜 좋은지 이유를 대고 있으므로 논증을 펼치고 있다고 볼 수 있다. 그런데 두 번째 대화에서 아사녀는 아사달도 동의하는 사실에 대해 그 원인을 찾는 인과적 설명을 하고 있다. 이렇게 같은 진술이라고 하더라도 그것이 진술되는 구체적인 상황과 맥락을 알아야 논증인지 인과적 설명인지 구분할 수 있기 때문에 그 구분이 쉽지 않은 것이다. 논증과 설명을 헷갈리면 질문의 의도를 파악하지 못하는 엉뚱한 대답을 하게 될 것이다. 다행히 앞의 두 대화에서 아사녀는 아사달의 질문에 지금 이유를 제시하는 논증을 해야 하는지 원인을 제시하는 설명을 해야 하는지 잘 구분해서 대답했다. 택시를 탔는데 이게 '총알 택시'다. 승객이 "왜 이렇게 빨리 모세요?"라고 묻자, 기사가 "제가 좀 급하거든요."라고 대답한다. 기사는 논증을 한 것일까, 설명을 한 것일까? 만약 기사가 승객이 자신의 난폭 운전에 이의가 없거나 함께 즐긴다고 생각했다면 설명을 한 것이고, 승객이 항의한다고 생각한다면 논증을 한 것이다. 그러나 이 대화만 가지고는 승객이 질문한 의도도, 기사가 그것을 어떻게 이해했는지도 알 수 없다.

💬 여러 가지 설명

인과적 설명이 논증과 헷갈리기 쉬워 대표적인 설명으로 언급했지만, 그것 말고 다른 설명도 있다. '코는 안경을 걸치기 위해 있는 것이다.'처럼 어떤 것의 목적 또는 기능을 설명하기도 하고, '그 애가 나를 보고 웃는 것은 나에게 마음이 있다는 뜻이다.'처럼 어떤 것의 의미를 설명하기도 한다. 한편 땅이 젖은 현상을 보고 비가 왔다는 가설을 세워 설명하는 것을 '최선의 설명으로의 추론'이라고 부르는데, 이것은 설명이 아니라 논증이다. 가설이 현상을 잘 설명하는 것을 근거로 삼아 그 가설이 옳다고 주장하는 것이다. '최선의 설명으로의 추론'은 22장에서 '가추법'이라는 이름으로 설명하겠다.

논증은 단순한 서술과 구분해야 한다. 그리고 잘 구분이 안 되는 경우도 있지만 설명과도 구분해야 한다. 어떤 진술들의 집합에서 논증이 있는지 그리고 있다면 어떤 것인지 알아내기 위해서는 가장 먼저 무엇이 주장되고 있는지 스스로 물어야 한다. 지금 이 글에서 논쟁거리가 되고 있는 것이 무엇이고 이 글은 그 이슈에 대해 어떤 주장을 하고 있는지 찾아낸다. 그다음에 그 주장을 지지하기 위해 어떤 근거가 제시되고 있는지 찾아야 한다. 근거가 제시된 주장이 바로 논증이 된다.

1. 논증과 서술, 논증과 설명의 차이가 무엇인지 예를 들어 말해 보자.

*2. 다음 진술은 논증인가 설명인가?

(1) 어떤 사람이 허겁지겁 뛰어와서 물 좀 달라고 하면 바가지에 나뭇잎을 띄워 주어야 해. 급히 마시면 체하니까.

(2) 축구공에 흰색과 검은색이 섞여 있는 이유는 흑백텔레비전 당시 중계 화면에서 공이 잘 보이도록 하기 위해서였다.

(3) 그는 자신의 수입에서 일부를 기부한다. 그것이 자신의 윤리적 기준에 부합한다고 생각하기 때문이다.

(4) 그는 자신의 수입에서 일부를 기부해야 한다고 생각한다. 그것이 자신의 윤리적 기준에 부합하기 때문이다.

(5) 우유는 약과 함께 먹으면 안 된다. 우유에 함유된 칼슘, 철분, 락트산 따위가 약의 성분이 체내에 흡수되는 것을 방해하기 때문이다.

*3. 다음 대화에서 A는 B의 물음에 대해 두 번 대답하고 있다. 각 대답에서 논증과 설명을 구분해 보아라.

　　A: 방 안이 아까보다 밝은데.

　　B: 왜?

　　A: 보조등을 켰거든.

B: 아니, 나는 방이 밝아진 줄 모르겠는데?

A: 아까는 신문의 글씨가 잘 안 보였는데 지금은 잘 보여.

- 민찬홍 외, 『고등학교 철학』 중에서

*표시된 문제의 정답 및 해설은 489쪽에

11장 숨어 있는
전제와 결론을 찾아라

전제와 결론

전제와 결론 찾기

논증에서 주장은 다른 말로 '결론'이라고 부른다. 그리고 이유는 다른 말로 '전제', '논거', '근거'라고 부른다. 이 책에서는 앞으로 전제와 결론이라는 말을 더 즐겨 쓰겠다. 전제는 결론을 '지지한다' 또는 '뒷받침한다' 또는 '정당화한다'라고 말한다. 요컨대 제시된 전제를 근거로 해서 결론이 참이라고 또는 받아들일 만한 것이라고 합리적으로 설득하는 것이 논증이다.

이러한 논리학의 전문 용어들이 일상어에서는 다른 의미로 쓰일 때가 있으므로 주의해야 한다. 가령 주장이 곧 결론이라고 말했지만, 일상어에서는 전제와 결론을 합한 진술을 주장이라고 말하기도 한다. 이 책에서는 편의상 결론만을 주장이라고 하겠다. 그리고 '그들은 결혼을 전제로 사귀고 있다.'에서 '전제'는 어떠한 사물이나 현상을 이루기 위하여 먼저 내세우는 것이라는 뜻으로, 이유나 근거의 뜻이 아니다. 이

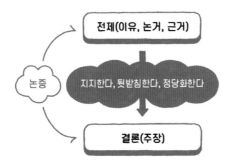

[그림 11-1] 논증의 구조

진술은 애초에 논증이 아니기도 하다.

논증에서 전제가 먼저 나올 수도 있고, 결론이 먼저 나올 수도 있다. 그리고 전제와 결론이 한 문장에 다 들어 있을 수도 있으며, 다른 문장으로 되어 있을 수도 있다.

■ 미군은 한국에 계속 주둔해야 한다. 주한 미군이 있는 것만으로도 한반도에 전쟁 억제력이 생기기 때문이다.

이 논증은 전제와 결론이 다른 문장으로 되어 있으며, 결론 다음에 전제가 나온다.

■ 시베리아에 사는 고니는 우리나라에서 겨울을 지내는데, 이번 겨울에도 날아올 것이다.

이 논증에서는 전제와 결론이 한 문장으로 되어 있다. 그리고 전제가 먼저 나오고 그다음에 결론이 나온다. 한편 두 전제 사이에 결론이 끼어 있을 수도 있다.

■ 선생님께서 수업 시간에 발표를 한 학생은 20점의 가산점을 받는다고 하셨는데, 강철이도 20점의 가산점을 받을 것이다. 그는 가장 먼저 발표를 했다.

따라서 문장의 위치로 전제와 결론을 판단할 수는 없다. 그리고 전제는 얼마든지 한 개 이상 있을 수 있다. 물론 한 논증에서 결론은 한 개이다. 어떤 논증에서 결론이 두 개 있다고 생각될 때는 실제로는 두 논증이 이어져 있거나, 독립적인 두 논증이 있는 것으로 생각해야 한다. 결국 결론의 개수는 논증이 몇 개냐를 판단하기 위해 필요하므로 중요하지만 전제의 개수는 현재로서는 별로 중요하지 않다.

누군가의 논증을 봤을 때 가장 먼저 할 일은 그 논증이 말하고자 하는 바를 이해하는 것이다. 논증을 펼친 이가 이 논증으로 무슨 주장을 하고자 했고, 그 주장의 근거로 어떤 이유를 제시했는지 찾아내야 한다. 이 말은 곧 논증의 전제와 결론을 찾아야 한다는 뜻이다. 사실 논증에서 전제와 결론을 찾는 일만 잘해도 논리적 사고의 능력이 상당하다고 봐야 한다. 그런데 이 일은 중요한 만큼 쉽지 않다. 논증에서 전제와 결론을 찾는 기계적인 방법이 있지는 않기 때문이다. 기껏 기계적으로 할 수 있는 방법은 전제 또는 결론을 나타내 주는 지시어를 이용하는 것뿐이다.

- 전제 지시어: 왜냐하면, …이기 때문에, …라는 점을 생각해 보면, 그 이유로는, …를 보건대, 첫째, 둘째, 셋째…

꼭 그런 것은 아니지만 진술에 이런 지시어가 나타나면 전제임을 알 수 있다.

- 결론 지시어: 따라서, 그러므로, 결국, 결론적으로, 사실, 이에 따라, …임을 보여 준다, …라고 생각할 수 있게 되었다

마찬가지로 이런 지시어가 나타나면 결론임을 짐작할 수 있다. 사실 아무리 어려운 논증이라고 하더라도 전제 지시어나 결론 지시어만 있다면 어디까지가 전제이고 어디서부터가 결론인지 알아내기는 어렵지 않다. 그것이 왜 전제가 되고 그 전제에서 어떻게 결론이 나오게 됐는지 이해하는 것은 나중 문제이지만 말이다.

그러나 전제나 결론을 나타내는 지시어를 전혀 쓰지 않고서도 얼마든지 논증할 수 있다. 지시어가 나오는 글이 분명하고 남이 이해하기는 쉽겠지만, 전제 지시어나 결론 지시어가 없는 글은 흔하다. 10장에서 본 『아홉 살 인생』의 기종처럼 말에서 '왜냐하면'을 쓰면 어색하게 들린다. 글에서도 전제나 결론을 나타내는 지시어를 남발하면 글이 너무 딱딱해지고 건조해지므로, 판결문이나 계약서 또는 시험 답안지처럼 정

확하고 이해하기 쉬워야 하고 쓰는 사람이 아쉬운 글이 아니라면 많이 쓰라고 권하기도 어렵다. 따라서 지시어에 의존해서 전제와 결론을 찾아내기보다는 논증의 내용과 앞뒤 맥락에 의존해서 찾아내는 훈련을 많이 해야 한다. 앞에서 살펴본 보기 논증 중 두 번째와 세 번째 보기는 전제 지시어와 결론 지시어가 전혀 없다. 그렇지만 전제와 결론을 찾는 데 전혀 애로가 없다. 혹시 애로가 있는 사람은 세상 사는 데도 애로가 있을 것이다. 약간 더 어려운 보기를 보자.

나는 한국이 강대국이 될 가능성이 전혀 없다고 생각한다. 현재 우리의 정치, 경제, 문화, 교육 등 모든 분야의 제도와 관행들이 선진국이나 강대국이 될 수 있는 여건과 가능성을 내포하고 있는가? 판단력을 갖춘 사람이라면 그렇다고 말할 수 없을 것이다.
– 탁석산, 『한국의 주체성』 중에서

이 논증에도 전제와 결론을 암시해 주는 지시어가 하나도 없다. 그렇지만 찬찬히 보면, 두 번째 문장에서 묻고 세 번째 문장에서 대답하는데, 그 문답이 첫 번째 문장의 이유가 된다. 그러면 첫 번째 문장이 결론이고, 나머지 두 문장은 전제임을 어렵지 않게 알아낼 수 있다. 이 논증을 다음과 같이 바꾸면 훌륭한 분석이 된다.

■ 전제: 판단력을 갖춘 사람이라면 현재 우리의 정치, 경제, 문화, 교육 등 모든 분야의 제도와 관행들이 선진국이나 강대국이 될 수 있

는 여건과 가능성을 내포하고 있다고 말할 수 없다.

■ **결론**: 나는 한국이 강대국이 될 가능성이 전혀 없다고 생각한다.

배경지식의 중요성

그러나 복잡한 논증에서 지시어가 전혀 없다면 전제와 결론 찾기가 그리 간단하지 않다. 다음 논증을 보자.

만약 모든 성질이 2차적인 것이라면 어떤 결과가 나오겠는가? 어떤 대상에 관하여 우리가 무엇을 말하든 그것은 그 대상이 이러저러한 방식으로 우리에게 감응을 준다는 형식을 띠게 될 것이다. 다시 말하여 대상이 이성을 가지고 일정한 생물학적 구성을 이루고 있는 우리에게 어떤 영향을 줄 것인지와는 전혀 관계없는 대상을 '있는 그대로' 기술할 수는 결코 없을 것이다. 또 대상에 대한 우리의 경험이 어떻게 이루어지는가 하는 문제가 그 대상에 대한 우리의 관념이 마음과 독립되어 있는 어떤 실재적인 것과 유사성을 갖고 있다는 사실에 의하여 설명될 수 있다고 가정할 수도 있다. 대상에 대한 우리의 관념은 마음으로부터 독립된 어떤 것의 모사가 아니다.

– H. 퍼트넘, 『이성·진리·역사』 중에서

이 논증을 이해하려면 2차 성질이 무엇인지, 관념이 마음으로부터 독립되어 있다는 것이 무엇인지 하는 철학의 인식론에 대한 선행 지식이 있어야 한다. 그래야 맨 마지막 문장이 결론이라는 것을 짐작할 수 있다. 실제로 전제와 결론을 찾는 일뿐만 아니라 논리적 사고의 많은 능력은 오로지 분석적이고 논리적인 능력보다는 해당 분야에 대한 지식이나 관심에 달려 있기가 쉽다. 논리적인 사고 능력이 부족하다고 생각된다면 그것은 문제 해결에 필요한 전문 지식을 제대로 못 갖추고 있다거나, 문제가 너무 추상적이거나 자신의 관심사와 거리가 멀어서 문제를 제대로 파악하지 못했기 때문인 경우가 많다. 실제로 아리스토텔레스는 『수사학』에서 "어떤 문제에 대해서 논증을 하든, 논증을 하기 위해서는 주제에 대해서 전부는 아니더라도 꽤 알아야 한다. 그렇지 않고서는 우리는 논증을 만들어 낼 아무런 재료도 갖고 있지 못한 셈이기 때문이다."라고 말하고 있다. 이 말은 내가 논증을 할 때뿐만 아니라 남의 논증을 이해할 때도 마찬가지이다.

그러나 아리스토텔레스의 말을 주의 깊게 읽어야 하는데, 어떤 분야에 대해 전문 지식을 많이 갖추고 있는 것은 논증을 만들어 낼 재료를 가지고 있는 것이라고 했다. 그러면 그 재료를 가공할 요령이 필요하다. '구슬이 서 말이라도 꿰어야 보배'라는 말도 있지 않은가? 전문 지식을 갖추고 있는 것은 비판적인 사람이 되기 위한 필요조건일 뿐이다. 전문 지식이 곧 논리적인 사고를 담보하지는 않는다는 말이다. 또 아리스토텔레스의 말은 우리가 모든 분야의 지식을 전부 알 수는 없다는 것을 전제하고 있다. 내가 잘 아는 분야에 대해서는 그 분야의 문제와 연결된 여러 가지 근거를 잘 정리하고 각각의 근거에 대해서 사려 깊은 평가를 내릴 수 있을 것이다. 우리가 신이 아닌 이상 다른 분야의 논증에 대해서는 그렇지 못하다. 그렇지만 거기에 비판적이고 분석적인 태도로 진지하게 접근한다면 어느 정도 높은 이해력을 보일 것이다. 그리고 날마다 쏟아지는 수많은 지식 중에서 어떤 것을 신뢰할 수 있는지 판단해야 하는데, 이것도 논리적 사고력이 길러 주는 것이다. 결국 논리적인 사람이 되려면 분석 방법을 통해 익힌 논리적인 자세와 전문 지식을 함께 갖추어야 한다.

숨은 전제와 결론

일상의 논증에서는 전제 또는 결론을 생략하는 경우가 종종 있다.

■ 이 영화는 미성년자 관람 불가야. 너는 볼 수 없어.

이것은 분명히 논증이다. 그런데 '너는 미성년자이다.'라는 전제가 하나 생략되어 있다. 그 전제는 대화 상황에서 논증하는 사람이나 듣는 사람 모두 알고 있는 뻔한 것이기 때문에 굳이 말하지 않아도 이 논증을 이해하는 데 전혀 방해가 되지 않는다. 이렇게 생략된 전제를 **숨은 전제** 또는 **암묵적 전제**라고 부른다. 한편 굳이 결론을 진술하지 않아도 누구라도 짐작할 수 있는 경우라면 결론마저도 생략한다.

■ 소림사 출신은 모두 한 무예 한다는데, 청공 스님도 소림사 출신 이래.

이 논증이 '청공 스님은 한 무예 한다.'라는 결론을 함축한다는 것을 아는 일은 아주 쉽다. 더 나아가 전제 일부와 결론이 몽땅 생략되는 경우도 있다.

■ 드래곤스 팀이 우승하면 내가 네 아들이다.

이 논증은 다음과 같이 재구성할 수 있다.

전제1: 드래곤스 팀이 우승하면 내가 네 아들이다.
전제2: 나는 네 아들이 아니다.
결론: 드래곤스 팀은 우승하지 못한다.

굳이 이렇게 숨은 전제와 결론을 친절하게 집어넣어 논증을 다시 만들지 않아도 우리는 이 논증의 주장이 무엇인지 이해할 수 있다. 다시 말해서 이 주장을 듣고 우리는 "무슨 소리야? 어떻게 네가 내 아들이야?"라고 반응하는 것이 아니라, 내가 네 아들이라는 것이 말도 안 되는 터무니없는 소리인 것처럼 드래곤스 팀이 우승한다는 것도 말도 안 되는 터무니없는 소리라고 주장하고 싶어 한다는 것을 안다(이 논증은 후건 부정식의 형식인데, 21장에서 설명하겠다).

특정 전제나 결론은 논증을 말하는 이나 논증을 듣는 이 모두 알고 있을 때는 흔히 생략된다. 모든 사람이 알고 있는 것을 미주알고주알 말하는 것은 멋쩍은 일일 뿐만 아니라 효과적인 의사소통에 방해가 되기 때문이다. 따라서 논증을 펼칠 때 분명히 모두가 알고 있는 전제는 과감히 생략해도 좋다. 그러나 우리가 논증할 때 특정 전제가 상대방도 이미 알고 있는 것인지 모르고 있는 것인지 일일이 확인해 볼 수 없다. 더구나 직접 사람을 만나 논증을 펼치는 것이 아니라 매체를 통해 불특정 다수를 대상으로 할 때는 전

제를 어느 정도 생략해야 할지 결정하기 어렵다. 그래서 이 정도면 알고 있다고 생각하고 생략했는데 상대방이 모르는 전제여서 상대방이 논증을 잘 이해하지 못하고, 결과적으로 설득에 실패하는 경우도 있다. 또 가끔은 꼭 필요한 전제를 실수로 빼먹기도 하고, 상대방이 자신의 논증을 얼른 받아들이게 하기 위해서 민감한 전제나 결론은 의도적으로 빼먹기도 한다. 그러므로 좋은 논증을 하기 위해서는, 누가 봐도 당연할 것 같은 전제가 아니라면 논증의 전제와 결론을 최대한 분명하게 밝혀 줘야 한다. 수사적인 멋을 부릴 필요가 없는 논증이라면 더욱 그래야 할 것이다.

남의 논증을 듣고 해석해야 하는 입장이라면 숨은 전제와 숨은 결론을 찾으려고 애써야 한다. 왜 그런 수고를 해야 하는가? 그럴 필요 없이 불친절하고 잘못된 논증이라고 무시하면 되지 않을까? 우리는 4장에서 자비로운 해석의 원리가 효과적인 의사소통을 위해서 왜 필요한지 이미 살펴보았다. 효과적으로 의사소통하기 위해서는 상대방이 합

리적인 사람이라고 인정해야 상대방도 나를 합리적인 사람이라고 간주할 텐데, 상대방이 합리적인 사람이라고 인정한다는 것은 그 사람의 논증을 가능한 한 가장 좋은 논증이 되도록 해석해야 한다는 뜻이었다. 따라서 상대방의 논증에서 흠을 찾기에 앞서 결론을 가장 잘 지지해 줄 것 같은 전제 또는 전제들에서 가장 잘 따라 나올 것 같은 결론을 찾아야 할 것이다.

논쟁에서 숨은 전제·결론의 중요성

작가 복거일은 대표적인 우파 논객 중 한 사람이다. 그는 다음 인터뷰에서 숨은 전제·결론을 찾는 일이 얼마나 중요한지 지적하고 있다.

사회자: 혹시 논쟁을 벌일 때 나름대로 비법이 있습니까?

복거일: 제가 비교적 논쟁을 잘하는 편입니다. 어떤 비평가는 근본적인 해체를 하는 사람이라 그렇다고 얘기하더군요. 상대편의 논지가 담고 있는 드러나지 않은 가정들을 밝혀내서, 그 가정들에 기초한 사실과 논리에 대해서 이의를 제기하는 방식을 쓰기 때문에 논쟁을 효과적으로 한다는 얘기를 하더군요. 저도 그런 얘기에 동의해요.

대개 좌파와 논쟁을 많이 벌이게 되는데 좌파의 논리를 가만히 보면 실제로 자기가 생각하는 건 거의 없어요. 다른 사람들이 생각한 것을 그대로 달달 외우다시피 해서 받아들여요. 자기편 사람이 얘기를 하면 그것이 타당한가에 대해 근본적인 성찰도 하지 않고 옮기기 때문에 그것에 대해서 "나는 그렇게 생각하지 않는다."라고 반론을 제기하면 의외로 논리가 쉽게 무너집니다. 그 사람들의 생각의 바탕을 둔 그 가정들을 한 번 드러내 놓고서 살피는 일부터 시작하는 게 중요해요. 저쪽의 논리나 이론이 가지고 있는 문제점들을 알아야 효과적으로 논쟁을 펼칠 수 있어요.

－《월간조선》, 2002년 7월호

꼭 좌파만 그런 것이 아니라 사람들 대부분은 "그것이 타당한가에 대해 근본적인 성찰도 하지 않고" 받아들이는 전제들이 있다. 너무 당연해서 전제를 생략하는데, 상대방으로부터 비판을 받으면 미처 대비하지 못하니 복거일의 말대로 쉽게 무너지고 만다. 자신의 논증에서 숨은 전제와 결론을 찾아 튼튼하게 하면 성공적으로 논증을 방어할 수 있고, 거꾸로 다른 사람의 논증에서 숨은 전제와 결론을 찾아 비판하면 성공적으로 논증을 비판할

> "여러분이 한 시대의 철학을 비판할 땐 여러분의 주된 주의를, 해당 철학을 해석하는 사람들이 명백하게 옹호하고자 하는 일련의 지적 견해에 겨누지 마십시오. 그 시대의 모든 상이한 체계를 지지하는 이들이 무의식 중에 다 함께 전제로 삼는 어떤 기본적인 가정들이 있을 겁니다."
> 앨프리드 노스 화이트헤드1861·1947, 20세기 초반의 철학자·수학자

수 있을 것이다.

숨은 전제 찾기 시험

미국의 GRE일반 대학원 입학시험·GMAT경영 대학원 입학시험·LSAT법학 대학원 입학시험
와 같은 공인 시험에서는 '논리적 추론logical reasoning' 또는 '논증'이란 이름
으로 논증의 숨은 전제를 찾거나 전제가 지지하는 결론을 찾는 문제들
이 종종 출제된다. 우리나라에서도 공무원을 채용할 때 시행되는 공직
적격성 평가PSAT, 법학 전문 대학원 입학을 위해 치르는 법학 적성 시험
LEET에서 이런 종류의 문제가 출제된다. 시험 삼아 한 문제를 풀어 보자.

> 어떤 심리학 이론에 따르면, 행복하기 위해서는 다른 사람과 친밀한 관계
> 를 가져야만 한다. 그러나 세상의 위대한 작곡가들은 혼자서 시간을 보내
> 고 친밀한 관계를 전혀 가지지 않는다. 따라서 이 심리학 이론은 틀림없이
> 거짓이다.

■ 다음 중 위 결론이 전제하는 것은 어떤 것인가?
① 위대한 작곡가들은 친밀한 관계를 피한다.
② 친밀한 관계를 가지는 사람들은 혼자서 시간을 보내지 않는다.
③ 고독은 훌륭한 음악을 작곡하기 위해 필요하다.
④ 덜 알려진 작곡가들은 친밀한 관계를 갖는다.
⑤ 세상의 위대한 작곡가들은 행복하다.
‑ GMAT에서 인용

문제의 답을 찾기 전에 우선 논증의 결론을 찾아보면, 결론 지시어가 붙어 있는 "이 심리학 이론은 틀림없이 거짓이다."이다. 나머지 문장은 그 결론을 지지해 주는 전제들이다. 답지를 하나씩 검토해 보자. ①은 두 번째 전제를 다시 기술한 것에 불과하다. ②는 너무 당연한 말이지만(친밀한 관계를 혼자서 할 수 있는가?) 하나 마나 한 소리이다. ③은 두 번째 전제에서 추측할 수 있지만, 결론과는 상관없다. ④는 주어진 진술만으로는 참인지 거짓인지 확인할 수 없는 것이다. 그렇다면 ⑤가 답이다. 세상의 위대한 작곡가들은 행복한데도 다른 사람들과 친밀한 관계를 전혀 가지지 않으니 심리학 이론이 틀렸다는 것을 보여 주므로, '세상의 위대한 작곡가들은 행복하다.'는 것이 이 논증의 숨은 전제이다.

💬 아름다운 사람은 머문 자리도 아름답습니다

화장실에 가면 다음과 같은 스티커가 붙어 있다. 이 주장의 숨은 전제와 숨은 결론은 무엇일까?

정답

전제1: 아름다운 사람은 머문 자리도 아름답습니다.

전제2: 당신이 머문 자리는 아름답습니다.

결론: 당신은 아름다운 사람입니다.

또는

전제1: 아름다운 사람은 머문 자리도 아름답습니다.

전제2: 당신은 아름다운 사람입니다.

결론: 당신이 머문 자리는 아름답습니다.

1. 인터넷, 방송, 신문, 광고 따위에서 논증을 찾아 전제와 결론이 무엇인지 말해 보자. 숨은 전제와 숨은 결론이 있으면 찾아보자.

*2. 다음 논증들에서 전제와 결론을 찾아 보기처럼 표시하고 '전제' 또는 '결론'이라고 쓰라. 또 숨은 전제와 숨은 결론이 있으면 찾아서 쓰라.

보기

개는 외출할 때는 목줄을 하지 않으면 안 돼. 동물 보호법에 따르면 그래.
└→ 결론   └→ 전제
숨은 전제: 법은 지켜야 한다.

(1) 우리는 극우 세력의 망언과 도발을 경계해야 한다. 이들은 여야 관계를 싸움판으로 만들어 정치적 이득을 챙기려 한다.

(2) 대학 도서관의 증축은 마땅히 빨리 이루어져야 한다. 교육은 국가의 백년대계이며 대학 교육은 그 나라 교육과 문화의 핵심적인 요소이다. 게다가 한 나라 대학 교육의 수준은 대학의 도서관 시설을 보면 알 수 있다는 말도 있지 않은가?

(3) 국가와 국민을 위해 봉사하는 사람이라야 공직에 있을 수 있다. 따라서 친일파는 공직에서 물러나야 한다.

(4) 그녀는 프로다. 프로는 아름답다.

(5) 수면 시에 뇌를 비롯한 몸의 장기들은 낮 동안 축적된 피로를 회복하고

신체 면역력을 강화한다. 멜라토닌, 성장호르몬 등이 분비되게 하고, 감정을 순화시키며, 깨어 있을 때 보고 들은 것을 장기 기억으로 저장한다. 때문에 제대로 잠을 자지 못하면 이러한 과정에 방해를 받아 건강관리에 적신호가 켜진다.

- 국민 건강 보험 공단 누리집

(6) 우성과 열성이라는 표현은 과학적으로도 틀린 표현일 뿐만 아니라 오해와 편견 그리고 혐오로 이어질 수 있다는 점에서 정치적으로 올바르지 못하다. 우성은 뛰어나고 열성은 뒤떨어진다는 오해를 받기에 열성 유전자를 가지고 있는 사람은 부정적인 평가를 받기 십상이다. 우생학의 근거가 되고 인종 차별의 이론적인 배경이 되기도 한다. 우성과 열성이라는 말은 이제 폐기되어야 한다.

- 이정모, 「우성과 열성은 없다」 중에서

(7) 논리학자들은 전능全能과 전지全知가 상호 양립할 수 없다는 점을 놓치지 않았다. 신이 전지하다면, 그는 자신이 전능을 발휘하여 역사의 경로에 개입하여 어떻게 바꿀지를 이미 알고 있어야 한다. 그러나 그것은 그가 개입하겠다고 이미 마음먹은 것을 바꿀 수 없다는 의미이며, 따라서 그가 전능하지 않다는 뜻이다.

- 리처드 도킨스, 『만들어진 신』 중에서

(8) 사진작가 슬레이터는 나루토라는 이름의 원숭이에게 카메라를 빼앗긴 일이 있었는데 다시 찾은 카메라에는 나루토의 모습이 찍힌 사진이 저장되어 있었다. 나루토가 찍은 사진은 과연 '셀카'였을까? 셀카는 자신의 모습을 담으려는 의도로 스스로 찍은 사진이다. 나루토가 찍은 사진

이 셀카로 인정받으려면, 그가 카메라를 사용하여 그 자신의 사진을 찍었을 뿐 아니라 찍을 때 자기 모습을 찍으려는 의도가 있어야 하고 그 의도를 실현할 능력이 있어야 한다. 슬레이터는 나루토가 이런 의미의 셀카를 찍었다고 주장하지만 이는 인간의 행위를 원숭이에 투사하는 바람에 빚어진 오해다. 자아가 없는 나루토가 한 일은 단지 카메라를 조작하는 인간의 행위를 흉내 낸 것뿐이기 때문이다.

- 2022년도 PSAT 변형

*3. 다음 글을 읽고 물음에 답하라.

오늘날 세계의 많은 나라에서는 사형 제도 자체를 폐지하거나 사형 제도를 유지하면서도 사형의 집행을 유예하고 있다. 우리나라도 2007년 12월이면 10년 동안 사형수들에 대한 사형을 집행하지 않음으로써 사실상의 사형 폐지국이 된다. 그동안 사형 제도의 존폐에 대해서는 상반된 입장이 팽팽히 맞서왔다. 사형 폐지론자들은 사형제도가 인간 생명의 불가침성에 반하고 오판 가능성이 있다는 이유로 폐지하자고 주장해 왔다. 반면, 사형 존치론자들은 사형을 대체하는 그 어떤 형벌도 사형과 대등한 범죄 예방의 효과를 갖지 못하기 때문에 여전히 사형 제도는 범죄를 억제하고 있다는 이유로 사형 제도의 존속을 주장해 왔다. 그럼에도 불구하고 그 과정에서 국민들의 법의식과 법 감정은 사형 제도의 폐지를 지지하는 쪽으로 서서히 변화한 것은 분명하다. 그렇다면 이제 사형 제도는 폐지되어야 한다. 남은 일은 우리나라의 법질서에서 사형 관련 법 규정을 완전히 제거함으로써 사형제 폐지를 입법적으로 제도화하는 것이다.

위 논증이 암묵적으로 전제하고 있는 것은?

① 법 제도는 세계적인 추세를 따라서 변화되어야 한다.

② 사형 제도는 형벌의 목적에 반하고 범죄 억제 효과가 없다.

③ 법 제도는 국민의 법 감정과 법의식에 기초해야 한다.

④ 오판에 의하여 사형이 선고되고 집행될 경우 그 인명을 되살릴 수 없다.

⑤ 가석방 없는 무기 징역형은 사형과 동일한 효과를 거둘 수 있다.

- LEET 2009년 예시 문제

* 표시된 문제의 정답 및 해설은 489쪽에

12장 확실한 게 좋아, 새로운 게 좋아?

연역과 귀납

모든 논증에서 전제가 하는 일은 결론을 지지하는 것이다. 그런데 그 지지하는 정도가 얼마나 강한가에 따라 논증은 두 가지 종류로 나뉜다. 먼저 어떤 논증에서 전제가 모두 참인데 그 결론이 반드시 참이라고 한다면 그 논증은 **연역**deduction이다. 그리고 전제가 모두 참인데도 그 결론이 참이라는 것이 그럴듯할 뿐 반드시 참인 것은 아니라면 그 논증은 **귀납**induction이다. 간단하게 말하면 연역은 필연적 논증이고 귀납은 개연적 논증이다.

> 연역의 영어 deduction은 일상어로 '공제', 곧 받을 몫에서 무엇인가를 뺀다는 뜻이 있다. 한편 귀납의 영어 induction은 일상에서는 조리 기구 인덕션전기레인지으로 더 많이 알려져 있다. induction은 '유도', 곧 코일의 전자기장의 영향을 받아 용기가 전자기를 띤다는 뜻이 있기 때문이다. 이 일상어를 이해하면 앞으로 설명할 연역과 귀납을 이해하는 데 도움이 될 것이다.

연역과 귀납에 대한 오해

연역이니 귀납이니 하는 말은 일상생활에서 드물지 않게 쓰이는 말이다. 그런데 많은 사람이 연역과 귀납의 뜻이 보편성과 특수성의 관계로 정의된다고 잘못 생각하고 있다. 곧 연역은 보편적인 진술에서 특수한 진술을 추론하는 논증이고, 귀납은 거꾸로 특수한 진술에서 보편적인 진술을 추론하는 논증이라고 생각한다.『표준국어대사전』도 연역과 귀납을 논리학의 전문 용어로 분류하면서 연역은 "일반적인 사실이나 원리를 전제로 하여 개별적인 사실이나 보다 특수한 다른 원리를 이끌어 내는 추리를 이른다.", 귀납은 "개별적인 특수한 사실이나 원리로부터 일반적이고 보편적인 명제 및 법칙을 유도해 내는 일"이라고 풀이하고 있다. 다음 기사를 보자.

개혁 접근법에도 연역적 방식과 귀납적 방식이 있을 법하다. 개혁의 대명제를 세우고 위에서 아래로 각 사안에 적용하는 방식이 연역적 개혁이라면, 대중의 삶의 현장에서 발생하는 개별 문제들을 해결해 나가면서 아래에서 위로 개혁 명제를 세우는 방식을 귀납적 개혁이라 할 수 있겠다. 연역적 개혁은 강력한 추진력을 확보할 수 있고 개혁 주체의 개혁성을 널리 홍보할 수 있는 장점이 있는 반면, 이론이 현실에 적용되면서 나타날 수 있는 부작용을 간과하기 쉽고 개혁에 대한 반발·염증·불신을 초래할 수 있는 단점이 있다. 귀납적 개혁의 장단점은 그 반대로 생각하면 되겠다.

－《한국일보》, 2006년 3월 8일 자

기사는 '연역적' 방법과 '귀납적' 방법을 대비하고 있다. 연역은 일반적인 원칙을 정해 놓고 그것을 실제적인 사실에 적용한다는 뜻으로 쓰는 것 같고, 귀납은 구체적이고 실제적인 사실을 통해 확인한다는 뜻으로 쓰는 것 같다. 이 기사에서 연역과 귀납을 잘못 쓰고 있다고 말할 수는 없다. 권위 있는 국어사전에 정의된 뜻대로 사용하고 있으니까. 문제는 국어사전의 정의이다. 어떤 개념이 일상어에서의 의미와 전문어에서의 의미가 다른 경우는 많다. 가령 우리가 일을 했다고 할 때 '일'은 일상어에서는 무엇을 이루거나 적절한 대가를 받기 위하여 어떤 장소에서 일정한 시간 동안 몸을 움직이거나 머리를 쓰는 활동 또는 그 활동의 대상을 말하는데, 물리학의 전문어로는 물체에 힘이 작용하여 물체가 힘의 방향으로 일정한 거리만큼 움직였을 때에, 힘과 거리를 곱한 양을 말한다. 그러니 가만히 서서 가방을 들고 있어도 일상어로는 일을 한 것이지만 물리학에서는 움직인 거리가 없어서 일을 한 것이 아니다. 그러나 국어사전에서 연역과 귀납은 일상어의 뜻은 없고 논리학이라는 전문어의 뜻만 등재되어 있는데, 사전에서 정의된 의미는 논리학에서 통용되는 것이 아니다. 연역에도 특수한 문장에서 일반적인 문장을 추론하는 경우가 있고 귀납에도 일반적인 문장에서 특수한 문장을 추론하는 경우가 얼마든지 있기 때문이다. 또 일반적인 문장에서 일반적인 문장을 추론하는 연역도 있고 귀납도 있으며, 특수한 문장에서 특수한 문장을 추론하는 연역도 있고 귀납도 있다. 한마디로 말해서 보편성과 특수성은 연역과 귀납을 정의하는 데 전혀 상관이 없다. 예를 들어 논리학의 역사만큼이나 오래되어 어떤 논리학 교과서에도 빠지지 않고 나오는 다음 연역을 보자.

- 모든 사람은 죽는다.
  소크라테스는 사람이다.
  따라서 소크라테스는 죽는다.

이 연역은 결론이 특수한 진술(소크라테스는 죽는다.)이긴 하지만, 전제에도 특수한 진술(소크라테스는 사람이다.)이 들어 있다. 이 논증이 연역인 까닭은 두 전제가 참이라면 결론이 무슨 일이 있어도 참일 수밖에 없기 때문이다. 그러므로 보편적인 진술에서 특수한 진술을 이끌어 내는 것은 연역과 상관이 없다.

🗨 소크라테스는 죽는다

"모든 사람은 죽는다. 소크라테스는 사람이다. 따라서 소크라테스는 죽는다."라는 논증에서 '죽는다'는 것은 지금 죽는다는 뜻이 아니라 언젠가 죽는다, 곧 '죽을 운명이다mortal'라는 뜻이다. 논리학 교과서에 빠지지 않고 나오는 이 논증 때문에 알리스 슈바르처 같은 페미니스트는 『아주 작은 차이』에서 논리학 교과서에 나오는 예에는 만날 남자만 나온다고 공격한다. 우디 앨런의 영화 〈사랑과 죽음〉1975에서는 주인공이 논리학 실력을 자랑하기 위해 다음과 같은 논증을 하는 장면이 나온다.

모든 사람은 죽는다.

소크라테스는 죽는다.

따라서 모든 사람은 소크라테스이다.

고전적인 연역을 패러디한 이 논증은 물론 오류 논증이다. 영화에까지 나오
는 논증이라니!

심지어 보편적인 진술에서 특수한 진술이 따라 나오는데 귀납인 경
우도 있다.

지금까지 아침이면 언제나 해가 동쪽에서 떴다.

그러므로 내일도 해가 동쪽에서 뜰 것이다.

이 논증이 귀납인 까닭은 전제가 참이라고 해도 결론이 거짓일 가
능성, 다시 말해서 내일은 해가 동쪽에서 뜨지 않고 서쪽에서 뜰 가능
성도 있기 때문이다. 그건 말도 안 된다고? '해가 서쪽에서 뜬다'라는 말
은 불가능한 일을 가리킬 때 쓰인다. 그런데 어떻게 해가 서쪽에서 뜰
수는 있는가? 〈해가 서쪽에서 뜬다면〉[1998]이란 영화에서는 해가 서쪽에
서 뜨는 일 같은 불가능한 일이 실제로 일어났다.

논리적 불가능성과 법칙적 불가능성

연역은 전제가 참이면 결론이 반드시 참이라고 했다. 이 말은 한 논

증에서 전제가 참인데 결론이 거짓일 가능성은 인간의 머리로는 도저히 상상할 수 없다는 뜻이다. 모든 사람이 죽고 소크라테스가 사람이라는 말이 정말로 맞는다면(실제로도 맞지만), 소크라테스가 죽지 않는다는 것은 아무리 상상력이 풍부하고 머리 회전이 빠른 사람이라 할지라도 도저히 생각할 수 없다는 것이다. 소크라테스를 신으로 떠받드는 종교 집단에서 소크라테스는 사실 죽은 것이 아니라고 믿는다면? 그것은 소크라테스는 사람이라는 전제를 거짓으로 만들므로 전제가 참이라는 가정에 어긋난다. 이에 비해 전제가 참인데 결론이 거짓일 가능성이 실제로 많다면 말할 것도 없이 귀납이다. 예를 들어 '혜원이는 이번에 열심히 공부했으니까 시험을 잘 볼 거야.'란 논증에서 전제(혜원이는 이번에 열심히 공부했다.)가 참이어도 결론(시험을 잘 볼 것이다.)이 거짓이 될 가능성은 좀 안타까운 일이지만 얼마든지 있다. 그러므로 그 논증은 귀납이다. 그런데 전제가 참인데 결론이 거짓일 가능성이 실제로는 거의 없거나 아예 없다고 해도 상상이라도 할 수 있으면 그것도 귀납이다. 앞에서 말한 〈해가 서쪽에서 뜬다면〉이란 영화는 다음과 같은 내레이션으로 시작한다.

이론상으로 잘못된 건 없지만 실제로는 일어나지 않는 일들이 있다. 우리나라 축구 대표팀이 월드컵에서 브라질 대표팀을 꺾는다거나 미스코리아가 붕어빵 장수와 결혼한다거나…. 어지간해선 그런 일들이 일어나지 않을 것임을 우린 너무 잘 안다. 해가 서쪽에서 뜬다면 모를까.

법칙적으로 불가능해도 논리적으로는 가능한 일이 많다.

해가 서쪽에서 뜨지 않아도 우리는 그런 일을 상상하는 데 전혀 어려움이 없다. 심지어는 해가 서쪽에서 뜨는 일처럼 법칙적으로 잘못된 일이라도 상상력을 발휘하면 생각할 수 있다. 상상하는 데 돈이 드는 것도 아닌데. 가령 다음 일은 자연법칙에 어긋나지만 상상하는 게 불가능하지 않다.

- 모래알에 싹이 튼다.
- 돼지가 알을 낳는다.
- 인천 앞바다가 사이다로 변한다.
- 달이 치즈로 만들어져 있어 월레스가 아주 좋아한다.
- 내가 롯데월드타워 꼭대기에서 떨어졌는데 제비가 되어 하늘을 날아간다.

인간이야 이런 일이 일어나게 할 수 없지만, 장난기가 많은 신이라면 충분히 일어나게 할 수도 있을 것이다. 반면에 신조차도 할 수 없는 일이 있다.

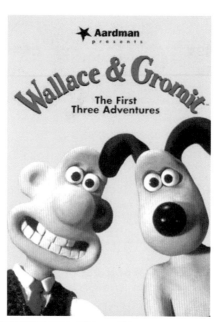

우리나라는 달에 토끼가 산다고 생각하지만 서양에서는 달이 치즈로 만들어져 있다고 생각한다. 점토 애니메이션 영화인 〈월레스와 그로밋〉1992의 주인공인 월레스는 치즈를 아주 좋아하는데 달에 가서 치즈를 잘라 먹는다. 달에 토끼가 살거나 달이 치즈로 만들어져 있는 것 모두 논리적으로 가능하다.

- 나는 꿈에서 동그란 네모를 봤다.
- 저기 보이는 섬들은 5개이면서 6개다.
- 아브라함이 이삭의 아버지이고 이삭은 야곱의 아버지인데 아브라함이 야곱의 아버지이다.
- 브라질과의 경기에서 한국팀이 자책골이 아닌 골을 더 많이 넣고 부정행위가 없었는데도 한국팀이 진다.

이런 일들은 세상이 어떻게 변하든 절대로 일어날 수 없다. 상상할 수는 있지만 자연법칙에 어긋나기 때문에 일어날 수 없는 일을 **법칙적으로 불가능하다**고 말하고, 아예 상상할 수 없는 일은 **논리적으로 불가능하다**고 말한다. 전제가 참인데 결론이 거짓일 가능성이 조금이라도 있으면 귀납이라고 정의했는데, 이때 결론이 거짓일 가능성은 바로 논리적 가능성이다. 그리고 연역은 전제가 참이면 결론이 반드시 참인 논증이라고 했는데, 이때 결론이 반드시 참이라는 것은 전제가 참이면 결론이 거짓일 논리적 가능성이 전혀 없다는 뜻이다. 연역과 귀납은 법칙적 가능성이 아닌 논리적 가능성을 통해 정의 내리는 것이다.

> "그 말이 나와서 말씀드리는 건데, 이 야자가 야간 자율 학습이라는 얘긴데, 자율 학습을 면제시킨다, 이게 말이 됩니까? 야간 강제 학습이면 몰라도. 야간 강제 학습, 야강."
> 영화 〈완득이〉2011에서 복싱 때문에 '야자'를 빠지려는 완득이를 부장 선생님이 안 된다고 하자, 담임 선생님이 위와 같이 말한다. "이게 말이 됩니까?"란 말이 곧 논리적으로 불가능하다고 지적하는 것이다.

타당성과 개연성

다음 논증을 보자.

■ 비가 올 때는 언제나 길이 미끄럽다. 그런데 지금은 비가 오고 있다. 그러므로 지금은 길이 미끄러울 것이다.

전제가 참이라면 결론이 거짓일 논리적 가능성이 없으므로 이 논증은 연역이다. 논리학자들은 전제가 참이면 결론이 거짓일 논리적 가능성이 전혀 없는 논증을 **타당하다**valid고 말한다. 연역은 타당한 논증이고 타당한 논증은 연역이다. 일상에서는 '타당하다'는 말이 사리에 맞고 마땅하다는 정도의 뜻으로 쓰이지만, 논리학에서는 전제가 참이면 결론이 반드시 참인 논증을 가리키는 전문 용어이다. 우리가 지금 논리학을 학문으로서 공부하고 있는 것은 아니므로 '사업 계획서 타당성 분석'이나 "지금같이 경제가 어려운 상황에서 일하는 시간을 줄이는 것이 타당한가?"라는 말이 잘못 쓰였다고 주장할 필요까지는 없다. 그러나 '타당한 논증'이라고 할 때는 어떤 논증을 말하고 있는지는 알아야 할 것이다. 그 말을 이해한다면 연역의 타당함에 더 타당하고 덜 타당하고 하는 어떤 정도가 없다는 것 역시 이해할 것이다. 전제가 참이면 결론이 반드시 참일 때 타당하다고 했는데 결론이 조금 참이고 덜 참이고 할 수는 없기 때문이다. 따라서 이미 올바른 연역에서는 이미 있는 전제 말고 다른 전제가 더해진다고 해서 그 논증이 더 타당해지는 것은 아니다. 앞의 논증은 애초에 타당한 논증이기 때문에 거기에 "방금 내가 나갔다 왔는데 정말로 미끄럽더라.”라는 전제를 더한다고 해도 결론의 참이 더 강해지는 것은 아니다.

단, 주의할 점이 있다. 타당한 논증은 전제가 참이라고 가정했을 때 결론이 거짓일 논리적 가능성이 전혀 없는 논증을 말하지, 전제가 실제로 참인 논증을 말하는 것은 아니라는 사실이다. 다음 논증은 타당할까?

■ 비가 올 때는 언제나 길이 뽀송뽀송하다. 그런데 지금은 비가 오고 있다. 그러므로 지금은 길이 뽀송뽀송할 것이다.

첫 번째 전제가 거짓이다. 그리고 지금 정말로 비가 오는지 안 오는지 모른다. 그래도 첫 번째 전제와 두 번째 전제 모두 참이라고 가정하면, 결론은 거짓일 가능성이 전혀 없으므로, 위 논증은 타당하다. 5장에서 말했듯이 특히 형식 논리학자는 논증의 형식에 관심이 있고 내용에는 관심이 없으므로, 전제가 실제로는 거짓이지만 얼마든지 타당한 논증일 수 있다. 타당한 논증 중 전제가 실제로 참이기도 하면 **건전한 논증**이라고 부르는데, 건전한 논증은 14장에서 다시 설명하겠다.

😶 안 타당한 연역?

논리학자들은 전제가 참이면 결론이 거짓일 논리적 가능성이 없는 논증을 연역이라고 하고 또 그런 논증은 타당하다고 말하므로 '타당한 연역'은 '돈 많은 부자'처럼 군더더기가 붙은 표현이다. 연역치고 타당하지 않은 논증이 없으니까. 그리고 '부당한 연역', 곧 '타당하지 않은 연역'은 '가난한 부자'만큼이나 모순된 말일 것이다. 그런데 어떤 논리학 교과서는 '부당한 연역'이나 '연역적 오류'를 이야기한다. 그것은 어떤 논증이 타당한 연역이라고 제시되었으나 실은 타당하지 못할 때를 가리킨다고 이해해야 한다.

왜 연역은 전제가 참이면 결론이 반드시 참일까? 그것은 연역의 결론에서 말하고 있는 정보나 내용이 모두 전제 속에 이미 들어 있거나 적어도 암암리에 숨어 있기 때문이다. 앞의 연역에서 지금은 길이 미끄러울 것이라는 결론은 비가 올 때는 언제나 길이 미끄럽고 지금은 비가 오고 있다는 전제 속에 들어 있는 내용을 분명하게 말하거나 다시 설명하고 있을 뿐이다. 그리고 "지원이가 총각이라고? 그럼 남자겠네."라는 연역도 '총각'이라는 말에 '남자'라는 의미가 들어 있으므로 지원이가 총각이라면 남자가 아닐 수가 없다. 그래서 연역의 결론은 전제에 없는 새로운 정보를 내놓지는 않는다. 그렇지만 전제에 이미 들어 있었던 내용이라도 새로운 관점에서 보여 준다는 점에서 연역은 쓸모가 있다. 더구나 결론이 말하고 있는 내용은 참이 아닐 수 없다는 점에서 확실하다.

> "나는 상당히 지성적인 힘으로 봤을 때 수학 전체가 네 발 달린 동물이 동물이라고 말하는 것만큼이나 사소한 것처럼 생각된다."
> 버트런드 러셀1872-1970, 노벨 문학상을 수상한 영국의 철학자. 수학이 연역으로 이루어져 있음을 지적한 말.

연역은 위와 같은 특징이 있기에 수학에서 쓰는 논증 방법이다. 심지어 수학적 귀납법도 귀납이 아니라 연역이다. 기하학에서는 공리와 공준을 전제로 하여 정리를 결론으로 이끌어 낸다. 연역이라는 방법은 만약 공리와 공준이 옳다면 그 결론인 정리가 반드시 옳다는 것을 보증해 준다. 정리는 확실하게 옳은 대신에 전제에 없는 전혀 새로운 내용을 말하지는 않는다. 다만 공리와 공준에 암암리에 숨어 있는 내용을 다른 식으로 분명하게 드러 낼 뿐이다.

이제 귀납의 예를 보자. 연역에서는 전제가 참인데도 결론이 참이 아닌 일이 도대체 있을 수가 없다고 했다. 그러나 귀납에서는 전제가 참일 때 대부분의 사람이 결론이 참이라고 생각하는 논증마저도 결론 이 참이 아닌 일이 있을 수 있다. 귀납의 결론이 참인 것은 그럴듯한 일 이지, 반드시 그래야만 하는 일은 아니기 때문이다. 누구나 올바르다고 생각하는 다음 귀납을 보자.

■ 내가 오늘 본 까마귀는 검다. 내가 어제 본 까마귀도 검다. 내가 그 저께 본 까마귀도 검다. 따라서 모든 까마귀는 검다.

이 논증의 결론이 거짓일 가능성은 거의 없는 것 같다. 그러나 이 귀 납에서 나온 결론은 반드시 참이지는 않고 그 참인 정도가 아주 높을 뿐이다. 다시 말해서 내가 보지 못한 까마귀나 앞으로 태어날 까마귀가 검지 않을 가능성을 무시할 수 없는 것이다. 귀납에서는 이렇게 연역과 달리 논증의 결론이 전제로부터 엄밀하게 따라 나오지 않으며, 전제는 결론을 그럴듯한 것으로 만들 뿐이다. 이 '그럴듯함'을 전문 용어로 **개연 성**plausibility이라 부른다. 곧 귀납에서 전제가 옳을 때 결론은 개연적으로 퍼즐은 수학이나 마찬가지로 연역이다. 답이 다르게 생각할 가능성이 있으면 퍼즐로 성립하지 않기 때문이다. 『해리 포터와 마법사의 돌』에는 다음 퍼즐이 나온다. 방에 일곱 개의 병이 있고 다음과 같이 두루마리에 적혀 있다.

게임 〈Harry Potter: Wizards Unite〉의 한 장면 캡처.

우리 일곱 개 가운데 하나는 당신을 앞으로 움직이게 할 것이고, 또 다른 하나는 뒤로 가게 할 것이다. 우리 가운데 두 개에는 그저 쐐기풀 술이 담겨 있지만, 세 개는 독약으로, 어딘가에 숨어서 기다리고 있다.

이곳에 영원히 머물고 싶지 않다면, 무엇을 마실지 골라라

그리고 선택하는 데 다음 네 개의 실마리를 이용하라.

첫째, 독약이 제아무리 몰래 숨어 있다 해도, 쐐기풀 술 왼쪽에서는 항

상 찾을 수 있을 것이다.

둘째, 양쪽 끝에 서 있는 것들은 서로 다르지만, 앞으로 나아가려 한다면 어느 쪽도 도움을 주지 못한다.

셋째, 보는 것처럼, 모두의 크기가 다르다. 제일 작은 병이나 제일 큰 병에는 죽음이 들어 있지 않다.

넷째, 왼쪽 두 번째와 오른쪽 두 번째는 다른 것처럼 보이지만 그 맛은 똑같다.

소설에서는 역시 논리적인 헤르미온느가 "이건 마법이 아니야. 논리 퍼즐이지."라고 말하고 퍼즐을 해결하지만, 해결 과정은 나오지 않는다. 각자 연역을 이용해서 각 병에는 어떤 내용물이 들어 있는지 맞춰 보아라.

정답 및 해설은 492쪽에.

참일 뿐이며, 반드시 참이라고 말할 수는 없다.

한편 귀납은 전제의 참에서 결론의 참이 다만 그럴듯하게 나오기 때문에 연역과 달리 전제가 더 많아지면 많아질수록 결론은 더욱더 그럴듯해진다. 앞의 논증에 '내가 그끄저께 본 까마귀도 검다.'라는 전제가 하나 더해지면 '모든 까마귀는 검다.'라는 결론은 더 믿을 만해진다. 이를 '개연성이 높아진다'라고 말한다.

또 연역의 결론은 전제에서 말하지 않은 새로운 것을 말하지 않는

(상) ⓒBjørn Christian Tørrissen. (하) ⓒAltaf Shah. 실제로 검지 않은 까마귀가 있으며 '알비노 까마귀'라 부른다. 알비노는 돌연변이이므로 "모든 까마귀는 검다."라는 결론을 거짓으로 만들지 못한다는 반론도 가능하지만, 돌연변이가 아니면서 검지 않은 까마귀도 얼마든지 상상 가능하다. 반면에 오스트레일리아 사람들을 제외하고는 오랫동안 "모든 고니백조는 희다."라고 생각했지만 이 주장은 상상이 아니라 실제로 거짓으로 드러났다. 오스트레일리아에는 돌연변이가 아닌 검은 고니가 많이 서식하기 때문이다.

다고 했다. 이에 비해 귀납의 결론은 전제들에서 말하고 있는 내용보다 훨씬 더 많은 것을 말하고 있다. 앞의 귀납의 전제는 내가 지금까지 본 까마귀에 대해서만 말하고 있지만, 결론은 지금까지 안 본 까마귀나 앞으로 태어날 까마귀까지 모두 다 검다고 말하기 때문이다. 귀납의 결론은 반드시 참은 아니기에 확실하지는 않지만, 그 대신에 전제가 말하고 있지 않은 내용까지 덧붙여 말하고 있어 지식을 넓혀 가는 데 도움을 줄 수 있다.

🗨 조각 vs 소조, 연역 vs 귀납

우리가 보통 조각이라고 말하는 것은 엄격하게 말하면 조각과 소조를 합한 '조소'라고 말해야 한다. 조각은 재료를 깎아서 만드는 것이고, 소조는 재료를 빚거나 덧붙여 만드는 것이기 때문이다. 사람을 조각한 작가는 돌을 깎아서 사람을 만드는 것이 아니라 돌 속에 있는 사람을 끄집어내는 것이라고 말한다. 그런 점에서 조각은 연역에 가깝고, 소조는 귀납에 가깝다.

ⓒMax4e Photo. 조각.

ⓒME Image. 소조.

그래서 귀납은 과학의 주장들에서 주로 쓰인다. 생물학에서는 앞의 까마귀 논증에서처럼 발견된 사실을 귀납을 통해 일반화한다. 또 화성의 궤도는 타원이라는 요하네스 케플러^{Johannes Kepler, 1571-1630}의 제1 법칙도 귀납으로 나온 것이다. 케플러는 매일매일 관찰한 화성의 궤도를 전제로 해서 화성의 궤도는 언제나 타원이라는 일반적인 사실을 결론으로 내세웠다. 그러나 케플러가 처음 제1 법칙을 발표했을 때는 그 법칙은 지금보다도 덜 그럴듯했을 것이다. 그러나 시간이 지남에 따라 더 많은 사람이 더 발달된 관찰 도구를 가지고 화성의 궤도를 관찰하게 되어 결론은 더 믿음직스럽게 된다. 그렇다고 해서 그 법칙이 반드시 옳은 것은 아니다. 오늘날 화성의 궤도가 타원임은 아무도 의심하지 않지만 타원이 아니라고 상상하는 일이 불가능하지 않기 때문이다. 이렇게 과학에서는 확실하지는 않지만 우리의 지식의 양을 늘려 주는 귀납을 주로 쓴다.

연역의 타당성과 달리 귀납의 개연성은 더 개연적이고 덜 개연적인 정도가 있다. 전제가 결론을 지지하기에 부족하거나 관련이 없으면 개연성이 낮은 귀납이 된다. 다음 보기를 보자.

■ 1974년 월드컵 우승팀인 독일은 1990년 월드컵에서 우승했다. 두 연도를 합하면 3,964가 된다.
1970년 월드컵 우승팀인 브라질은 1994년 월드컵에서 우승했다. 두 연도를 합하면 3,964가 된다.
1978년 월드컵 우승팀인 아르헨티나는 1986년 월드컵에서 우승했다. 두 연도를 합하면 3,964가 된다.

따라서 1966년 월드컵 우승팀인 잉글랜드는 1998년 월드컵에서 우승할 것이다.

이 귀납은 개연성이 상당히 약하다. 두 번 우승한 팀의 우승 연도를 합한 숫자는 우승 여부와 상관이 없기 때문이다. 또 1998년까지 15번이나 해 온 월드컵 중에서 그 세 경우에만 우연히 일치할 수 있기 때문이다. 실제로 1998년 월드컵에서 잉글랜드는 우승하지 못했다. 설령 잉글랜드가 우승했다고 하더라도 해당 논증은 여전히 개연성이 약하다. 이런 논증을 **오류**라고 하는데 오류는 이후에 자세히 설명할 것이다. 연역 논증도 오류가 있을 수 있고 귀납 논증도 오류가 있을 수 있다.

연역과 귀납의 구분

연역과 귀납을 구별하는 특징을 설명했지만, 실제로 어떤 논증을 보고 연역인지 귀납인지 구별하는 것은 그리 쉬운 일이 아니다. 전제가 결론을 지지하는 정도로 연역과 귀납을 구분한다고 했으므로 '…임에 틀림없다', '확실히', '필연적으로' 등의 표현이 나오면 연역, '아마도', '거의', '…일 가능성이 높다' 등의 표현이 있으면 귀납이라고 말할까? 그러나 이런 표현이 없는 논증도 많을 뿐만 아니라, 더 문제되는 것은 실제로 전제가 결론을 얼마나 지지하는가와 상관없이 논증을 펼치는 이의 의지에 따라 그런 표현을 붙이기 때문에 그런 표현은 그리 믿을 만한 징표가 되지 못한다는 것이다. 다음 글을 보자.

음식점을 취재하면서 꽤 많은 식당을 다녔다. 요즘 들어 맛집을 구분하기가 점점 어려워지고 있지만 맛있는 집은 공통점이 있다. 우선 전화로 카운터 종업원의 목소리를 들어보면 대강 짐작이 간다. 준비하고 기다리기라도 한 듯, 약도를 보기라도 하는 것처럼 거침없이 잘 설명해 주는 식당은 맛집이거나 그런대로 잘되는 식당임이 틀림없다. 위치를 물어보는 전화를 많이 받고, 여러 번 설명해 주다 보니 설명을 잘할수밖에 없다.

–《매일신문》, 2015년 1월 29일 자

이 주장을 하는 이는 전화로 위치 설명을 잘해 주는 식당은 맛집이거나 그런대로 잘되는 식당임이 틀림없다고 추론한다. 그러나 '틀림없다'라는 표현이 있다고 해서 바로 연역이라고 단정해서는 안 된다. 그런 식당이 잘 되는 식당이 아닐 논리적 가능성은 물론이고 실제로 있을 가능성도 얼마든지 있기 때문이다. 따라서 이 논증은 개연성이 높은 귀납논증으로 보아야 한다. 그러므로 위와 같은 표현에 개의치 말고 실제로논증에서 전제와 결론을 찾아보고 그다음에 전제가 결론을 어떻게 지지하는지 그 관계를 이해해야 전제가 결론을 지지하는 정도를 알아차릴 수 있을 것이다.

그러나 그 일이 그렇게 만만치가 않다. 다음 논증을 보자.

① 독사나 식인어를 애완용으로 기르는 것은 현명하지 못한 일이다.
② 그것은 위험하다. ③ 위험한 동물을 애완용으로 기르는 것은 결코

현명하지 못한 일이다.

   - 스티븐 바커, 『논리학의 기초』 중에서

  이 논증의 결론이 무어라고 생각하는가? 앞뒤 맥락 없이 이 진술만 가지고 판단한다면 ①이 결론일 수도 있고 ③이 결론일 수도 있다. 그런데 무엇이 결론인가에 따라서 연역인지 귀납 논증인지가 결정된다. 만약 ①이 결론이라고 하자. 위험한 동물을 애완용으로 기르는 것은 현명하지 못한 일이고 독사나 식인어는 위험하므로 그것을 애완용으로 기르는 것은 틀림없이 현명하지 못한 일이다. 따라서 이 논증은 연역일 것이다. 그러나 ③이 결론이라면 그것은 ①과 ②를 전제로 해서 귀납적으로 추론된 것이다. 위험한 독사나 식인어를 애완용으로 기르는 것이 현명하지 못하다고 해서 모든 위험한 동물을 기르는 것이 꼭 현명하지 못한 일인 것은 아니기 때문이다. 논증의 전제와 결론의 파악이 안 된다면 그 논증이 연역인지 귀납인지 결정할 수가 없다.

  연역은 전제에 이미 들어 있거나 암암리에 숨어 있는 내용을 결론으로 끄집어내는 것이라고 했지만, 결론의 내용이 전제에 정말로 들어 있는지 아는 데도 역시 어려움이 있다. 연역이라고 해서 "나는 사람이다. 따라서 나는 사람이다."처럼 하나 마나 한 소리를 하지는 않기 때문에(이것도 연역은 연역인데 17장에서 선결문제 요구의 오류라는 이름으로 다시 설명하겠다) 전제와 결론 사이의 복잡한 구조를 파헤치고 전제와 결론에서 하고자 하는 말이 각각 무엇인지 이해하고 비교해야 하는데, 그러기 위해서는 그 분야의 전문 지식이 상당히 있어야만 하는 것이다. 간단한 예를 들자면, '물고기는 아가미로 숨을 쉬고 알을 낳는다.'라는 지식은 귀납으로 생겼을까 아니면 연역으로 생겼을까? 이것을 판단하려면 생물학자들이 '물고기'를 뭐라고 정의하는지를 알아야 한다. 가령 물고기는 그냥 '물에 사는 생물'이라고 정의 내린다면 이 지식은 수많은 물고기를 관찰한 다음에 생겼으므로 귀납에 의한 것이다. 그리고 이 지식은 대체로 참이지만 거짓일 수도 있다. 실제로 고래·물개·바다코끼리가 그 반례가 된다. 반면에 물고기의 정의가 '아가미로 숨을 쉬고 알을 낳는 동물'이라면 이 지식은 연역에 의한 것이다. 생물학자들은 이 정의를 채택했다. 결국 논증을 잘 이해하고 평가하기 위해서는 많은 양의 독서가 꼭 필요하다는 것을 다시 한번 강조하지 않을 수 없다.

연역과 귀납에 어떤 종류의 논증이 있는지 알면 연역과 귀납의 차이를 이해하거나 연역과 귀납 논증을 실제로 만드는 데 도움이 될 것이다. 구체적인 연역 논증은 21장에서, 귀납 논증은 22장과 23장에서 소개할 것이다. 그러나 그 전에 17장에 나오는 선언적 삼단논법도 연역이고, 16장의 권위에의 호소, 19장의 사람에게의 호소나 대중에게의 호소도 귀납이다.

「물고기는 존재하지 않는다」
과학 책으로는 드물게 베스트셀러가 된 책 제목이다. 정확히 말하면 존재하지 않는 것은 분류학에서 말하는 '어상강Pisces'일 뿐이고, 일상어로 '물고기fish'는 여전히 존재한다.

1. 연역 논증과 귀납 논증은 어떻게 정의할 수 있는가? 그리고 그 차이점은 무엇인지 설명해 보자.

2. 인터넷, 방송, 신문, 광고 따위에서 연역 논증과 귀납 논증을 찾아보자.

*3. 다음 명제들이 논리적으로 가능한지 불가능한지 그리고 법칙적으로 가능한지 불가능한지 말해 보자.

(1) 4주 연속 로또 1등에 당첨되었다.

(2) 나는 카페에서 뜨거운 아이스 아메리카노를 주문했다.

(3) 서울은 대한민국의 서울이 아니다.

(4) 램프를 주어 천으로 닦았더니 지니가 나타났다.

(5) 덕이 있는 사람은 외롭지 않으니 반드시 그 이웃이 있다.

- 『논어』 중에서

*4. 다음 논증은 연역인가, 귀납인가?

(1) 어떤 사람이든 그보다 키가 큰 사람이 존재한다. 따라서 세상에서 가장 키 큰 사람이란 존재하지 않는다.

(2) 나와 똑같은 유전자를 가진 복제 인간이 있다면 그 사람은 나와 생김새 도 나이도 같을 것이다.

(3) 서울특별시에는 한 개 구에 경찰서가 딱 하나씩 있다. 서울특별시에는 25개의 구가 있으니 경찰서는 25개가 있다.

(4) 불에 탄 고기를 먹으면 암에 걸린다고 한다. 불에 탄 고기에서는 벤조피렌이라는 성분이 생기는데, 암에 걸리려면 벤조피렌을 하루에 타이어 크기만큼 섭취해야 한다. 따라서 불에 탄 고기를 마음껏 먹어도 암에 걸리지 않는다.

(5) 세상 모든 일에는 원인이 존재한다. 그러면 원인의 원인이 존재할 것이고, 이렇게 계속 거슬러 올라가면 첫 번째 원인이 있을 것이다. 따라서 신은 존재한다.

(6) 대법원은 공연성에 관하여 상대방이 불특정 또는 다수인에게 적시된 사실을 전파할 가능성이 있는 때에는 명예 훼손죄를 인정한다. 그런데 피고인이 갑의 집 뒷길에서 피고인의 남편 을 및 갑의 친척인 병이 듣는 가운데 갑에게 '저것이 징역 살다온 전과자다' 등으로 큰 소리로 말함으로써 피고인의 위 발언은 전파 가능성이 인정된다. 따라서 명예 훼손죄를 인정한 원심 판단이 정당하다.

- 2020년 대법원 판결 재구성

(7) "지금 자넨 왕진 갔다 돌아오는 길인가 보군. 왓슨, 개업의 노릇도 꽤 힘들지?"

"잠깐, 홈스. 난 자네에게 개업했다는 것을 알리지 않았을 텐데…."

"그만한 것을 몰라서 어떡하나. 그리고 말이 난 김에 자네에게 한 마디 충고해 두겠네. 자네가 지금 부리고 있는 하녀를 당장 그만두게 하게. 빠를수록 좋아. 게으름뱅이에다 일을 너무 거칠게 해."

"뭐라구? 자네, 혹시 나 없는 동안 우리 집에 온 일이 있나?"

"자네가 지금 신고 있는 구두, 사흘 전 비에 흠뻑 젖었었지? 그걸 자넨 하녀에게 말끔히 닦아 놓으라고 일렀지? 그런데 런던에서 자네 집 하녀는 흙을 털려고 부지깽이 같은 것으로 득득 긁었지. 덕분에 뒤꿈치와 옆쪽에 보기 싫은 상처가 났어."

"그럼 내가 왕진을 다녀오는 길이란 건 어떻게 알았나?"

"자네 몸에서 요오드포름 냄새가 물씬물씬 나고 있네. 그뿐인 줄 아나? 이것 봐, 왓슨 자네 안주머니에 청진기가 들어 있지 않나. 이만한 걸 몰라서야 탐정이라고 할 수 있겠나?"

- 코난 도일, 『보헤미아 스캔들』 중에서

*5. PSAT나 LEET 같은 시험은 논리적 사고력을 측정하지만 논리학을 배웠다는 전제를 하지 않으므로 '연역'이나 '귀납'과 같은 논리학의 전문 용어를 사용하지 않는다. 그래서 아래와 같이 '전제가 참일 경우 결론을 지지하는 추론의 강도'를 물어보는 방식을 택한다. 그렇지만 논리학을 공부한 수험생은 연역과 귀납을 구분하는 문제임을 쉽게 알 수 있을 것이다. 아래 문제를 풀어 보자.

전제가 참일 경우 결론을 지지하는 추론의 강도가 아래의 논증과 같은 것은?

우리 등산 동아리 회원은 모두 여덟 명이다. 따라서 우리 동아리원 중 같은 요일에 태어난 사람이 적어도 두 명은 된다.

(1) 지금까지 해가 서쪽에서 뜬 적은 없었다. 따라서 내일도 해는 서쪽에서 뜨지 않을 것이다.

(2) 철수는 바로 아래 동생 영수와 닮았고, 영수는 막내 길수와 닮았다. 따라서 철수가 길수와 닮았음은 당연하다.

(3) 올림픽 대회와 세계 선수권 대회 모두에서 우승한 사람만이 유도의 일인자이다. 그런데 갑수는 올림픽 대회에 출전한 적이 없으므로 유도의 일인자는 아니다.

(4) X 백과사전에는 공생 관계에 대한 항목이 있다. Y 백과사전도 X 백과사전처럼 매우 좋은 백과사전이다. 따라서 Y 백과사전에도 공생 관계에 대한 항목이 있을 것이다.

(5) 오늘 아침 신문에 북아프리카에서 리히터 규모 9.0의 강진이 일어나 많은 사망자가 발생했다는 충격적인 보도가 있었다. 따라서 많은 사람들이 무고하게 목숨을 잃었음에 틀림이 없다.

- PSAT 기출 문제

* 표시된 문제의 정답 및 해설은 492쪽에

13장 　 잘 알지 않고서는 사랑하거나 미워할 수 없다

논증의 분석

논증 분석의 중요성

논리적 사고의 중요한 목표 중 하나는 다른 사람의 논증을 듣고 받아들일 만한 충분한 이유가 있는지 신중하게 생각하는 것이라고 했다. 이것은 간단하게 말해서 논증을 평가하는 것이다. 영화나 음악을 평가하여 좋은 영화나 음악, 나쁜 영화나 음악으로 판단을 내리는 것처럼 논증도 좋은 논증과 나쁜 논증으로 판단을 내리는 것이다. 어떤 논증이 받아들일 만한 논증인지 거부해야 할 논증인지 판단하는 것은 아주 중요한 일이다. 2장에서 말했듯이 어떤 주장을 받아들이고 거부하느냐에 따라 우리의 삶이 많이 달라지기 때문이다.

> "어떤 것이든 그것에 대해 잘 알지 않고서는 사랑하거나 미워할 수 없는 것이다."
> 레오나르도 다빈치[1452-1519]
>
> "이해는 찬성의 시작이다."
> 앙드레 지드[1869-1951]

그런데 논증을 평가하기 위해서는 그 논증이 주장하고자 하는 바가 무엇이고 그 주장을 위해서 어떤 근거를 제시하고 있는지 정확하게 이해하고 있어야 한다. 상대방의 논증을 정확하게 이해하지 못하고서 받아들이거나 거부하는 것은 엉뚱한 일이 아닐 수 없다. 논증을 정확하게 이해하는 과정을 **논증의 분석**이라고 부르겠다. 그런데 논증을 분석하는 것보다 선행되어야 할 과정은 상대방이 정말로 주장에 대한 근거를 제시하는 논증을 하는 것인지 아니면 단순하게 진술들을 나열한 것인지 또는 인과적 설명인지 따져 보는 것이다. 단순한 진술의 나열이나 인과적 설명은 논증과는 다른 방식으로 평가해야 하기 때문이다(이 과정에 대해서는 10장에서 이미 설명했다). 그리고 논증의 구조를 정확하게 이해하려면 논증에 나오는 언어들이 애매하거나 모호하게 쓰인 것은 없는지 살펴보아야 할 것이다(이 과정 역시 2부에서 이미 설명했다). 정리하면 논증을 평가하기 위해서는 [그림 13-1]의 다이어그램과 같은 과정을 거쳐야 한다.

지금 우리는 논증을 평가하기 전에 분석하는 것을 연습해야 한다. 논증 분석의 일차적인 목표는 반박이 아니라 이해이다. 우선 논증을 펼치는 이가 주장하고자 하는 결론이 무엇인지 찾고, 그다음에 그 결론을 지지하기 위해 제시한 전제를 찾아 상대방의 주장을 최대한 합리적으로 만들어 놓아야 한다. 우리는 고등학교 국어 시간에 글을 읽고 전제·본론·결론으로 나누는 연습을 많이 해 봤다. 논증 분석에서는 그것보다 더 미시적으로 문장 하나하나 또는 문장 하나도 더 잘게 나누어 그것들 사이의 구조를 보여 준다. 그러나 논증에서 사용하는 말이 알쏭달쏭하게 쓰여 있고, 전제가 하나가 아닌 데다, 그것들끼리 서로 얽혀 있으며, 심지어 전제나 결론이 숨어 있는 복잡한 논증이라면 분석하는 일이 간

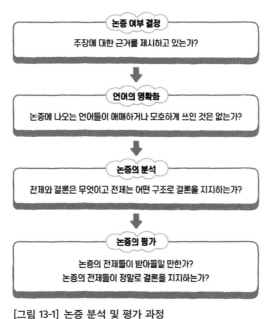

논증 여부 결정
주장에 대한 근거를 제시하고 있는가?

언어의 명확화
논증에 나오는 언어들이 애매하거나 모호하게 쓰인 것은 없는가?

논증의 분석
전제와 결론은 무엇이고 전제는 어떤 구조로 결론을 지지하는가?

논증의 평가
논증의 전제들이 받아들일 만한가?
논증의 전제들이 정말로 결론을 지지하는가?

[그림 13-1] 논증 분석 및 평가 과정

단하지 않다. 그 구조를 파헤쳐 한눈에 볼 수 있게 표준적인 꼴로 재구성해 보여 준다는 것은 힘들고 지루하며 번거로운 작업이다.

그러나 논증을 제대로 분석할 수 있는 사람은 일단 논증을 평가할 준비가 다 되어 있는 사람이므로 논리적 사고 능력이 있다고 말할 수 있다. 사실 논증을 제대로 분석해 놓으면 어떤 전제들이 있고 그 전제들이 어떤 경로를 통해 결론을 지지하는지 그 구조가 한눈에 들어오므로 논증을 평가하는 것이 그리 어렵지 않다. 다음 장에서 설명하겠지만, 논증을 평가하는 것은 전제가 과연 참인지, 또 전제에서 결론이 정말로 따라 나오는지 검토하는 작업이기 때문이다. 그리고 논증을 분석하는 연습

과정을 거치면 남의 글을 읽을 때나 말을 들을 때 앞뒤 관계를 살펴서 꼼꼼히 분석하며 읽거나 듣는 훈련이 될 것이다. 물론 음식 만드는 방법처럼 정해진 순서대로 따라서만 하면 되는 논증 분석 방법은 없다. 앞뒤 맥락과 논증을 펼친 이의 의도를 파악하는 것이 최선의 방법이다.

논증 분석의 실례

논증 분석을 위해 많이 쓰이는 방법은 다이어그램을 이용하는 것이다. 여러 전제와 결론에 각각 번호를 붙여 지지 관계를 화살표로 나타내는 것이다. 가장 간단한 논증부터 보자.

① 나는 생각한다. ② 그러므로 나는 존재한다.
– 르네 데카르트, 『방법서설』 중에서

데카르트의 말에 들어 있는 철학적 의미는 엄청나지만 구조를 보면 아주 간단하다. ①과 ②는 편의상 붙인 것이다. 전제 ①이 결론 ②를 지지한다는 관계는 화살표를 이용하여 다음과 같이 나타낸다.

데카르트는 내가 생각한다는 사실에서 내가 존재한다는 것이 필연적으로 따라 나온다고 생각했다. 다시 말해서 생각하고 있는 내가 존재하지 않을 수는 없다고 보았다. 그렇다면 위 논증은 연역 논증이다. 연역 논증임을 나타내기 위해 화살표 옆에 'D'라고 써 주자. 그러나 데카르트의 주장이 정말 연역 논증인지는 철학적으로 엄밀히 따져 보아야 할 문제이긴 하다. 약간 더 복잡한 논증을 보자.

① 세상 사람들에게 세 가지 증세가 나타나면 종말이 멀지 않은 것이라고 목사님이 말씀하셨어. ② 첫째는 자기를 사랑하는 것이고, ③ 둘째는 돈을 사랑하는 것이고, ④ 셋째는 쾌락을 사랑하는 것이래.
- EBS,『사고와 논술』 중에서

언제나 그렇듯이 결론부터 찾아야 한다. 11장에서 '첫째, 둘째, …'는 전제 지시어라고 말한 것을 기억한다면, ②, ③, ④가 전제라는 것은 얼른 찾을 수 있을 것이다. 그러면 ①이 결론일까? ①의 문장 전체는 목사님이 그렇게 말하더라고 전하는 것이므로, 전제 ②, ③, ④이 지지하는 결론은 그 목사님의 말씀 내용일 것이다. 그래서 ①이 아니라 "세상 사람들에게 세 가지 증세가 나타나면 종말이 멀지 않았다."(①')가 결론이라고 할 때 다이어그램을 다음과 같이 그리면 될 것이다.

②, ③, ④는 ①'을 따로따로 지지한다. 무슨 말이냐면 가령 ②는 ③

> 마지막 때에 어려운 시기가 닥쳐오리라는 것을 알아 두시오. 그때에 사람들은 이기주의에 흐르고 돈을 사랑하고 뽐내고 교만해지고 악담하고 부모에게 순종하지 않고 감사할 줄 모르고 경건하지 않고, 무정하고 무자비하고 남을 비방하고 무절제하고 난폭하고 선을 좋아하지 않고, 배신하고 앞뒤를 가리지 않고 자만으로 부풀어 있고 하느님보다 쾌락을 더 사랑할 것이며, 겉으로는 종교 생활을 하는 듯이 보이겠지만 종교의 힘을 부인할 것입니다.
>
> 『성서』, 「디모테오에게 보낸 둘째 편지」 3장 1~5절

과 ④가 없이도 ①'의 근거가 될 수 있다. 물론 ②와 ③과 ④가 합해지면 ①'이 더 그럴듯하겠지만 ② 또는 ③ 또는 ④ 혼자서도 ①'의 근거가 될 수 있다. 한편 이 논증은 귀납 논증이다. ②와 ③과 ④가 맞는 말이어도 종말이 오지 않을 수 있는 것이다. 목사님의 이 말씀은 『성서』에 그 전거가 있는데, 『성서』에는 종말의 근거를 더 많이 들고 있다. 그러면 개연성은 높아지겠지만 그래도 결론은 여전히 참일 수 있다. 귀납 논증은 화살표 옆에 'I'라고 써 준다.

이번에는 다른 종류의 논증을 보자.

① 자연 선택이 없다면 진화는 멈출 것이다. ② 그런데 자연 선택은 이제 인간에게는 적용되지 않는다. ③ 자연 선택이 이루어지려면 강한 개체보다 훨씬 많은 수의 약한 개체들이 번식하기 전에 죽어야 하는데 현대의 의학은 약한 자들도 강한 자들에 못지않게 살아남고 또 번식할 수 있도록 만들어 놓았기 때문이다. ④ 따라서 인간은 더 이상 진화하지 않는다.

결론 지시어가 있는 ④가 결론임은 얼른 짐작할 수 있다. 왜 인간이

더 이상 진화하지 않는지 ①과 ②에서 그 근거를 말하고 있다. 그런데 ①과 ②는 따로따로 ④를 지지하지 않는다. ①에 인간에 대한 언급이 전혀 없는데 ④가 나올 수 있겠는가? ②에 진화에 대한 언급이 전혀 없는데 ④가 나올 수 있겠는가? 따라서 ①과 ②는 합해져야만 ④가 나올 수 있다. 이것을 다이어그램으로 그릴 때는 '+' 기호를 이용해서 표시한다. ③이 ②의 근거임은 어렵지 않게 알 수 있다. 그러므로 ②는 ④의 전제도 되지만 ③의 결론이기도 하다. 이렇게 논증 안에 또 하나의 논증이 들어가 있는 것을 자주 볼 수 있을 것이다. 그런 논증을 이른바 **하위 논증**이라고 한다. 복잡한 논증의 경우에는 전제들이 모두 결론의 직접적인 전제가 되는 때는 많지 않고 이처럼 논증 안에 또 다른 하위 논증을 품고 있을 때가 많다. 이 하위 논증들을 제대로 밝혀 줘야 논증이 어떤 과정을 거쳐 결론에 이르는지 그 구조가 한눈에 들어올 것이다. 바로 앞에서 보았던 종말 논증에서도 자기를 사랑한다는 것을 첫 번째 전제로 들었지만, 그 전제를 지지하는 또 다른 전제(가령 남을 배려하지 않는 사례들)를 들어 전제의 신뢰도를 높일 수 있다. 위 논증을 다이어그램으로 그리면 다음과 같다. 우리가 그리는 다이어그램은 결론이 맨 아래에 위치하게 하므로 하위 논증은 자신이 지지하는 논증 아래가 아니라 위에 위치하게 그린다.

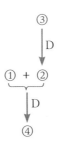

①과 ②가 참이라면 ④는 반드시 참이므로 ①+②의 ④ 지지는 연역이다. 그리고 ③은 자연 선택의 정의에 의존해서 ②를 지지하므로 역시 연역 논증이다.

'+'에 의해 지지되는 논증이라고 해서 꼭 연역인 것은 아니다.

① 지난 30년간의 주식 시장이 보여 주듯이, ② 주식은 경기 침체 후 회복되는 첫 번째 해에 채권보다 대체로 수익성이 높다. ③ 올해가 그 해이기 때문에, ④ 주식은 채권보다 수익성이 높아야 한다.

필요하다면 한 문장을 더 잘게 쪼개서 분석하라. 첫 번째 문장과 두 번째 문장의 지지 구조를 더 잘 보여 주기 위해 각각 두 개의 진술로 나누었다. ①에 의해 귀납적으로 ②가 나온다. 결론 ④는 ②와 ③이 합해져서 따라 나온다. ②와 ③은 홀로 ④를 지지할 수 없다. 그런데 ②와 ③이 참이라고 하더라도 ④는 얼마든지 거짓일 수 있다. 따라서 이 논증은 귀납, 특히 통계적 귀납(☞22장)이다.

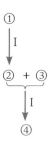

복잡한 논증 분석

이번에는 복잡한 논증을 살펴보자. 다음은 아리스토텔레스의『니코마코스 윤리학』에서 뽑은 구절이다.

① 앞서 언급한 바와 같이 '함께 사는 것'이야말로 우애 또는 친애의 특징이다. ② 그런데 많은 사람과 함께 살 수 없고 자기 자신을 쪼개어 많은 사람들에게 나누어 줄 수 없다는 것은 자못 명백한 일이다. ③ 또 그 많은 사람이 모두 함께 지내야만 하는 경우에는 그들 역시 서로 친구가 되어야만 하는데, ④ 대체로는 이렇게 되기가 매우 어렵다. ⑤ 또 많은 사람과 더불어 아주 친밀하게 기쁨과 슬픔을 나누어 주는 것도 어려운 일이다. ⑥ 사실 어떤 친구하고는 기뻐해야 하는 동시에 어떤 친구하고는 슬퍼해야 할 때가 있으니 말이다. ⑦ 그러므로 될수록 많은 친구를 가지려 하기보다는 함께 지내기에 알맞은 수의 친구를 가지는 것이 좋다. ⑧ 많은 사람에게 썩 좋은 친구가 된다는 것은 사실상 불가능한 일이기 때문이다.

친구의 수를 제한하는 것이 좋다는 이 글의 결론은 물론 ⑦이다. ⑧이 그 결론의 직접적인 근거 구실을 하고 있다. 그럼 왜 많은 사람에게 좋은 친구가 되는 것이 불가능하다는 것일까? ①과 ②가 함께 모여 그 이유를 대고 있다. ③과 ⑤에 있는 '또'라는 접속어는 ⑧에 대한 또 다른 이유가 있음을 말해 주는 전제 지시어의 구실을 함을 알 수 있다. ③은 ④와 함께 ⑧의 또 다른 이유가 되고 있고, ⑥은 ⑤의 이유이다. 다음 다이어그램이 이 논증의 구조를 보여 준다.

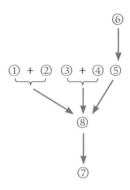

아무리 긴 논증이라고 하더라도 원래 논증이 명쾌한 편이라면 분석하는 일이 그리 어렵지 않음을 알 수 있을 것이다.

① 미국이 직면하고 있는 많은 외교 문제들은 미국이 무자비하고 폭압적인 독재자들을 지원했던 탓으로 생긴 문제들이다. ② 쿠바에서 카스트로가 집권하게 된 것은 미국의 지원을 받았던 독재자 바티스타에 대한 민중 봉기 때문이었고, ③ 사이공의 부패한 독재 체제에 대한 미국의 지원은 베트남 전쟁에서 그 절정에 달했었다. ④ 또 미국은 남미와 아프리카 지역에서도 독재 정권을 지원해 온 탓으로 계속 곤경을 겪고 있다. ⑤ 더구나 무자비하게 폭력을 휘둘렀던 이란의 독재 왕권에 대한 미국의 지원은 회교 혁명을 낳았고 급기야는 미국인 인질 사태라는 불행을 초래하였었다. ⑥ 따라서 그러한 독재 정권이 미국의 귀중한 우방이라고 주장하는 자들은 옳지 않다. ⑦ 그것은 미국이 그런 정권을 지원함으로 해서 안게 되는 위험한 문젯거리들 때문일 뿐 아니라

⑧ 미국처럼 자유와 평등의 이념 위에 세워진 나라가 그러한 정권을 우방으로 생각할 수 없기 때문이기도 하다. ⑨ 우방이란 기본적인 이념을 공유하는 나라인데, ⑩ 독재 정권이란 자유와 평등의 이념을 짓밟음으로써만 유지되는 것이 아닌가?
　– J. E. 놀트, 『비형식 논리학』 중에서

결론이 ⑥이고 그것의 직접적인 근거는 바로 뒤따르는 ⑦과 ⑧인 것은 '따라서'나 '때문이다'라는 지시어로 어렵지 않게 찾을 수 있을 것이다. 이 논증에서 보듯이 같은 말이 반복될 때가 있다. 논증을 하면서 앞에서 한 말을 약간 바꾸어 다시 말하는 것은 흔한 일이다. ①과 ⑦은 결국 같은 말이다. ①은 ⑦을 약간 더 자세하게 설명했을 뿐이다. 그러므로 ①의 근거가 곧 ⑦의 근거일 것이다. ②부터 ⑤는 ⑦의 실제 사례들이므로 ⑦을 귀납적으로 지지하고 있다. 한편 ⑨와 ⑩은 '우방'과 '독재 정권'의 정의에 의해 연역적으로 ⑧의 근거가 되고 있다. 따라서 이 논증은 다음과 같이 분석된다.

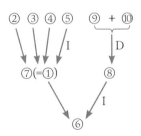

또 다른 복잡한 논증을 보자.

① 동물의 권리를 고려할 때 우리가 동물을 음식으로 사용하는 것은 문제가 있다. ② 특히 동물의 고기가 필수품이 아닌 사치품일 때는 더욱 그렇다. ③ 에스키모들은 동물을 음식으로 삼지 않으면 굶을 수밖에 없는 환경에 있기 때문에, 생존이라는 이익이 압도한다고 정당하게 주장할 수 있다. ④ 그러나 우리 대부분은 이렇게 식단을 정당화할 수 없다. ⑤ 산업화된 사회의 시민은 동물의 고기가 아니더라도 적절한 음식을 쉽게 얻을 수 있다. ⑥ 의학적 증거들은 동물의 고기가 건강이나 장수를 위해 필수적인 것이 아님을 강하게 뒷받침한다. 그리고 ⑦ 동물의 고기로 음식을 생산하는 것은 효과적인 방식도 아니다. ⑧ 산업사회에서 소비되는 대부분의 동물은 우리가 직접 먹을 수 있는 곡물이나 다른 음식을 먹여서 살찌우기 때문이다. ⑨ 곡물을 동물에게 먹였을 때, 곡물에 포함된 영양가의 단지 10% 정도만 인간이 소비할 수 있는 고기로 남는다. ⑩ 그래서 곡물을 심기에 부적합한 방목지에서 동물을 키우는 경우를 제외하고, 동물을 먹는다는 것은 건강을 위해서 식량 증산을 위해서도 적합하지 않다. ⑪ 동물의 고기는 사람이 그 맛을 좋아하기 때문에 먹는 사치품이다.

– 피터 싱어, 『실천 윤리학』 중에서

이 논증은 동물을 먹는 것에 반대한다(①). 특히 동물의 고기가 사치품이라면 동물을 먹는 것에 반대하는데(②) 정말로 동물의 고기가 사치품이라는 것이다(⑪). 이 논증의 뼈대만 추리면 다음과 같다.

동물의 고기가 사치품이라면 동물을 음식으로 먹는 것은 문제다(②).

동물의 고기는 사치품이다(⑪).

따라서 동물을 음식으로 먹는 것은 문제가 있다(①).

이는 전형적인 연역 형식으로 논리학에서는 **전건 긍정식**(☞21장)이라고 부른다. 논증 형식 자체는 문제될 것이 없으므로 관건은 ②와 ⑪의 근거를 대는 것이다. 그러나 논증을 펼친 이는 ②의 근거는 대지 않고(이 인용문 이외의 곳에서 대고 있다) ⑪의 근거만 대고 있다. 에스키모처럼 동물을 식용으로 삼지 않으면 굶어 죽는 경우는 사치품이 아니지만(③), 우리 대부분의 경우는 사치품이라는 것이다(④). 그리고 ④의 근거를 ⑤와 ⑩에서 귀납적으로 대고 있다. 다이어그램으로 정리하면 다음과 같다.

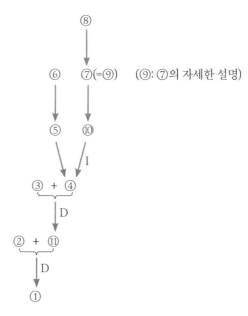

필요하면 앞의 '⑨: ⑦의 자세한 설명'처럼 오른쪽 옆에 주석을 달아 둔다. 솔직히 논증적인 글을 쓴다고 해서 모든 진술이 다 전제 또는 결론의 구실을 하는 것은 아니다. 중간에 자신이 사용하는 개념을 설명하기도 하고, 방금 한 주장을 다시 한번 부연 또는 심화 설명을 하기도 하고, 지금 하는 논증과 관련 없는 단순한 사실을 나열하기도 하고, 군더더기 말이 들어가기도 한다. 이런 것들은 논증이 전개되는 큰 흐름에 지장을 안 준다면 한쪽에 따로 빼서 주석으로 처리한다. 다음 논증도 그렇게 하면 된다.

① 한 개체가 이타적이라는 것은 그 개체가 자신을 희생하여 다른 개체의 생존 가능성을 증진시키는 방향으로 행동하는 것을 말한다. ② 이타적 행동은 자연 세계에서 흔히 볼 수 있다. ③ 일벌은 꿀을 훔쳐 가는 침입자에게 침을 쏘고 죽는다. ④ 침을 쏠 때 내장 기관의 일부가 찢겨져 몸 밖으로 나오므로 죽게 되는 것이다. ⑤ 일벌의 살신성인적인 행동은 집단의 식량 창고를 지켜 냈으나 당사자는 그 이익을 공유하지 못하므로 ⑥ 이타적이라 할 수 있다.
– 이인식, 『제2의 창세기』 중에서

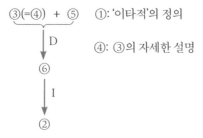

숨은 전제와 결론이 있는 논증 분석

우리는 12장에서 논증에는 전제나 결론이 숨어 있을 수 있음을 살펴보았다. 이제 숨은 전제는 ⓐ, ⓑ, … 같은 기호로 나타내기로 하자.

① 당신이 정말로 날 사랑한다면 내가 원하는 것을 해 줬을 거야.

다음과 같은 숨은 전제와 숨은 결론을 보충해 주면 이 논증을 분석할 수 있을 것이다.

ⓐ 당신은 내가 원하는 것을 해 주지 않았다.
ⓑ 당신은 날 사랑하지 않는다.

다음은 『장자』의 「추수」편에 나오는 구절이다.

옳음만을 원칙처럼 존중하고 그름은 무시하며, 질서 잡힘만을 원칙처럼 존중하고 무질서함은 무시하자는 겁니까? ① 이는 하늘과 땅의 이치와 만물의 실정을 명확히 알지 못하는 것입니다. ② 이는 하늘만을 원칙처럼 존중하고 땅은 무시하며, 음陰만을 원칙처럼 존중하고 양陽은 무시하는 것과 같으니, ③ 실행할 수 없음이 분명합니다.

ⓐ 하늘만을 원칙처럼 존중하고 땅은 무시하며, 음만을 원칙처럼 존중하고 양은 무시하는 것은 불가능하다.

ⓑ 불가능한 것을 하려고 하는 사람은 하늘과 땅의 이치와 만물의 실정을 명확히 알지 못하는 것이다.

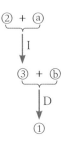

②와 ⓐ로부터 ③을 추론하는 것은 23장에서 설명할 '유비 논증'에 의한 것이다. 유비 논증은 귀납 논증의 한 종류이다. 유비가 잘 되었는지 안 되었는지는 비교되는 대상들이 논증에 본질적인 점에서 얼마나 비슷한지에 달려 있다. 이 논증이 좋은 논증인지 아닌지는 그 판단이 관건일 것이다.

논증 분석은 각종 공인 시험에서 종종 출제된다. LEET에 출제된 다음 문제를 보자.

① 인구는, 제한되지 않으면, 기하급수적으로 증가한다. ② 식량은 기껏해야 산술급수적으로 증가한다. ③ 인구의 증가율과 식량의 증산율의 차이를 피할 수 없다. ④ 사람이 사는 데 식량이 필요하다는 것은 자연의 법칙이다. ⑤ 따라서 우리는 어떻게 해서든지 인구의 증가율과

식량의 증산율을 같게 해야 한다. ⑥ 결과적으로 인구는 식량 부족 때문에 지속적으로 강력하게 제한될 수밖에 없다. ⑦ 인구가 제한될 수밖에 없다면 이것은 대부분의 사람들에게 심각한 위협이 될 수밖에 없다. ⑧ 많은 사람들에게 심각한 위협이 있는 사회는 모든 구성원이 편안하고 행복하게 사는 완전한 사회가 아니다. ⑨ 그러므로 모든 구성원이 편안하고 행복하게 사는 완전한 사회란 있을 수 없다.

결론 지시어가 ⑤와 ⑨ 두 군데에 있다. 결론이 두 개일 수는 있는가? ⑨가 최종 결론이고 ⑤는 중간 결론임은 쉽게 알 수 있다. 최종 결론에서 거슬러 올라가 보자. ⑥, ⑦, ⑧이 합해지면 ⑨가 나온다. 식량이 부족하면 인구는 제한되어야 하는데, 인구가 제한될 수밖에 없다면 많은 사람들에게 심각한 위협이 되고, 만약 그러면 사회의 구성원이 편안하고 행복하게 사는 완전한 사회가 아니기 때문이다. ⑦, ⑧은 상식이지만 ⑥은 설명이 되어야 한다. ⑥은 중간 결론인 ⑤에서 나왔다. 인구 증가율과 식량 증산율이 같다면 식량이 부족할 경우 인구도 제한되어야 하기 때문이다. ⑤는 ③과 ④가 합해져서 나왔다. 인구의 증가율과 식량의 증산율의 차이를 피할 수 없고 사람이 사는 데 식량이 꼭 필요하다면, 인구 증가율과 식량 증산율을 같게 해야 하기 때문이다. 마지막으로 ③은 ①과 ②에서 나온다. 인구는 기하급수적으로 증가하고 식량은 산술급수적으로 증가하면, 인구의 증가율과 식량의 증산율의 차이가 날 수밖에 없기 때문이다. 이 논증의 다이어그램은 다음과 같다. (시험에서는 연역인가 귀납인가까지 요구하지 않으므로 D, I 표시는 생략했다.)

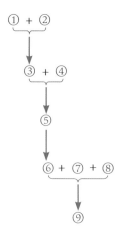

지금까지 논증 분석을 연습해 보았다. 논증 분석의 요령을 단계별로 정리하면 다음과 같다.

1. 결론을 찾아라. 결론 지시어가 있으면 도움이 될 것이다.

2. 명백한 전제를 찾아라. 전제 지시어가 있으면 도움이 될 것이다.

3. 필요하면 숨은 전제를 찾아라.

4. 군더더기, 정의, 부연 설명 등이 있는지 살펴보라.

5. 전제와 결론 사이의 지지 관계를 다이어그램으로 그린다.

그러나 이런 분석 단계는 코끼리를 냉장고에 집어넣는 오래된 유머처럼 아무 도움이 안 된다. 더 심각한 문제는 이런 분석이 곤란할 만큼 엉성하거나 논증을 펼친 이의 의도를 제대로 파악하기 힘든 논증이 많다는 사실이다. 그러나 체계적이지 못한 논증은 체계적이지 못한 상태를 그대로 보여 주면 된다. 우리는 위에서 말한 논증 분석 요령을 기본적으로 숙지하고 상대방의 논증에 대한 자비심과 인내심을 가지고 부단하게 연습하는 수밖에 없다. 코끼리를 냉장고에 넣는 것은 연습으로 되는 일이 아니지만, 많은 논증을 보고 다루는 연습을 하면 틀림없이 논증을 이해하는 능력이 향상될 것이다. 논증의 전체 구조를 정확하게 파악해야 비로소 논증의 연결이 적절한지 평가할 수 있다.

> **코끼리를 냉장고에 넣는 법**
> 1. 냉장고 문을 연다.
> 2. 코끼리를 냉장고에 넣는다.
> 3. 냉장고 문을 닫는다.

*1. 다음 논증을 분석하여 다이어그램으로 그려 보라.

(1) 우리가 출발할 때는 초저녁이었으므로 햇빛이 있을 턱이 없다. 더구나 초승 무렵이어서 달빛도 없었다. 우리는 칠흑 같은 어둠 속에서 걸어야 만 했다.

(2) 정부의 구조 조정은 옳지 못하다. 서민층의 희생만을 강요하는 경제정 책은 옳지 못한데, 정부의 구조 조정은 서민들에게서 너무 많은 것을 빼 앗아 가고 있기 때문이다. 더구나 구조 조정이 이루어진다 하더라도 경 제가 개선될지 장담할 수 없다.

(3) 왜 사람들은 좁은 공간에서 배낭을 벗지 않아 자신과 남을 불편하게 하 는가? 그것은 우리에게 남을 배려하는 마음이 없기 때문일 것이다. 남 에게 불편을 끼치면 안 된다는 생각이 우리에게는 없다. 버스에서 큰 소리로 휴대폰을 받지 않는 사람이 드물 정도이고 땀 냄새를 풍기면 서도 땀도 닦지 않고 옆 자리에 바지 한쪽 걷고 앉아 있는 사람도 자주 볼 수 있다. 버스에서 두 사람이 앉는 좌석일 경우 다른 사람에게 무릎 이 닿을 정도로 다리를 뻗고 앉는 아저씨들도 많다. 남을 배려하지 않 는다는 것은 공공의식이 없다는 것이다. 공공의식이란 남과 함께 살 아가기 위한 의식을 말하는 것이다.

-《한국일보》, 2001년 8월 10일 자

(4) 오리의 다리가 짧다고 길게 늘여 주어도 괴로움이 따르고 학의 다리가

길다고 잘라 주어도 아픔이 따른다. 그러므로 본래 긴 것은 자를 것이 아니며 본래 짧은 것은 늘이는 것이 아니다. 길다고 두려워하거나 짧다고 괴로워할 까닭이 없다.

- 『장자』, 「변무」 중에서

(5) 5천 년 역사의 권위를 의지하여 조선이 독립한 나라임과 조선 사람이 자주적인 민족임을 선언함이며, 2천만 민중의 충성을 합하여 이를 두루 펴서 밝힘이며, 영원히 한결같은 민족의 자유 발전을 위하여 이를 주장함이며, 인류가 가진 양심의 발로에 뿌리박은 세계 개조의 큰 기회와 시운에 맞추어 함께 나아가기 위하여 이 문제를 내세워 일으킴이니, 이는 하늘의 지시이며 시대의 큰 추세이며, 전 인류 공동 생존권의 정당한 발동이기에, 천하의 어떤 힘이라도 이를 막고 억누르지 못할 것이다.

- 「기미 독립 선언서」 중에서

(6) 어떤 행위에 의해 직접적으로 영향을 받을 사람 모두가 그 행위가 이루어지길 선호한다면 그 행위는 도덕적으로 정당하다. 체세포 제공자는, 자연 임신에 의해 아이를 낳을 경우 자신의 유전자를 반만 물려줄 수 있지만 복제 기술을 이용할 경우 자기 유전자를 온전히 물려줄 수 있다는 이유에서 복제 기술을 선호할 것이다. 복제 기술을 통해 태어날 인간은 복제기술이 사용되지 않았더라면 태어나지 못했을 것이므로 복제 기술의 사용을 선호할 것이다. 복제 기술에 의해 직접적으로 영향을 받을 사람은 자기 체세포를 이용하는 복제 기술을 통해서 아이를 가지려는 사람들과 복제 기술을 통해서 태어날 인간뿐이다. 체세포 제공자와 복제기술로 태어날 인간은 모두 복제 기술의 사용을 선호할 것이다. 복제

기술을 인간에게 사용하는 것은 도덕적으로 정당하다.

- PSAT 기출 문제

(7) 지난 1월 서울에서 만삭의 임신부가 욕조에서 죽은 채 발견되었다. 부검 결과 질식사였다. 의사인 남편이 신고했는데, 남편은 6시 41분에 아내의 배웅을 받고 외출했지만 17시 11분 귀가할 때 아내가 죽어 있었다고 주장했다. CCTV를 확인했으나 다른 사람의 출입은 없었다. 그런데 남편의 행동에 수상한 점이 있었다. 딸과 연락이 안 된다는 장모의 전화를 받고 몇 명의 지인에게 전화하면서 정작 아내에게는 전화하지 않았다. 그리고 죽은 아내를 보고도 감정의 동요 없이 신고했다. 남편이 게임 중독이어서 자주 부부싸움을 했다는 증언이 있었는데, 남편은 일방적으로 혼났다고 말했다. 그러나 시신의 손톱에서 남편의 DNA가 발견되었고, 시신에서는 저항한 흔적과 상처가 있었다. 경찰은 남편을 용의자로 체포했다.

* 표시된 문제의 정답 및 해설은 496쪽에

4부

좋은 논증 가려내는 첫 번째 기준

14장   어떻게 해야 말발이 설까?

논증의 평가

논증 평가의 기준

13장에서는 논증을 다이어그램으로 분석하는 것이 논증을 이해하는 데 도움이 된다는 것을 강조하고 분석하는 연습을 했다. 이제는 분석한 논증이 받아들일 만한 논증인지 물리쳐야 할 논증인지 평가해야 할 차례이다. 논증을 평가할 때 가장 중요한 두 가지 기준은 이것이다.

1. 논증의 전제가 받아들일 만한가?

2. 논증의 전제가 정말로 결론을 지지하는가?

이 두 가지 기준을 만족시키는 논증이 좋은 논증이다. 논증이 좋다·나쁘다고 말하면 너무 소박해 보이므로 논리학자들은 연역 논증의 경우에는 좋은 논증을 **타당하다**고 하고 귀납 논증의 경우에는 **개연성이 높다**고 한다고 했다. 그러나 그 말들은 일상에서 쓰일 때보다 꽤 제한되어 엄격하게 쓰인다. 그래서 이 책에서는 꼭 필요한 경우가 아니면 위두 기준을 모두 만족시키는 논증은 **좋다, 설득력이 있다, 그럴듯하다, 타당하다, 적절하다, 강하다** 따위의 여러 가지 말로 부를 것이다. 그중에서 '설득력이 있다'라는 용어를 가장 즐겨 쓰겠다. 한편 나쁜 논증, 곧 설득력이 없는 논증은 앞서 말한 것처럼 **오류**라고 부를 것이다.

논증 평가의 두 번째 기준인 "논증의 전제가 정말로 결론을 지지하는가?"는 다시 두 가지 기준으로 더 세분할 수 있다. 전제가 결론을 지지하는 방식을 두 가지로 나누어서 볼 수 있기 때문이다. 따라서 우리는 모두 세 가지 기준을 근거로 논증이 설득력이 있는지 평가할 것이다.

1. 전제가 받아들일 만한가?

전제가 믿을 만해야 한다. 전제가 설사 확실하게 참이라고 알려지지 않는다고 할지라도 받아들일 만한 합당한 이유가 있어야 한다. 그리고 전제가 거짓이거나 의심스럽다고 생각할 만한 증거가 없어야 한다.

2. 전제가 결론과 관련성이 있는가?

전제가 결론과 관련 있어야 한다는 말은 결론의 참을 옹호하는 증거를 조금이나마 제시해야 한다는 뜻이다. 다시 말해서 전제는 결론을 증명한다고 간주되는 증거나 이유 등을 말해야 한다. 전제는 논증이 다루고 있는 주제와 상관없거나 벗어나 있는 측면을 기술해서는 안 된다.

3. 전제가 결론의 충분히 강한 증거가 되는가?

전제는 결론을 받아들이는 것이 합리적이라고 생각할 만한 충분한 이유를 제시해야 한다. 이 말은 전제가 관련성이 있어야 한다는 것 이상의 의미이다. 전제는 결론에 대한 증거로 간주되는 정도에서 그쳐서는 안 되고 결론을 받아들이는 것이 합당하다고 생각할 만한 충분한 증거 또는 이유를 제시해야 한다.

첫 번째 기준은 쉽게 말해서 전제가 거짓이 아니어야 한다는 조건이다. 다음 논증을 보자.

> 세 가지 기준을 근거로 논증을 평가하는 방식은 '받아들일 만하다acceptable', '관련성이 있다relevant', '충분한 근거sufficient ground'의 머리글자를 따서 ARG 방식이라고 부르기도 한다.

■ 육영수는 남자이다. 그러므로 그는 뉘 집 아들일 것이다.

이 논증은 연역적으로 흠잡을 데 없는 논증, 곧 전문 용어로 타당한 논증이다. 육영수가 남자라면 그가 누군가의 아들이라는 것은 아주 당연하기 때문이다. 설령 부모가 누군지 몰라도 '누군가'의 아들이기는 할 것이다. 그러나 전제가 거짓으로 드러난다면 우리는 그 논증을 좋은 논증이라고 생각하지 않는다. 만약 육영수가 내가 잘 가는 나이트 클럽의 남자 웨이터 이름이 아니고 박정희 전 대통령의 부인인 육영수 여사를 가리킨다고 해 보자. 그러면 논증의 전제는 거짓이 되고, 그때 우리는 이 논증을 좋은 논증으로 받아들이지 않을 것이다. 구체적인 맥락이 없이 이 논증만 보면 육영수가 남자인지 여자인지 알 수가 없다. 그래서 논리학자들은 육영수가 실제로 남자인지 여자인지에는 관심이 없다. 그 대신에 12장에서 말했지만 그냥 육영수가 남자라고, 다시 말해서 전제가 참이라고 가정할 때 그때 결론이 반드시 따라 나오는가를 살펴봐서, 만약 따라 나오면 그 논증이 타당하다고 말하는 것이다. 그러나 구체적인 맥락 속에서 살고 있는 우리는 그런 관찰에 덧붙여 전제가 실제로 참인지 아닌지도 조사해 봐야 한다. 논리학자들은 타당한 논증의 전제가 참이기까지 하다면 그 논증은 **건전하다**sound고 말한다. 따라서 위 논증에서 육영수가 육영수 여사를 가리킨다면 그 논증은 타당하기는 하지만 건전하지는 않다. 그러나 육영수가 남자 웨이터를 가리킨다면 그 논증은 타당할 뿐만 아니라 건전한 논증이 될 것이다.

> "신랑 육영수 군과 신부 박정희 양은…"
> 박정희 전 대통령의 결혼식장에서 주례가.

이렇게 볼 때 어떤 논증이 좋은 논증이 될 조건은 타당성 외에도 건전성을 갖추었느냐, 그러니까 건전한지 그렇지 않은지가 될 것 같다. 그러나 건전성은 우리가 일상에서 어떤 논증이 좋다고 말할 때 너무 높은 조건이다. 어떤 논증이 건전하려면 일단 타당해야 하는데 타당성은 연역 논증에 해당하는 성격이다. 그러나 우리가 좋은 논증이라고 부르는 논증은 꼭 연역만 있는 것은 아니고 귀납도 있다. 또 어떤 논증에서 전제가 꼭 참이라고 밝혀진 경우만 좋은 논증인 것은 아니다. 다음 장에서 설명하겠지만 전제가 꼭 참이라고 말할 수는 없어도 그것들을 받아들일 만한 합당한 이유가 있는 논증 중에도 좋은 논증이 많이 있다. 그래서 이 책에서는 논증의 건전성보다는 앞에서 말한 세 가지 기준을 갖춘 논증을 **설득력이 있는 논증**이라고 부르고 설득력 있음을 좋은 논증의 가장 기본적인 조건으로 삼겠다(보통 영어 책에서는 논증이 설득력이 있다는 것을 cogent하다고 말한다). 논증의 설득력을 강조하는 또 다른 현실적인 이유가 있다. 12장에서 설명한 연역과 귀납은 논리학에서 중요한 개념이다. 그러나 그 구분도 쉽지 않고, 연역인지 귀납인지 의식하면서 논증을 만들거나 평가하는 일도 어렵다. 그러므로 실제 논증 상황에서는 위 기준을 만족시키는지 평가하면서 설득력 있는 논증을 찾는 것이 실용적이다.

두 번째 기준과 세 번째 기준을 나눈 까닭은 전제가 결론

> **건강한 신체에 건전한 정신이 깃든다**Anima Sana In Corpore Sano.
> 격언. '아식스ASICS'라는 스포츠 용품 회사 이름은 이 라틴어 격언의 머리글자를 딴 것이다. 논리학자들이 '건전하다'고 부르는 것은 논증에 관한 것으로서, 일상어 '건전하다'와 쓰임새가 다르다. 논증이 퇴폐할 일이 있겠는가? 논증은 '건전하다'라고 말하기보다는 '튼튼하다'라고 말하는 것이 더 적절한 것 같은데, 논리학자들이 대체로 건전하다고 부르므로 여기서는 그것을 따르겠다.

과 관련이 있는데도 충분히 강한 근거가 되지는 못한 경우가 꽤 많이 있기 때문이다. 예를 들어서 어떤 공장 사장이 동남아 이주 노동자 두어 명을 직원으로 고용하고 있다고 해 보자. 그리고 그가 그 경험을 근거로 이렇게 말한다고 해 보자.

- ■ 저 친구들은 정말 불결하다. 나는 동남아 사람들이 정말로 불결하다고 생각하지 않을 수 없다.

이 논증의 전제는 사장이 직접 경험한 것이므로 받아들일 수밖에 없다. 따져 볼 여지가 많이 있지만 15장과 22장으로 미루고 여기서는 일단 넘어가자. 따라서 논증 평가의 첫 번째 기준은 만족시켰다고 치자. 그다음에 사장은 논증의 결론과 관련 있는 근거를 대고 있다. 저 친구들이 불결하다는 진술은 (모든 또는 많은) 동남아 사람들이 정말로 불결하다고 하는 주장과 상관없는 이야기가 아니고 또 최소한의 증거도 된다. 따라서 두 번째 기준도 만족시키고는 있다. 그러나 짐작할 수 있겠지만, 그가 고용한 동남아 사람 두어 명은 동남아 사람에 대해 대충의 판단을 하기에도 턱없이 부족한 집단이다. 더구나 남의 나라에 일하러 온 동남아 사람들은 그 집단을 대표하는 본보기도 아니다. 따라서 이 전제가 결론이 참임을 보여 주기에 전혀 충분하지 못하다는 것은 분명하다. '저 친구들이 정말 불결하다.'라는 전제는 '동남아 사람들은 정말로 불결하다.'라는 결론과 관련은 있지만 충분한 근거는 되지 못하는 것이다. 그래서 전제의 관련성과 충분성을 구분할 필요가 있다.

연역 논증은 전제가 참일 때 결론이 반드시 참인 논증인데, 그 까닭은 연역 논증의 결론에서 말하고 있는 정보나 내용이 모두 전제 속에 이미 들어 있거나 적어도 암암리에 숨어 있기 때문이라고 했다(☞12장). 어떤 사람이 남자라는 주장에는 이미 그가 누군가의 아들이라는 뜻이 숨어 있으므로, 육영수가 남자라면 그는 도대체 뉘 집 아들이 아닐 수가 없는 것이다. 그러므로 연역 논증에서는 전제가 결론과 관련이 있느냐, 그리고 관련이 있다면 충분히 있느냐 하는 기준은 이미 만족되었고, 또 두 기준을 구분할 필요도 없다. 연역 논증에서는 첫 번째 기준, 곧

©김민재, 다음 웹툰 〈동재네 식구들〉. 공장을 경영하는 아버지는 동남아 노동자들을 가족처럼 배려해서 집에 초청해 함께 밥을 먹는다. 그러나 동남아 노동자들이 불결하다는 편견이 있는 철없는 딸은 함께 밥을 먹다가 뛰쳐나간다.

전제가 받아들일 만한가만 문제가 될 뿐이다. 그래서 연역 논증의 전제가 참이기까지 하다면 그 논증은 건전한 논증이라고 말했다. 건전한 논증은 논증 평가의 세 가지 기준을 다 만족시키고 있으므로 당연히 설득력 있는 논증이다. 그러나 설득력 있는 논증이라고 해서 모두 건전한 논증인 것은 아니다. 논증이 건전하기 위해서는 일단 연역이어야 하는데, 설득력 있는 논증 중에는 연역 아닌 논증도 많기 때문이다. 연역 이외의 논증에서는 전제가 받아들일 만해도 두 번째 기준과 세 번째 기준을 구분하고, 그것들을 만족시키는가 묻는 것이 아주 중요하다. 그리고 그 기준을 얼마나 잘 만족시켰느냐에 따라서 설득력의 정도가 다양하게 나타날 수 있을 것이다.

논증 평가의 의의

이제 앞에서 말한 세 가지 기준을 만족시키는 논증을 설득력 있는 논증이라고 말할 것이다. 전제가 받아들일 만하고, 결론과 관련이 있고, 그리고 충분히 강한 근거까지 된다면 우리는 그 논증에 설득되어도 괜찮다. 그러나 이 기준 중에서 하나만 만족시키지 못해도 그 논증은 오류 논증이므로 물리치거나 바로잡아 고쳐야 한다.

주의할 것은 세 기준 어디에도 결론이 거짓이어야 한다는 조건은 없다는 것이다. 다시 말해서 어떤 논증의 결론이 거짓이라고 해서 그 논증이 오류 논증이라고 말해서는 안 된다. 만약 어떤 논증이 좋지 않다고 평가했다면, 그것은 그 논증 전체를 반대한 것이지 그 논증의 결론을 반대한 것은 아니다. 그 논증이 나쁘다고 평가하면서 그 논증의 결론도 반대할 수도 있지만, 논증이 나쁘다고 평가한 것은 어디까지나 그 논증의 전제를 받아들일 수 없다든가 전제와 결론 사이의 지지 관계가 잘못이라든가 하는 이유에서이지 결론 그 자체만 보고 그것이 거짓이라서 반대하는 것은 아니다. 다시 동남아 사람에 관한 논증을 보기로 들면, 비록 내가 동남아 사람들이 정말로 불결하다는 주장이 틀렸다고 생각하더라도 이 논증이 잘못된 것은 그 자체 때문이 아니라 전제가 결론의 충분한 근거를 대지 못했기 때문이다.

어떤 논증의 결론이 거짓이라고 해서 그 논증이 나쁜 논증이라고 말해서는 안 된다는 말은 뒤집으면 어떤 논증의 결론이 참이라고 해서 그 논증이 좋은 논증이라고 받아들여서는 안 된다는 말도 된다. 당신도 역시 동남아 사람들이 불결하다고 생각한다고 해서 이 논증을 덥석 받아들여서는 안 되고, 전제를 받아들일 만한지, 전제가 결론을 지지하는지 등을 검토한 다음에 그 논증 전체를 받아들일지 물리칠지 결정해야 한다. 그래서 결론을 받아들이는데도 해당 기준을 만족시키지 못해서 나쁜 논증이라고 생각하는 때도 많다. 그때 당신은 그 결론을 지지하는 다른 근거를 찾아야 한다. 예를 들어 동남아 사람 두어 명의 관찰로는 충분한 증거가 되지 못함을 잘 알고, 충분하다고 판단되는 다른 증거(다음 장에서 설명할 수많은 관찰, 다른 사람 또는 자료의 증언, 다른 논증의 도움 따위)를 찾으려고 노력해야 한다.

2장에서 논리적인 사고를 한다고 해서 마술처럼 진실과 거짓을 구분하는 눈이 밝아지는 것은 아니라고 했다. 논증을 평가한다는 것은 참인 전제에서 참인 결론을 찾아가는 과정이 아니다. 설령 전제와 결론 모두 참이라고 해도 전제와 결론 사이에 지지 관계가 없으면 결코 설득력 있는 논증이 될 수 없는 것이다.

논증을 평가한다는 것은 상대방 논증의 전제를 받아들일 수 있는지, 그 전제와 결론 사이의 관계는 올바른지 따져 보는 것인데, 논증을 평가한답시고 결론을 바로 평가하는 사람들이 꽤 많다. 방금 말했듯이 결론 그 자체를 받아들이는가 받아들이지 않는가는 논증을 평가하는 기준이 아니다. 그런데도 사람들은 자신이 동의하지 않는 주장을 들으면 그 주장의 근거 그리고 그 근거와 주장 사이의 관계는 따져 보지 않고 그냥 반대한다. 자신이 동의하는 주장에 대해서도 마찬가지로 그냥 찬성한다. 다음 대화를 보자.

우리 : 브리지트 바르도라는 프랑스 영화배우가 우리나라 사람들이 보신탕 먹는 것을 항의하는 인터뷰를 했대.

나라 : 되게 할 일 없는 사람이네. 왜 남의 나라 먹는 문화 가지고 이래라저래라 하는 거야.

우리 : 브리지트 바르도 말로는 아무리 과거로부터 이어져 온 문화적 전통이라고 해도 그 문화가 끔찍한 것이라면 타파해야 한다는 거야.

나라 : 중국 사람들은 원숭이 골을 먹고 일본 사람들은 고래 고기를 먹어. 프랑스 사람들도 말고기를 먹는다고 하던데. 그것은 각 나라의 문화일 뿐이야.

우리 : 아니, 그런 것들이 각 나라의 문화라는 것을 부정하는 것이 아니

야. 그런 끔찍한 행동이 한 나라의 문화라면 그것은 그 문화가 아직 진화가 덜 되었다든지 야만으로 복귀하는 것일 뿐이라는 거야. 그래서 중국인은 미개하고 일본인은 야만족이라고까지 말했어.

나라: 말도 안 돼. 왜 프랑스 사람은 거기서 쏙 빼냐? 개고기는 농업 문화를 기반으로 한 우리나라에서 식용으로 중요한 역할을 해 왔을 뿐만 아니라, 고유 음식이라는 역사적 전통도 갖고 있어.

우리는 브리지트 바르도가 왜 한국 사람이 보신탕 먹는 것에 항의하는지 그 이유를 전하고 있다. 그러나 나라는 그 이유를 검토하지는 않고 자신의 주장만 되풀이하고 있다. 우리가 전하는 바르도에 따르면 아무리 전통문화라고 해도 야만적인 것이라면 타파해야 한다고 했다. 바르도의 논증은 다음과 같이 재구성해 볼 수 있다.

전제1: 아무리 전통문화라고 해도 야만적이라면 타파해야 한다.
전제2: 한국의 보신탕 문화는 야만적이다.
결론: 한국의 보신탕 문화는 타파해야 할 문화이다.

그렇다면 나라가 이 논증에 제대로 대꾸하기 위해서는 두 전제 중에 적어도 하나가 옳지 못하다거나, 또는 그 전제가 옳다고 하더라도 위와 같은 결론과 관련이 없다거나, 관련이 있어도 충분한 지지 근거는 되지 못한다고 말해야 한다. 그러나 나라는 그런 작업은 하지 않고 상대방의 결론이 개고기를 먹는 것은 우리나라의 유구한 전통이라는 주장과 반대되는 것을 보고 그 주장만 되풀이하고 있는 것이다. 그는 다른 사람의 주장을 통해서 자신의 생각을 다시 한번 생각해 보고 그 주장이 자신의 생각을 어떻게 변하게 할 수 있는지 반성해 보려는 노력은 하지 않고, 그전에 가지고 있던 생각을 계속 고집할 뿐이다. 이는 우리가 논쟁하면서 자주 저지르는 잘못인데, 결코 논리적인 자세라고 할 수 없다(☞ 2장). 논증을 평가하는 것은 논리적인 사고에서 아주 중요한 일이다. 상대방의 논증에서 결론에 대해 바로 공격하거나 찬성하는 것은 결코 그 사람의 논증을 평가하는 것이 아니다.

> 바보들만이 고집을 부리는 법이다.
> 프랑스 속담

　　　　　　　　논증 평가의 세 가지 기준은 다른 사람의 논증을 평가할 때도 중요하지만 스스로 논증을 펼칠 때도 유용하다. 우리는 논증을 통해서, 곧 근거가 제시된 주장을 함으로써 다른 사람을 합리적으로 설득하려고 한다. 그 과정을 자세히 들여다보면 이런 식이다.

1. 너 내가 말한 전제를 받아들이지?
2. 그 전제에서 내가 말하는 결론이 따라 나온다는 것을 인정하지?
3. 그러면 내 결론을 받아들여야 하겠지?

　이 과정이 모두 성공하면 다른 사람들은 내 논증에 합리적으로 설득을 당한 것이고, 그렇지 않고 내 결론을 받아들일 수 없다고 한다면

내 논증의 어느 한 부분, 그러니까 전제 중에 받아들일 수 없는 것이 있다든지 또는 전제에서 결론이 따라 나온다는 것을 인정하지 않는다는 것이다. 1, 2를 인정하면서도 3을 받아들이지 않는 사람은 합리적인 대화 상대가 아니다. 그러므로 우리는 다른 사람의 논증을 평가할 때뿐만 아니라 스스로 논증을 할 때도 논증 평가의 세 가지 기준을 만족시키고 있는지 스스로 물어보는 과정을 거쳐야 설득력 있는 논증을 펼칠 수 있을 것이다. 그리고 다른 사람의 논증을 비판할 때도 비판으로 끝내는 것이 아니라 같은 주장에 더 좋은 근거가 있는지 또는 대안이 가능한지 생각한다면 그것이 곧 논증을 스스로 구성하는 작업이 될 것이다. 논증 평가와 논증 구성은 별개가 아니다.

논리 연습

1. 11~13장 논리 연습에 나오는 논증을 대상으로 논증 평가를 해 보자. 또는 인터넷, 방송, 신문, 광고 따위에서 논증을 찾아 논증 평가를 해 보자.

*2. 다음 명제가 참인가 거짓인가.

(1) 설득력이 있는 논증은 모두 건전한 논증이다.

(2) 상대방의 논증에서 결론을 받아들일 수 없으면 그 논증에 반대해야 한다.

(3) 전제가 결론과 관련이 있다고 하더라도 결론을 충분히 지지하지 못할 수 있다.

(4) 타당한 논증은 건전한 논증이다.

(5) 전제가 실제로 거짓인데도 타당한 논증일 수 있다.

(6) 전제가 실제로 참이고 결론이 개연성이 높게 도출된다면 설득력 있는 논증이다.

(7) 건전한 논증인데 결론이 거짓일 수 있다.

(8) 한 논증의 타당성은 그 논증의 형식보다는 내용에 의존한다.

* 표시된 문제의 정답 및 해설은 500쪽에

15장 시작이 좋아야 끝도 좋다

**논증 평가의 첫 번째 기준:
전제가 받아들일 만한가?**

전제의 수용 가능성

앞서 논증 분석을 연습할 때 전제 하나와 결론 하나로 이루어진 단순한 논증은 그리 많지 않음을 보았다. 또 전제가 몇 개 있더라도 모두 결론을 바로 지지하는 논증도 흔하지 않았다. 많은 논증에서는 결론을 지지하는 전제가 있으면, 그 전제가 왜 참인지 보여 주는 하위 논증이 있으며, 복잡한 논증에서는 이 하위 논증의 전제가 옳다는 것을 보여 주는 하위-하위 논증이 더 있기도 하다. 그러나 '하위-하위 논증, 하위-하위-하위 논증, …' 식으로 끝없이 내려갈 수도 없고 그럴 필요도 없다. 하위 논증은 어디에선가 멈춰야 한다. 어떤 전제는 또 다른 전제의 지지를 받지 않고서 그 자체로 받아들여야만 한다. 이를테면 수학에서 공리의 역할을 하는 전제가 있어야 한다. 그러므로 우리는 더 이상의 하위 논증이 없는 맨 처음의 전제가 받아들일 만한 것인지 따져 보아야 한다. 맨 처음의 전제를 도저히 받아들일 수 없다면 그 전제에서 시작하는 논증이 아무리 훌륭해도 그 논증의 결론을 받아들일 수 없을 것이다.

그러나 전제를 받아들인다고 해서 꼭 그 전제가 참이라고 믿는다고 말할 수는 없다. 전제는 결론을 지지한다는 점만 빼고는 그냥 진술과 다를 바가 없다. 따라서 오만 가지 진술이 전제가 될 수 있다. '눈은 희다.'와 같은 관찰 진술에서부터

부동의 원동자unmoved mover
철학자 아리스토텔레스는 자기 자신은 움직이지 않으면서 모든 천체의 운동을 가능하게 하는 부동의 원동자를 이야기했다. 논증에서 맨 처음의 전제도 부동의 원동자 역할을 하는 셈이다.

Garbage In, Garbage Out.
쓰레기를 넣으면 쓰레기가 나온다는 뜻으로, 정보 기술에서 올바른 정보가 입력되어야 올바른 결괏값이 나온다는 의미로 쓴다. 이와 비슷하게 전제를 받아들일 수 없으면 결론을 받아들일 수 없다.

'까마귀는 모두 까맣다.'와 같은 일반 진술, '사랑은 오묘한 것이다.'와 같은 추상적인 진술, '인간의 생명은 소중하다.'와 같은 가치 평가와 관련된 진술 등 아주 다양하다. 그리고 나의 경험과 생각에서 나온 진술뿐만 아니라 남에게 들은 것이나 상식으로 아는 것도 있다. 따라서 전제가 꼭 참이라고 생각해야만 올바른 논증의 출발점으로 간주하는 것은 아니다. 가령 전제가 다른 이에게 들은 얘기이거나 가치 평가와 관련된 것이라면 꼭 참이 아니더라도 거짓이라고 생각할 강한 이유만 없다면 받아들일 것이다. 앞 장에서 예로 든 동남아 사람에 관한 논증에서 나는 자신이 고용한 동남아 노동자들이 불결하다고 말한 공장 사장의 진술을, 그 경영자가 거짓말쟁이라고 생각할 그럴듯한 이유가 없는 한, 당장은 받아들일 수밖에 없다. 내가 그 공장에서 함께 생활하면서 사실

주유 중에 시동을 끄지 않는 건
불법이다? ▶ #팩트체크 #...
조회수 462회

상추를 먹으면 수면효과가 있
다고? #snu #팩트체크 #일...
조회수 192회

우리나라 공공의료 비중은
OECD 국가 중 꼴찌다? ▶ #...
조회수 155회

퇴근 시간 이후 교육은 근로시
간에 해당한다? 🏢 #팩트체...
조회수 148회

서울대학교 언론정보연구소가 운영하는 'SNU 팩트체크'의 공식 유튜브 채널 캡처. 전제가 참인지 검증하는 작업을 최근에는 '팩트 체크'라고 많이 부른다. 허위 정보에 속으면 개인이나 사회가 손해가 크고 혼란이 오므로, 언론은 물론이고 정부 기관도 팩트 체크를 강조한다. '팩트 체크'는 우리말로 하면 '진실 검증'이나 '사실 확인' 정도가 될 것이다.

은 그들이 불결하지 않다는 것을 입증하기 전까지는 말이다. 그렇다면 나는 그 논증의 전제가 꼭 참이라고 생각하지는 않더라도 받아들인 것이다. 한편 논증의 전제가 실제로 참인지 거짓인지 알 수 없을 때가 많다. 가령 '우리 명품 아파트에 외부인들이 허락 없이 들어올 수 있습니다. 그러니 아파트에 울타리를 쳐야 합니다.'라는 주장에서 전제는 가능성일 뿐이지 실제로 일어난 일은 아니므로 참·거짓을 말할 수 없다. 전제가 참이라고 가정했을 때 결론이 도출된다고 주장하는 것이다. 이래서 전제의 참보다 전제의 **수용 가능성**이 논증 평가의 첫 번째 기준으로 더 적합하다.

전제 수용의 조건

전제의 후보가 될 수 있는 진술의 영역과 종류가 다양한 만큼 어떨 때 전제를 받아들일 만한지 조건을 만든다는 것은 거의 불가능해 보인다. 논리학자들은 아무리 복잡한 논증이더라도 그 논증의 구조, 다시 말해서 전제와 결론 사이의 관계를 설명하는 규칙을 만들었지만, 어떨 때 전제를 받아들일지 결정하는 규칙은 만들지 못했다. 사실 그 규칙이나 조건을 만든다는 것은 상식, 개별 과학, 처세술 등에서 할 일이지 논리적인 관계를 따지는 이 책의 주제와 범위를 넘어서는 일인 것 같다. 그러므로 여기서는 아주 대강의 조건밖에 말할 수 없다. 이제부터 말하는 것은 어떨 때 전제를 받아들일 수 있는지 그 조건이다. 가령 "사형 제도는 폐지되어야 한다."라고 주장할 때 전제 자리에 올 수 있는 것으로, 우리 자신의 경험, 선험적으로 참인 진술, 상식, 증언, 전문가의 의견에 해당하는 진술이 있다. 그것들은 다른 전제의 지지를 받지 않았더라도 좋은 논증의 맨 처음 전제로 받아들일 수 있다.

> **쇠사슬 전체의 힘은 가장 약한 연결 고리에 걸린 힘과 같다.**
> 코난 도일, 『공포의 계곡』 중에서. 전제가 받아들일 수 없는 것이라면 논증은 약한 연결 고리가 있는 쇠사슬처럼 무너지고 만다.

1. 우리 자신의 경험

아무 저항 없이 받아들일 수 있는 대표적인 진술은 내가 직접 경험한 것이다.

① 저 토마토는 빨갛구나. ② 잘 익었네.

이 논증을 분석하면 이렇다.

ⓐ 빨간 토마토는 잘 익었다.

이 논증을 내가 했다면 ①은 당연히 나의 경험에 의한 진술이고 다른 사람이 했다고 하더라도 내가 확인할 수 있다면 역시 나 자신의 경험에 의한 진술이다. 철학자 중에는 경험이 정말로 믿을 만한 것인가 의심하는 사람들^{회의론자}이 있기도 하지만, 우리는 보통 우리의 관찰, 느낌, 기억 등의 경험을 의심하지 않는다. 내가 보고 듣고 느낀 것만큼 확실한 것이 어디 있는가? 그러므로 ①과 같이 경험에 의한 진술은 이 논증에서는 전제로서 받아들일 수 있다. 그러나 개인의 경험은 제한적이므로 한계가 있을 수 있다. 따라서 보편적인 지지를 받아야 하는 논증에서 그것을 전제로 삼으면 성급하거나 편향되기 십상이다(☞ 22장).

> **"내가 해 봐서 아는데."**
> 개인의 경험을 전제로 삼는 전형적인 예이다. 주로 높으신 분이 아랫사람을 닦달할 때 쓰는 말이다.

2. 선험적으로 참인 진술

내가 정약용의 매형을 한 번도 본 적이 없다고 하더라도 '정약용의 매형은 남자이다.'라는 진술을 받아들일 수 있다. '매형'이라는 말에 '남자'라는 의미가 이미 들어 있으므로 '매형'이라는 말만 듣고도 '남자'라는 것을 추론해 낼 수 있는 것이다. 철학자들은 이렇게 그 진술이 참인지 거짓인지 알기 위해서 감각 경험에 의존할 필요가 없는 진술을 **선험적**이라고 부른다. 경험에 의존하지 않고서 어떻게 참인지 알겠는가? 바로 낱말의 의미와 논리적 추론에 의존해서 안다. '정약용의 매형은 남자이다.'라는 진술이 참인지 알기 위해서 정약용이 누구인지 또 정약용의 매형이 누구인지 알 필요도 만나 볼 필요도 전혀 없다. '매형'의 뜻만 이해하고 있으면 된다. 또 '정약용은 실학자이고 실학자는 모두 잘생겼다면 정약용은 잘생겼다.'도 역시 선험적인 진술이다. 정약용이 누구인지 실학자가 뭐 하는 사람인지, 심지어 정약용과 실학자가 사람을 가리키는 말인지 무슨 물건을 가리키는 말인지 전혀 몰라도 이 진술의 구조만 이해할 수 있다면 논리적 추론에 의해 결론이 참인 진술이라는 것을 알 수 있다. 반면에 '정약용은 남자다.'나 '정약용은 실학자다.'처럼 경험에 의해 그것의 참을 확인해야 하는 진술은 **경험적**이라고 한다. 선험적으로 참인 진술의 보기를 몇 개 보자.

- 저 총각은 결혼하지 않았다.
- 저 빨간색 공은 색깔이 있다.
- 지금 밖에는 비가 오거나 안 오거나 할 것이다.
- 모든 고양이는 쥐만 보면 못살게 구는데 고양이 톰은 쥐 제리를 못살게 군다.

사실 선험적 진술은 하나 마나 한 소리인 경우가 많다. '매형'의 뜻을 알고 있는 사람에게 매형이 남자라는 정보는 새로운 것을 알려 주는 것이 전혀 없고, '지금 밖에는 비가 오거나 안 오거나 할 것이다.'라는 진술도 지금 우산을 가지고 가야 할지 말아야 할지 알려 주는 바가 없기 때문이다. 그러나 간혹 매형이나 총각의 뜻에 주의를 기울이지 않고 있거나 '모든 고양이는 쥐만 보면 못살게 구는데 고양이 톰은 쥐 제리를 못살게 군다.'처럼 복잡한 추론인 경우에는 선험적 진술도 도움이 된다.

철학에는 신 존재 증명도 많지만 그것을 비판하는 논증도 많다. 다음 논증은 신의 존재를 부정하는 유명한 논증으로 '악의 문제'라고 부른다.

① 신은 전지전능하다. 그런데 ② 이 세상이 악이 있다는 것을 모른다면 전지하지 않은 것이고, ③ 이 세상의 악을 없앨 수 없다면 전능하지 않은 것이다. ④ 따라서 신은 존재하지 않는다.

ⓐ 전지전능하지 않으면 신이 아니다.

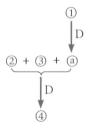

①에서 말한 전지전능은 신을 정의하는 특성이다. 이 논증은 그것에서 시작한다. 중학교 수학 시간에 많이 봤을 다음 논증을 보자. 만약 ABCD가 아래 그림과 같은 사각형이라면 내각의 합은 360°라는 것을 증명하고 있다.

① ABCD가 사각형이라고 하자. ② 삼각형이 두 개 생기도록 ABCD의 마주 보는 각을 연결하여 그림과 같이 대각선을 그리면, 두 삼각형의 내각의 합은 ABCD의 내각의 합과 같다. ③ 삼각형의 내각의 합은 180°이다. ④ 따라서 두 삼각형의 내각의 합은 360°이다. ⑤ 그러므로 ABCD의 내각의 합은 360°이다.

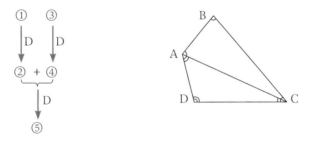

이 논증에서 전제 ③을 보자. 삼각형의 내각의 합이 180°라는 것은 삼각형의 정의에 의한 것이거나 아니면 삼각형의 정의에서 논리적으로 도출되는 성질이다. 따라서 선험적으로 참인 진술이고, 그래서 더 이상의 근거가 필요 없는 전제이다. 선험적으로 참인 진술은 전제에 나오면 언제나 받아들일 만하다. 악의 문제나 이 수학 증명이나 모두 연역임에 주목하라. 전제가 참이면 결론은 반드시 따라 나온다. 그러나 선험적으로 참인 진술은 많지 않고, 있어도 하나 마나 한 말일 가능성이 크다는 한계가 있다.

3. 상식

한 사회의 모든 사람이 또는 대부분의 사람이 받아들이는 지식을 **상식**이라고 한다. 가령 '고양이는 쥐를 잘 잡는다.'라는 진술을 부정하는 사람은 없다.

내가 '고양이'라는 말만 딱 듣고 그 의미에서 이 진술이 참이라는 것을 알게 된 것은 아니다. 경험이 필요하다. 그러나 내가 세상에 있는 고양이를 모두 샅샅이 관찰한 것도 아니다. 우리는 어릴 때 부모의 무릎에서 또 의무 교육 과정에서 이런 사실을 알게 되었다. 따라서 상식에서 생긴 진술은 그것을 받아들이기 위해서 더 이상의 근거를 찾을 필요가 없다. 다음이 우리 사회에서 상식으로 간주할 수 있는 진술이다.

- 이순신 장군은 조선 시대 사람이다.
- 미국은 세계에서 힘이 가장 센 나라이다.
- 달에 처음으로 간 우주선은 아폴로 11호이다.
- 정당한 이유 없이 남을 괴롭히는 것은 옳지 않은 일이다.
- 머리를 감고 말리지 않은 채 찬 바람을 쐬면 감기에 걸린다.

우리는 왜 논증을 하는가? 누구나 다 받아들이는 상식을 결론으로 주장하는 사람은 없다. 바로 당연하게 받아들이는 상식을 전제로 해서 당연하다고 생각하지 않는 다소 놀라운 결론을 남에게 설득하려고 하는 것이다. 다음 논증이 그런 보기이다.

① 모든 개인은 자신의 소유물에 대해서 불가침의 권리를 갖는다. ② 그리고 이 권리에는 자신의 소유물을 마음대로 처분할 수 있는 권리도 포함된다. ③ 나의 몸은 나의 소유물이다. ④ 따라서 나는 나의 몸을 마음대로 처분할 수 있는, 즉 자살할 수 있는 권리를 가지고 있다. ⑤ 따라서 일반적으로 자살 행위를 비난해서는 안 된다.

ⓐ 내가 내 권리를 행사하는 것을 비난해서는 안 된다.

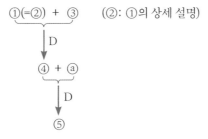

②는 ①을 구체적으로 설명한 것이다. 이 논증의 전제인 ①(=②)과 ③은 많은 사람이 동의할 상식인 것 같다. 거기에서 얼른 받아들이기 힘든 ⑤가 결론으로 나온다. 만약 ①과 ③이 정말로 틀렸다고 생각하기 힘든 상식이라면 이 논증을 비판하기 위해서는 다른 기준으로 비판

해야 한다.

어느 시대에 사느냐 또는 어디에 사느냐에 따라 누구에게는 상식인 것이 누구에게는 상식이 아닐 수 있다는 것 자체가 하나의 상식이다. 예컨대 고양이가 없고 다른 사회와 교류가 없는 지역에서는 '고양이는 쥐를 잘 잡는다.'는 상식이 아니고, '미국은 세계에서 힘이 가장 센 나라이다.'는 200여 년 전에는 상식이 아니었다. 그리고 앞의 논증에서도 전제 ③이 상식이 아닐 수 있다. 유교적 전통에서는 몸과 머리털과 피부는 부모에게서 받은 것^{신체발부 수지부모}이니 이를 감히 상하게 하지 않음이 효의 시작이라고 생각해서 나의 몸은 나의 완벽한 소유물이 아니었고, 서양의 크리스트교 전통에서도 나의 몸은 신의 재산이고 나는 잠시 맡아서 가지고 있는 것뿐이라고 생각했다. 그러나 논증을 펼치는 사람이나 논증을 듣는 사람은 같은 시대, 같은 지역에 사는 사람일 때가 많다. 그럴 때는 무엇이 상식인지 사회적 맥락에서 서로 간에 합의가 되고 있을 것이다. 그리고 우리가 책에서 과거의 글을 읽거나 다른 문화 사람과 만날 때는 그 시대와 그 문화의 상식이 무엇인지 미리 이해하고 있어야 할 것이다. 만약 한 사람은 상식으로 간주하고 그 전제에서 논증을 시작했는데 다른 사람이 그 전제에 동의하지 않을 때 그 의문 제기가 정당하다면, 당연히 그 전제를 지지하는 하위 논증이 필요할 것

> "당신의 상식은 세상의 상식이 아닙니다."
> 인터넷 유행어
>
> "어디에서 읽었든 누가 말했든 당신의 이성과 상식에 맞지 않는 한 아무것도 믿지 마십시오."
> 석가모니

이다. 그리고 2장과 11장에서 자신이 또는 상대방이 상식이라고 생각한 것이 과연 의심의 여지가 없는지 항상 반성해 보는 것이 논리적 사고라고 말했는데, 이는 다시 강조해도 지나치지 않다.

4. 증언

우리는 스스로 얻은 경험과 널리 알려져 있는 상식만으로 자신의 지식 체계를 쌓아 갈 수 없다. 다른 사람에게 들은 말이나 책·방송·신문·잡지·인터넷 따위의 매체에서 읽고 들은 말을 통해 지식을 넓혀 간다. 다른 사람 또는 매체에서 들은 말을 **증언**이라고 하고 증언이 전제로 나오면 그 전제는 받아들일 만하다고 본다. '증언'이라고 하니까 법률 용어처럼 들리는데, 꼭 법정이 아니라도 사실을 증명하거나 증거가 되는 말을 증언이라고 한다. 사실 우리는 증언에 의존하지 않고서는 하루도 살아갈 수 없다. 처음 찾아가는 길을 지도 앱 없이 갈 수 없고, 오늘 비가 올 것이라는 방송의 일기 예보를 듣고도 우산 없이 외출했다가는 낭패를 보기 십상이고, 어디 음식점이 맛집이라는 맛집 블로거의 말을 믿고 거기에 가 본다.

그런데 다른 사람 또는 매체의 말을 언제나 믿는가? 서울에 다녀온 시골 사람이 역시 시골 사람인 나에게 다음과 같이 말했다고 하자.

■ 남대문을 봤는데 문턱이 있더라.

친구의 이 말을 믿고 남대문에는 문턱이 있다는 것을 받아들여야

유현목 감독, 구봉서 주연의 영화 〈수학여행〉[1969]. 섬마을 어린이들이 서울로 수학여행을 가는 내용을 담은 이 영화에서 어린이들이 남대문숭례문에 문턱이 있느냐 없느냐를 가지고 다투는 장면이 나온다. 직접 경험해 보지 않은 사람의 목소리가 더 크다는 것을 말할 때 서울에 가 본 적이 없는 사람이 남대문에 문턱이 있다고 우긴다는 예를 든다.

하는가? 아니면 믿어서는 안 되는가? 그것을 결정하기 위해서는 여러 가지 기준이 필요할 것이다.

첫째, 친구의 관찰이 정상적인 조건에서 이루어졌는가? 다시 말해서, 친구는 술을 먹은 상태에서 남대문을 보지 않았는가? 또 복잡한 교통 때문에 남대문에 가까이 갈 수 없는 상태에서 불완전하게 보지는 않았는가? 만약 그렇다면 친구의 말은 증언으로 제구실을 못할 것이다.

둘째, 그 친구는 믿을 만한 사람인가? 평소에 허풍이 심하거나 남을 잘 속이는 친구인가? 아니면 거짓 없고 진지한 사람인가? 증언하는 사람이 신용이 있다면 그 사람 말이 참이라는 근거를 또다시 찾을 필요 없이 그냥 받아들일 것이다.

셋째, 그 친구는 편견이 없는 사람인가? 이 기준은 약한 의미와 강한 의미로 나누어 생각해 볼 수 있다. 약한 의미는 그 친구가 문제되는 상황을 오해했는가 하는 것이다. 곧 친구는 문턱의 개념을 잘못 이해하고 있거나 그것은 잘 이해하지만 남대문의 다른 구조물을 문턱이라고 잘못 해석할 수도 있다. 이 친구가 평소에 그런 오해가 잦거나 정황으로 봐서 오해했을 것 같으면 증언은 더 이상의 근거 없이 받아들이기 힘들다. 강한 의미의 편견은 시골 친구가 한 증언의 경우에는 별로 상관이 없다. 남대문에 문턱이 있고 없고는 사실 확인의 문제이므로, 증언한 친구가 믿을 만하고 관찰 조건이 정상적이었는지 그리고 개념과 상황에 오해가 있었는지만 확인하면 된다. 그러나 가치 평가가 끼어드는 증언의 경우에는 증언하는 이가 편견이 있는지 없는지까지 검토해야 한다. 앞 장에서 보기로 든 동남아 사람에 관한 논증을 생각해 보자.

■ 저 친구들은 정말 불결하다. 나는 동남아 사람들이 정말로 불결하다고 생각하지 않을 수 없다.

사장이 이런 논증을 한다면 "저 친구들은 정말 불결하다."라는 전제는 증언의 역할을 하고 있다. 앞 장에서는 이것은 사장이 직접 경험한 것이므로 사실 확인을 미루고 받아들일 수밖에 없다고 말했다. 그러나 어떤 사람이 청결한지 불결한지 판단하는 것은 순수하게 사실 확인의 문제라고 볼 수만은 없다. 똑같은 행동도 어떤 선입견을 가지고 있느냐에 따라 청결하다고 볼 수도 있고 불결하다고 볼 수 있기 때문이다(선입견에 대해서는 22장을 보라). 예시로 들었던 웹툰 〈동재네 식구들〉의 딸처럼 '불결하다'를 물리적으로 깨끗하지 못하다는 뜻이 아니라 혐오스럽다는 뜻으로 쓰는 때가 많다. 따라서 이 논증을 편 공장 사장이 평소에 민족·지역·성별 등에 편견을 보이는 성향이 있었다면 사장의 증언이 편견에 사로잡힌 결과가 아니라는 것을 보여 주는 또 다른 근거가 필요하다.

넷째, 내가 가지고 있는 다른 지식과 어긋나지 않는가? 내가 본 적이 있는 수원의 팔달문은 문턱이 없었는데 남대문은 문턱이 있다는 것은 뭔가 이상하지 않은가? 증언이 나의 상식 또는 다른 지식과 모순된다면 증언이 그것보다 우세하다는 또 다른 근거가 있어야 할 것이지만, 일관성이 있다면 그것을 받아들일 것이다.

이상은 한 개인의 증언에 대한 기준으로서 설명했지만, 매체(신문·방송·인터넷·잡지 따위)의 증언에도 똑같이 적용된다. 특히 평판이 좋은 매체에서 나온 증언은 우리가 그대로 믿겠지만, 과거에 오보와 왜곡 보도를 일삼은 매체에서 나온 증언이라면 일단 의심할 것이다. 특히 인터넷은 워낙 다양한 사람들이 정보를 올리는 곳이라, 인터넷에서 얻은 정보는 그 근거가 아주 확실하지 않은 이상 그 신뢰성을 의심해 보아야 한다. 더 문제는 출처가 알려지지 않아 신뢰성을 살펴볼 수도 없을 때인데, 이때는 일단 의심해야 한다. 이상과 같은 기준을 종합해 볼 때 시골

누구나 편집할 수 있는 인터넷 백과사전을 위키[wiki]라고 하며, 그중 위키피디아가 대표적이다. 위키 백과사전을 참조하면 스스로 검색하지 않아도 되므로 편리하지만, 신뢰성을 담보할 수 없다. 따라서 공신력이 요구될 때는 참조해서는 안 되고, 게시글에 올려 있는 출처를 다시 한번 검증해야 할 것이다.

친구의 증언을 듣고 그 말을 믿는 논증은 사실은 많은 숨은 전제가 있어야 하는 복잡한 논증이다.

① 내 친구가 남대문을 봤는데 문턱이 있었다.

② 따라서 남대문에는 문턱이 있다.

ⓐ 내 친구의 관찰은 정상적인 조건에서 이루어졌다.

ⓑ 내 친구는 믿을 만하다.

ⓒ 내 친구는 편견이 없다.

ⓓ 내 친구의 말은 내가 가지고 있는 다른 지식과 어긋나지 않는다.

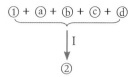

①과 ⓐ~ⓓ는 +로 이어져 있음에 주목하라. 곧 그중에 하나만 만족시키지 못해도 ①은 ②의 지지 근거가 되지 못하는 것이다.

5. 전문가의 의견

전문가의 의견을 전제로 받아들이는 것은 방금 살펴본 증언을 전제로 받아들이는 것과 비슷하다. 우리는 전문가의 의견이 정상적인 관찰에서 생긴 것이고 나의 지식 체계와 어긋나지 않을 것이며 전문가는 믿을 만한 사람이며 편견이 없을 것이라고 가정한다. 그런데 왜 전문가의 의견과 증언을 굳이 구분하는가 하면, 중요한 차이점은 전문가의 의견은 전문 지식의 영역에 있다는 것이다. 전문 지식의 영역에 관한 전문가의 의견이 전제로 나왔다면 그 전제는 받아들일 만한 것으로 간주한다. 반면에 전문 지식이 아니어도 얼마든지 증언은 할 수 있다. 하긴 나에게 일어난 일에 나만큼의 전문가가 어디 있겠는가?

> **뇌피셜·지피셜·오피셜**
> '뇌피셜'은 '오피셜'에 '뇌'가 붙어 생긴 유행어로, 자기 혼자만의 생각이라는 뜻이다. 여기서 파생된 유행어로 '지피셜'도 있는데, 이것은 지인에게 들은 의견으로 증언에 해당할 것이다. 오피셜이 공식 의견이라는 뜻이니 전문가의 의견에 해당한다. 당연한 말이지만 뇌피셜, 지피셜, 오피셜로 갈수록 신뢰도가 높아진다.

전문 지식이란 전문가가 공동의 패러다임을 사용하여 확립한 지식의 체계를 말한다. 이미 확립된 지식 체계가 있으므로 전문가들 사이에는 동의가 이루어진 부분이 상당하다. 그러므로 그것을 공유하는 전문가를 권위로서 인정하고 그 의견을 받아들일 수밖에 없는 것이다. 다음 진술을 의사가 했다고 하자.

> ■ 승모판 협착증이 계속 진행되면 뇌졸중의 원인인 심장 부정맥이 발생하고 맥박이 불규칙해진다.

우리는 오랜 교육과 훈련 끝에 얻은 의사라는 자격증에 권위를 부여하여 이 진술을 그대로 받아들인다. 의학은 확립된 지식의 체계가 있고 그 분야에서 권위자가 누구인지 평가할 수 있는 대체로 인정된 절차가 있기 때문이다. 사실 질병에 대해서 의사의 말 말고 누구의 말을 신뢰하겠는가?

> 의사가 하라는 대로 하면 오래 살지만, 의사가 하는 대로 하면 오래 못 산다.
> 떠도는 말. 그래서 '훌륭한 의사는 자신의 처방을 따른다.'라는 영어 속담이 있다.

> **약은 약사에게 진료는 의사에게**
> 약을 처방하는 의사의 업무와 처방된 약물을 제공하는 약사의 업무를 구분하는 의약 분업 제도가 2000년부터 시행 중이다. 그 이전에는 무분별한 투약을 막기 위해 의사와 약사가 각 분야에서 전문가임을 강조하는 표어가 있었다.

전문가의 의견을 듣고 그것이 받아들일 만한 전제라고 생각하는 것은 다음과 같은 구조로 되어 있다.

① x가 P라고 말했다.

② 따라서 P이다.

ⓔ x는 A 영역에서 전문가이다(그리고 다른 영역에서는 전문가가 아니다).

ⓕ P는 A 영역의 진술이다.

전문가의 의견을 더 이상의 근거 없이 받아들일 수 있기 위해서는 증언에서 말한 네 가지 기준(ⓐ~ⓓ)은 기본으로 만족시켜야 한다. 그런 기준을 만족시키지 않는다면 애초에 전문가라는 권위도 부여하지 않았을 것이므로 ⓔ와 상치될 것이다. 전문가의 의견이 권위로서 인정받기 위해서는 그 기준을 만족시키는 것 말고도 조심할 것이 더 있다. 그것이 무엇이냐면, 전문가의 의견이라고 하더라도 그 의견이 전문가의 전문 지식 영역 안에 있을 때만 권위로서 인정된다는 것이다(ⓕ). 이 조건까지 만족되면 우리는 **권위에 호소해서** ②를 받아들일 수 있게 된다.

그런데 x가 사실은 다른 영역의 전문가인데 A 영역의 전문가라고 착각하거나 또 P가 다른 영역의 진술인데 A 영역의 진술인 것으로 오해할 수도 있다. 그럴 때는 정당한 권위에 호소한 것이 아니므로 ②를 받아들일 수 없다. 인체의 질병은 의사의 전문 지식 영역에 해당하므로 그것에 대해서는 전문가의 의견이 될 수 있지만, 사회 병리 현상에 대한 의사의 발언은 그렇지 못하다. 우리는 광고에서 인기 연예인이 출연하여 특정 상품의 모델이 되는 것을 종종 볼 수 있다. 이것은 연예인의 매력과 명성을 광고에 이용하려는 것인데, 일반적으로 연예인은 우리와 다를 바 없는 상품의 소비자일 뿐이지 그 상품의 전문가일 수는 없다. 이것은 16장에서 '부적합한 권위에의 호소'란 오류로 다시 설명하겠다.

권위에 호소할 때 한 가지 더 조심해야 할 것은 이 논증은 귀납 논증이라는 사실이다. 따라서 아무리 권위 있는 전문가의 진술이라고 해도 틀릴 가능성이 조금이라도 있다는 사실을 염두에 두고 있어야 한다. 원숭이도 나무에서 떨어질 때가 있지 않은가? 따라서 정말 신중하게 받아들여야 하는 전제라면 증언에서 말한 네 가지 기준이 제대로 갖추어졌는지 다시 한번 확인해야 할 것이다. 부주의·공모·부정 등이 있었는지 말이다.

> "전문가란 매우 협소한 분야에서 저지를 수 있는 모든 실수를 저질러 본 사람이다."
> 닐스 보어1885-1962, 양자 역학의 토대를 쌓은 덴마크의 물리학자

1. 인터넷, 방송, 신문, 광고 따위에서 논증을 찾아 논증의 전제를 받아들일 만한지 판단해 보라.

*2. 다음 진술이 논증의 맨 처음 전제로 받아들일 만한지 판단하라. 만약 받아들일 만하다면 우리 자신의 경험·선험적으로 참인 진술·상식·증언·전문가의 의견 중 어디에 해당하는지 말하라. 그리고 받아들이기 어렵다면 그 이유를 말하라.

(1) 옥이 건강에 좋은 것은 증명되었습니다.

- 옥매트 판매 광고에서 어느 유명한 의사가

(2) 지금 상황에서 투수가 선택할 수 있는 건 직구 아니면 변화구거든요. 제 말이 맞죠?

- 어느 야구 해설가가

(3) 탤런트 한송이하고 가수 조우람이 사귄대.

- 어느 인터넷 게시판을 읽고

(4) 이 차는 아주 쌩쌩해요. 앞으로 십 년은 더 탈 수 있어요.

- 처음 만난 중고차 판매인의 말

(5) 예방 접종을 하지 않아도 병에 걸리지 않는다. 그리고 예방 접종 의무는 백신을 생산하는 제약 회사가 돈을 벌기 위해 꾸민 일이다.

- 어느 산부인과 의사가

(6) 홈스는 대답 대신 모자를 머리 위에 올려놓았다. 그러자 모자는 이마를 완전히 가리고 코끝에 와서 닿았다. "이렇게 머리가 커다란 사람이라면, 그 속에 든 것도 상당할 거야."

-코난 도일, 『푸른 홍옥』 중에서

(7) 스웨덴에서 발생한 성폭력의 92%가 이슬람 난민에 의한 것이고 피해자 절반이 아동이다.

- 출처 없이 SNS에 올라온 글

(8) 130만 명의 건강 보험 빅 데이터를 바탕으로 19년간 질병 발생을 추적한 결과, 남성은 비흡연자에 비해 흡연자의 질병 발생 위험도가 후두암의 경우 6.5배, 폐암 4.6배, 식도암 3.6배로 더 높았고, 여성은 후두암 5.5배, 췌장암 3.6배, 결장암은 2.9배 더 높은 것으로 분석되었다. 또한 흡연이 해당 질환의 발생에 기여하는 위험도를 분석한 결과 남성의 경우 후두암의 79.0%, 폐암의 71.7%, 식도암의 63.9%가 흡연으로 인해 발생한 것으로 분석되었다.

- 국민 건강 보험 공단, 「건강 보험 빅 데이터를 활용한 흡연의 건강 영향 분석 및 의료비 부담」[2013] 중에서

* 표시된 문제의 정답 및 해설은 501쪽에

16장   아이유가 선전하는 건데

부적합한 권위에의 호소

오류란 무엇인가?

논증 평가의 세 가지 기준을 만족시키지 못하는 논증은 나쁜 논증, 곧 오류 논증이라고 했다. 오류 논증은 전제가 받아들일 만하지 못하다든가, 전제가 결론과 관련이 없다든가, 전제가 결론을 충분히 지지해 주지 못할 때 생긴다. 그런데 우리가 접하는 논증 중에서 잘못된 논증들은 쌔고 쌨다. 기원전 4세기 아리스토텔레스부터 논리학자들은 언뜻 보면 맞는 논증 같은데 사실은 잘못된 논증이고, 자주 저지르고, 전형적인 것들을 따로 뽑아서 이름을 붙였다. 그래서 우리는 많은 논리학 교과서나 관련 도서에서 무슨 무슨 오류라는 이름이 붙은 오류들을 본다. 그러나 사실은 누가 봐도 명백히 잘못인 논증이기에 별로 주목할 가치가 없어서 이름을 붙이지 않는 논증도 역시 오류 논증은 오류 논증이다. 다만 그런 무명 오류들은 굳이 왜 잘못된 논증인가 이름까지 붙여 가며 설명하지 않아도 합리적인 사람이라면 알 수 있으므로 무시하는 것뿐이다. "오늘 비가 오네요. 그러니까 미국의 서울은 런던이에요."처럼 얼토당토않은 진술이 왜 잘못인지 굳이 설명할 필요는 없는 것이다. 가장 흔한 오류는 무슨 주장을 하면서 아무 근거도 제시하지 않는 것이다. 그러나 이름 같은 것은 없다. '무전제의 오류'라고 불러야 할까?

논리학자들은 잘못된 논증을 유형별로 정리하면 비슷한 유형의 실수를 막기 위한 교육적인 효과가 있다고 생각했다. 논증을 잘하기 위해서는 좋은 논증만 보는 것보다 잘못된 논증을 보는 것도 도움이 되지 않겠는가? 그래야 그것을 타산지석으로 삼아 비슷한 잘못을 피하려고 노력할 것이다. 이 책에서도 오류 논증 중에서 논증 평가와 관련해서 중요한 것들을 논증 평가 기준별로 분류하여 몇 가지 살펴보기로 한다. 전제가 받아들일 만하지 못할 때 생기는 **수용 가능성의 오류**, 전제가 결론과 관련이 없을 때 생기는 **관련성의 오류**, 전제가 결론을 충분히 지지해 주지 못할 때 생기는 **불충분성의 오류**가 그것이다.

몇몇 논리학과 논술 교과서들은 대단히 많은 종류의 오류를 소개한다(김광수 교수의 『논리와 비판적 사고』에는 49개, 하병학 교수의 『토론과 설득을 위한 우리들의 논리』에는 38개, 에드워드 데이머의 『논리의 오류』에는 58개의 오류가 제시되어 있다). 그러나 논증을 평가하는 것보다 오류의 이름을 외우는 것이 더 중요한 목표라면 앞뒤가 뒤바뀐 꼴이다. 「사랑은 오류」라는 제목의 재미있는 소설도 있지만, 솔직히 '성급한 일반화의 오류'니 '사람에게 호소하는 오류'니 하는 오류의 이름을 거론하는 것은 재미있기도 하고 박식해 보이기도 한다. 그리고 여러 오류의 유형을 기억하면 확실히 비슷한 오류를 피할 수 있으므로 논증을 잘하는 데도 도움이 될 것이다. 그러나 우리의 본디 목적은 어떤 논증을 받아들일 것인지 물리칠 것인지 평가하는 것이다. 논증에서 어디가 잘못되었는지 안다면 그것이 무슨 이름의 오류인지 아는 것은 그리 중요한 일이 아니다. 논증의 어느 부분에 잘못이 있고 왜 그런지를 논증 평가의 세 가지 기준 차원에서 설명할 수 있는 것이 우선 중요하다. 가령 이 논증은 결론과 관련이 없는 전제가 제시되어 있으므로 논증 평가의 두 번째 기준을 어겨서 잘못된 논증이라는 식으로 지적할 수 있으면 충분하다. 의사라면 환자의 어디가 아픈지 알면서도 구체적인 병명을 모른 채 진료하지는 않는다. 환자는 "눈에 뭐가 났어요."라고 말해도 되지만 그 말을 들은 의사가 차트에 '눈에 뭐가 났음.'이라고 쓰지 않는다. 정 모르겠으면 '원인 불명'이라고 쓰지. 그러나 논증의 병리 현상이라 할 수 있는 오류 논증의 경우에는 이 논증에서 어느 부분에 문제가 있다고 지적할 수 있으면 충분하다. 물론 거기에 구체적인 오류의 이름을 붙일 수 있다면 금상첨화이겠지만 논증 평가를 위해 필수적인 과정은 아니다. 이 책에서는 논증을 평가한다는 본디 목적의 취지에 맞추어 꼭 필요한 오류만을 소개하겠다.

따라서 오류를 학습할 때는 오류만을 따로 공부할 것이 아니라 논증을 평가하는 과정에서 그 부산물로 공부하는 것이 올바른 방법일 것이다. 이 점은 다시 한번 강조해도 지나치지 않은데, 오류만을 따로 공부하다 보면 그 오류의 형식을 외우게 되고 그 형식에 맞으면 무조건 오류로 간주하는 잘못을 저지를 수 있기 때문이다. 관련성의 오류 중하나인 사람에게 호소하는 오류를 예로 들어 보자. 이 오류는, 나중에 자세하게 설명하겠지만, 논증의 주장보다는 그 주장을 하는 사람의 특성에 의존할 때 생긴다. 이 오류를 논증 평가의 과정에서 배우지 않고 따로 배운다면 주장하는 사람의 특성에 의존하는 논증은 모두 사람에게 호소하는 오류로 몰게 된다. 그러나 주장하는 사람의 특성이 논증의 주장과 관련이 있을 때는 오류가 아니다. 사람의 특성이 주장의 내용과 관련이 있는지 없는지 살펴봐서 관련이 없을 때 오류라고 단정을 내려야지, 사람의 특성에 의존하고 있다고 해서 무조건 오류라는 딱지를 붙여서는 안 된다. 이 점을 주의하지 않으면 멀쩡한 사람에게 무슨 병에 걸렸다고 진단을 내리는 돌팔이 의사처럼 설득력 있는 논증을 오류라고 판정하는 잘못을 저지르게 된다. 오류 논증을 오류인지 모르고 받아들이는 사람도 오류를 저지르는 것이고, 설득력 있는 논증을 오류라고 물리치는 사람도 오류를 저지르는 것이다. 이런 잘못을 저지르지 않으려면 오류는 반드시 논증 평가의 일환으로 가르치고 배워야 할 것이다.

오류에 관해 또 주의할 것은 똑같은 주장이 어떤 상황에서 이루어졌느냐는 맥락에 따라 오류가 되기도 하고 설득력 있는 논증이 되기도 한다는 사실이다. 따라서 어떤 논증이 오류가 되는 형식만 봐서는 안 되고 그 논증이 제기되는 구체적인 상황에 주목해야 한다. 이 점은 각 오류를 설명할 때 구체적인 사례를 들어 지적하겠다.

지금부터 소개하려는 오류 논증은 논증 평가의 첫 번째 기준인 전제가 받아들일 만해야 한다는 기준을 만족시키지 못할 때 생기는 것들이다. 앞 장에서 전제 수용의 조건 다섯 가지를 이야기했는데 전제가 그 조건들을 명백히 어겼을 때는 그 논증이 설득력 있다고 생각하지 않는다. 그런 경우에는 대부분 위에서 말한 것처럼 그냥 전제를 받아들일 수 없다고 하거나 전제가 의심스럽다고 말하면 되고 굳이 이름을 붙일 필요는 없다. 그런데 몇몇 경우에는 무슨 무슨 오류라고 이름을 붙인 경우가 있다. 그중 세 가지를 살펴보자. (8장에 나오는 애매어의 오류도 수

컴퓨터를 하다 에러가 발생하면 오류 메시지가 바로 뜬다. 하지만 논증에 오류가 있는지 없는지 밝히는 것은 쉬운 일이 아니다.

용 가능성의 오류에 포함할 수 있다. 부적합한 권위에의 호소는 전제의 수용 가능성과 관련된 오류로 볼 수도 있지만 전제의 관련성과 관련된 오류로 볼 수도 있다. 그러나 이 책에서는 바로 앞 장인 15장에서 전제 수용 조건의 하나로 전문가의 견해가 나왔다는 편의 때문에 전제의 수용 가능성과 관련된 오류로 취급하겠다.)

부적합한 권위에의 호소

정당한 권위에 호소하는 것 자체는 오류가 아니다. 앞 장에서 설명한 것처럼 전문가의 권위에 기대어 특정 진술을 받아들이는 것은 문제 될 것이 없고 오히려 적극 권장할 일이기 때문이다. 그러나 첫째, 전문가가 아닌 사람의 전문 영역에 대한 진술을 그대로 받아들인다든가, 둘째, 전문가는 맞지만 자신의 전문 영역이 아닌 분야에 대한 진술을 받아들이는 것은 잘못이다. 이런 종류의 잘못은 **부적합한 권위에의 호소**라고 부른다. 적합한 권위에의 호소는 문제가 없지만 그 권위가 '부적합할' 때 문제가 되는 것이다. 첫 번째 종류의 보기는 어린이들한테나 볼 수 있지 성숙한 어른들에게서는 쉽게 찾아볼 수 없다.

■ UFO는 있어. 우리 삼촌이 있다고 했어. 우리 삼촌은 대학생이야.

어린이들끼리 논쟁하는 것을 보면 한참 싸우다가 아빠나 삼촌이나 선생님처럼 어른을 끌어들이는 쪽이 이기는 것을 종종 볼 수 있다. 중병에 걸렸는데 병원에 가지 않고 무당에게 굿을 받는 사람을 생각해 보자. 무당은 전문가가 아닌 사람일까 아니면 다른 영역의 전문가일 뿐일까? 만약 전자라면 무당에게 굿을 받은 사람은 성숙하지 않은 어른일 것이다. 두 번째 종류의 잘못은 이런 것이다.

■ 너는 아리스토텔레스가 불을 제외한 모든 원소는 무게가 있다고 확언하고 있는 것을 알면서도 공기도 무게가 있다는 것을 의심하고 있는 거냐?

아리스토텔레스는 유명한 철학자이고 또 고대 그리스에서는 유명한 과학자였지만 지금 기준으로는 과학에 관한 권위자라고 인정하기는 어렵다. 그러나 아리스토텔레스라는 권위에 주눅부터 들어 합리적인 판단이 흐려지기 쉽다.

우리는 광고에서 인기 연예인이나 스포츠 스타와 같은 유명인(흔히 '셀러브리티celebrity'를 줄여 '셀럽'이라고 한다)이 출연하여 특정 상품의 모델이 되는 것을 종종 볼 수 있다. 이것은 연예인이나 스포츠 스타의 매력과 명성을 광고에 이용하려는 것인데, 일반적으로 그들은 우리와 똑같이 상품의 소비자일 뿐이지 그 상품의 전문가일 수는 없다. 우리는 아이유가 선전하는 음료수니까 맛있고 김연아가 선전하는 금융 회사니까 믿을 만할 것이라고 무의식적으로 생각하고 그 상품을 고른다. 그러나 아이유나 김연아는 음료수나 금융 회사에 대해 전혀 전문가가 아니고 우리와 같은 위치의 소비자일 뿐이다. 적어도 그 상품에 대해서는 그들이 주는 정보에 아무런 정당한 권위도 인정할 수 없는 것이다. 이것이 가장 흔하게 볼 수 있는 부적합한 권위에의 호소 사례이다.

광고의 논리학

광고주는 김연아의 스포츠 스타로서의 명성과 국민 여동생의 이미지를 보고 수억 원의 모델료를 주고 광고 모델로 영입하며, 광고 속에서 그 이미지를 브랜드에 이식한다. 소비자들은 부지불식간에 김연아의 이미지를 그 브랜드에까지 부여하며 이는 소비로 이어지게 된다. 김연아나 아이유와 같은 인기 광고 모델은 누구도 모방할 수 없는 자신만의 독특한 이미지로 브랜드의 이미지를 개선하거나 강화하는 데 활용되고 있다. 그러나 우리는 그 브랜드의 상품을 보면서 단순히 광고 모델의 이미지만 전달받는 것이 아니라 스타로서의 명성까지 그 상품의 질에 이식하기 때문에 이런 광고가 부적합한 권위에 호소하고 있는 것은 아닌지 조심스럽게 지켜봐야 할 것이다.

그러나 어떤 광고가 부적합한 권위에 호소하고 있는지 아닌지 분간하기는 그리 쉬운 일이 아니다. 어디까지 전문가로 인정해야 할 것인가, 그 광고가 말하려고 하는 것이 무엇인가 등 여러 가지 상황을 종합적으로 고려해서 판단해야 하기 때문이다. "써 보니까 좋더라."라는 식의 이른바 '증언식 광고'의 방법은 몇 가지가 있다. 먼저 관련 있는 전문가나 기관이 등장하여 증언하는 광고이다. 헬리코박터 파일로리균을 세계 최초로 발견한 배리 마셜 박사가 직접 출연하여 제품의 효능을 강조하는 발효유 광고나 무슨 무슨 연구소에서 인증했다는 광고가 여기에 해당할 것이다. 이런 광고는 등장하는 전문가나 기관의 양심을 의심하지 않는다면 부적합한 권위의 의심에서 일단 벗어날 수 있다.

두 번째는 앞에서 말한 것처럼 셀럽이 등장하는 경우이다. 세 번째

마셜 박사가 직접 출연해 제품의 효능을 강조했던 발효유 광고의 한 장면. 마셜 박사는 광고 출현 후 관련 연구로 노벨상을 받아 권위와 양심 모두 인정받았다.

는 우리와 같은 일반인이 직접 출연하여 증언하는 경우이다. 떡볶이집 주인이 "며느리도 몰라."라고 말하는 고추장 광고가 그런 사례이다. 이런 일반인은 전문가나 유명 모델보다 인지도는 낮지만 이들이 말하는 메시지를 소비자가 쉽게 받아들이고 공감할 수 있다는 점에서 설득력이 있다. 그러나 우리가 어떤 상품을 구매하고자 할 때 어떻게 결정하는 것이 합리적이라고 할 수 있는가? 그 제품에 대해 전문가라고 할 수 있는 사람과 기관의 검증이나 추천 결과를 보고 구매하는 것만이 합리적인 행위인가, 아니면 주위 사람들이 써 보니까 좋더라는 전언傳言을 듣고 구매하는 것도 역시 합리적인 행위인가? 만약 전자만이 합리적 소비 행위라면 일반인의 증언식 광고는 부적합한 권위에 호소하고 있다고 볼 수 있을 것이다.

특정 분야의 전문가가 자신의 전문 지식이 아닌 영역에 대해 발언하는 것은 한 분야의 권위를 다른 분야로 확장해 가고 싶어 하는 욕심 때문이다. 상품 광고를 하는 유명인이나 인류의 미래에 대해 발언하는 과학자는 자신의 영역에서 얻은 영향력을 다른 영역에까지 뻗치고 싶어 하고 우리는 흔히 그것을 인정하고 만다. 부적합한 권위에 호소하는 것을 피하기 위해서는 발언하는 사람이 그 분야의 전문가인지 아닌지 확인하는 수밖에 없다. 권위를 세우려고 하는 영역이 분명히 전문 지식의 범위 밖에 있는 것이라면 부당한 권위라는 것을 판단하기가 그리 어렵지 않다. 그러나 가령 의사에게 다음과 같은 문제는 전문 지식의 영역에 속하는가? '태아는 인간인가?' '뇌사는 죽음으로 인정해야 하는가?' '의약 분업은 옳은가?' 앞 장에서 전문 지식이란 확립된 지식이고 전문가 사이에 동의가 이루어져 있다고 말했다. 그러나 애석하게도 이런 주제들은 순수하게 의학의 영역에 있다고 말할 수 없다. 언제부터 인간이라고 해야 하는가, 그리고 생명이란 무엇인가 하는 문제는 의학적 고려와 함께 철학 또는 법학적인 성찰이 반드시 필요한 문제다. 그런데 더 어려운 것은 그 문제들이 철학과 법학의 전문 영역에 속하기도 하지만, 거기서는 철학자와 법학자 들 사이에서 통합된 의견은 없다는 실정이다. 사실 철학의 지식은 의학의 지식과 달리 인간과 생명의 문제 외에도 서로 간에 동의가 이루어져 확립된 지식이란 게 많지 않다. 법률은 합의된 결과 같아도 법학자들을 비롯한 사회적 논의를 거쳐 계속

해서 바뀐다. 앞에서 전문 지식이란 전문가가 공동의 패러다임을 사용하여 확립된 지식의 체계라고 말한 것을 되새겨 본다면 인간이나 생명을 주제로 한 영역에서 전문가를 찾기는 힘들다. 한편 의약 분업의 문제도 의학적인 판단 외에 행정·사회복지 등의 고려가 함께 이루어져야 하는 복잡한 영역에 속한다. 또 의약 분업의 시행 여부에 따라 의사들의 이해관계가 달라지기 때문에 편견이 없어야 한다는 기준을 어기기 쉽다. 이와 같은 이유 때문에 이 주제들에 대한 의사들의 의견은 전문가의 의견으로 받아들일 수 없다. 그리고 방금 언급한 주제들은 여러 전문가의 의견이 비슷한 무게로 경쟁한다. 그중 어느 하나를 권위로 받아들일 수는 없는 것이다. 요약하면 부적합한 권위에의 호소는 앞 장에서 전문가의 의견을 받아들일 수 있는 기준으로 말한 것 중 ⓒ와 ⓕ를 만족하지 못한다. 그 논증 다이어그램은 +로 되어 있으니, 하나만 만족하지 못해도 결론은 따라 나오지 않는다.

1. 인터넷, 방송, 신문, 광고 따위에서 전문가나 유명인을 전제로 삼은 논증을 찾아 적합한 권위에 호소하고 있는지 판단해 보라.

*2. 다음 보기들이 부적합한 권위에 호소하고 있는지 살펴보라.
(1) 서울대학교 컴퓨터 공학과 교수님도 진화론을 안 믿는데 내가 왜 믿어야 하니?
(2) 유명 의학 박사인 유대종 박사가 그 효능을 책임집니다. 홍삼 실크 다이어트!

　　　　　　　　　　　　　　　　　　　　　　　- 케이블TV 광고에서
(3) 이 목걸이 어때? 블랙핑크 제니가 공항 패션으로 하고 나오더라.
(4) 문화나 도덕에 있어서 객관적 표준이 있다는 것은 잘못된 것이다. 모든 것은 상대적이다. 아인슈타인이 이미 상대성 이론을 입증하지 않았는가?
(5) 《연합뉴스》는 '러시아의 소리' 방송을 인용, "블라디미르 푸틴 러시아 대통령이 미국 솔트레이크시티 동계 올림픽에서 심판의 편파 판정으로 각국 선수들이 피해를 보고 있으며 한국의 김동성 선수도 피해자라고 지적했다."(2002년 2월 22일 자)라고 보도했다. 김동성 선수는 편파 판정으로 피해를 본 것이 분명하다.
(6) 민초단 수장이신 아이유 님께서 "민트 초코의 매력을 바로 느끼지 못

한다니, 안 됐다."라고 말씀하셨어요. 어떻게 민초를 안 좋아하실 수 있죠?

(7) 니체가 "여자를 만나러 갈 때는 몽둥이를 잊지 마라."라고 말했어. 여성 해방을 주장하는 여자들은 몽둥이로 맞아야 해.

(8) 프란치스코 교황은 낙태나 안락사가 어린이와 노인, 곧 한 사회의 과거와 미래를 폐기하고 마는 쓰고 버리는 문화라고 말했습니다. 매우 추악한 습관이고 심각한 살인 행위라고 비난했습니다. 낙태와 안락사는 허용해서는 안 됩니다.

(9) 과학자들은 원자력 발전소를 계속 늘려야 한다고 주장한다. 그런데도 이미 있는 원자력 발전소까지 폐쇄한다는 것은 말도 안 된다.

* 표시된 문제의 정답 및 해설은 502쪽에

17장 술 마시는 게 부끄러워 술을 마신다?

선결문제 요구의 오류, 거짓 딜레마

선결문제 요구의 오류

앞에서 우리가 논증을 하는 까닭은 당연하게 받아들이는 것을 전제로 해서 당연하다고 생각하지 않는 다소 놀라운 결론을 남에게 설득하려고 하는 것이라고 했다. 곧, 전제가 결론보다 더 확실한 것이어야 한다. 그래야 논증을 듣는 이가 전제로부터 결론을 합리적으로 받아들이게 할 수 있다. 그런데 결론의 근거, 곧 전제를 물어보았는데 주장하려고 하는 바로 그 결론을 전제로 내세운다든가 아니면 전제 자체가 결론과 비슷한 말이어서 전제를 받아들이지 못할 때가 있다. 그러면 그 논증은 전제가 받아들일 만해야 한다는 논증 평가의 첫 번째 기준을 어겼으므로 잘못된 논증이 된다. 이런 종류의 오류를 **선결문제 요구의 오류**라고도 부르고 또는 **질문을 회피한다**begging the question고도 말한다. 전제가 결론을 지지한다는 것을 입증하기 전에 전제가 참이라는 것이 다른 무엇보다 먼저 해결되어야 한다는 뜻에서 선결문제가 요구되고 있다고 말하기도 하고, 의심스럽거나 쟁점이 되는 결론을 다시 전제로 내세워 문제를 피해 가고 있으므로 질문을 회피한다는 표현을 쓰는 것이다.

선결문제 요구의 오류는 종종 저지르는 잘못이다. A라는 주장을 하면서 똑같은 A를 근거로 내세우는 바보 같은 사람은 없겠지만, A를 약간 말만 바꾸어 전제로 내세울 때 이 오류가 된다. 가령 '흡연은 건강에 좋지 않다.'라는 결론을 입증하기 위해서 '흡연은 몸에 좋지 않다.'라는 전제를 내세운다면 역시 질문을 회피하는 것이 된다. 또 공공장소에서의 흡연을 규제하는 것은 부당하다고 주장하면서 그 근거로서 흡연권도 정당한 권리라고 주장하는 것도 역시 그런 사례이다. 공공장소에서마저 흡연이 정당한 권리인지 따져 보는 것이 논쟁의 대상인데 장소에 상관없이 흡연권이 정당하다는 것을 전제로 삼는 것이다. 이런 전제는 언뜻 보면 근거처럼 보이지만 사실은 사이비 근거일 뿐이다. 의도적으로 이러지는 않겠지만, 논증할 때 전제와 결론을 말하면서 부주의하게 하거나, 더 중요하게는 자기가 내세우려는 주장에 너무 빠져 있어서 그 근거에 대해 열린 마음으로 반성적인 사고를 하지 않기 때문에 결론과 다름없는 말을 전제랍시고 내세우는 것이다. 14장의 보신탕 논쟁의 경우처럼 근거는 따져 보지 않고 막무가내로 자신의 주장만 되풀이하는 것보다 나아 보일지 모르지만, 논리적인 자세가 아닌 것은 마찬가지이다.

> "돼지 눈에는 돼지만 보이고, 부처 눈에는 부처만 보인다."
> 무학대사1327-1405, 이성계를 도와 조선 건국에 기여한 스님. 근거는 주장과 달라야 하는데 자신의 주장에 너무 빠져 있으면 그런 근거를 생각해 내기가 힘들다.

순환 논증

논증이 복잡해서 그런 잘못을 저지를 수도 있다. 다음 대화를 보자.

신자: 성서에 따르면 하느님은 계십니다. 출애굽기에 보면 모세 앞에
　　　나타나셔서 "내가 하느님 야훼다"라고 말씀하십니다.
불신자: 그 말씀이 옳다고 볼 수 있는 이유는 무엇입니까?
신자: ① 성서는 하느님의 말씀입니다. 그러니까 ② 성서는 옳습니다.
　　　③ 하느님께서 거짓말할 리가 있습니까?

신자의 주장을 분석하면 이렇게 된다.

ⓐ(=③) 하느님은 거짓말하지 않는다.

이 논증은 형식적으로 봐서는 전혀 문제가 없다. 전제가 참이면 결론이 틀림없이 참이므로 전문 용어로 타당한 논증이다. 그러면 무엇이 문제인가? 지금 신자는 성서의 말씀이 옳다는 것을 불신자에게 설득하고 있다. 불신자는 바로 그것, 곧 성서의 말씀이 옳다는 것에 의심을 품고 있는 사람이다. 그런데 의심하고 있는 바로 그것을 전제로 해서 불신자를 설득할 수 있겠는가? ⓐ와 ①을 합하면 바로 ②와 똑같은 말이

된다. 입증하려고 하는 바로 그 결론을 다시 전제로 내세우고 있는 것이다. 따라서 이 논증은 형식적으로 잘못은 없지만, 전제를 통해 결론을 설득한다는 논증 본연의 목표를 전혀 달성하고 있지 못하므로 오류로 봐야 한다. 이와 같은 오류를 선결문제 요구의 오류 중에서 특히 **순환 논증**이라고도 부른다. 다음 다이어그램에서 보듯이 이 신자의 논증은 지지 관계가 뺑뺑 돌고 있기 때문이다. 결론의 참은 전제의 참에 의존하고, 전제의 참은 다시 결론의 참에 의존하는 식이다.

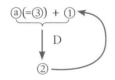

선결문제 요구의 오류는 철학적인 주장을 공격할 때 종종 쓰인다. 철학자 폴 처칠랜드Paul Churchland, 1942- 는 『물질과 의식』에서 생명 정기vital spirit가 있다

고 주장하는 다음 논증이 선결문제 요구의 오류를 범하고 있다고 공격한다.

나의 박식한 친구는 생명 정기 같은 것은 없다고 한다. 그러나 ① 그런 주장은 앞뒤가 맞지 않는다. 만약 그런 주장이 참이라면, ② 내 친구는 생명 정기를 가지지 못한 것이 되고 따라서 ③ 죽어 있어야 할 것이다. 그러나 만약 그가 죽었다면, ④ 그의 진술은 일련의 잡음들에 지나지 않는 것이 될 것이고, 그래서 의미나 진리 같은 것도 거기에는 없는 것이다. 확실히, 이 주장이 참이라는 가정은 주장이 참일 수 없다는 점을 함축하고 있다! 증명 끝.

ⓐ: 생명 정기를 가지지 못하면 죽는다.

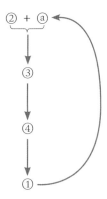

①이 뜻하는 바는, 생명 정기가 없다는 주장은 틀렸다, 즉 생명 정기가 있다는 것이다. 맨 처음 전제 ⓐ는 받아들일 만한가? 왜 생명 정기가

없으면 죽는다고 말해야 할까? 그 까닭은 바로 생명 정기는 생명을 위해서 반드시 있어야 하는 것이기 때문인데, 이것은 결론인 ①에서 말하는 것과 똑같다. 따라서 이 논증은 순환 논증이고 잘못된 논증이다.

다른 용어들도 그렇지만 '순환 논증'이란 말도 일상에서는 그리 엄격하게 쓰이지는 않는 것 같다. 다음 보기를 보자.

> 생텍쥐페리의 『어린 왕자』 열두 번째 이야기는 술 마시는 얘기이다. 술꾼이 술 마시는 부끄러움을 잊으려고 계속 술을 마신다는 내용이다. 월급을 조금 주니까 사기가 떨어져 생산성이 낮아지고 그래서 월급은 더욱 줄어든다는 식이다. 말꼬리 잡듯 이어지는 얘기는 그럴듯해 보이지만 사실은 순환 논리의 모순을 범하고 있다.
> –《서울신문》, 2001년 7월 24일 자

'월급을 조금 준다 → 사기가 떨어진다 → 생산성이 낮아진다 → 월급은 더욱 줄어든다'의 과정은 분명히 순환이다. 그리고 사람들은 특히 이런 순환을 '악순환'이라고 부른다. 그러나 이런 악순환을 순환 논증이라고 부르는 것은 적절하지 않다. 아니 비전문용어로 순환 논증이라고 부르는 것까지는 상관없는데 오류 또는 모순이라고 말하는 것은 옳지 않다. 이 순환 과정은 인간의 경제 활동에 숨겨진 피드백 고리를 나타낸 것뿐일 수 있기 때문이다. 우리 삶에서 그런 순환 고리는 자주 볼 수 있다. 아파트 경비원이 둘 있는데 한 명은 항상 얼굴에 미소를 머금고 친절한 데 비해 다른 한 사람은 짜증 섞인 얼굴이고 불친절하다. 아파트

주민들은 친절한 경비원에게 역시 친절하게 대하고 명절이면 선물도 주곤 한다. 그 경비원은 더 신이 나서 일하고 주민들을 더욱 친절하게 대한다. 반면에 불친절한 경비원에게는 주민들도 인사도 안 하고 자주 다투게 되고 명절에도 빈손이다. 그래서 그 경비원은 더 신경질적이 된다. 앞의 순환은 '좋은' 순환이고 뒤의 순환은 '나쁜' 순환일 것이다. 이 반복 고리들은 순환적이긴 하지만 거기에 무슨 논리적 오류가 있는 것은 아니다. 이것들은 10장에서 설명한 것처럼 논증의 형태가 아니기 때문이다. 그러나 월급 적게 주니까 사기가 떨어진다는 이야기와 달리 『어린 왕자』에 나오는 술꾼 이야기는 순환 논증, 곧 선결문제 요구의 오류로 해석할 여지가 있다. 술꾼과 어린 왕자가 다음과 같이 대화를 주고받는다.

> "스트레스를 받다 보니 모르는 새 많이 먹게 되고 그러다 보니 비만이 되고. 살찐 자신의 모습을 보며 다시 스트레스를 받고…"
> 스트레스와 비만의 악순환.

다음 별에는 술꾼이 살고 있었다. 이번에는 아주 짧은 방문이었지만 어린 왕자는 깊은 우울에 잠기고 말았다. "거기서 뭘 하고 계세요?" 빈 병 한 무더기와 가득 찬 병 한 무더기를 앞에 두고 말없이 앉아 있는 술꾼을 보고 어린 왕자는 물었다. "마시고 있다." 침울한 표정의 술꾼이 답했다. "왜 마셔요?" 어린 왕자가 물었다. "잊으려고." 술꾼이 대답했다. "무얼 잊어요?" 그가 불쌍하게 느껴진 어린 왕자가 캐물었다. "내가 부끄러운 놈이란 걸 잊기 위해서." 술꾼은 고개를 떨구며 털어놓았다. "뭐가 부끄러운데요?" 어린 왕자는 그를 도와주고 싶은 마음에 자

"난 지금 아무 생각이 없다.
왜냐하면 아무 생각이 없기 때문이다."

ⒸPriscilla Du Preez CA. 인터넷에서 게으름을 표현할 때 쓰는 밈이다. 이 표현을 순환 논증의 예로 들기도 한다. 그러나 전제 "아무 생각이 없다."와 결론 "아무 생각이 없다."는 겉으로 봐서는 똑같지만 그 숨은 의미는 다를 수 있다. 곧 지금까지 아무 생각이 없었으므로 지금도 아무 생각이 없다는 논증일 수 있다. 그러면 이 말은 순환 논증이 아니다.

세히 물었다. "마신다는 게 부끄러워!" 말을 마친 주정뱅이는 입을 꼭 다물어 버렸다.

– 앙투안 드 생텍쥐페리, 『어린 왕자』 중에서

술꾼은 술을 마시는 원인을 말한 것이 아니라 술을 마시는 이유를 말하고 있다고(그러니 술을 마시는 것을 이해해 달라든가 미워하지 말라든가 하는 것으로) 본다면, 술을 마시는 정당화 근거를 제시하고 있다고 해석할 수 있을 것이다. 그러면 술꾼은 순환 논증을 하고 있다.

순환 논증 또는 선결문제 요구의 오류에 대해 또 하나 조심할 것은 똑같은 논증이 맥락에 따라서 오류일 수도, 아닐 수도 있다는 것이다. 다음과 같은 임신 중절 반대론자의 주장을 보자.

■ 임신 중절이 옳지 않다는 주장은 잘못이다. 헌법 재판소가 형법의 낙태죄 조항에 대하여 헌법 불합치 결정을 내렸기 때문이다.

이 사람은 임신 중절이 옳지 않다는 주장을 반박하기 위해 관계 법령에서 임신 중절이 금지되지 않고 있다는 근거를 대고 있다. 그러나 임신 중절이 옳으냐 그르냐에 관한 토론은 그 법이 옳은가 그른가까지 포함하는 것이므로 헌법 재판소의 결정을 근거로 대는 것은 질문을 회피한다고 봐야 한다. 그러나 현재 논의가 임신 중절에 대한 윤리적인 토의가 아니라 임신 중절에 대한 규정이 관계 법령에 있는지 없는지에 대한 것이라면 이와 같이 주장한 사람은 결론과 독립적인 전제를 제시한 것이라고 볼 수 있다. 곧 오류가 아니다. 똑같은 논증이라고 하더라도 어떤 상황에서 제시되었는지 살펴서 평가해야 하는 것이다.

거짓 딜레마

아빠가 어린이날에 아이에게 이렇게 말했다고 하자. "서울대공원에 갈까? 롯데월드에 갈까?" 그런데 아이가 이렇게 대답한다고 하자. "에버랜드요!" 아이의 대답은 합리적이라고 생각할 수 있을까? 합리적이지 않다고 생각한다면, 우리는 아빠의 말이 "너는 서울대공원과 롯데월드 딱 두 군데 중에 하나를 골라야 하고 그밖의 곳을 선택하면 안 된다."

라는 뜻이라고 생각하는 것이다. 아마 아빠는 이 전제를 이용해서 다음과 같은 논증을 하고 싶어 할 것이다.

- 너는 서울대공원 또는 롯데월드에 갈 수 있다.
  그런데 너는 서울대공원에는 가고 싶어 하지 않는다.
  따라서 너는 롯데월드에 가야 한다.

또는

- 너는 서울대공원 또는 롯데월드에 갈 수 있다.
  롯데월드는 사람이 너무 많아 갈 수가 없다.
  서울대공원은 가는 길이 막힐 것 같아 갈 수가 없다.
  따라서 우리는 아무 데도 갈 수가 없다.

첫 번째 논증은 논리학자들이 **선언적 삼단 논법**이라고 부르는 것이고 두 번째 논증은 **딜레마**라고 부르는 것이다. 두 논증의 일반적인 형식은 이렇다.

- 선언적 삼단 논법
  P 또는 Q이다.
  P가 아니다.
  따라서 Q이다.

■ 딜레마

P 또는 Q이다.

P이면 R이다.

Q이면 S이다.

따라서 R 또는 S이다.

(R과 S는 같은 것일 수도 있고 다른 것일 수도 있다. 예시로 든 아빠의 논증에서는 R과 S가 같다.)

두 논증 모두 전제가 참이면 결론이 반드시 참이므로 연역적으로 타당한 논증이다. 그런데 두 논증이 모두 타당하기 위해서는 첫 번째 전제(P 또는 Q이다.)에서 P와 Q 외에 다른 선택지가 없다는 가정이 숨어 있어야 한다. 즉, 오직 P와 Q 중에서 하나만 선택하는 상황이어야 한다. 앞에서 아빠는 서울대공원와 롯데월드라는 두 가지 선택지만 염두에 두고 논증을 했지만, 아이가 아빠한테 "왜 서울대공원하고 롯데월드에만 가야 해? 다른 데 가면 왜 안 돼?"라고 이의를 제기한다면 두 논증의 설득력은 떨어질 것이다. 이렇게 선언적 삼단 논법이나 딜레마의 첫 번째 전제에서 다른 선택지가 가능한 논증을 **거짓 딜레마**라고 부른다. 아무리 형식적으로 타당한 연역 논증이라고 해도 전제가 받아들일 만해야 한다는 기준을 어겼으므로 그 논증은 설득력 있는 논증이 아니다. 선언적 삼단 논법이나 딜레마가 자주 쓰이는 연역 논증이기 때문에 거짓 딜레마 역시 중요한 오류이다. 단 거짓 딜레마는 그 이름과 달리 딜레마뿐만 아니라 선언적 삼단 논법에도 적용되는 것임에 주의하라.

> **"결혼을 하라. 그러면 후회하게 될 것이다. 그러면 결혼을 하지 마라. 더 후회하게 될 것이다."**
> 소크라테스. 널리 알려진 딜레마.

'참된' 딜레마는 타당한 논증으로서 고대 그리스 시절부터 변론가들이 즐겨 쓰던 논증 형식이다. 그게 '거짓' 딜레마가 되면 오류가 된다. 진짜 딜레마는 두 가지 중 하나를 선택해야 하는 상황인데 둘 다 곤란한 선택이기 때문에 이러지도 저러지도 못함을 보여 주어 상대방을 공격할 때 쓰인다.

딜레마, 트릴레마, 쿼드릴레마, 펜탈레마…

딜레마는 두 가지 선택지 중에서 고민하는 것인데, 세 가지 선택지에서 고민할 때는 '트릴레마 trilemma', 네 가지는 '쿼드릴레마 quadrilemma', 다섯 가지는 '펜탈레마 pentalemma'라고 한다. 널리 알려진 트릴레마로 물가 안정·경기 부양·국제 수지 개선의 삼중고가 있는데, 물가 안정에 치중하면 경기가 침체되기 쉽고, 경기 부양에 힘쓰면 인플레이션 유발과 국제 수지 악화를 초래할 염려가 있어서 어떤 정책도 세우기 힘들다는 것을 말한다. 옆 만화는 잠을 많이 자는 것과 좋은 학점과 연애는 그 중 어느 것을 선택해야 할지 고민이 되는 트릴레마를 보여 주고 있다. 여러분은 이 만화에서 어디에 속하는지 생각해 보자. 또는 트릴레마를 깨고 그 세 가지를 다 가질 수 있는지도 생각해 보자.

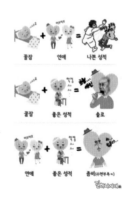

전통적인 딜레마를 응용한 다음 유머를 읽고 답을 말해 보라.

어느 고등학교에 새로 부임한 선생님이 첫 시간에 학생들에게 "오늘 공부
할 내용이 뭔지 아는 학생?" 하고 묻자 학생들이, "아직 배우지 않아서 잘
모르겠는데요."라고 대답했다. 이 대답에 선생님은, "도대체 수업할 분위
기가 되어 있질 않군." 하면서 그냥 나가 버렸다. 이튿날이 되자 선생님은
학생들에게 같은 질문을 했다. 그랬더니 학생들이 일제히 "알고 있어요!"
라고 대답했다. "그래? 모두들 안다니깐 내가 가르칠 필요가 없겠군." 하면
서 수업도 안하고 그냥 가 버렸다. 사흘째, 역시 선생님은 똑같은 질문을 하
였다. 학생들은 일제히 "반은 알고 반은 모르는데요!"라고 외쳤다. 그제서
야 선생님은 "아! 그래요? 그럼 오늘부터…" 하고는 뭐라고 말했을까요?

(정답: 이는 학생들이 모르는 학생들에게 가르쳐 주도록 하고.)

다음 논증에서 ①은 선언적 삼단 논법과 딜레마에서 첫 번째 전제
이다. 거기에는 ⓐ라는 전제가 숨어 있다.

① P 또는 Q이다(P를 선택하지 않았으면 Q이다).
ⓐ P와 Q 외에 다른 선택지가 없다고 가정한다.

그러나 ⓐ가 거짓일 때 거짓 딜레마가 된다. 따라서 거짓 딜레마를
피하기 위해서는 ⓐ가 정말로 거짓인지 따져 보면 될 것이다. 어떤 동

네에서 주민들이 쓰레기 소각장이 들어서는 것을 반대하는 시위를 벌이고 있다. 한 주민이 다음과 같이 말했다. "아니, 1004호는 오늘도 안 나왔네. 그 집은 쓰레기 소각장이 들어서는 것을 찬성하나 봐." 이 주민은 반대 시위에 참석하지 않으면 쓰레기 소각장 건설에 찬성하는 것이라고 전제하고 있다. 그러나 반대 시위에 참석해서 반대하는 것과 참석 안 하고 찬성하는 것의 두 가지 선택지만 가능한 것이 아니다. 쓰레기 소각장 건설에 역시 반대하지만 시위라는 형식을 싫어할 수도 있고, 시위에 참석하고 싶지만 다른 일로 못 나올 수도 있고, 또 쓰레기 소각장 건설 자체에 중립적이거나 무관심할 수도 있는 것이다.

ⓐ가 참인지 거짓인지 따져보기 위해서는 P와 Q 중 하나가 거짓이면 다른 하나는 반드시 참인지, 아니면 둘 중 하나가 거짓이면 다른 것도 역시 거짓일 수 있는지 살펴보면 된다. 가령 '지금 여기는 비가 오고 있다.'가 거짓이면 '지금 여기는 비가 오고 있지 않다.'는 반드시 참이므로 이 두 문장 외에 다른 선택지는 있을 수 없다. 생각해 보라. 지금 여기에 비가 오든가 오지 않든가 둘 중 하나지 그 이외의 상황이 가능하겠는가? 그래서 '지금 여기에 비가 오든가 오지 않든가이다.'를 전제로 해서 선언적 삼단 논법이나 딜레마를 타당하면서도 설득력 있게 만들 수 있다. 그러나 '이 햄버거

> '지금 여기는 비가 오고 있다.'와 '지금 여기는 비가 오고 있지 않다.'처럼 두 진술 모두 참일 수도 없고 모두 거짓일 수도 없는 관계를 **모순 관계**라고 하고, '이 햄버거에는 쇠고기가 전혀 들어 있지 않다.'와 '이것은 쇠고기 100퍼센트인 햄버거이다.'처럼 두 진술 모두 거짓일 수는 있어도 모두 참일 수는 없는 관계를 **반대 관계**라고 한다. 거짓 딜레마는 사실은 반대 관계인데 모순 관계로 착각하는 오류라고 말할 수 있다.

에는 쇠고기가 전혀 들어 있지
않다.'가 거짓이라고 해서 '이
것은 쇠고기 100퍼센트인 햄
버거이다.'가 반드시 참인 것은

아니다. 쇠고기가 반만 섞인 햄버거일 수도 있기 때문이다. 그러므로
다음과 같은 논증은 거짓 딜레마가 된다.

■ 이 햄버거는 쇠고기가 100퍼센트이거나 아니면 전혀 들어 있지 않다.
   그런데 내가 알기로 쇠고기가 100퍼센트인 햄버거가 아니다.
   따라서 이 햄버거에는 쇠고기가 전혀 들어 있지 않다.

흑백논리

거짓 딜레마는 일상에서 **흑백논리, 이분법적인 논리, 모 아니면 도**라
는 말로 더 많이 쓰인다. 내 의견에 찬성하지 않으면 내가 반대하는 의
견에 찬성하는 것이라고 몰아붙일 때, 내 편 아니면 곧 남의 편이라고
생각할 때 흑백논리란 이름을 붙인다. 세상이 원래부터 검은색과 흰색
으로만 이루어졌다면 검은색 아니면 흰색이라고 하는 것은 잘못이 아
니다. 그러나 우리가 사는 세상에는 검은색과 흰색 말고도 여러 가지
빛깔이 있다. 내 편 아니면 곧 남의 편이라고 생각하는 것은 검은색 아
니면 모두 흰색이라고 말하는 것과 다를 것이 없다. 첨예한 이데올로기
가 대립하는 우리나라에서는 흑백논리적 사고가 만연했던 것이 사실
이다. 최인훈의 소설『광장』에서 주인공 명준은 남과 북 중에서 중립국

을 선택해 사람들을 놀라게 한다. 흑과 백 말고 다른 빛깔도 많다는 것을 사람들이 잘 몰랐기 때문이다. 그래서 성 소수자 등의 다양성을 상징할 때 무지개를 표식으로 쓴다.

💬 흑백논리와 양비론

흑백논리는 세상을 좋은 것과 나쁜 것 두 가지로 보는 이분법적인 사고이기 때문에 옳지 않다고 말한다. 맞는 말이다. 좋기만 한 것과 나쁘기만 한 것은 양극단에나 있을 뿐이다. 옛날이야기나 연속극에는 극단적으로 착한 사람과 나쁜 사람이 나오지만 대부분의 사람에게는 착한 면과 나쁜 면이 섞여 있다. 그런데 흑백논리를 극복하려는 대안으로 나오는 양비론(둘 다 잘못이라는 주장)도 문제가 아닐 수 없다. 가령 정리 해고제가 국회에서 날치기로 통과되고 노동자들이 파업에 돌입했을 때 많은 언론과 사람들은 날치기한 정부도 잘못했지만 파업하는 노동자들도 옳지 않다고 말한다. 비록 세상일에는 좋은 면과 나쁜 면이 섞여 있지만 상대적으로 어느 쪽이 더 좋고 어느 쪽이 더 나쁜지 밝혀내야 문제 해결에 도움이 될 것이다.

흑백논리는 흔히 4장에서 말한 허수아비 공격의 오류 형태로 제시되기도 한다. 다음 대화를 보자.

A : 나는 미군이 우리나라에서 철수해야 한다고 생각해.
B : 아니, 그럼 너는 우리나라에 전쟁이 일어나도 괜찮다는 거니?

B는 미군이 철수하면 곧 전쟁이 일어난다고 주장하고 있다. 그러나 미군이 철수한다고 해서 우리나라에서 꼭 전쟁이 일어난다고 볼 수는 없다. A가 미군이 철수해야 한다고 주장하는 것은 자주국방 또는 군비 경쟁 없는 평화를 바라는 것이지 전쟁이 일어나야 한다고 주장하는 것은 아니기 때문이다. B는 흑백논리로 A의 주장을 왜곡하여 공격하려고 하는 것이다. 애인 사이에 한쪽이 다른 쪽에게 불만을 말하면 "너는 내가 싫어진 거지?"라고 말하는 때가 있다. 이것도 역시 흑백논리이면서 허수아비 공격의 오류를 저지르는 것이다(허수아비 공격의 오류는 20장에서 다시 설명하겠다).

©장성닷컴. "자유가 아니면 죽음을 달라."는 미국 독립 전쟁의 애국자인 패트릭 헨리[1736-1799]가 한 말이다. 이 사람의 정신세계에 정말로 자유와 죽음 두 가지만 있다면 이 말은 거짓 딜레마가 아니다. '결사반대'는 죽음을 각오하고 반대한다는 뜻인데, 이렇게 반대하는 사람들의 정신세계에도 반대와 죽음 두 가지 선택지만 있을까?

🌐 진화론 vs 창조론

크리스트교 전통에 있는 나라들은 진화론과 창조론 사이의 논쟁이 치열하여 교과서에도 진화론을 대신해서 또는 똑같이 창조론을 가르쳐야 한다는 주장도 나온다. 그러나 설령 진화론이 틀렸다고 해서 창조론이 옳을까? 어떤 절대자가 세상을 창조한 것이 아니라 이 세상이 다른 식으로 만들어졌다고 말하는 종교나 신화는 많다. 이 세상의 끝이 없는 것처럼 시작도 없다고 말하기도 하고, 무無에서 만들어졌다고 말하기도 한다. 그리고 누군가가 창조했다고 하더라도 크리스트교의 절대자가 아니라 다른 신이 만들었을 수도 있고, 여러 신이 협력하여 만들었을 수도 있고, 절대자가 아닌 장인이 만들었을 수도 있고, 악마가 만들었을 수도 있다. 진화론과 창조론의 대비 구도는 거짓 딜레마이다.

논리 연습

1. 인터넷, 방송, 신문, 광고 따위에서 선결문제 요구의 오류나 거짓 딜레마를 찾아보라.

2. 인터넷, 방송, 신문, 광고 따위에서 선언적 삼단 논법이나 딜레마를 찾아보라. 또는 그 논증들을 스스로 만들어 보라.

*3. 다음 진술에 선결문제 요구의 오류나 거짓 딜레마가 있는지 찾아보라.

(1) 모든 사람에게 의사 표현의 자유를 무제한 허용하는 것은 언제나 국가 전체에 이익이 된다. 왜냐하면 개개인이 자신의 생각이나 감정을 표현할 자유를 완전히 누리는 것은 공동체의 이익을 조장하기 때문이다.

(2) 김두한과 그의 부하들이 시장에서 자릿세를 뜯어 간다. 그것을 보고 두 사람이 다음과 같은 대화를 나눈다.

A: 저 놈들 왜 그래?

B: 원래 다 그러는 거야.

(3) 현대 사회에서는 승리하지 못하면 살아남지 못한다. 따라서 남이 나를 쓰러뜨리기 전에 내가 먼저 남을 쓰러뜨려야 한다.

(4) A: 저 남자애가 나 좋아한다고 말했어.

B: 너 그 말 믿니?

A: 자기가 좋아하는 사람한테 거짓말하는 사람이 어디 있니?

(5) 그는 하늘을 우러러 한 점 부끄러움이 없는 사람이다. 이번 특별 검사 조사에서도 전혀 혐의가 드러나지 않았다.

(6) 집에 독립군이 숨었는데 일본 순사가 "이 집에 독립군이 있지?"라고 물었을 때 사실대로 말해야 하는가? 비록 거짓말을 해서 생명을 구할 수 있다고 하더라도 거짓말은 비도덕적이다. 거짓말을 하는 것은 어떤 상황에서도 윤리 원칙에 위배되기 때문에 모든 거짓말은 비도덕적이다.

(7) 체셔 고양이: 소용없어. 여긴 모두 미쳤으니까. 너도 미쳤고 나도 미쳤지.

앨리스: 내가 미쳤는지 어떻게 아는데?

체셔 고양이: 틀림없어. 미치지 않았으면 여기 없을 테니까.

- 루이스 캐럴, 『이상한 나라의 앨리스』 중에서

(8) 신은 존재하거나 존재하지 않거나 둘 중 하나이다. 신이 존재한다고 하자. 그때 신이 존재한다고 믿는다면 천국에 가서 영원한 행복을 얻을 것이다. 그러나 신이 존재하지 않는다고 믿는다면 지옥에 가서 영원한 고통 속에 빠질 것이다. 이번에는 신이 존재하지 않는다고 하자. 그때 신이 존재한다고 믿었다고 해서 잃는 것은 실망 정도밖에 없다. 신이 존재하지 않는다고 믿는다고 해서 얻는 것은 자신의 말이 맞았다는 기쁨뿐이다. 따라서 신을 믿는 것이 믿지 않는 것보다 훨씬 이득이다.

- 파스칼의 내기|Pascal's Wager

* 표시된 문제의 정답 및 해설은 504쪽에

5부

좋은 논증 가려내는 두 번째 기준

18장   구글은 관련성이 가장 높은 페이지를 보여 드립니다

논증 평가의 두 번째 기준: 전제가 결론과 관련성이 있는가?

관련 있는 전제

지금까지 논증 평가의 첫 번째 기준으로서 전제가 받아들일 만해야 한다는 기준을 살펴보았다. 그러나 전제가 아무리 참이고 적합하다고 해도 결론과 관련이 없다면 그 전제는 결론을 지지한다고 볼 수 없다. 전제가 결론과 **관련 있다**relevant는 것은 결론을 조금이라도 지지한다고 생각된다는 뜻이다. 결론이 참이라는 증거나 이유를 내세움으로써 결론이 참이라거나 또는 그럴듯하게 보이게 해야 전제가 결론을 지지한다고 생각할 수 있다. 거꾸로 전제가 결론이 거짓이라는 것을 보여 주는 것도 역시 결론과 관련 있다고 말할 수 있다. 그런데 전제가 결론과 관련이 없다면 전제는 결론이 참이라는 것도, 거짓이라는 것도 보여 주지 못한다. 결론의 참·거짓에 아무런 영향도 끼치지 못하는 것이다. 전제의 관련성이 중요한 이유는 이렇게 결론의 참·거짓과 아무 상관이 없는데도 주의를 딴 데로 돌리기 때문이다.

다음 보기를 보자.

① 흡연자는 비흡연자만큼 건강하다. ② 흡연자 대부분의 심장은 비흡연자의 심장만큼 건강하기 때문이다.

우리는 ②가 ①의 참을 얼마만큼 충분히 보여 주는지는 잘 몰라도 ②가 참이라면 ①이 참이라고 생각할 증거는 된다는 것을 짐작할 수 있다. 그러므로 ②는 ①과 관련이 있다. 이번에는 ②를 다음과 같이 바꿔 보자.

③ 흡연자 대부분의 허파는 비흡연자의 허파만큼 건강하지 않다.

그러면 ③은 ①이 거짓임을 보여 주는 이유가 된다. ③은 부정적인 방식이긴 하지만 어쨌든 ①과 관련이 있다. 그렇다면 이번에는 ④를 생각해 보자.

④ 케이티엔지는 대전에 있다.

케이티엔지는 우리나라 담배 제조 회사이다. 이것은 ①의 참 또는 거짓에 아무런 영향도 끼치지 않는다. 따라서 ④는 ①과 관련이 없다.
여기에서 주의할 것이 몇 가지 있다. 첫 번째는 전제가 참이기 때문에 결론과 관련 있는 것은 아니다. ②가 참인지 거짓인지 확인을 안 했지만 그래도 ②가 참이라면 ①이 참일 가능성은 크다. 사실 거짓인 전제가 결론과 관련 있을 수도 있다. "강원랜드 카지노에 가면 다 돈을 번대. 나도 가려고."라는 논증을 보자. 여

기서 전제는 분명히 거짓이다. 그러나 내가 거기로 가는 행위와 관련이 있는 것도 역시 분명하다. 주의해야 할 것 두 번째는, a가 b와 관련이 있다고 해서 a가 b를 완벽하게 입증했다는 것은 아니다. 증거로서 적어도 어느 정도 관련이 있다는 말이지 충분한 근거가 되는지 안 되는지는 별개의 문제이다. 앞의 흡연자 보기에서 ②와 ③은 하나는 긍정적으로 다른 하나는 부정적으로 모두 ①과 관련이 있다. 그러나 전제와 결론의 관계가 어느 정도 충분히 밀접한지는 차이가 날 것이다. ③의 부정적 기여도가 ②의 긍정적 기여도보다 훨씬 크지 않을까? 긍정적인 증거는 달랑 하나로서는 어떤 주장을 지지하기에 약하지만 부정적인 증거는 하나라도 타격이 크기 때문이다.

다음 보기들에서 첫 번째 진술은 두 번째 진술과 관련이 있다.

(ㄱ) a: 은행들은 최근 수수료를 대폭 올렸다.

　　b: 은행들은 최근 수익성이 많이 좋아졌다.

(ㄴ) a: 지은이는 연애를 하느라고 공부를 많이 하지 못했다.

　　b: 지은이는 그 회사의 입사 시험을 볼 만큼 성적이 뛰어나지 못하다.

ⓒ a: 스키장에서는 가끔 안전사고가 난다.

　b: 스키는 절대적으로 안전한 운동이라고 말할 수 없다.

a가 b를 충분히 옹호하는지는 따져 봐야 하지만 어쨌든 옹호하는 증거가 된다. 이제 첫 번째 진술이 두 번째 진술과 관련이 없는 보기를 보자.

ⓓ a: 혜미는 나이가 어리다.

　b: 기여 입학제에 대한 혜미의 견해는 옳지 않다.

ⓔ a: 여자는 남자보다 입이 싸다.

　b: 여자는 수염이 안 난다.

ⓕ a: 우리나라에서 고등 교육비의 공공 재원 분담률은 16퍼센트이다.

　b: 캐나다에서 고등 교육비의 공공 재원 분담률은 90퍼센트이다.

이 보기들에서는 a는 b에 아무런 증거도 되지 못하므로 완전히 무관하다. 지금 살펴본 ⓐ부터 ⓕ까지의 보기는 관련성을 따지기가 그리 어렵지 않다. 물론 아직도 우리 사회에는 ⓓ과 ⓔ 같은 경우에 관련이 있다고 우기는 사람들이 적지 않게 있기는 하지만 말이다. 이보다는 전제가 실제로 관련 있는지 없는지 밝히기가 어려운 경우가 더 많다. 기업형 슈퍼마켓의 증가가 동네 슈퍼마켓의 경영 악화와 관련이 있는가? 음란물과 폭력물이 청소년 범죄와 관련이 있는가? 쉬운 수능이 학력 저하와 관련이 있는가? 양심적 병역 거부자의 대체 복무제는 병역 의

무의 형평성과 관련이 있는가? 사형제 폐지는 강력 범죄 증가와 관련이 있는가? 이런 문제들은 얼른 판단하기 어렵다. 그렇다면 전제가 결론과 관련이

있는지 없는지 밝혀낼 수 있는 테스트 방법이 있을까? 어떨 때 전제는 결론과 관련이 있고 어떨 때 관련이 없는가? 기계적인 테스트 방법은 말할 수 없지만 대강의 방법을 소개하겠다.

전제의 관련성 테스트 방법

전제의 관련성을 따질 때 주의할 점은 전제가 혼자서 관련 있거나 관련 없거나 하지 않는다는 것이다. 전제의 관련성은 결론과의 관계에 따라 달라진다. 따라서 전제의 관련성을 판단하기 전에 먼저 도대체 무엇을 증명하려고 하는지, 지금 논쟁거리가 되는 결론이 무엇인지 정확하게 해 두어야 할 필요가 있다. 다음 진술을 보자.

우리나라는 전력 소비 증가율이 2~3퍼센트 수준으로 둔화된 선진국과는 달리 지속적인 경제 성장과 국민 소득 향상에 따라 전력 소비가 연평균 10퍼센트 이상의 증가율을 보이고 있으며, 특히 최근에는 여름철 냉방 수요가 급격히 증가함으로써 최대 전력 수요 및 연간 전력 소비 증가율이 경제 성장률을 훨씬 상회하는 높은 증가세가 계속되고 있습니다.

– 한국원자력재단

이 진술은 한 마디로 우리나라의 전력 수요가 늘어나고 있다는 얘기이다. 만약 이 진술을 전제로 해서 원자력 발전소를 계속해서 건설해야 한다는 결론을 끄집어낸다면 이 진술은 전제로서 결론과 관련이 있을까 없을까? 결론을 분명하게 하기 전에는 전제의 관련성 여부를 말할 수 없다. 결론이 원자력 발전소를 계속해서 건설하는 것이 좋다는 일반적인 이야기라면 충분성은 별도로 따져 봐야 하지만 적어도 관련성은 있다. 우리나라 같은 산업 사회에서 전력을 충분하게 생산하는 것은 아주 중요한 문제이므로 그에 대비하기 위해서는 발전소를 많이 지어야 하며 원자력 발전소도 한 가지 방안이 될 수 있다. 그러나 만약 이 전제가 좀 더 구체적으로 '원자력 발전소는 생명과 건강에 심각한 위협이 되지 않는다.'라는 결론의 전제로 쓰였다면 그 전제는 결론과 관련이 없다. 전력 수요가 늘어난다고 해서 그것이 원자력 발전소의 안정성과 무슨 상관이 있겠는가? 앞의 진술은 결론이 참임을 보여 주는 증거가 되지 못한다. 결론이 무엇이냐에 따라서 전제가 관련이 있을 수도, 없을 수도 있다. 그러므로 논증을 분석하고 평가할 때 먼저 결론이 무엇인지 정확하게 해야 전제의 관련성을 제대로 밝힐 수 있다.

어느 스포츠 음료 광고에서 유명한 운동선수가 스포츠 음료를 마시고 갈증을 해소하는 장면이 나온다. 그리고 운동선수가 힘차게 운동하는 장면

"토론할 때에는 상대방의 말에 귀를 기울이고 행동할 때는 당신의 행동에 주시해야 한다. 그리고 토론할 때는 그것이 어떤 목적에 관계되는 것인지를 즉시 깨달아야 하고 행동할 때는 그 행동이 어떤 의미를 가졌는지 조심스럽게 지켜봐야 한다."
마르쿠스 아우렐리우스120-180, 로마 제국의 황제이자 스토아 철학자

ⓒBobex-73. 광고에서는 운동화를 바꾸면 운동 실력이 향상될 것처럼 말한다. 운동화는 잘 달리는 것과 관련이 있지만, 광고의 운동선수처럼 잘 달리는 것과는 관련이 없다. 그러나 광고에서는 관련성이 없는 운동선수를 모델로 써서 소비자의 주의를 돌린다. 유명인이 모델인 광고는 16장에서 말한 부적합한 권위에의 호소이기도 하고 관련성 기준을 어긴 것이기도 하다.

이 이어진다. 이 광고에서 스포츠 음료를 마신다는 것은 갈증이 해소된다는 것과 분명히 관련이 있다. 그러나 이 광고의 주장이 단순히 갈증이 해소된다는 것이 아니라 그 운동선수처럼 힘차게 운동할 수 있다는 것이라면 사정이 달라진다. 스포츠 음료를 마신다는 것은 그 주장과 아무런 관련이 없기 때문이다. 사실 광고는 관련성이 분명히 있는 결론을 보여 줌으로써 관련성이 없는 결론까지 설득하려고 하는 것이다.

지금 논쟁거리가 되는 결론이 무엇인지 정확하게 한 다음에는 전제가 그 구체화된 결론과 정말로 관련이 있는지 따져 보아야 한다. 그것을 위해서는 다음과 같은 질문을 던져야 한다. 이 전제의 참이 결론이 참일 가능성을 더 높여 주는가? 이 전제의 거짓이 결론을 거짓일 가능성을 더 높여 주는가? 이 질문들에 '예'라고 대답할 수 있다면 전제는 결론과 관련이 있다. 그러나 어느 질문에도 '아니오'라는 대답이 나온다면 전제는 무관하다. 그런 전제는 지금 논쟁거리가 되는 것을 헷갈리게만 하므로 과감히 버려야 한다.

다음과 같은 상황을 생각해 보자. 재벌인 왕 회장은 빈민들이 사는 달동네를 철거하고 거기에 고급 아파트를 건설할 계획을 발표했다. 평소에 어려운 사람들에게 기부를 너무 안 한다고 비난받아 왔던 왕 회장은 이번 일로 더 비난을 받게 되었다. 그래서 왕 회장의 비서실에서는 서둘러 다음과 같은 보도 자료를 돌렸다. "왕 회장님은 매우 어려운 집안에서 태어나서 자수성가한 분이십니다. 왕 회장님은 빈민들에게 관심이 아주 많으십니다." 왕 회장의 비서실에서는 다음과 같이 논증하는 것이다.

① 왕 회장은 매우 어려운 집안에서 태어나서 자수성가한 분이다.
② 따라서 왕 회장은 빈민들에게 관심이 아주 많다.

그런데 ①이 참이라면 그것은 정말로 ②와 관련이 있을까? 다시 말해서 ①은 ②에 대한 증거가 되는가? 왕 회장 비서실에서는 충분한 근거가 된다고 생각해서 이와 같은 보도 자료를 돌렸을 것이다. 방금 설명한 관련성 테스트 방법으로 관련성이 있는지 조사해 보자. 먼저 결론 ②가 무슨 뜻인지 정확하게 규정해야 한다. 빈민들에게 관심이 있다는 것이 빈민층의 생활상이 어떤 것인지 알고 있다는 정도의 뜻이라면 ①은 분명히 ②와 관련이 있다. 왕 회장 스스로가 빈민층 출신이라는 것은 빈민층의 생활상이 어떤 것인지 알고 있다는 것을 참이 되게 만들 것이기 때문이다. 그러나 ②가 빈민층의 어려운 생활 환경을 개선하는 데 도움을 줄 생각이 있다는 뜻이라면 상황이 달라진다. 그때도 ①이 ②와 관련이 있을까? ①이 ②와 관련이 있기 위해서는 우선 ①의 참이 ②가 참일 가능성을 높여 줘야 한다. 그러기 위해서는 가난에서 벗어나 자수성가한 사람들은 가난한 사람들의 생활 환경 개선에 도움을 줄 가능성이 도움을 안 줄 가능성보다 더 커야 할 것이다. 그러나 그렇다는 확실한 증거는 없다. 가난에서 벗어난 사람 중에는 분명히 빈민층의 어려운 생활 환경을 개선하는 데 관심을 보이는 이들도 있다. 그러나 꼭 그런 것은 아니다. 오히려 가난에서 벗어난 사람들이 스스로의 노력으로 성공했다고 생각하고 다른 빈민들에게 관심을 아예 안 보일 수도 있다. 두 가설 중 어떤 쪽이 더 그럴듯한지 판단하기가 어려우므로 ①의 참이 ②의 참일 가능성을 높여 준다고 믿을 수 없다. 이번에는 ①의 거짓이 ②가 거짓일 가능성을 높여 줄지 생각해 보자. 왕 회장이 빈민층 출신이 아니라 중산층이나 상류층 출신이라면 빈민층에 관심을 안 보일까? 이것도 단정할 수 없다. 이상을 종합해 볼 때 왕 회장 비서실의 논증에서 전제는 결론과 관련이 없다고 보아야 할 것이다.

전제의 관련성을 테스트하는 방법을 이용해 전제가 관련이 있는지 검사하는 것이 말처럼 그리 쉬운 일은 아니다. 전제의 참이 결론의 참일 가능성을 높이는지 물어보라고 했지만 그 질문에 '예' 또는 '아니오'

라고 대답하는 것이 간단하지 않기 때문이다. 앞에서 언급한 보기 중에 기업형 슈퍼마켓의 증가가 동네 슈퍼마켓의 경영 악화와 관련이 있는 가 하는 문제를 생각해 보자. 기업형 슈퍼마켓은 대형 유통 업체가 운 영하는 슈퍼마켓을 말한다. 기업형 슈퍼마켓이 늘어날수록 동네 슈퍼 마켓의 수익이 줄어들고 기업형 슈퍼마켓이 줄어들수록 동네 슈퍼마 켓의 수익이 늘어난다면, 관련이 있을 것이다. 그런데 기업형 슈퍼마켓 을 반대하는 쪽은 기업형 슈퍼마켓이 들어서게 되면 동네의 작은 슈퍼

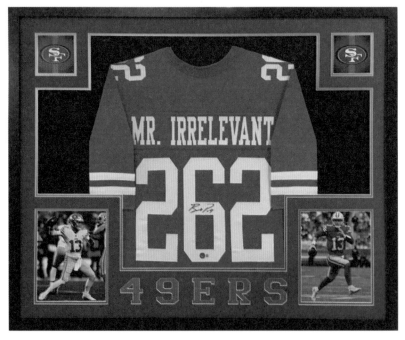

'관련 없다'는 영어로 irrelevant이다. 미국의 미식축구 리그에서는 Mr. Irrelevant가 있다. 신인 선수를 뽑는 드래 프트에서 마지막으로 지명된 선수를 이렇게 부르는데, 구단의 관심을 못 받아서 관련 없는 선수로 생각된다는 뜻이 다. 우리나라 같았으면 '투명 인간'이나 '병풍'이라고 불렀을 것 같다.

마켓이나 채소 가게, 과일 가게, 정육점 등이 문을 닫게 될 것이라고 주장한다. 반면에 기업형 슈퍼마켓을 찬성하는 쪽은 소비자들이 질 좋은 상품을 선택할 수 있다는 장점(이 장점은 현재 논점과는 관련이 없다)을 말할 뿐만 아니라 기업형 슈퍼마켓이 들어 온 이후 오히려 동네 상권이 더 활성화된다고 주장한다. 서로의 주장이 다르기 때문에 관련성 테스트 질문에 대해 어느 쪽이 옳은지 확인할 수가 없다. 그러나 이것은 어디까지나 사실 확인의 문제이기 때문에 사실 확인이 끝나면 어느 쪽이 옳은지 결정 날 것이다. 우리는 적어도 어떻게 해야 관련성이 있다는 것을 아는지 그 방법은 알고 있다.

의제 설정

다른 사람의 논증을 평가할 때 전제들이 결론과 적절한 관계에 있는지 살펴보는 것도 중요하지만, 스스로 논증을 펼칠 때도 현재 논의되고 있는 주제에 직접적으로 관련 있는 근거들을 제시하고 논점에서 벗어나지 않는 것도 중요하다. 특히 대화나 질의응답을 할 때 질문의 내용과 직접적으로 관련 없는 엉뚱한 대답을 하는 경우가 많다. 이것은 정치인의 특기이다. 다음과 같은 보기를 보자.

기　자: 우리나라의 고질적인 지역감정을 해소할 수 있는 방안에 대해 말씀해 주십시오.

정치인: 저는 정치인이 지역감정을 이용하는 게 문제라고 생각합니다. 정치인이 먼저 반성하고 악용하지 않아야 한다고 생각합니다.

언뜻 보면 기자의 질문이나 정치인의 답변 모두 지역감정을 거론하고 있고, 그래서 정치인은 기자의 질문에 충분하지는 못해도 그런대로 관련 있는 답변을 한 것처럼 보인다. 그러나 정치인이 지역감정을 이용하고 있고 먼저 반성해야 한다는 것은 질문하는 기자 그리고 국민 모두가 알고 있는 사실이다. 기자는 그러니까 어떻게 정치인이 반성하고 악용하지 않게 만들 수 있는지 그 방안에 대해서 질문한 것이다. 이 정치인은 지역감정이라는 **거시적인 관련성**에서는 논점을 벗어나지 않았지만 지역감정 해소 방안이라는 **미시적인 관련성**에서는 질문과 관련 없는 대답을 했다고 봐야 한다. 앞의 왕 회장 보기에서도 전제와 결론에서 모두 왕 회장과 빈민에 대해 이야기하고 있으므로 거시적인 관련성은 있겠지만 빈민에 대한 실제적인 도움이라는 미시적인 관련성은 없다. 거시적인 관련성마저 없는 논쟁은 그리 많지 않다. 그러므로 우리는 논점이 거시적으로 관련 있다고 해서 미시적인 관련성을 따져 보지 않고 바로 관련이 있다고 생각하는 잘못을 저지르지 말아야 하겠다.

역시 정치인의 예를 하나 더 보자.

기　자: 학벌 중심 사회에 동의합니까? 그렇지 않다면 학벌 중심의 연
　　　　고주의를 깰 방안은?
정치인: 학교와 학벌에 의한 차별은 없어야 합니다. 능력과 상관없이
　　　　좋은 학교, 이름 있는 학교 출신은 일단 순서를 매기는 관념,
　　　　그렇게 해야 출세한다는 관념의 전환이 시급합니다. 제도적으
　　　　로 강력한 규제가 필요합니다.

학벌 중심 사회에 반대한다면 학교와 학벌에 따른 차별을 규제해야 한다는 것에는 아무도 반대 안 할 것이다. 그런데 '제도적으로 강력한 규제가 필요하다.'라는 식의 발언은 구체적 실현 방안이 없는 하나 마나 한 표현이다. 사실은 그 규제 방안을 듣고 싶어서 질문한 것인데 두리뭉실하게 넘어가고 있다. 이것 역시 거시적인 관련성은 있지만 미시적인 관련성은 없다. 정치인들이 이런 표현을 즐겨 쓰는 것은 구체적인 실현 방안을 제시할 능력이 없어서 그럴 수도 있고, 모두에게 장밋빛으로 들리는 두리뭉실한 표현을 씀으로써 구체적인 정책으로 손해를 입을 관련 이익 집단의 반발을 피해 가려는 술책일 수도 있다. 합리적인 유권자라면 정치인의 두리뭉실한 표현을 알아차리고 구체적인 실현 정책을 요구하든가 아니면 지지를 철회해야 할 것이다. 그리고 인터뷰를 하는 기자는 그냥 넘어가지 말고 어떻게 규제를 해야 하는지 좀 더 구체적인 답변을 요구해야 할 것이다.

사회생활에서 주제와 관련 있는 논의를 하는 것보다 더 중요한 것이 있다. 그것은 이미 주어진 주제를 따라가며 거기에 관련 있는 논거들을 찾는 것이 아니라 주제를 스스로 만들어 가는 것이다. 이것을 **의제 설정**agenda setting이라고 하는데, 자신이 가지고 있는 주장에 유리한 주제로 논점을 좁히거나 그곳으로 논의를 몰고 나간다. 어느 회사에서 다음과 같이 노사 간에 협상한다고 하자.

경영자: 노조의 요구 조건을 말씀해 보세요.
노　　조: 임금의 8퍼센트 인상과 3교대 근무, 해고 노동자 복직을 요구

합니다.

경영자: 지금 우리는 근로 조건 개선을 놓고 토론하고 있습니다. 해고 노동자 복직은 이 문제와 상관이 없습니다.

노　조: 해고 노동자들은 노동 조건 개선을 위해 투쟁하다가 해고당했습니다. 당연히 함께 논의해야 합니다.

경영자 쪽은 의제를 임금 인상과 근무 조건으로 한정하려고 한다. 그러나 노조 쪽은 해고 노동자 복직 문제까지 함께 의제로 다루려고 한다. 양쪽은 해고 노동자 복직 문제가 근로 조건 개선과 관련이 있는지 없는지 토론할 것이다. 그러나 의제 설정의 문제는 이미 주어진 주제에 관한 관련성을 따지는 문제와 달리 논리적인 측면보다는 정치적인 측면이 더 많이 작용한다. 어느 쪽이 더 주도적으로 의제와 패러다임을 장악할 수 있느냐는 다분히 헤게모니^{주도권} 싸움인 것이다. 우리 사회에서 여론 형성에 가장 막강한 영향력을 행사하는 집단은 정치인도 지식인도 아니고 바로 언론이다. 언론이 우리 사회의 주요 의제를 설정하고 다른 집단은 거기에 따라가기 때문이다. 아무리 올바른 주장과 적절한 근거를 가지고 있어도 사회의 주요 의제에서 거부되면 사람들에게 영향력을 행사할 수가 없는 것이다. 이것은 논리 이전의 문제다. 관련 없는 전제가 있으면 그것을 버리는 것이 아니라, 의제 설정으로 아예 곧 결론, 곧 의제를 바꾸어 버리기 때문이다.

©한겨레. 2015년 3월 쌍용자동차 평택공장 70미터 굴뚝 위에서 해고자 복직을 요구하며 고공 농성을 벌이고 있는 노동자들이 청테이프로 글자 'Let's Talk'를 만들어 보이며 대화를 촉구하고 있다. 이 노동자들은 쌍용자동차 문제를 의제로 설정하자고 우리 사회에 제안하고 있다.

1. 인터넷, 방송, 신문, 광고 따위에서 관련이 없는 전제가 제시되는 사례가 있는지 찾아보라.

*2. 다음 각 진술의 쌍에서 첫 번째 진술이 두 번째 진술과 관련이 있는지 테스트해 보라. 만약 관련이 없으면 왜 그런지 그 까닭을 간단하게 말해 보라.

(1) A: 우리나라는 민주주의 국가이고 민주주의는 우리 모두는 평등하다고 가르친다.

B: 대학 입학에서 수능 점수와 상관없이 모든 지원자의 입학을 허가해야 한다.

(2) A: 미국은 세계에서 가장 부자 나라다.

B: 미국에서 빈곤이 문제 된다는 것은 말이 안 된다.

(3) A: 지진과 해일 같은 자연재해는 인간의 힘으로는 통제할 수 없다.

B: 인간은 자신의 행동과 관련해서 선택의 자유가 없다.

(4) A: 자연 선택은 정자를 여자의 생식 기관 안으로 가급적이면 깊숙이 밀어 넣을 수 있는 페니스를 선호한다.

B: 난자 가까이 정자를 운반할 수 있도록 페니스가 기다랗게 진화되었다.

(5) A: 개는 인간의 가장 가까운 친구이다.

B: 개를 먹는 것은 야만인의 행위이다.

(6) A: 우리는 안전사고 예방 설비 구축에 수억 원을 투자했습니다.

B: 작업 중 안전사고는 다시는 발생하지 않을 것입니다.

(7) A: 스포츠 세계는 보기보다 호락호락하지 않아요.

B: 운동도 안 해 본 사람이 프로 야구단의 단장을 할 수 있겠어요?

(8) A: □□당의 후보는 부동산 투기 및 학폭 은폐의 전력이 있습니다. 후보
를 사퇴해야 합니다.

B: 부동산 투기 및 학폭 은폐는 ○○당의 특기 아닙니까?

* 표시된 문제의 정답 및 해설은 506쪽에

19장   너 나이 몇 살이야? 길을 막고 물어봐라

논점 일탈, 사람에게 호소, 대중에게 호소

논점 일탈

논증 평가 기준에서 전제가 관련성이 있는가는 다른 기준들과 견주어 볼 때 가장 중요한 기준이다. 전제들의 관련성이 없다면 아무리 전제가 받아들일 만하다고 하더라도 그 전제는 소용없는 것이 되기 때문이다. 그리고 또 전제의 관련성이 없다면 결론의 충분한 근거가 되기는커녕 아예 근거가 되지 못하기 때문이다. 따라서 상대방의 논증에서 전제가 결론과 관련이 없다고 공격한다면 그것은 완벽하게 반박하는 셈이 된다. 그리고 전제가 받아들일 만한가와 전제가 결론을 충분히 지지하는가를 결정하기 위해서는 논리적인 고려보다는 사실에 대한 지식이 많이 필요하므로, 형식을 다루는 논리학보다 사실을 다루는 개별 학문의 도움을 받아야 한다. 전제가 결론과 관련이 있는지 평가하는 것은 상대적으로 논리적인 면이 많으므로 논리적 사고가 주제인 이 책에서 가장 신경 써서 다루기로 한다.

ⓒDuane Mendes. 패션쇼에서 모델들은 잘 웃지 않는다고 한다. 웃으면 사람들의 시선이 옷보다는 모델의 얼굴로 가기 때문이다. 본질에서 벗어나지 않으려는 노력이다.

전제가 관련이 없을 때 그 논증은 라틴어로 논 세퀴터^{non sequitur}라고 부른다. 이 말은 '(결론이) 따라 나오지 않는다.'라는 뜻이다. 정말로 전제가 관련이 없으면 전제에서 결론이 따라 나오지 않을 것이다. 이 표현은 지금도 영어를 비롯한 구미어로 된 글에서 종종 쓰인다. 또 '훈제 청어^{red herring}'란 말도 잘 쓰인다. 이 말은 사람의 주의를 딴 데로 쏠리게 한다는 뜻이다. 아마 훈제 청어의 독특한 향이 그런 구실을 했는가 보다. 실제로 얼토당토않게 관련이 없는 전제야 안 그러겠지만 교묘하게 관련이 없는 전제는 듣는 사람들의 주의를 지금 문제되는 논쟁거리에서 딴 데로 쏠리게 해서, 결론이 사실은 지지받고 있지 못하다는 사실을 잊게 만든다. 가령 어떤 검사가 토막 살인은 아주 잔인하고 개탄할 만하다고 사자후를 토한다고 해 보자. 그런데 그것은 저 피고인이 정말 그 토막 살인의 범인인가 하는 문제와는 아무 상관이 없다. 그런데도 검사의 사자후는 사람들의 관심을 충분히 끌고, 주의력이 없는 사람은 거기에 넘어가 피고인이 범인이라는 증거로 받아들일 수 있다. 관련 없는 전제에 넋이 나가는 이런 잘못은 종종 일어나는데, 가장 큰 이유는 관련 없는 전제들은 분명히 맞는 말이고 많은 사람이 동의하는 말이기 때문이다. 사람들은 너무 당연한 그 말에 넘어가 그것이 지금 문제 되고 있는 논쟁거리와 정말로 관련이 있는지 물어보려고 하지 않는다. 전제에서 감정에 호소할 때도 관련 없는 전제가 그럴듯하게 보인다. 조금 있다가 더 자세하게 설명하겠지만, 사람의 개인적인 특성이나 동정·공포·분노 등의 감정은 우리를 문제의 본질에서 벗어나게 만든다.

🕸️ 탐정과 훈제 청어

BBC에서 만든 〈셜록〉은 코난 도일의 '셜록 홈스 시리즈'를 현대적으로 재해석한 드라마이다. 그중 2017년에 나온 시즌 4의 1화('6개의 대처상')에서 깨진 조각상에 묻은 피 냄새를 개에게 맡게 하고 범인을 쫓아가는데 거기는 정육점들이 모인 거리였다. 영리한 범인은 정육점을 훈제 청어로 이용한 것이다. 한편 코난 도일 못지않게 유명한 추리 작가인 애거사 크리스티의 『그리고 아무도 없었다』에서는 '열 꼬마 인디언'이라는 동요가 중요한 역할을 하는데, 거기에는 "네 꼬마 병정이 바다 항해 나갔네. 훈제 청어가 잡아먹었네. 그래서 세 명이 남았네."라는 구절이 있다. 이 소설에서 훈제 청어는 은유가 아니라 직유로 기능하는데, 자세한 이야기는 스포일러라 생략한다.

〈셜록〉 시즌 4의 공식 이미지

사람들은 너무나 당연한 말을 들으면 그것이 논점에서 벗어나 있는
지 따지지 않기도 하지만, 어려운 말로 문자를 쓸 때도 그것이 논점에
서 벗어나 있는지 따져 보지 않는다. 상대방의 유식함에 주눅이 들어
있을 때는 특히 그렇다. 『춘향전』을 보면 거지 몰골로 서울에서 내려온
이 도령이 춘향의 편지 심부름하는 방자와 만나는 대목이 나온다.

"이 애. 그 편지 좀 보자꾸나."

"그 양반 철모르는 소리하네."

"웬 소린고."

"글쎄 들어 보오. 남아男兒 편지 보기도 어렵거든 황하물며 남의 내간부녀자가
쓴 편지을 보잔단 말이오."

"이 애 들어라. 행인이 임발우개봉이란 말이 있느니라. 좀 보면 관계하
랴."

"그 양반 몰골은 흉악하구만 문자 속은 기특하오. 얼른 보고 주오."

그러나 '행인임발우개봉行人臨發又開封'은 곧 길을 떠나려는 순간에도 편
지의 겉봉을 떼어 본다는 말로서 이 상황과 아무런 관련이 없는 말이다.
괜히 어려운 문자를 쓰니까 그
뜻을 모르는 방자가 넘어갔다.

TV 홈 쇼핑에서 건강식품
이나 의료 기기를 팔 때 의사가
등장하는 일이 많다. 그런데 의

『춘향전』을 현대적으로 해석한 영화 〈방자
전〉2010을 보면 이 도령이 방자에게 춘향에게
가서 자신이 써 준 서약서를 가져오라고 시키
는데, 춘향은 방자에게 엉뚱한 서약서를 준
다. 까막눈인 방자는 그것을 알지 못한다.

사가 제품의 효능을 직접 설명하면 노골적으로 보여, 의사는 고혈압이나 심장병의 일반적인 증상을 설명하고 그 위험성을 경고하는 의사들의 말을 방송 중간에 적절히 집어넣어 편집한 다음, 자사 상품의 효과와 교묘하게 연결한다(노골적으로 제품 홍보하는 의사도 있는데 그런 의사를 '쇼 닥터'라고 부른다). 이로써 실제로 의사가 출연해 제품을 홍보하는 효과를 낸다. 아무리 권위 있는 의사의 말이라고 하더라도 정신을 똑바로 차리지 않은 사람에게는 논점을 흐리는 훈제 청어일 뿐이다.

일상에서도 이런 일은 흔하다. 학교에서 시험을 보았는데 한 학생이 유일하게 100점을 받았다. 친구들은 그 학생에게 "너 어떻게 100점 맞은 거야? 도대체 비결이 뭐야?"라고 물었다. 그 답은 "너희도 열심히 하면 받을 수 있어."였다. 좀 재수 없어 보이는 답변이기도 하지만, 앞장의 정치인들 대답처럼 거시적 관련성은 있는데 미시적 관련성은 없다. 누가 열심히 하면 받을 수 있는지 몰라서 질문했겠는가? 어떻게 열심히 하느냐를 물은 거지.

상대방이 관련 없는 전제를 내세워서 지금 문제 되는 논쟁거리에서 벗어난 이야기를 하는 것을 보고 우리말로 **논점을 일탈했다**고도 말한다. 논점을 일탈하면 "그게 무슨 상관이 있습니까?" 또는 "논점을 흐리지 마세요!"라고 지적하면 될 일이다. 물론 거기서 그쳐서는 안 되고 왜 상관이 없는지 설명해야 할 것이다. 그리고 지금부터 거론할 오류들의 이름을 붙여 주면 더 좋을 것이다. 그러나 마땅히 붙일 오류의 이름이 없으면 그냥 **논점 일탈의 오류**라고 말해도 된다. 관련성이 없어서 생기는 논증의 잘못은 모두 논점 일탈의 오류로 볼 수 있기 때문이다.

사람에게의 호소

사람에게의 호소(대인對人 논증)는 라틴어로 애드 호미넴^{ad hominem}이
라고 하는데 이것은 '사람을 향해서'라는 뜻이다. 이 말에서 알 수 있듯
이 사람이 내세우는 주장이나 이론을 향해 논증하는 것이 아니라 바로
그 사람을 향해 공격할 때 **사람에게 호소하는 오류**를 저지른다. 솔직히
말해서 어떤 주장을 누가 했느냐는 그 주장의 성공 여부와 관련이 없
다. "지구가 둥글다."라는 주장 자체는 갈릴레이가 하든 이순신이 하든
가룟 유다가 하든 내 짝꿍이 하든 참이면 참이고 거짓이면 거짓이다.
그런데 사람들은 흔히 그 주장을 하는 사람의 인간성·배경·행적·정황
에 의존해서, 곧 거기에 호소해서 그 주장이 잘못됐다고 결론을 내리는
것이다. 이 오류는 다음과 같은 구조로 되어 있다.

    ① x는 P라고 주장한다.
    ② x는 F라는 특성이 있는 사람이다.
    ③ 따라서 P는 틀렸다.

그러나 전제 ②는 주장 ③ 자체와 관련이 없다. ③을 주장하기 위해
서 관련 있는 다른 증거를 내세우지 않는 이런 논증은 오류이다.

사람에게의 호소는 F가 무엇이냐에 따라서 두 종류로 나누어진다.
첫 번째는 **인신공격성 사람에게의 호소**인데, 사람의 개인적인 특성, 그
러니까 나이·성별·인종·국적·직위 그리고 신용도·과거의 행적 등에 의
존해서 그 사람의 주장을 공격한다. 개인적인 공격은 부정적이라고 생

각되는 특성이나 신용도가 없다는 데에 초점을 맞춘다. '나이가 어리므로', '여자이므로', '…출신이므로', '…한 적이 있으므로' 네 주장은 틀렸다고 말하는 식인데, 주장 자체를 공격해야지 그 주장을 한 사람을 공격했으므로 오류이다. 이 오류의 예는 다음과 같다.

- 아인슈타인의 상대성 이론은 틀렸다. 왜냐하면 그는 유대인이기 때문이다.
- 김영삼 전 대통령은 재임 중에 IMF 경제 위기를 불러왔기 때문에 그의 하나회 숙청과 금융 실명제 시행은 실패한 정책이다.

특히 우리 사회에서 자주 저지르는 오류다. "네까짓 게 뭘 알아?" "대가리에 피도 안 마른 놈이" "여자 주제에" "이 빨갱이 놈이" 등 모두 건전한 토론 문화를 가로막는 주범이다. 다른 나라의 논리학 교과서에는 나이, 출신 지역, 학력 따위의 개인적인 특성을 들어 다른 사람의 주장을 공격하는 것은 이 오류의 예로서 거의 등장하지 않는 데 비해 우리나라에서는 아주 흔하다. 도대체 주장하는 사람의 나이가 몇 살이고 출신 지역이 어디이고 어느 학교를 나왔느냐가 그 사람의 주장이 옳고 그른 것과 무슨 상관이 있단 말인가? 그런데도 우리나라에서는 논쟁하다가

> 김영삼 전 대통령이 재임 중에 IMF 경제 위기를 불러온 것은 큰 실책으로 평가된다. 그러나 취임 초기에 군대 내의 사조직인 하나회를 숙청한 것이나 금융 실명제를 시행한 것은 잘한 정책으로 평가된다. 외국의 논리학 교과서에는 이와 비슷한 예로 "닉슨 대통령은 워터게이트 사건으로 물러났으므로 그의 대중국 외교는 실패한 정책이다."라는 예가 등장한다.

막히면 "너 나이 몇 살이야?", "똥통 학교 나온 주제에…"란 말이 튀어나오는 것이다.

사실 이것은 따지고 보면 이중의 오류이다. 무슨 말이냐면 설령 주장한 사람의 나이·성별·인종 따위에 잘못이 있다고 하더라도 그 잘못이 주장 자체로 옮겨 가지 않는다. 그런데 나이·성별·인종 따위에 무슨 잘못이 있단 말인가? 나이가 어리다는 것, 여자라는 것, 외국 사람이라는 것은 과거에 거짓말을 했거나 실수한 적이 있다는 것과는 달리 전혀 부정적인 고려 사항이 아니다. 나이·성별·인종 따위를 들먹이는 것은 고쳐야 할 고약한 버릇일 뿐이다. 이 오류는 **발생적 오류**라는 다른 이름도 가지고 있다. 주장이 발생한 원천에 있는 결점 때문에 주장 자체가 결점이 있다고 말하기 때문이다.

두 번째 종류의 사람에게의 호소는 **정황적 논증**이라고 하는 것으로서, 상대방이 처한 정황 또는 상황에 의존해서 공격한다. 이 공격은 다시 두 가지로 나눌 수 있는데 상대방의 정황과 주장 사이의 불일치를 지적함으로써 이루어지거나, 또는 상대방의 특별한 사정 때문에 그렇게 주장할 수밖에 없다고 공격함으로써 이루어진다. 거리에 침 뱉는다고 야단치는 노인에게 "할아버지는 거리에 침 뱉은 적 없어요?"라고 대꾸하는 것이 앞의 사례이고, 급여 동결을 주장하는 사장에게 사장은 돈을 많이 벌기 때문에 그러는 것이라고 반박하는 것이 뒤의 사례이다. 앞의 사례는 **피장파장의 오류**라고 기억하면 더 편리할 것이다. 어떤 주장을 그 내용과 관련된 정당한 근거에서 비판하는 것이 아니라, 그 주장을 하는 사람도 그 주장에 담겨 있는 것과 같은 잘못을 과거에 했기 때문에 그럴 만한 자격이 없다는 이유로 그 주장이 잘못된 것이라고 일축할 때는 피장파장의 오류를 저지르는 것이다. 뒤의 사례는 **우물에 독 풀기**라는 재미있는 이름으로 불리기도 한다. 돈을 잘 버는 사장이라는 정황에 편견을 부여함으로써, 곧 주장의 근원(우물)에 독을 풂으로써 사장이 하는 무슨 말이든 의심스럽게 만든다. 독을 풀어 우물물을 못 먹게 만드는 것처럼 아예 무슨 말을 못하게 만드는 것이다.

그러나 사람에게의 호소가 항상 오류인 것은 아니다. 이와 같은 형식을 갖췄다고 해서 바로 오류로 모는 것 자체가 또 하나의 오류이고 논리적인 자세가 아니다. 사람에게의 호소가 오류인 것은 앞의 논증 구조에서 ②가 ③과 관련이 없기 때문이었다. 그러면 사람의 개인적인 특성이나 정황이 그 사람의 주장과 관련이 있다면 오류가 아닐 것이다. 다음은 한 정당 대변인의 논평이다.

> 이명박 대통령은 아웅산 수치 여사와 민주주의를 논할 자격이 없다. … 민간인 불법 사찰로 인한 민주주의와 인권의 후퇴, 언론 사유화와 언론 자유에 대한 억압, 전 대통령을 비롯한 전 정부 인사에 대한 부당한 탄압, 친재벌 정책으로 인한 국민 이익의 희생, 광우병 쇠고기 수입으로 인한 국민 건강권의 위협 등 이루 열거할 수조차 없는 이명박 정권의 반민주적 행태가 있었다.
> -《뉴스1》, 2012년 5월 15일 자

이 논증의 결론은 이명박 대통령이 논한 민주주의가 아니라 이명박 대통령 자신에 대한 것이므로 전제는 그것과 관련이 있다. 따라서 인신 공격성 오류라고 말하면 안 된다. 15장에서 소개한 증언과 전문가의 의견을 되새겨 보아라. 거기서 증언이나 전문가의 의견을 받아들여야 할지 말지 결정할 때 증언을 하는 사람이나 전문가의 배경·경험·신용도 등 개인적인 특성을 검토하지 않았는가? 그것은 그들의 개인적인 특성이 그들의 의견을 믿을 것인지 말 것인지 하는 문제와 관련이 있다는 뜻이었다. 가령 법정에서 증인으로 채택된 사람이 과거에 비슷한 사건에 거짓 증언을 한 경험을 들춰내는 것은 그가 하는 증언의 참·거짓을 판단하는 데 상당히 관련이 있다. 그러므로 개인적인 특성이나 정황에 호소한다고 해서 무조건 오류라고 해서는 안 될 것이다. 앞에서 인신공격성 오류의 보기로 든 김영삼 전 대통령에 대한 논증을 다음과 같이 바꿔 보자.

■ 김영삼 전 대통령은 재임 중에 IMF 경제 위기를 불러왔기 때문에 실패한 대통령이다.

이 논증도 사람에게 호소하고 있지만 오류는 아니다. 이 논증은 김영삼 전 대통령의 개인적 특징에 의존해서 김 전 대통령의 주장을 공격한 것이 아니라 김 전 대통령 자신을 공격했기 때문이다. IMF 경제 위기를 불러왔다는 한 가지 사실만으로 실패한 대통령이라고 단정할 수 있느냐는 논쟁은 있을 수 있지만, 기껏해야 개연성이 낮은 논증이라고 볼 수는 있어도 관련성의 오류라고 보기는 힘들다.

요약하면 사람에게의 호소가 오류인 경우의 구조는 다음과 같이 바꾸어야 한다.

① x는 P라고 주장한다.
② x는 F라는 특성이 있는 사람이다.
ⓐ P는 x에 대한 주장이 아니다.
③ 따라서 P는 틀렸다.

사람에게의 호소와 네거티브 캠페인

사람에게의 호소는 우리나라의 정치 현장과 언론의 정치 비평에서 즐겨 사용되고 있다. 어느 나라 정치나 비슷하겠지만 특히 우리나라 정치에서는 정책 대결보다는 상대방의 약점을 공격하는 네거티브 전략이 즐겨 사용된다. 우리는 대통령 선거에서 상대방 후보의 개인적인 약점을 공격하여 통치자로서의 신뢰도와 수행 능력을 의심스럽게 만드는 것을 자주 보아 왔다. 언론도 정치에 관한 보도와 논평을 할 때 정치인의 도덕적인 자격과 과거의 행적을 거론하는 방법을 많이 쓴다. 그러면서도 한편에서는 상대방 흠집 내기 위주의 네거티브 캠페인이 정치 불신과 선거에 대한 무관심을 증폭시킨다는 이유로 경계하는 목소리를 내며 정책 선거를 하라고 주장한다.

이런 선거 전략과 보도 행태는 사람에게 호소하는 논증이 많다. 그런데 위에서 사람에게 호소하는 논증이라고 해서 언제나 오류인 것은 아니라고 했다. 논증의 주장이 사람 자신에 대한 것이라면 사람에게 호소한다고 해도 오류인 것은 아니다. 그러나 이런 형식적인 틀을 실제 사례에 적용하는 것이 쉽지가 않다. 가령 탁석산 박사는 『오류를 알면 논리가 보인다』에서 인신공격성 오류의 예로 다음을 들고 있다.

고길동은 첩이 있습니다. 게다가 아이까지 두고 있다고 합니다. 도덕적으로 타락한 고길동을 국회로 보내서는 안 됩니다. 고길동을 찍어서는 안 됩니다.

이 논증은 개인적인 특성이나 정황에 호소하고 있으므로 사람에게 호소하는 것은 분명하다. 그러나 고길동의 사생활이 고길동의 국정 수행 능력과 관련이 있는가? 대통령 선거나 총리·장관 인준을 위한 청문회에서도 드러나지만 많은 사람들은 정치인이나 고위 공직자에게 일반인들보다 높은 도덕적인 기준을 요구한다. 그렇다면 이 예는 오류가 아니지 않을까? 아니면 사람들의 그런 시각은 편견에 불과하며, 논리적으로 따져 보면 그런 주장은 분명히 오류일까? 판단하기 쉽지 않은 문제이다.

또 「누가 누굴 검증한다고」(《조선일보》, 2007년 8월 28일 자)와 「누가 누굴 비판하나」(《굿모닝충청》, 2023년 1월 16일 자)라는 언론의 칼럼 제목에서도 알 수 있듯이 우리는 비판자의 도덕적인 자격과 과거의 행적이 비판의 내용과 관련이 있다고 생각하고, 그래서 그런 방법으로 서로를 공격한다. 그러나 논리학 교과서는 이런 경우 피장파장의 오류를 저지르는 것이라고 가르친다. 그렇다면 우리는 비판을 할 때 상대방의 도덕적인 자격과 과거의 행적을 전혀 거론할 수 없는가? 거론할 수 있다면 그것은 어떤 경우일까? 이 평가 기준이 성립되어야 올바른 정치 비평이 이루어질 것이다.

사람에게의 호소가 오류일 때는 앞의 논증 구조에서 ②가 ③과 관련이 없을 때라고 했다. 그러나 18장에서 설명한 대로 전제의 관련성을 테스트하는 방법을 이용해서 오류임을

- 똥 묻은 개가 겨 묻은 개를 나무란다.
- 사돈 남 나무란다.
- 털어서 먼지 안 나는 사람 있으면 나와 보라고 그래.
- 내가 하면 로맨스고 남이 하면 불륜.

피장파장의 오류와 관련된 속담 또는 떠도는 말들이다. 특히 마지막 말을 줄인 '내로남불'은 워낙 많이 쓰여서 사자성어로 아는 사람도 있고, 미국의 유명 신문에 Naeronamubul이라고 소개되기도 했다. 영어로 피장파장의 오류를 가리키는 속담으로 'Two wrongs make a right.'가 있는데, 다른 사람의 잘못이 나의 잘못을 덮는다는 뜻이다. 이런 잘못을 경계하는 속담으로 'Two wrongs don't make a right.'가 있다.

밝혀내는 것이 말처럼 그리 쉬운 일은 아니다. 전제의 참이 결론의 참일 가능성을 높이는지 물어보라고 했지만, 그 질문에 예 또는 아니오라고 대답하는 것이 간단하지 않기 때문이다. 관련성을 알아내는 한 가지 방법은 논증이 제시되는 구체적 맥락을 살펴보는 것이다. 순전히 물리학의 법칙에 대해 논의하는 과학 논증에서는 사람의 성격이나 정황이 차지할 자리는 전혀 없다고 보아야 한다. 그러므로 '아인슈타인의 상대성 이론은 틀렸다. 왜냐하면 그는 유대인이기 때문이다.'는 전형적인 사람에 호소하는 오류이다. 그러나 정치 논쟁에서는 사람의 성격과 진실성은 관련이 아주 깊을 수 있다. 앞에서 말한 고길동의 예를 다시 생각해 보라. 정치 운동에서 개인의 사생활을 어느 선까지 언급해야 하느냐

는 문제가 될 수 있다. 다시 말해서 후보의 성도덕과 여타 사생활이 공직 수행과 관련이 있는지가 문제가 된다. 여기서 문제는 외도를 했다는 사실이 도덕적으로 타락했느냐 안 했느냐가 아니다. 일단 그 후보가 도덕적으로 타락했다는 전제는 참이라고 받아들이고 그 전제가 후보의 공직 수행 능력과 관련이 있느냐를 따져 보아야 한다. 이런 문제를 따져 보지 않고 이 주장을 인신공격성 오류라고 낙인을 찍는 것은 논리적인 태도가 아니다.

💬 아인슈타인과 멘델의 의문의 1패

유대인이라는 이유로 누가 아인슈타인의 상대성 이론을 비난할까 싶지만 역사에서 실제로 그런 일이 일어났다. 1930년대에 소련 공산당은 "멘델의 유전학설은 수도사라는 유산 계급이 지닌 사고방식의 소산으로 간주하지 않으면 안 된다."라고 언급했다. 전형적인 사람에게의 호소 오류의 예이다. 반면에 "멘델은 수도사이므로 신을 믿을 것이다."라고 말한다면 그것은 사람에게 호소하지만 오류는 아니다.

중국과 미국에서 각각 드라마로 만들어진 류츠신劉慈欣, 1963·의 SF 소설『삼체』에는 중국의 문화 대혁명 시대에 아인슈타인의 상대성 이론을 강의한 물리학 교수를 다음과 같이 비난하는 장면이 나온다.

아인슈타인은 반동 학계 권위자다. 그는 기회주의자야! 미국 제국주의에 빌붙어 원자 폭탄을 만들었어! 혁명적인 과학을 이룩하려면 상대성 이론으로 대표되는 자산 계급 이론의 검은 깃발을 타도해야 한다.

역시 전형적인 사람에게의 호소 오류이다. 그런데 그 물리학 교수의 부인이기도 한 물리학 교수는 아인슈타인의 이론을 다음과 같이 비난한다.

동지 여러분, 혁명 소장 여러분. 혁명 교직원 여러분. 우리는 아인슈타인의 상대성 이론의 반동 본질을 알아야 합니다. 그 본질은 일반 상대성 이론에 가장 잘 나타나 있습니다. 그는 정적 우주론을 제기해 물질의 운동 본성을 부정한 반변증법을 주장했습니다! 우주가 유한하다고 했으니 철두철미한 반동 유심주의자입니다.

비판이 잘못되었을 수는 있지만 사람에게의 호소 오류는 아니다. 아인슈타인이라는 사람에게 호소한 것이 아니라 상대성 이론의 내용에 호소하기 때문이다.

그런데 후보의 사생활이 공직 수행 능력과 관련이 있는지 없는지는 일관적으로 대답할 수 없다. 그 후보가 누구인가에 따라 달라질 문제이다. 만약 이 후보가 가족의 가치에 대해 아주 소중하게 생각하는 발언을 한 적이 있거나 그런 것을 공약으로 삼는다면, 그의 외도는 공직 수행 능력과 관련이 있다. 행동과 발언의 불일치는 공직 수행의 신뢰성에 흠집을 내기에 충분하기 때문이다. 또 후보가 그의 부인에게 숨긴 채

ⓒSusanne Pommer. 철학자인 데이브드 흄David Hume, 1711-1776은 백인 이외의 인종을 차별하는 발언을 했다. 이것 때문에 2020년에 에든버러에 있는 흄의 동상이 훼손되는 일이 일어났고, 에딘버러 대학은 14층짜리 '데이비드 흄 타워'의 이름을 '40 조지 스퀘어'로 바꿨다. 흄의 인종 차별 발언을 근거로 그의 인과론을 비롯한 철학을 비판하면 사람에의 호소 오류일까? 그의 혐오 발언이 인과론과 관련이 있다고 주장하지 않는 한 오류가 될 것이다.

외도했던 것이라면 그 역시 그의 진실성에 의심을 사게 하는 행위이다. '수신제가치국평천하修身齊家治國平天下'라는 옛말이 일리가 있다. 이렇게 개인의 사생활이 관련이 있느냐 없느냐는 누구의 사생활인가, 지금 논의되는 주제가 무엇이냐에 달린 것이지 일률적으로 결정할 수 있는 문제는 아니다. 인신공격 또는 네거티브 캠페인이 항상 나쁜 것은 아니다.

안에서 새는 바가지 밖에서도 샌다.
우리나라 속담

피장파장의 오류와 우물에 독 풀기

이번에는 피장파장의 오류의 예를 보자.

> 아버지: 담배를 피우면 폐암에 걸릴 확률이 높아지고 감기에 잘 걸리며 성 기능도 약화된다. 건강에 안 좋아. 담배 안 피우는 사람보다 10년은 일찍 죽어. 그리고 사람도 꾀죄죄해지고 다른 사람들도 싫어하고 화재 위험도 커. 담배를 피우면 안 돼.
>
> 아 들: 그렇지만 아버지도 담배 피우시잖아요?

대부분의 논리학 교과서는 이 대화에서 아들이 피장파장의 오류를 저지르고 있다고 말한다. 아버지가 내세우고 있는 주장의 근거를 직접 공격하는 것이 아니라 아버지의 주장과 행동 사이에 불일치가 있음을 지적하는 방법을 통해 공격하기 때문이다. 그러나 아들의 대꾸는 정말로 오류라고 보아야 할까? 이것은 아버지의 주장이 어떤 맥락에서 나왔는가, 아버지의 주장을 어떻게 해석해야 하느냐에 따라 달라진다. 만약 아버지가 '담배는 해롭다.'라거나 '건강하고 싶은 사람이라면 누구나 담배를 피워서는 안 된다.'라고 일반적인 주장을 한 것이라면 아버지의 주장은 합당하다고 볼 수 있고 아들의 대꾸는 오류라고 보아야 한다. 아버지는 일반적인 이야기를 한 것이지 나도 그렇게 하겠다는 실천의 의지를 말한 것은 아니기 때문이다. 또 아버지가 나도 담배 피우면 여러 가지 문제가 있는 것은 알고 있는데 의지박약으로 담배를 끊지 못한다거나 나는 이미 늦었으니까("이렇게 살다 죽을래.") 너라도 담배를 피우지 말라는 의도라면 아들의 대구는 잘못이다. 그러나 아버지의 주장이 개인적인 주장이라면, 그러니까 '나는 건강해지기 위해서 담배를 피우지 않는다.'라는 주장이라면 아버지의 주장과 행동 사이의 불일치는 아버지의 주장을 평가할 때 중요한 요소가 될 것이고, 따라서 아들의 대구는 일리가 있는 것이 된다. 그러니 일관적인 사람이 되어야 한다. 그래야 누군가에게 충고할 때 속된 말로 '말발이 선다'.

> "너희 중에 누구든지 죄 없는 사람이 먼저 저 여자를 돌로 쳐라."
> 『성서』, 「요한의 복음서」 8장 7절. 꼭 흠 없는 사람만이 다른 사람을 비난할 수 있는 것은 아닐 것이다. 그래도 흠 없는 사람이 비난했을 때 더 '말발이 선다'는 것이 예수의 의도 아닐까?

앞에서 급여 동결을 주장하는 사장에게 사장은 돈을 많이 벌기 때문에 그러는 것이라고 반박하는 것을 우물에 독 풀기라고 말했다. 사장이 급여 동결을 주장하면서 어떤 근거를 제시했을 것이다. 그 근거를 비판하지 않고 사장이라는 정황을 거론한다는 점에서 관련성이 없는 비판이다. 이런 비판이 허용되면 급여 인생을 주장하는 노조원에게는 노조원이니까 그러는 것이라고 맞받아칠 것이다. 선생님은 선생님이니까 그러는 거고 학생은 학생이니까 그러는 거고, 남자는 남자니까 그러는 거고 여자는 여자니까 그러는 거고, … 이렇게 우물에 독을 풀어 어떤 논증도 반박할 수 있게 된다. 2장에서 논증은 단순히 비판이 아니라 생산적이어야 함을 강조했는데, 우물에 독을 푸는 것은 논증이 앞으로 나아가는 것을 막는다는 점에서도 잘못된 논증 방식이다.

사람에게의 호소 논증은 논증 하나하나가 어떤 맥락에서 제기되었는가, 논증이 비판하는 사람이 무엇을 전제하고 있는가에 따라 오류가 될 수도 있고 정당한 논증이 될 수도 있다. 따라서 사람에게 호소하고 있는 정치적인 논증이 오류인지 평가하기 위해서는 그 논증이 이루어지고 있는 구체적인 맥락과 논증이 비판하고 있는 정치인의 가치관 등을 모두 검토하는 방법을 사용해야 한다. 이 점은 다른 오류에 대해서도 마찬가지이다. 어떤 논증이 오류가 되는 형식과 일치한다고 해서 무조건 오류라고 단정해서는 안 되고 그 논증이 제기되는 구체적인 상황에 주목해야 한다. 똑같은 논증이 어떤 맥락에서 제시되었느냐에 따라 오류가 될 수도 있고 설득력 있는 논증이 될 수도 있기 때문이다.

대중에게의 호소

우리는 자신의 주장이 옳다는 것을 보여 주기 위해서 "길을 막고 물어봐라. 내 말이 틀렸다고 하나."라는 말을 가끔 쓴다. 다음 신문 칼럼도 그렇다.

> 지금 한국 사회의 최대 기득권이 누구인가. 길을 막고 물어보라. 열 명 중 아홉 명은 검찰이라 답할 것이다."
> -《경향신문》, 2023년 2월 28일 자

그러나 이런 논증은 **대중에게 호소하는 오류**를 저지르고 있다. 어떤 주장이 옳은가 그른가 하는 문제는 많은 사람이 그것을 지지하느냐와 전혀 관련이 없기 때문이다. 많은 사람이 지지하므로 옳을 것이라는 가정은 대중들이 합리적으로 판단하고 행동하리라는 가정에 근거하고 있다. 그러나 애석하게도 그렇지 못하다. 20세기 초에 (지금도?) 대부분의 일본 사람은 천황이 신이라고 믿었지만 그것은 참도 아닐 뿐만 아니라 무시무시한 결과를 불러왔다. 히틀러 통치하의 독일 국민도 대부분 독일 국민의 우수성을 믿었지만 그 믿음 때문에 대학살을 가져왔다. 대중에게 호소하는 것은 오류이기도 하지만 윤리적으로 건강하지 못함을 보여 주는 사례이다. 현대에 발달한 여론조사 결과는 그 결과로만 받아들여야 한다. '최근 한국 야구 위원회[KBO]가 한국갤럽에 의뢰한 여론 조사 결과 이정후 선수가 가장 인기 있는 선수임이 밝혀졌다.'라는 결과는 오류가 아니지만, 거기서 '이정후 선수가 가장 훌륭한 선수이다.'라는 결론을 끌어낸다면 잘못된 추론이다(KBO 리그에서는 올스타는 팬들의 인기 투표로 뽑고, 최우수 선수는 전문가라고 생각되는 기자가 뽑는다). 우리는 대중의 의견 자체와 대중의 의견에 의존하는 주장을 구분할 줄 알아야 한다.

상품 광고와 구매에서도 같은 형태의 오류가 나타난다. 판매원은 많은 사람이 이 상품을 골랐기 때문에 이 상품이 좋다고 권한다. 그러나 상품의 질과 인기는 별개의 문제이기 때문에 판매원의 주장은 잘못이다. 물론 상품의 질이 뛰어나기 때문에 인기가 높을 수 있다. 그러나 현실 세계의 경제 활동에서 상품의 질은 상품을 선택할 때 고려하는 한 가지 기

> "남편과 다퉜어요. 제가 이상한 걸까요? 길을 막고 물어보라고 해서요. ㅠㅠ"
> 인터넷 게시판에 올라온 상담 글. 설령 많은 사람이 글쓴이가 이상하다고 말해도 그것은 어디까지나 참조만 해야 한다.

준에 불과하다. 소비자는 상품의 질만을 고려한다고 생각할지도 모르지만 여러 가지 다른 요소(광고·평판·가격·경품·판매원의 권유 따위)를 보고 선택한다. 따라서 상품의 질과 인기는 관련이 있다 하더라도 아주 약하게 관련이 있을 뿐이다. 어쨌든 인기 있기 때문에 좋은 제품

> 여러 사람이 그를 미워하더라도 반드시 살펴보아야 하며 여러 사람이 그를 좋아하더라도 반드시 살펴보아야 한다.
> 『논어』 중에서
>
> 많은 사람들이 좋아한다고 해도 반드시 살피고, 많은 사람들이 싫어한다고 해도 반드시 살피라.
> 『명심보감』 중에서
>
> 모두 대중에의 호소를 경계하는 금언이다.

이고 그러므로 사야 한다는 주장은 오류이다. 물론 나는 순전히 이 제품이 인기가 많기 때문에 산다고, 솔직하게 심리적 이유 때문에 샀다고 말하면 오류가 아니다. 그러나 우리는 보통 인기가 많다면 제품의 질도 좋을 것이라고 생각하여, 인기가 질의 논리적 이유가 된다고 생각하기 때문에 오류가 되는 것이다.

전통에의 호소도 대중에게 호소하는 형태로 볼 수 있다. 대중에게의 호소에서 많은 사람이 지지한다는 것이 그 주장

> "1등 신문"
> 한 신문사의 광고 문안. 독자 수가 가장 많은 신문이 꼭 가장 좋은 신문인 것은 아니다.

을 받아들일 근거라고 생각하는 것처럼, 전통에의 호소에서도 오랜 시간 동안의 지지가 그 주장을 받아들일 근거가 된다고 생각한다. 그러나 오랜 시간 동안의 지지는 이론의 참과 관련이 없다. 그런데 우리 사회는 상당히 논쟁적인 주장도 전통에 호소하는 경우가 많다. 동성애를

반대하는 진영에서는 "동성애는 헌법에 있는 전통문화의 계승 발전 의무, 민족 문화 창달 의무, 혼인 제도와 가족 제도, 모성 보호 등에 위배된다."라고 주장한다(동성애문제대책위원회 2013년 성명서). 지금은 폐지된 동성동본 금혼 제도나 호주제를 찬성하는 쪽에서도 그 근거로서 전통을 들었다. 그들은 호주제는 "우리의 전통과 문화에 바탕을 둔 것"이기 때문에 "우리의 문화와 국민 정서가 변화하지 않는 한 큰 줄기가 유지돼야 할 것으로 본다."(《한국일보》, 2000년 8월 18일 자)라고 말했다. 그러나 헌법 재판소는 2005년에 호주제에 관한 헌법 불합치 결정을 하면서 "헌법에서 말하는 전통문화란 역사성과 시대성을 띤 개념으로서 헌법의 가치 질서, 인류의 보편 가치, 정의와 인도 정신을 고려하여 오늘날의 의미로 포착하여야 한다."라고 말하여 전통문화라고 해서 무조건 존중받아야 하는 것은 아니라고 분명히 하였다. 여성 차별 제도나 노비제를 전통문화라는 이유로 계승 발전시키자고 주장할 수는 없지 않은가? 동성애가 됐든 호주제가 됐든 전통은 그 제도의 찬반 논의와 관련이 없을 뿐만 아니라, 전통에 매달리는 것은 그 제도를 찬성할 관련 있는 좋은 이유(만약 그런 게 있다면)도 발굴하지 못하게 흐려 놓는 구실을 한다. 전통에 호소하는 것은 오류일 뿐만 아니라 우물에 독 풀기나 마찬가지로 비생산적이다. 그리고 동성애든 호주제든 그것을 논점으로 삼는 것은 많은 사람이 정말로 지지하는가, 많은 사람이 지지한다고 하더라도 꼭 옳은 것인가, 전통이라고 하더라도 그것을 받아들이는 것이 옳은가 딴지를 거는 것이기도 하다. 그런데도 또다시 대중이나 전통에 호소하는 것은 논란이 되는 바로 그것을 다시 근거로 삼는 것이니 이것은 17

장에서 말한 선결문제 요구의 오류를 저지르는 것이기도 하다.

대중에의 호소는 다음과 같은 구조로 요약할 수 있다.

① 많은 사람이 P라고 믿거나 또는 P를 한다.

ⓐ P는 대중의 인기도를 나타내는 표현이나 상품이 아니다.

② 따라서 P는 참이거나 P를 해도 된다(해야 한다).

많은 사람의 지지를 받는다는 것은 분명히 어떤 주장의 설득력이 높아 보이는 좋은 증거이다. 그러나 많은 사람의 지지를 받는다는 것 외에 그 주장이 설득력 있고 독립적인 근거를 대지 못한다면 그 주장은 대중에 호소하는 오류라고 해야 할 것이다.

> "그간 우리에게 가장 큰 피해를 끼친 말은 바로 '지금껏 항상 그렇게 해왔어'라는 말이다."
> 그레이스 호퍼1906-1992, 미 해군 최초의 여성 제독이자 최초의 컴퓨터 컴파일러 개발자
>
> "어떤 의견이 널리 퍼져 있다는 사실은 그것이 터무니없지 않다는 증거가 될 수 없으며, 실제로 대다수 인류의 어리석음을 고려할 때 널리 퍼진 믿음은 합리적이라기보다는 어리석은 것일 가능성이 더 높다."
> 버트런드 러셀

논리 연습

1. 인터넷, 방송, 신문, 광고 따위에서 논점 일탈, 사람에게의 호소, 대중에게의 호소에 해당하는 사례가 있는지 찾아보라.

*2. 다음 진술에 논점 일탈, 사람에게 호소하는 오류, 대중에게 호소하는 오류가 있는지 찾아보라.

(1) 우리는 신 교수의 강의를 들을 수 없습니다. 그는 성희롱 교수입니다.

(2) 박정희 대통령의 국장國葬 행렬에는 많은 시민이 나와 애도를 표했습니다. 이것은 박 대통령께서 얼마나 위대한 지도자였는지 말해 주는 것입니다.

(3) 징병제를 폐지한다는 것은 말이 안 된다. 젊은이들은 편하게 살려고 군대를 안 가려고 하는데 육신이 편한 것보다 훨씬 중요한 일이 많다는 것을 깨달아야 한다.

(4) 비전향 장기수는 대한민국의 헌법 체제를 전복하고 붕괴하기 위해 남파돼 간첩 활동을 한 자들인데도 귀환을 허용한 것은 국가와 반국가 단체 간에는 물론이고 국가와 국가 사이에서도 관례가 없는 일이다.

(5) 그분이 전혀 가르치지도, 그다지 말한 적도 없는 그분의 자녀로서 저는 서울 시민 여러분께 그분은 교육감이란 직책에 자격이 없다는 것을 알리지 않을 수 없습니다. 교육감의 역할이 한 도시의 교육 정책과 시스템을 돌보는 것이라면, ○○○은 이 일과 관련이 없는 사람입니다. 자신

의 피붙이도 가르칠 뜻이 없는 사람이 어떻게 한 도시의 교육 지도자가 될 수 있겠습니까?

- 2014년 서울시 교육감 선거에서 아무개 후보의 딸이 인터넷에 올린 글

(6) 지연이는 제대 군인에게 가산점을 주는 군 복무 가산점제에 반대한다. 군대도 안 갔다 온 여자니까 반대하는 것이다.

(7) [간통죄 위헌 판결 다수 의견] 이러한 사회 구조의 변화, 결혼과 성에 관한 국민의 의식 변화, 그리고 성적 자기 결정권을 보다 중요시하는 인식의 확산에 따라, 배우자 있는 사람이 배우자 아닌 사람과 성관계를 하였다고 하여 이를 국가가 형벌로 다스리는 것이 적정한지에 대해서는 이제 더 이상 국민의 인식이 일치한다고 보기 어렵게 되었다.

[소수 의견] 다수 의견은 간통에 대한 우리 사회 대다수의 법의식이 변화하였다고 하나 현재 국민 법의식에 대한 실태 조사 결과 등 이를 입증할 어떠한 증좌도 없다. … 간통은 사회의 질서를 해치고 타인의 권리를 침해하는 경우에 해당한다고 보는 우리의 법의식은 여전히 유효하다.

- 2015년 헌법재판소 선고

(8) 그는 친구들에게서 빌린 돈으로 생계를 꾸리고, 가족에게서 정기적으로 목돈을 뜯어내는 생활 패턴을 이미 체득했다. … 어머니는 "카를이 자본에 대한 글을 쓰는 대신 자본을 모았으면" 하는 씁쓸한 소원을 빌었다. … 마르크스는 영국 자본가들의 불법행위에 대한 연구를 진행하면서 저임금 노동자들에 대한 사례를 많이 발견했지만, 말 그대로 무임금으로 일하는 사례를 밝혀내는 데 성공한 적은 한 번도 없었다. 그런데 그런 노동자가 실제로 존재했다. 그것도 그의 집안에. 마르크스가 가족

들을 거느리고 공식적인 일요 산책에 나설 때, 소풍 바구니와 다른 용품들을 들고서 맨 뒤에서 따라가는 땅딸막한 여자가 있었다. 이 사람이 가족들이 "렌첸"이라고 부른 헬렌 데무스였다. … 그녀는 숙식을 제공받았지만 임금은 한 푼도 받지 않았다.

- 폴 존슨, 『지식인의 두 얼굴』 중에서

* 표시된 문제의 정답 및 해설은 507쪽에

20장 소크라테스의 변명과 여성부와 고엽제

감정에의 호소, 허수아비 공격의 오류, 무지에의 호소

감정에의 호소

우리는 어떤 주장을 하면서 특정 감정을 불러일으키는 경우가 있다. 그러나 감정은 사람의 특성이나 인기도와 마찬가지로 어떤 주장을 받아들이는 문제와는 관련이 없다. 인간의 여러 감정 중 논증에서 가장 자주 쓰이는 것이 동정심과 공포심이다. 먼저 교수에게 학점을 올려 달라고 부탁할 때나 법정에서 무죄를 주장할 때 동정심에 자주 호소한다. 철인哲人인 소크라테스도 예외가 아니다. 그는 자신에게 반대표를 던지려는 배심원들에게 다음과 같이 말한다.

친구여, 저도 사람입니다. 다른 사람과 똑같습니다. 저도 호메로스의 말처럼 목석으로 된 인간이 아니라 피와 살을 가진 인간입니다. 또 아테네의 친구들이여, 저에게도 식구가 있습니다. 예, 아들도 있습니다. 셋이지요. 하나는 거의 어른이 다 되었고 둘은 아직 어립니다. 그러나 저는 여러분들께 사면을 청하려고 그들을 이곳에 데려오지는 않았습니다.

– 플라톤, 『변명』 중에서

피고인은 법에 금지된 행위를 했으면 유죄이다. 그런데 변호사가 '이 사람이 얼마나 불우한 환경에서 자라 왔고 집도 절도 없이 살아왔고 …' 하는 식의 이야기로 변호한다면, 설령 그 내용이 참일지라도 유죄인지 아닌지의 문제와는 전혀 상관이 없다. 이런 경우 **감정에 호소하는 오류** 중 **동정심에 호소하는 오류**를 저지른 것이다. 그러나 유죄 선고를 받은 다음에 형의 종류와 형량을 결정할 때는 이와 같은 변호가 관련이 있을 것이다. 그래서 정상을 참작하는 것은 오류라고 할 수 없다.

물론 감정에 호소한다고 해서 꼭 오류인 것은 아니다. 우리는 어려운 이웃의 사연을 소개하는 TV 프로그램을 보고 ARS^{자동 응답 시스템} 후원금 전화를 걸지만 그런 프로그램이나 그것을 보고 후원하는 사람들이 감정에 호소하는 오류를 저지른다고 말하는 것은 너무 냉정하다. 어려운 이웃의 모습을 보여 주는 것과 어려운 이웃을 돕는 행위 사이에는 관련성이 있으므로 감정에 호소하는 오류가 아니다. 그러나 집안이 어려운 것과 좋은 학점을 받아야 하는 것 사이에는 아무런 관련이 없으므로, 집안이 어렵다는 이유로 좋은 학점을 달라고 하는 것은 동정심에 호소하는 오류인 것이다.

힘 또는 그것 때문에 생기는 **공포심**도 동정심 못지않게 잘 쓰이는 감정이다. 어른들이나 애들이나 "너 내 말 안 들으면 죽어."라는 말을 종

국경없는의사회 한국 공식 유튜브 캡처. 지진으로 폐허가 된 모습은 지진 피해자 돕기 캠페인과 관련 있으며 적절하다.

종 한다. 이 협박은 상대방이 내 말을 듣게 하는 심리적인 원인은 되지만 이 말을 하는 사람의 말이 참이라는 논리적 근거는 되지 못한다. 갈릴레이는 종교 재판소의 협박이 무서워서 지동설을 철회했지만 그렇다고 해서 지동설이 틀렸다고 믿은 것은 아니다. 공포심에 호소해서 어떤 주장이 옳음을 주장한다면 그 논증은 감정에 호소하는 오류 중 하나인 **공포심에 호소하는 오류**를 저지르게 된다. 미국의 대북한 담당 고위 관료가 "북한이 핵 사찰을 허용해야 한다. 우리는 대북 경제 제재를 강화할 수 있다."라고 말한다면, 그는 경제 제재라는 공포에 호소해서 북한의 핵 사찰이 허용되어야 한다는 심리적 협박을 하는 것이다. 그 협박이 무서워 핵 사찰을 허용했다고 해서 오류를 저질렀다고 볼 수는 없다. 공공장소에서의 "예수천당 불신지옥"이라고 외치는 선교를 듣거나 똑같은 내용의 편지를 다른 사람들에게 보내지 않으면 불행이 온다는 행운의 편지를 받고, 사실은 공포심 때문에 선교나 편지의 내용을 진리로 받아들이면서 그것이 참인 논리적인 근거가 있다고 생각한다면 그것은 공포심에 호소하는 오류이다.

공포심이 논리적인 관련이 있을 수도 있다.

폐암으로 가는 길
담배 연기에는 발암성 물질인 나프틸아민, 니켈, 벤젠, 비닐 크롤라이드, 비소, 카드뮴이 들어 있습니다.

섬뜩한 경고 그림과 함께 담뱃갑에 쓰여 있는 이 경고 문구에는 '따라서 흡연을 삼가든가 줄여야 한다.'라는 결론이 생략되어 있다. 전제 역할을 하는 위 문구는 흡연 때 생기는 공포심에 호소하고 있지만, 그 공포심은 흡연해야 할지 말아야 할지 결정할 때 확실히 관련 있는 요소이다. 따라서 여기에 오류는 없다.

> "공포심 앞에 논쟁이란 없다."
> 이오시프 스탈린
>
> "공포심으로 인해 타협하지 말 것이며, 남이 나에게 타협하는 것을 두려워하지도 말라."
> 존 F. 케네디1917-1963, 미국의 제35대 대통령

우리나라에서는 보통 사람부터 국회 의원까지 논쟁하다가 마지막에 "너 나이 몇 살이야?"로 끝내기가 일쑤다. 주장과 관련 없는 개인의 나이를 거론하는 것은 앞 장에

서 말한 사람에게 호소하는 오류로 볼 수도 있고, 대개는 나이 많은 사람이 위압감으로 논쟁에서 이기려는 것이므로 감정^{공포심}에 호소하는 오류로 볼 수도 있다. 나이는 벼슬이 아니다. 하긴 벼슬이라고 하더라도 벼슬은 주장의 참·거짓 여부와 관련 없는 요소임을 사람에게의 호소에서 보았다.

이성과 달리 감정은 본능에 속한다. 동물은 본능에 따라 행동한다. 철새들이 계절이 변하면 이동하고, 말이 채찍을 맞고 달리는 행동을 우리는 합리적이라고 부르지 않는다. 마찬가지로 동정심이나 공포심 등 감정에 따른 판단과 주장은 합리적인 설득력이 있다고 볼 수 없다. 그런 감정은 논점에서 벗어나게 만드는 역할을 한다. 다만 감정이라도 관련 있는 증거가 되는 경우도 있으므로 감정에 호소하는 오류인지 아닌지 상황에 따라 조심스럽게 판단해야 한다.

그러나 감정은 설령 관련이 있어도 그 자극이 시간이 지나면 금방 사그라든다는 것을 잊지 말아야 한다. 어려운 이웃의 모습을 보여 주면 당장은 동정심을 자극해 후원받을 수 있을지 몰라도, 지속적인 관심을 불러일으키지도 못하고 빈곤 문제를 근본적으로 해결할 수도 없다. 유명 코미디언이었던 이주일은 2001년 폐암 투병 중 "담배 맛있습니까? 그거 독약입니다. 저도 하루에 두 갑씩 피웠습니다. 하, 이젠 정말 후회됩니다."라는 멘트의 금연 광고를 했다. 폐암 투병 중인 그의 모습은 사람들에게 동정심과 더불어 공포심을 불러일으켜 많은 사람이 금연하는 동기가 되었다. 담뱃갑의 경고나 마찬가지로 이 광고가 불러일으킨 감정은 분명히 담배의 해악과 관련이 있다. 그러나 그때뿐이고, 사람들은 여전히 담배를 피운다. 무릇 논증에서 감정은 보조적으로 쓰이고 이성이 주된 역할을 해야 한다.

허수아비 공격의 오류

우리는 이미 4장에서 허수아비 공격의 오류를 살펴봤다. 거기서 상대방의 주장을 이해할 때 반박하기 쉽게 해석해서 공격하는 것을 허수아비 공격의 오류라고 설명했다. 이 오류는 상대방의 주장을 왜곡해서 본디 주장보다 약하게 만들어 놓고 반박할 때 생긴다. 진짜 사람 대신에 공격하기가 훨씬 편한 허수아비를 만들어 놓고 공격하는 것이다. 그러나 자기가 공격하고 있는 그 허수아비는 상대방의 진짜 주장과 관련이 없고, 따라서 허수아비 이론이 잘못됐다고 반박한 근거는 본디 주장이 거짓임을 보여 주는 것과 관련이 없다. 임신 중절 찬반 논쟁에서 임신 중절 반대 진영은 자신의 입장을 '생명 옹호pro-life'라고 부른다. 이에 비해 임신 중절 찬성 진영은 자신의 입장을 여성의 선택권을 옹호한다는 의미에서 '선택 옹호pro-choice'라고 부른다. 그런데 임신 중절 반대 주장을 생명 옹호라고 부름으로써 임신 중절을 찬성하는 쪽은 마치 생명을 옹호하지 않는 것처럼 몰아갈 수 있다. 그러나 8장에서 보았듯이 임신 중절을 찬성하는 진영은 태아를 다만 인간의 생명으로 보지 않고 있으며, 임신 중절 반대 진영도 인간을 제외한 모든 생명을 옹호하지 않는다. 생명을 옹호하지 않는다고 하면 비판하기 쉬우므로 허수아비를 만들어서 공격하는 것이다.

2008년에 이명박 정부 출범을 준비하면서 정부 행정 기관 중 여성

가족부^{여성부}의 폐지가 논란이 되었다. 정부가 바뀔 때 행정 기관이 신설되고 폐지되는 일은 흔히 있는 일이고 평범한 시민들의 관심사는 아닌데, 여성부의 경우는 쌍수를 들고 폐지를 반기는 글이 인터넷에 많이 올라왔다. 다음과 같은 내용이다.

> 지난 몇 년 여성부가 존속해 오는 동안 여성부는 여성부 폐지 여론이 나올 몇몇 실수를 저질렀습니다. 그 첫째가 군 복무 가산점 폐지였습니다. 한국 남자들에게 있어서 군 복무는 트라우마이고 또 사회적으로 권력과 돈이 없는 사람들이나 가는 곳으로 인식되어 있습니다. 그렇기 때문에 군대를 갔다 온 남자들은 당연히 국가나 사회가 그 대가를 어느 정도는 치러 줘야 한다는 생각을 거의 무의식적으로 가지고 있습니다. 저 역시 그렇게 생각하고요. 이런 현실에서 그나마 군대 갔다 온 남자들에게 공무원 시험에서 가산점 주던 제도를 아무런 대안 없이 폐지해 버렸으니 군대에 대한 그 모든 원성과 분노가 여성 운동가들과 여성부로 돌아간 것이지요. 물론 그것은 여성부와 상관없이 모 대학 출신 여자들이 헌법 소원을 낸 결과 그렇게 된 것이기는 하지만, 그런 과정과 상관없이 페미니스트들에 대한 반감으로 이어졌고 그것이 여성부에 대한 혐오로도 연결이 되었지요.

여성부가 군 가산점 제도를 폐지했으므로 여성부는 폐지되어야 한다고 주장하는 사람이 많다. 군 가산점 제도는 1999년에 폐지되었지만 아직도 특히 남성들에 의해 부활을 주장하는 의견이 많기 때문에 만약 여성부가 정말로 군 가산점 제도 폐지를 주장했다면 공격하기 쉽다. 그러나 군 가산점 제도(정확하게는 제대군인지원에관한법률)는 헌법 재판소의 위헌 결정으로 폐지되었기 때문에 여성부가 폐지했다는 근거로 여성부 폐지를 주장하는 것은 상대방이 하지도 않은 주장을 근거로 공격하는 전형적인 허수아비 공격의 오류이다. 물론 이 글은 헌법 소원에 의해 폐지되었다고 사실 관계를 정확하게 알고 있다. 그런데도 그 헌법 소원을 여성부와 연결하고 있는데 다음과 같은 이유 때문이다.

① 모 대학 출신이 헌법 소원을 제기하였다.
② 모 대학 출신은 페미니스트이다.
③ 여성부는 페미니스트가 모인 또는 페미니스트를 옹호하는 기관이다.
④ 따라서 여성부가 헌법 소원을 제기하여 군 가산점 제도를 폐지한 셈이다.

그러나 앞의 전제 ①, ②, ③은 모두 참이 아니거나 받아들일 수 없다. ①에서 모 대학은 특정 여대를 말하는데, 1999년 당시 헌법 소원은 그 대학 출신 여성 네 명과 한 명의 남성 장애인에 의해 제기되었으므로 사실이 아니다. 그리고 모 대학 출신이 페미니스트라는 것은 그 대학 출신에 대한 선입견인데 올바른 선입견인지는 확인할 수가 없으므로 ②도 받아들일 수 없다. ③ 역시 확인할 수 없을 뿐만 아니라, 페미니스트 중에서도 여성부의 이념이나 정책에 반대하는 이가 많기 때문에 ③도 받아들일 수 없다. 그러므로 결론 ④는 따라 나오지 않으며, 여성부 폐지 주장은 상대방이 하지도 않은 주장을 근거로 공격하는 허수아비 공격의 오류이다.

당시 여성부는 폐지되지 않았지만 그 이후 폐지 논란이 여전히 계속되고 있다. 특정 정부 부서 폐지를 주장할 수 있다. 그러기 위해서는 제대로 근거를 가지고 주장해야 한다. 그러나 여성부를 반대하는 사람들은 버스의 여성 전용 좌석, 지하철의 여성 전용 계단, 여성 전용 주차장 등도 여성부가 만들었다고 사진까지 곁들여 가며 주장한다. 그러나

ⓒ연합뉴스. 우리 사회에서 상대방을 공격하기 제일 쉬운 방법은 종북(북한을 추종한다는 뜻)으로 모는 것이다. '종북몰이'라는 말까지 있을 정도인데, 종북은 국민의 동의를 얻기가 어려우므로 공격하기 쉬운 허수아비이기 때문이다. 국정 국사 교과서 반대도 종북으로 보는 이들이 있다. 그러나 다양한 의견의 중시야말로 오히려 북한과 대척점에 있는 자유주의가 지향하는 바이다.

그것은 여성부가 아니라 지방 자치 단체나 산하 기업에서 만든 것이다. 심지어 여성 전용 엘리베이터까지 있다고 목소리 높여 말하는데, 그것은 여성 목욕탕으로 바로 연결되는 엘리베이터였다. 물론 여성부가 만든 것도 아니고. 결국 허수아비 공격의 오류를 저지르지 않기 위해서는 4장에서 강조했듯이 상대방의 주장을 자비롭게 해석해야 한다. 상대방의 주장을 꼼꼼하고 끈질기고 공정하게 읽어 오해하지 않아야 한다. 그러다 보면 상대방을 깊게 이해할 수도 있다. '아, 비록 여성부가 만들지 않았지만 이렇게 여성 전용 시설이 많다는 것은 여성들이 느끼는 두려움이 그만큼 크다는 것을 보여 주는구나.'라고 말이다. 한편 상대방의 반박에서 허수아비 공격의 오류를 찾아내는 방법도 중요하다. 그가 반박하는 입장이 본디 입장 그대로인가, 그게 아니더라도 요지를 제대로 반영한 것인가 확인해야 한다.

무지에의 호소와 입증 책임

고엽제가 무엇인지 아는가? 베트남전 때 미군이 정글에 숨은 북베트남군을 공격하기 위해 정글에 뿌린 제초제이다. 이 고엽제는 식물만 말라 죽게 한 것이 아니라 사람들에게도 심각한 후유증을 남겨서 아직까지도 문제가 되고 있다. 그래서 우리나라의 베트남 참전 고엽제 후유증 환자들이 미국 고엽제 제조 회사를 상대로 손해 배상 청구 소송을 냈다. 그런데 이 소송이 기각됐다. 2002년 5월 23일 재판부는 고엽제에 함유된 다이옥신이 "인체에 대한 유독 물질로서 어떤 질병을 일으킬 수 있다."라고 인정하면서도 "지금까지 역학 조사 결과로는 염소성 여드름을 제외하고는 다이옥신과 다른 질병들 사이의 인과 관계가 밝혀지지 않았다."라는 애매한 판결을 내렸다. 결국 피해자들이 입증 책임을 안게 된 것이다. 그러나 《한겨레》는 5월 25일 자 사설에서 "고엽제와 각종 질병 사이의 '인과 관계'를 피해자들이 입증하는 것은 불가능"하기 때문에 입증 책임이 회사 쪽에 있다고 주장한다.

과연 입증 책임이 누구에게 있을까? 고엽제 후유증 환자들이 자신이 앓는 병과 고엽제 사이의 인과 관계가 있음을 인정해야 할까, 아니면 미국이 벌인 전쟁에 이들을 끌어들인 국가 또는 고엽제 제조 회사인 다우케미컬사가 그 사이에 인과 관계가 없음을 인정해야 할까? 민사 소송의 일반 원칙에 따르면 소송을 먼저 제기한 원고 쪽에 입증 책임이 있다. 예컨대 내가 어떤 사람에게 빌려준 돈을 돌려 달라고 하는 재판을 청구했다면, 나는 내가 그 사람에게 돈을 빌려준 사실과 빌려준 금액을 입증해야 한다. 상대방은 내가 입증하기 전까지는 나한테 돈을 빌린 적이 없다는 것을 입증해야 할 책임이 없다. 고엽제 소송에서도 원고는 피고의 불법 행위의 존재와 손해 배상의 액수, 불법 행위와 손해 사이의 인과 관계 등을 입증해야만 한다.

꼭 법정이 아니더라도 논쟁을 할 때 대체로 주장을 먼저 제기한 쪽에서 입증 책임을 진다. 북한에 핵무기가 있다고 주장한 사람, 외계인이 있다고 주장한 사람, 도청 의혹이 있다고 주장한 사람이 그것이 있음을 적극적으로 보여 줘야 존재 증명이 된다.

다음의 웹툰에서는 귀신이 없다는 것이 알려지지 않았다는 무지에 호소해서 존재 증명을 하고 있다. 이렇게 어떤 주장이 참 또는 거짓임을

©후렛샤·김홍태, 네이버 웹툰 〈빙의〉

모른다는 사실을 전제로 그 주장의 참 또는 거짓을 추론하는 것을 **무지에의 호소**라고 한다. 무지에의 호소는 다음과 같은 형식을 띠고 있다.

① P가 아니라는 것이 알려지지(증명되지) 않았다.
② 따라서 P이다.

그러나 전제인 ①은 우리가 P와 관련해서 현재 아느냐 모르느냐 하는 사실이고 ②는 P 자체이므로 ①은 ②와 아무런 관련이 없다. 어떤 것이 참이라는 것을 모른다고 해서 바로 거짓이 되는 것이 아니라 참인지 거짓인지 결정할 수 없는 것뿐이다. 우리의 무지는 지식의 한계와는 관련이 있어도 지식의 대상인 사실 자체와는 관련이 없다. 무지에서는 무지만 나올 뿐 그 이상의 아무것도 나오지 않는다. 그래서 무지에의 호소는 잘못된 논증, 다시 말해서 오류이다.

우리가 그 존재 여부에 대해서 확실하게 모르는 것들, 그러니까 귀신·UFO·신·외계인·기氣·텔레파시·윤회 따위에 대해서 무지에 호소하는 논증이 자주 쓰인다. 앞의 웹툰에서 남자는 이렇게 논증하고 있다.

■ 지금까지 귀신이 없다는 것이 증명된 적이 없기 때문에 귀신은 있다.

이것은 분명히 오류이다. 그런데 다음과 같은 그 반대 방향의 논증도 오류일까? 웹툰의 여자는 이렇게 생각하는 것 같다.

■ 지금까지 귀신이 있다는 것이 증명된 적이 없기 때문에 귀신은 없다.

이 논증도 그 꼴로 봐서는 무지에 호소하고 있는데 역시 오류일까? 이 물음에 대답하려면 **입증 책임**이 누구에게 있는지 따져 보아야 한다. 귀신이 있다고 생각하는 사람이 귀신이 있음을 보여 줄 입증 책임이 있을까, 아니면 귀신이 없다고 생각하는 사람이 귀신이 없음을 보여 줄 입증 책임이 있을까? 현대인의 상식으로는 앞의 사람에게 입증 책임이 있다. 따라서 '지금까지 귀신이 있다는 것이 증명된 적이 없기 때문에 귀신은 없다.'라는 논증은 무지에 호소하지만 오류라고 볼 수는 없다. 무지에 호소한다고 해서 항상 오류라고 볼 수는 없다. 입증 책임이 있는 쪽에서 무지에 호소할 때만 오류라고 봐야 할 것이다.

형사 재판에서는 죄가 입증되기까지는 무죄라는 '무죄 추정의 원칙'을 채택한다. 죄가 있는 사람을 풀어 주는 것보다 무고한 사람에게 죄를 씌우는 것을 막는 것이 더 중요하다고 보기 때문이다. 그러므로 피고인 또는 변호인에게는 적극적으로 나서서 자신에게 죄가 없음을 입증할 책임이 없다. 따라서 '피고인에게 죄가 있음이 입증되지 않았기 때문에 피고인은 무죄이다.'라는 논증은 무지에 호소하고 있지만 입증 책임이 피고인 쪽에 있지 않고 원고 쪽에 있으므로 오류가 아니다.

헤르미온느와 부존재 증명

무엇인가가 있다는 것은 증명하기 쉬워도 무엇인가가 없다는 것은 증명하기 어렵다(후자를 '부존재 증명'이라고 부른다). 무엇인가가 있다는 것은 그 무엇을 보여 주면 증명이 되지만, 무엇인가가 없다는 것은 우주 끝까지 뒤지지 않는 한 증명할 수 없기 때문이다. 그래서 입증 책임이 무엇인가가 없다는 쪽이 아니라 있다는 쪽에 있는 것이다. '해리 포터 시리즈'에서 논리적인 헤르미온느는 이 사실을 잘 알고 있다.

헤르미온느가 약간 당황해서 말했다.

"투명 망토는 존재한다고 치죠. 하지만 그 돌은요? 소위 부활의 돌이라고 부르는 그거요?"

"그게 뭐 어떻다는 거지?"

"그게 어떻게 실제로 있을 수 있죠?"

"그럼 없다는 걸 증명해 보게나."

헤르미온느가 발끈했다.

"하지만 그런 대답은… 죄송해요. 하지만 그런 대답은 정말이지 완전 엉터리에요! 제가 어떻게 그게 존재하지 않는다는 걸 증명할 수 있겠어요? 저더러 세상의 모든 돌멩이를 가져다가 하나씩 실험이라도 해 보라는 건가요? 그러니까 아저씨는 아무도 그게 없다는 걸 증명할 수 없다는 게 유일한 믿음의 근거일 때, 어떤 것이든 존재한다고 주장할 수 있다는 말씀이로군요!"

– 조앤 롤링, 『해리 포터와 죽음의 성물』 중에서

여러 논리학 교과서에서는 무지에 호소하는 오류의 사례로 조지프 매카시 미국 국회의원을 든다. 충분하지 않은 증거로 상대방에게 이적 행위의 혐의를 씌운다는 의미인 '매카시즘McCarthyism'의 어원이기도 한 사람이다. 매카시는 1950년 상원 의회에서 국무부에 205명의 공산주의자가 있다는 폭탄선언을 했다. 그는 공산주의자와 결탁되어 있음을 반박할 자료가 없다는 기관의 일반적 보고서를 제외하면 다른 어떤 정보도 없었다고 말했다. 공산주의자가 아님을 증명하지 못하므로 공산주의자라고 주장하는 전형적인 무지에의 호소 논법이다. 이와 비슷한 사례가 우리나라에도 있었다. 1994년에 당시 서강대학교 박홍 총장은 주사파가 정당, 언론계, 종교계에도 있으며, 그 숫자가 750명이라는 발언을 하여 온 나라를 뒤흔들어 놓았다. 그는 이 발언에 대한 어떤 직접적인 증거도 대지 않았고 증거를 대라는 요구에 어떤 신문은 다음과 같은 주장을 했다. "박홍 서강대 총장의 주사파 발언을 둘러싼 저간의 사태는 사람 많은 버스 안에서 누군가가 도둑을 조심하라고 소리쳤더니 몇 사람이 그에게 누가 도둑이며 그 증거는 무엇인지 대라고 윽박지르는 상황을 연상케 한다."(《조선일보》, 1994년 8월 27일 자 사설) 도둑이 있다는 것을 증명하는 것이 먼저인가, 도둑이 없다는 것을 증명하는 것이 먼저인가? 박홍 총장의 발언은 단순히 경각심을 불러일으켰다고 보기에는 우리 사회에 끼친 폐해가 너무 크다. 이제 논리학 교과서에는 매카시 대신에 박홍 전 총장이 실릴 것 같다. 그 이후에도 언론과 정치인 들은 충분한 증거 없이 정치인이나 연예인의 비리 또는 스캔들을 터뜨리고 '아니면 말고' 식의 보도 태도를 자주 보인다. 그러나 이런

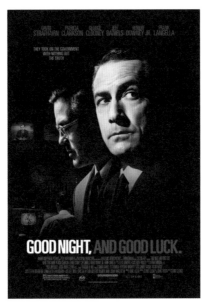

〈굿나잇 앤 굿럭〉[2005]은 실화를 바탕으로 한 영화다. CBS의 앵커들이 매카시즘과 싸우는 이야기를 다룬다. 맨 마지막에 매카시 의원의 기록 화면이 나온다.

태도는 먼저 문제를 제기한 쪽이 입증할 책임이 있다는 원칙을 무시한 비논리적 태도이다.

그러나 입증 책임이 언제나 먼저 문제를 제기한 쪽에 있는가? 유전자 조작 콩을 생각해 보자. 유전자 조작 콩이 인체에 미치는 영향에 대해서 아직 뚜렷하게 밝혀진 것은 없다. 그렇다면 유전자 조작 콩이 안전하다는 것이 입증되기 전까지 제조사는 이것을 시장에 내놓으면 안 될까? 아니면 이 상품이 인체에 해를 끼친다는 것이 입증되기 전까지는 소비자는 제품이 시장에서 판매되는 것을 허용해야 할까? 한때는 자유로운 시장 경제를 존중하여 입증 책임이 소비자에게 있는 것으로 여겨졌다. 그러나 최근에는 소비자 운동의 활성화 덕분에 입증 책임이 제조사로 옮겨 가는 추세이다. 비판자들에게 신기술의 위험성을 입증하라고 요구하기보다는 신기술 개발자들에게 안전성을 입증하라고 요구하는 것이다. 우리나라에서도 이러한 내용을 담은 제조물 책임법^{PL법}이 2002년 7월부터 시행되었다. 왜 입증 책임이 소비자 쪽에서 제조사 쪽으로 바뀌었을까? 우선은 제조물을 통해 경제적인 이득을 얻는 제조사에 책임을 더 지우려는 의도가 있을 것이다. 그리고 현실적으로 입증할 수 있는 기술적인 능력이 소비자보다는 제조사에 있다는 이유도 작용했을 것이다. 더 중요하게는 앞서 말한 것처럼 소비자의 힘이 커졌기 때문이 아닐까?

제조물 책임법과 앞에서 말한 고엽제 소송은 사실 비슷한 소송이다. 그런데 왜 제조물 책임법에서는 제조사에 입증 책임을 씌우는데 고엽제 소송에서는 피해자에게 입증 책임을 씌울까? 아마도 고엽제 피해자의 힘이 정부나 고엽제 제조 회사와 비교해 턱없이 약하기 때문일 것이다. 고엽제 소송에 대해 대법원은 2013년 염소성 여드름 환자에 대해서만 배상을 인정하고 나머지 환자에 대해서는 인과 관계를 인정하지 않는 최종 판결을 내렸다.

마지막으로 유전자 조작 콩 제조사에서 오랜 연구 끝에 다음과 같은 발표를 했다고 해 보자.

■ 유전자 조작 콩이 유해하다는 것이 밝혀지지 않았다. 따라서 유전자 조작 콩은 유해하지 않다.

이것도 무지에 호소하는 오류라고 해야 할까? 가능한 모든 지식과 실험 도구를 이용하여 오랫동안의 철저한 연구 끝에 유해하다는 것이 밝혀지지 않았다면 유전자 조작 콩이 유해하지 않을 개연성이 아주 높다. 이것은 받아들일 수 있는 귀납 논증이므로 오류라고 볼 수 없을 것이다. 그리고 전제도 '밝혀지지 않았다'라는 무지의 형식을 띠고 있지만 오랜 연구 끝에 유해하다는 것이 밝혀지지 않았다는 '지식'을 말하므로 무지에 호소하는 논증이라고 볼 수도 없다.

💬 게시판에 싸움 나는 순서

다음은 인터넷에서 유행한 작자 미상의 유머이다. 게시판에서 싸움이 나는 전형적인 양상을 보여 주고 있는데, 여기서 사람에게의 호소, 감정에의 호소 따위가 어떻게 쓰이고 있는지 살펴보면 재미있을 것이다.

A "어제 중국집 가서 짜장면 시켜 먹었는데 정말 맛있더군요."(평범한 문제 제기)

B "짜장면이 뭐가 맛있어요? 우동이 훨 맛있지."(평범한 반론)

C "우동이요? 에이, 우동보다는 짜장면이죠. 돼지고기도 들어가고."(재반론, A의 의견에 합류)

D "짜장면에 돼지고기라면 우동에는 해물이죠. 맛을 안다면 역시 우동!"(재재반론, B의 의견에 합류. '…을 안다면'이라는 말 나왔음)

A "님, 그럼 우동 안 먹는 사람은 맛을 모른단 말인가요?"(말꼬리 잡기 시작)

B "그만큼 우동이 낫다는 거죠. 에이, 짜장은 느끼해서."(상대가 좋아하는 것
을 깎아내림)

C "님께서 짜장면에 대해서 잘 모르시는군요. 제가 설명해 드리죠. ('잘 모
르시는군요' 나왔음. 지식과 데이터, 증거 등등 늘어놓기 시작)

〈짜장면의 유래〉

짜장면의 출생지는 인천이다. 1883년에 생겨났다. … 향토 짜장면을 만
들어 낸 자금성의 손덕준 씨는 그의 할아버지가 중화루의 마지막 요리사
였을 만큼 대를 이은 솜씨가 가히 국보급이라 할 수 있다. 또한 일반 짜장
소스는 재료를 거의 다지듯 토막내 면을 다 먹으면 소스가 남았지만 향토
짜장면은 채를 썰기 때문에 젓가락질이 쉬워 그릇이 깨끗하다.

〈우리가 몰랐던 짜장면의 차이〉

간짜장: 춘장에 물과 전분을 넣지 않고 그냥 기름에 볶기만 하면 간짜장이
된다. 옛날 짜장보다 조금 더 기름지고 짜장과 면이 따로 나온다.

삼선짜장: 새우, 갑오징어 …

아시겠죠? 짜장에 대해 잘 알지도 못하면서 함부로 말하지 마세요.

D "님의 글 잘 읽었습니다만 토를 달자면, 손덕춘 씨 아닌가요?"(옥의 티 찾
기, 흠집 내기)

A "손덕준 씨 맞습니다. 그리고 그게 뭐가 중요한가요? 본질을 아셔야
죠."(본질 얘기 나왔음. 깔보기 시작)

B "님들 얘기 잘 들었습니다. 근데 말투가 좀 기분 나쁘군요."(말투 물고 늘
어짐)

C "기분 나쁘다뇨? 시비 건 건 그쪽 아닌가요? 맛도 제대로 모르면서."(책

임 전가, 상대 무시)

D "시비? 말이 너무 지나친 거 아냐? 사사건건 가르치려구 들자나!"(반말
나왔음)

C "어쭈? 어따 대고 반말이야? 너 몇 살이야?"(나이 얘기 나옴)

A "C님, 참으셈, 잘 돼봤자 고딩이에요."(동조. 중고딩 비하 발언)

D "고딩? 당신은 몇 살인데? 내 참, 군에 갔다 와서 직장 다니다 별꼴을
다 보네. 에이 18."(욕설 출현)

A "18? 왜 욕을 하고 그래? 진짜 기분 JOT같이."(더 심한 욕설 출현)

B "그쪽에서 욕 나오게 하자나! 택도 아닌 짜장면 같고 사람을 우습게
봐?"(책임 전가, 한번 더 깎아내림)

C "택도 아닌 짜장면? 18, 당신 좋아하는 우동보다는 100배 1000배 나
아!"(욕설, 말꼬리 잡기, 비교 발언)

E "님들, 싸우지 마셈, 둘 다 맛있는 음식이자나요."(말리는 사람 등장)

D "님들도 아시겠지만 우동이 훨 낫잖아요? 근데 저 맛도 모르는 @#$%
들은…."(의견 동조 호소)

F "난 짬뽕이 맛있던데…"(엉뚱한 논제 제기, 이런 사람 꼭 있음)

A "F님, 지금 짜장면 우동 얘기 중이니 짬뽕은 끼어들지 마시길…."(말 막
음)

C "맞아요, 껴들 때 껴들어야지, 주제도 모르고."(그 사람마저 비하, 무시)

논리 연습

1. 인터넷, 방송, 신문, 광고 따위에서 감정에의 호소, 허수아비 공격의 오류, 무지에의 호소, 사람에게의 호소, 대중에게의 호소에 해당하는 사례가 있는지 찾아보라.

*2. 다음 진술에 감정에 호소하는 오류, 허수아비 공격의 오류, 무지에 호소하는 오류가 있는지 찾아보라.

(1) 가공할 만한 원자력 사고가 일어날 것이라는 예측은 아직 현실이 되지 않았다. 따라서 원자력 발전소를 건설하고 원자력을 계속 개발하는 것은 안전하다.

(2) 검사들이 개혁에 반대하는 것 같은데 평검사들과 말을 나눠 보면, 대통령보다 훨씬 더 개혁적인 사람이라고 생각할지도 모른다. 우리 검사들 중에 일이 너무 많다. 인천의 한 검사는 부인이 감기에 걸렸는데, 결국 부인이 급성 폐렴에 걸렸다가 사망한 경우도 있었다. 내가 근무하던 지방 검찰청 여검사는 늦게까지 일을 하다가 산통을 느껴서 택시를 타고 가서 애를 낳은 경우도 있다. 이 정도로 열심히 일을 한다.

　　　　　　　 - 2003년 3월 9일 대통령과 평검사의 토론에서 한 검사가

(3) 나는 경마나 카지노 같은 도박을 좋아한다. 도박이긴 하지만 그것은 합법적인 것이다. 그런데 이런 합법적인 도박에도 반대하는 사람들이 있다. 그 사람들은 재미있는 거라면 쌍수를 들고 반대하는 사람들이다.

(4) 본보는 2주 전에 탤런트 한송이와 가수 박정철이 열애 중이라는 것을 독점 보도했다. 만약 이것이 사실이 아니라면 그들은 부인해야 할 텐데, 부인하지 않는 것을 보니 사실임에 틀림없다.

- 어느 스포츠 신문

(5) 나는 이 책에 기록된 예언의 말씀을 듣는 모든 사람에게 분명히 말해 둡니다. 누구든지 여기에 무엇을 덧붙이면 하느님께서 그 사람을 벌하실 때에 이 책에 기록된 재난도 덧붙여서 주실 것입니다. 또 누구든지 이 책에 기록된 예언의 말씀에서 무엇을 떼어 버리면 이 책에 기록된 생명의 나무와 그 거룩한 도성에 대한 그의 몫을 하느님께서 떼어 버리실 것입니다.

- 『성서』, 「요한의 묵시록」 22장 18~19절

(6) 대학생이라고 밝힌 누리꾼은 "정치인, 기업가를 비롯한 사회 지도층의 병역 기피 때문에 허탈해하는 젊은 장병들이 얼마나 많은 줄 아느냐"며 "특정 교리를 따르는 종교 집단에만 특혜를 주면 또 다른 비리의 온상을 키우는 격이 될 것"이라고 말했다. 한국 기독교 총연합회 관계자는 "일부 특정 종교인들에게 군 복무 면제 혜택을 준다면 군 면제 뒤 개종하는 사람은 어떻게 처리할 것이냐"면서 "일부 종교인이 군 복무를 거부하는 이유로 평화를 내세우지만 사실은 지상의 정부를 사탄의 세력으로 보는 교리 때문"이라고 지적했다.

(7) A씨가 한 병원에 입원해 수술을 받던 중 사망하자 A씨의 유족은 병원을 상대로 손해 배상 소송을 제기했다. 그러나 A씨의 유족은 의료진의 과실로 사망했다는 입증 책임을 다하지 못했다. 그러므로 병원은 손해 배

상을 할 필요가 없다.

(8) A: 북한이 또 미사일을 발사하고 핵 실험을 했습니다. 그런데도 계속 대
　　북 지원을 해야 합니까?

　　B: 대북 지원을 중단하자고요? 그럼 전쟁을 하자는 말인가요?

(9) 나는 TV 토론이나 대중강연장에 나가면 이런 말을 한다.

　　"우리를 가난과 굶주림에서 구출하고도 비명에 간 박정희·육영수의 따
　　님에 대하여 이렇게까지 해야 합니까?"

　　무슨 값싼 동정심이냐는 비판이 있을 법한데 의외로 수긍하는 이들이
　　많다. 『이코노미스트』는 칼럼의 마지막을 이렇게 정리하였다.

　　"부모의 사진들과 유품들에 둘러싸여 살면서 그는 젊은 시절의 외로움
　　에서 벗어나 성숙할 수가 없었을 것이다."

　　…

　　그리스 비극은 못 되더라도 국민적 연민의 부족, 이 점이 한국식 비극의
　　핵심일지 모르겠다는 생각도 든다. 아버지-어머니-딸이 대를 이어서
　　동족의 손으로 요절이 나는데도 외국 언론만이 동정론을 펴는 게 그래
　　서 더 인상적이다. 한국인은 원래 이토록 잔인한 민족인가? 과연 영웅
　　을 가질 자격이 있는 사람들인가?

　　　　　　　　　　　　　　　　　　　- 조갑제,《주간조선》, 2017년 1월 2일 자

* 표시된 문제의 정답 및 해설은 509쪽에

6부

좋은 논증 가려내는 세 번째 기준

21장   미인은 잠꾸러기?
그럼 나도 미인일까?

전건 긍정식, 후건 부정식

전제가 결론의 충분히 강한 증거가 되는가?

이 책에서는 14장에서 논증의 전제가 정말로 결론을 지지하는가 하
는 논증 평가 기준을 다시 두 가지로 나눈 까닭을 설명했다. 전제가 결
론과 관련이 있다고 하더라도 전제가 결론을 얼마나 강하게 지지하느
냐에 따라 논증을 다르게 평가할 수 있기 때문이었다. 이 책에서는 또
12장에서 논증을 연역 논증과 귀납 논증으로 구별하였다. 그런데 거기
서 연역 논증은 전제가 참이면 결론이 반드시 참인 논증이므로 더 타당
하고 덜 타당한 정도가 없다고 했다. 그러므로 연역 논증에서는 논증이
형식적으로 올바르면 그것 자체로 전제들이 결론의 충분히 강한 증거
라고 말할 수 있다. 이에 견주어 귀납 논증에서는 전제가 참이어도 결
론은 개연성이 높을 뿐이기 때문에 전제가 결론을 얼마나 강하게 지지
하느냐에 따라서 다양한 강도의 논증이 나올 수 있다.

지금부터는 연역 논증과 귀납 논증에 구체적으로 어떤 종류의 것이

있는지 알아보겠다. 연역 논증과 관련된 오류 논증들은 전제가 아예 결론을 지지하지 못하는 논증이다. 반면에 귀납 논증의 오류들은 전제가 결론과 관련이 있기는 있지만 아주 약하게 지지하기 때문에 우리가 도저히 받아들일 수 없는 종류의 것들이다. 그 오류들을 살펴보는 것은 논증 평가의 세 번째 기준을 공부하는 반면교사反面教師가 될 것이다. 먼저 이 장에서는 연역 논증과 그것을 잘못 사용하는 오류를 살펴볼 것이다. 앞서 말한 대로 연역 논증은 논증 평가의 세 번째 기준을 따질 필요가 없지만 편의상 같이 다루겠다.

전건 긍정식과 후건 긍정의 오류

무슨 주장을 하고 싶은데 반드시 참인 주장을 펼치고 싶다. 연역 논증은 전제가 참이면 결론도 반드시 참이니 결론 자리에 그 주장을 넣고, 전제 자리에는 누구나 받아들일 수 있는 진술을 넣으면 된다. 아르바이트하는데 '진상' 손님이 왔다. 손님의 행동을 말리고 싶을 때 "그렇게 하지 마세요."라고 말해도 소용이 없다. 그럴 때는 "이런 비싼 동네에 사시는 분께서…"라고 말해 보아라("많이 배우신 분이…"라고 해도 좋다). 숨은 전제와 결론을 보충하면 이런 논증을 한 것이다.

■ 이런 비싼 동네에 사는 사람은 그런 행동을 하지 않는다.

당신은 이런 비싼 동네에 사는 사람이다.

따라서 그런 행동을 해서는 안 된다.

이 논증은 다음과 같은 형식이다.

■ A이면 B이다.

　A이다.

　따라서 B이다.

이와 같은 꼴의 논증을 **전건 긍정식**^{modus ponens}이라고 부른다. 조건문 'A이면 B이다.'에서 A를 전건, B를 후건이라고 부르는데, 두 번째 전제에서 전건을 긍정하는 주장을 했으므로 이런 이름이 붙었다. 이런 연역 논증은 전제가 참이면 결론이 거짓일 수 없기 때문에 설득력이 아주 높다는 장점이 있다. 그러나 설득력 있는 논증이 되기 위해서는 전제가 참이어야 한다(건전하다)는 단서 조건이 따라붙는다. 다음과 같은 논증은 전건 긍정식의 꼴은 갖추고 있지만 그 조건을 어기고 있어서 설득력이 없다.

■ 달이 치즈로 되어 있으면 월레스가 아주 좋아할 것이다.

　달은 치즈로 되어 있다.

　따라서 월레스가 아주 좋아한다.

이 논증의 첫 번째 전제는 받아들일 수 있을지 모르지만, 다름 아닌 두 번째 전제의 참은 애석하게도 보장되지 않는다. 이런 논증은 타당하기는 하지만 건전하지는 않다고 14장에서 말했다. 앞의 '진상' 논증도 타당하면서 건전하기까지 하려면 두 전제가 모두 참이어야 한다. 손님이 두 번째 전제는 당연히 받아들일 테고, 첫 번째 전제만 받아들인다면 결론은 반드시 따라 나온다. 이런 비싼 동네에 산다거나 많이 배우신 분이라고 자신을 치켜세우는 말로 들리는데 아마 받아들이지 않을까? 논리적 설득이기도 하지만 심리적 설득이기도 하다.

전건 긍정식을 논증으로 이용할 때 조심할 점이 하나 있다. A를 주장하려고 할 때 다음과 같은 형식으로 만들면 안 된다.

- A이면 B이다.

  B이다.

  따라서 A이다.

첫 번째 전제에서 A이면 B라고 한 것은 B가 A의 필요조건이라는 뜻이다. 다시 말해서 B는 A가 되기 위해 필요하기는 하지만 충분한지는 아직 모른다. 그렇다면 두 번째 전제에서 B임을 보여 줬다고 하더라도 반드시 A가 따라 나오지는 않는다. 여자라는 것은 엄마가 되기 위해 필요한 조건인 것은 맞지만, 충분조건은 아니지 않은가? 오래된 TV 화장품 광고 중에 다음과 같은 것이 있었다. 길을 막고 있는 승용차에 항의하러 간 남성이 승용차 안에서 미인이 자고 있는 것을 보고 "어! 미인이시군요."라고 말하고 그냥 간다(예쁘면 모든 것이 용서된다!). 그리고 나오는 멘트. "미인은 잠꾸러기? 깨끗한 화장품 에바스." 이 광고를 보고 누가 다음과 같이 논증을 했다고 하자.

- 미인이면 잠꾸러기라고 한다.
  나는 잠꾸러기이다.
  따라서 나는 미인이다.

첫 번째 전제가 맞는다고 하더라도 잠꾸러기라고 해서 다 미인인 것은 아니다. 따라서 전제가 참이어도 결론은 거짓일 수 있다. (아쉽게도 그럴 가능성이 아주 높다! 당신의 경우를 생각해 보라.) 이런 형식의 잘못된 논증을 특별히 **후건 긍정의 오류**라고 부른다.

그런데 여기서 조심해야 할

> 문제는 경제 원리에 충실 여부가 경제 정책 성공의 필요조건이지 충분조건이 아닌 데 있다. 《대한경제》, 2023년 9월 6일 자. 충분조건과 필요조건은 수학이나 논리학에 나오는 개념이지만 일상생활에서도 자주 쓰인다. 경제 원리에 충실한지 여부가 경제 정책 성공의 필요조건이지 충분조건은 아니라는 말은 경제 원리에 충실하다고 해서 곧바로 경제 정책이 성공하는 것은 아니지만 경제 정책이 성공하기 위해서는 반드시 경제 원리에 충실해야 한다는 뜻이다. 이 칼럼에서는 바로 이어서 "경제학에서는 필요조건만 가르치지 충분조건에 대해서는 언급조차 없다."라고 말한다.

게 또 있다. 우리나라에 소개된 많은 논리 서적은 'A이면 B이다. B이다. 따라서 A이다.'와 같은 꼴을 갖추고 있으면 모두 후건 긍정의 오류라고 설명하고 있다. 그러나 꼭 그런 꼴을 갖추고 있다고 해서 후건 긍정의 오류로 모는 것은 성급하다. 우리가 일상에서 쓰는 '…라면'이란 말이 그렇게 엄격하게 쓰이지는 않을 때도 많기 때문이다. 가령 다음과 같은 상황을 생각해 보자. 내가 애인이랑 대낮에 사람이 많은 거리를 걸어가고 있는데 애인이 갑자기 "만일 네가 나를 사랑한다면 지금 키스해 줘."라고 말했다고 치자. 그래서 내가 애인한테 키스해 주면 애인을 사

미인이면 모두 잠꾸러기라고 해서 잠꾸러기가 모두 미인인 것은 아니다. 이 광고가 상영될 무렵이 배경인 드라마 〈응답하라 1988〉[2015]에서, 이 광고가 나오자 아버지가 아들의 얼굴을 보고 "너도 참 잠 많이 잤는데."라고 말하는 장면이 나온다. 아버지가 작은누나는 뭐 하느냐고 묻자 아들은 "미인은 잠꾸러기라고 작은누나 자, 지금."이라고 말한다. 아버지와 아들의 논증을 평가해 보자.

랑한다는 결론이 나오는 것일까? 지금 상황을 표준적인 꼴로 재구성해 보자.

■ 만일 네가 나를 사랑한다면 너는 지금 나한테 키스할 것이다.
　너는 지금 나한테 키스했다.
　따라서 너는 나를 사랑한다.

이 논증은 후건 긍정의 오류의 꼴을 띠고 있다. 그렇다고 해서 바로 오류라고 단정하는 것은 그 자체가 비논리적인 행동이다. 과연 나는 논리학 교과서에서 배운 대로 내가 키스해 줬다고 해서 꼭 너를 사랑해서 그러는 것은 아니라고 말해야 하는가? 그럼 분위기가 갑자기 싸해지겠지. 일상 언어에서 'A라면 B이다.'라는 진술은 꼭 A가 B의 충분조건 또는 B가 A의 필요조건이라고 엄격하게 쓰이지 않는다. 예를 들어서 상황과 맥락에 따라 다르긴 하겠지만, 첫 번째 전제에서 네가 나한테 키스하는 것은 네가 나를 사랑하는 것의 필요조건에 불과한 것이 아니라 필요충분조건으로 쓰일 때도 많다. 다시 말해서 '만일 네가 나를 사랑한다면 너는 지금 나한테 키스할 것이고, 또 네가 지금 나한테 키스한다면 그것은 네가 나를 사랑한다는 뜻이다.'를 의미할 가능성이 아주 크다. 만약 그렇다면 이 논증은 오류가 아니다. 백 보 양보해서 설령 첫 번째 전제의 '…라면'이 전형적인 충분조건의 의미로 쓰였다 하더라도, 이 논증은 개연성이 높은 귀납 논증이라고 볼 수도 있다. 곧 결론이 그럴듯하지만 거짓일 가능성이 조금은 있다고 말이다. 그때 다른 보조 전제

> "국민일 때만 선거권이 있다는데 너는 국민이니까 당연히 선거권이 있겠네."
> 이 논증은 전건 긍정식일까? 아니다. '국민일 때만 선거권이 있다.'는 '국민이면 투표권이 있다.'라는 뜻이 아니라 "투표권이 있으면 국민이다."라는 뜻이기 때문이다. 따라서 위 논증은 후건 긍정의 오류이다. '미인이면 잠꾸러기이다.'라는 예처럼 우리말을 논리적으로 이해할 때는 주의해야 한다. 그 주의의 과정이 곧 논리적으로 사고하는 순간이다.

를 덧붙이면 결론의 개연성은 더 커질 것이다. 가령 '네가 나한테 키스할 때 황홀한 표정이었다.' 또는 '네가 나를 으스러지도록 안았다.' 등이 덧붙여진다면 말이다. 앞에서 말한 화장품 광고도 '잠을 많이 자면 예뻐진다. 나는 잠을 많이 잔다. 나도 예뻐질 것이다.'라고 받아들인다면 문제가 없을 것이다. 그러나 '잠을 많이 자면 예뻐진다.'라는 카피는 '미인이면 잠꾸러기'보다 광고 효과가 떨어지겠지.

후건 부정식과 전건 부정의 오류

조건문 형식으로 또 만들 수 있는 타당한 연역 논증은 **후건 부정식**modus tollens이다.

- A이면 B이다.

  B가 아니다.

  따라서 A가 아니다.

친구의 배신에 화가 나 "네가 내 친구라면 그럴 수 있니?"라고 말했다면 후건 부정식을 이용한 것이다. 이 주장을 분석하면 이렇게 될 것이다.

　　① 네가 내 친구라면 그럴 수 없다.

　　ⓐ 너는 그렇게 했다.

　　ⓑ 따라서 너는 내 친구가 아니다.

후건 부정식도 **전건 부정의 오류**와 헷갈리지 말아야 한다.

■ A이면 B이다.

　A가 아니다.

　따라서 B가 아니다.

로또 열풍이 불면서 한 TV 프로그램에서 복권을 산 사람과 인터뷰를 했다.

"로또에 당첨되면 뭐하실 거에요?"

"결혼할 거예요. 하하…"

이 사람의 로또 번호는 하나도 맞지 않았다. 리포터는 다시 말했다.

"결혼 못 하겠네요…"

리포터는 나름대로 다음과 같이 논증한 것이다.

■ 로또에 당첨되면 이 사람은 결혼할 수 있다.
　로또에 당첨되지 않았다.
　따라서 이 사람은 결혼할 수 없다.

그러나 인터뷰를 한 사람은 로또 당첨을 결혼할 수 있는 여러 방법 중 하나로 말했을 것이다. 다시 말해 로또 당첨은 결혼할 수 있는 충분조건이지 필요조건은 아니다. 로또에 당첨되지 않은 것은 결혼할 수 있는 한 가지 방법이 무산된 것뿐이다. 그러므로 결혼 못 하겠다는 리포터의 악담(?)은 전건 부정의 오류이다. 물론 리포터의 발언이 "로또에 당첨된 돈으로는 결혼 못 하겠네요."라는 뜻이거나 그 사람이 자신의 말과는 달리 로또에 당첨되는 것 말고는 도저히 결혼할 수 없는 사람이라면 사정이 달라지겠지만.

연역 논증은 논리학이라는 학문에서 가장 많이 연구하는 분야이다. 그리고 좁은 의미의 논리학은 이 연역 논증만을 가리키기도 한다. 이 책은 좁은 의미의 논리학을 다루는 것이 목표는 아니므로 아주 대표적인 연역 논증 몇 가지만 소개한 것으로 만족하자. 이 책에서는 전건 긍정식과 후건 부정식 외에 연역 논증이 이미 나왔었다. 17장에서 거짓 딜레마를 설명하기 위해 선언적 삼단 논법과 딜레마를 소개했는데 그것들도 훌륭한 연역 논증이다.

🙂 페르미의 역설과 후건 부정식

이탈리아 출신의 미국 물리학자 엔리코 페르미Enrico Fermi 1901-1954는 우주는 굉장히 오래되었고 굉장히 넓으며 수많은 항성이 있고 그 항성마다 행성들이 있으므로 분명히 외계 생명체가 있을 것이라고 생각했다. 그러나 외계 생명체는 목격된 적이 한 번도 없다. 그래서 페르미는 "그들은 어디에 있는가?"라고 말했다는데, 이를 페르미의 역설이라고 부른다. 있어야 할 것 같은데 없으므로 역설이라는 뜻이다. 페르미의 역설은 후건 부정식이 여러 번 반복된 꼴로 정리할 수 있다.

> 우주가 이렇게 넓고 수많은 행성이 있다면 외계 생명체가 있을 것이다.
> 외계 생명체가 있다면 지구를 방문했을 것이다.
> 지구를 방문했다면 목격된 적이 있을 것이다.
> 그러나 외계 생명체는 목격된 적이 없다.
> 따라서 외계 생명체는 없다.

이 논증은 타당하므로 외계 생명체가 없다는 증거로 받아들일 수 있다. 그러나 두 번째 전제가 참인지 장담할 수 없다. 외계 생명체가 있더라도 지구를 방문할 정도로 지적 수준이 발달하지 않았거나 너무 멀어서 방문하지 않았거나 방문해도 우리가 몰랐을 수 있기 때문이다.

1. 인터넷, 방송, 신문, 광고 따위에서 전건 긍정식과 후건 부정식, 후건 긍정의 오류와 전건 부정의 오류에 해당하는 사례가 있는지 찾아보라.

*2. 다음 진술이 전건 긍정식과 후건 부정식, 후건 긍정의 오류와 전건 부정의 오류 중 어디에 해당하는지 찾아보라.

(1) 비 맞으면 감기 걸린다. 감기 걸리면 좋겠니? 비 맞지 말고 우산 가지고 가.

(2) 졸업하려면 등록금을 내야 해. 이번에 등록금 냈으니까 졸업할 거야.

(3) 한화 이글스가 코리안 시리즈에서 우승하기 위해서는 우수한 투수를 영입할 필요가 있어. 이번에 우수한 투수 두 명이 트레이드되어 왔다고 하니 틀림없이 우승할 거야.

(4) A: 희선이한테 방금 전화 왔는데 나하고 다시 만나겠대.

 B: 정말? 희선이랑 화해했어? 희선이가 지난번에 너하고 다시는 안 만나겠다고 그랬잖아?

 A: 응, 근데 내가 전화해서 우리 다시 만나면 안 될까 그랬더니, 희선이가 내가 술버릇 고칠 생각 없으면 안 만날 것이라고 그랬거든. 근데 나는 술버릇 고칠 생각이거든.

(5) 인간의 뇌가 효과적으로 나뉘어져 있지 않다면 인간은 자연을 이해할 수 없다. 그런데 인간은 자연을 잘 이해한다. 따라서 우리 뇌는 효과적

으로 나뉘어져 있을 것이다.

(6) 진짜 한국 사람이라면 저런 행동을 하겠어?

(7) 사형 제도 때문에 살인범이 없어질 경우에만 그 제도는 정당화될 수 있을 거야. 사형 제도가 있는데도 살인범이 없어지지 않는 것을 보니 사형 제도는 정당화될 수 없어.

- PSAT 기출 문제

(8) ○○당의 대표는 지난달에 우리 당 대표의 구속 영장 청구를 보고 무죄라면 판사가 100% 영장을 발부하지 않을 것이라고 말했습니다. 그러나 오늘 판사는 우리 당 대표의 구속 영장 청구를 기각했습니다. ○○당의 대표는 스스로 우리 당 대표가 무죄임을 입증한 셈입니다.

(9) 내가 지금 삼겹살 먹으면서 느낀 게, 정말 열심히 먹지 않음 안 될 것 같아. 근데, 우린 배가 꽉 찼잖아. 우린 안될 거야, 아마.

- TV 예능 〈무한도전〉, 2009년 5월 16일 자 방송

* 표시된 문제의 정답 및 해설은 511쪽에

22장 케이크 맛을 보기 위해 케이크를 다 먹어 보아야 하나?

**열거에 의한 귀납,
통계적 귀납, 가추법**

귀납 논증에서는 연역 논증의 경우와는 다르게 전제가 참이어도 결론이 반드시 참이라고 말할 수 없다고 했다. 좋은 귀납의 경우 기껏해야 '확률이 높다', '매우 그럴 듯하다', '거의', '대체로' 등의 말로 표현할 수밖에 없다. 물론 사실은 귀납인데도 '틀림없다'라는 표현을 쓰는 때도 있는데 그것은 수사적인 표현에 불과하다고 말했다. 귀납의 성격이 그렇다면, 귀납에서 전제가 결론을 지지해 준다고 할 때 그 지지의 정도가 어느 정도인지 하는 물음은 귀납을 평가하기 위해선 묻지 않을 수 없는 매우 중요한 물음이다. 물론 결론에 대한 전제의 지지 정도를 수치화할 수는 없다. 그러나 모호하게나마 **강하게 지지한다, 약하게 지지한다**라고 말하도록 하겠다. 귀납에서 전제가 결론을 강하게 지지할 때 그 논증을 **강한 논증**이라고 말하겠다. 다시 한 번 강조할 것은 아무리 강한 귀납이라도 타당한 연역과는 성격이 전혀 다르다는 점이다.

귀납은 철학자들과 과학자들이 아직 완벽한 동의에 이르지 못한 복

잡한 주제이다. 여기서는 대표적으로
자주 쓰이는 귀납 논증 몇 가지를 간
단하게 소개하겠다. 그리고 각 경우에
어떨 때 약한 귀납 논증이 되는지 오
류를 통해 설명하겠다.

> "개연적 추론_{귀납}의 규칙은 논리학
> 에서 가장 어려운 부분이지만 가장
> 쓸모 있는 부분이기도 하다."
> 버트런드 러셀

열거에 의한 귀납과 통계적 귀납

앞 장에서 연역 논증을 직접 만들기 위한 가장 손쉬운 방법은 누구
나 받아들일 수 있는 진술을 전제로 삼으라고 했다. 귀납 논증을 만들
때 가장 좋은 방법은 주장에 해당하는 사례를 드는 것이다. 가령 "모든
패스트푸드는 어린이들이 좋아한다."란 주장을 하고 싶으면 "햄버거도
좋아하고, 프라이드 치킨도 좋아하고…" 하는 식으로 사례를 들면 된다.
이렇게 어떤 집합에 속한 구성원들에 대한 관찰을 토대로 그 집합 전체
에 대해 일반화된 진술을 하는 것을 **열거에 의한 귀납**이라고 한다(이게
대표적인 귀납이다 보니 12장에서 말한 것처럼 특수한 진술에서 보편적인 진술을
추론하는 것을 귀납 논증의 정의로 오해하는 일이 생긴다). 이때 결론은 꼭 '모
든 …' 식의 보편 진술일 필요는 없다. "패스트푸드는 대체로 어린이들
이 좋아한다."와 같이 통계적인 진술일 수도 있다. '대체로' 말고도 '거의
모든', '대부분의', '대개의', '개연성이 높다' 따위가 통계적인 진술을 나
타내는 표현들이다.

한편 귀납을 통해 일반화를 한 다음에 다시 그 집합에 속한 또 다른
구성원에 대한 진술을 할 수도 있다.

■ 모든 패스트푸드는 어린이들이 좋아한다.

떡볶이도 패스트푸드이다.

그러므로 떡볶이는 어린이들이 좋아한다.

첫 번째 전제가 귀납 논증을 통해 나온 진술이므로 그 참이 확실히 보장되는 것은 아니지만, 만약 참이라고 한다면 결론이 거짓일 수가 없으므로 위 논증은 연역 논증이다. 그러나 첫 번째 전제를 일반화된 진술 대신에 통계적 진술로 바꾸면 결론은 반드시 참은 아니고 개연성이 높을 뿐이다.

■ 패스트푸드는 대체로 어린이들이 좋아한다.

떡볶이도 패스트푸드이다.

그러므로 떡볶이는 어린이들이 좋아한다.

이렇게 전제에 통계적 진술이 있고, 거기서 관찰 안 된 사례를 끄집어내는 논증을 **통계적 귀납**이라고 부른다. 다음 주장의 구조를 분석해 보자.

① 방탄소년단의 인기는 곧 시들 것이다. ② 빅뱅도 그랬고 ③ H.O.T.도 그랬다.

ⓐ 모든 인기 가수의 인기는 시든다.

ⓑ 방탄소년단은 인기 가수이다.

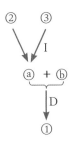

②와 ③에서 ⓐ에 이르는 추론은 열거에 의한 귀납이다. 그런데 ⓐ를 일반화된 진술로 해석하게 되면 거기로부터 ①에 이르는 추론은 연역이 되어 ①이 반드시 참이 된다. 그러면 방탄소년단 팬들의 실망이 얼마나 크겠는가? 따라서 ⓐ는 '인기 가수의 인기는 대체로 시든다.'로 해석해야 할 것이고 그러면 ⓐ와 ⓑ에서 ①은 통계적 귀납으로 나온다고 보는 게 좋다. 그러면 ①은 거짓일 개연성이 있다. 앞으로 ①이 참이 될지 거짓이 될지 확인해 보라.

성급한 일반화의 오류

열거에 의한 귀납이든 통계적 귀납이든 이 논증들은 한 영역의 경험에서 더 넓은 영역으로 일반화하는 것에 토대하고 있다. 그렇기 때문에 귀납의 결론은 비록 틀릴 가능성은 있지만 우리는 귀납으로 전제에 없는 새로운 지식을 늘려 갈 수 있다. 열거에 의한 귀납과 통계적 귀납이 얼마나 강한 논증인지 평가하기 위해서는 다음 세 가지 기준을 조사해야 한다.

- 관찰된 사례의 수
- 관찰된 사례의 다양성
- 결론의 범위

첫 번째 기준은 관찰된 사례의 수가 많으면 많을수록 귀납에서 결론의 개연성은 높아진다는 뜻이다. 앞에서 말한 패스트푸드 논증에서 내가 관찰한 또는 전해 들은 패스트푸드가 많으면 많을수록 '모든 패스트푸드는 어린이들이 좋아한다.'라는 결론은 참일 가능성이 커진다. 그런데 이 기준을 만족시키지 못하면, 그러니까 믿을 만한 결론을 내리기에 관찰된 사례의 수가 너무 적으면 **성급한 일반화의 오류**를 저지르고 있다고 말한다. 이미 14장에서 개인의 경험은 제한적이므로 한계가 있을 수 있다고 말했다. 사실 어느 학교 한두 명의 여학생과 미팅을 한 다음에 그 학교 여학생은 모두 예쁘다고 판단을 내리거나, 어느 지역 출신 사람을 서너 명 만난 다음에 그 지역 사람은 모두 무뚝뚝하다고 생각하는 등 성급하게 일반화하는 경우는 우리 일상생활에서 아주 흔하다.

> "두 가지 사례에서는 어떤 규칙도 이끌어 낼 수 없다."
> 움베르토 에코, 『장미의 이름』 중에서. 사례가 풍부하지 않으면 의미 있는 결과를 이끌어 낼 수 없다.

그러나 사례의 수가 어느 정도 되어야 강한 귀납 논증이 되는지 딱 잘라 말할 수는 없다. 가령 당신이 대여섯 명의 상사 맨을 만났는데 모두 진취적이었다고 해 보자. 그리고 당신이 상사 맨이 무슨 일을 하는 사람인지 알고 있다면, 이 정도의 작은 사례에 근거해서 '상사 맨은 모두 진취적이다.'라고 결론을 내려도 충분히 강한 귀납 논증이 된다. 반면에 당신이 중국의 서너 개 도시에 여행을 갔다고 해 보자. 그 경험을 토대로 중국의 도시는 모두 공기가 나쁘다고 결론을 내린다고 해 보자. 그러나 이것은 매우 약한 귀납 논증이다. 중국에는 수백 개의 도시가 있고 도시의 특징이 모두 고르지 않다. 어떤 도시에는 공업 단지가 있으며 어떤 도시는 농촌에, 어떤 도시는 사막 지역에 있다. 문제는 중국의 도시가 상사 맨만큼 고른 성질을 가지고 있지 않다는 것인데, 그 사실을 알고 있으면 중국 도시를 서너 개만 관찰하고서 일반화를 하지는 않을 것이다. 결국 우리는 강한 귀납 논증을 하기 위해서 그리고 귀납 논증이 얼마나 강한지 평가하기 위해서는 문제되는 집합의 구성원이 얼마나 고른지 알고 있어야 한다. 이것은 연역으로 알 수도 있고('상사 맨은 외국 무역과 국내 유

©윤태호, 다음 웹툰 〈미생〉. 이 만화만 보고 '상사 맨은 모두 진취적이다.'라는 판단을 내리면 성급한 일반화일까?

통을 담당하는 종합 상사의 직원이므로 업무의 특성상 적극적이어야 한다') 또 다른 귀납으로 알 수도 있다('상사 맨과 비슷한 영업 맨을 여럿 관찰했는데 진취적이더라'). 구성원이 고르다면 몇 개의 구성원만 관찰해도 그것이 관찰 안 된 다른 구성원들을 대표한다는 것을 알 수 있기 때문에, 집합에 대한 지식은 올바른 귀납 논증을 위한 필수 조건이다. 말할 것도 없이 이런 지식은 논리적인 훈련만이 아니라 많은 독서와 공부로 쌓인다.

편향된 통계의 오류

두 번째 평가 기준인 관찰된 사례의 다양성은 전제에 나오는 사례들이 다양할수록 논증이 강하다는 뜻이다. 패스트푸드를 관찰할 때 가령 햄버거라고 하더라도 같은 브랜드의 햄버거만 관찰할 것이 아니라 여러 브랜드를 관찰해 보고 또 햄버거나 피자처럼 외국에서 온 패스트푸드뿐만 아니라 떡볶이나 순대 같은 토종 패스트푸드도 관찰하면 더 강한 논증이 될 것이다. 이 기준을 지키지 못하면 사례의 수가 충분히 많아도 다양하게 선택되지 못한 사례는 강한 귀납 논증의 토대가 될 수 없다.

각종 선거나 정책을 대상으로 여론조사를 하는 것은 전형적인 귀납 논증이다. 여론조사의 표본을 고를 때 특정 지역·계층·성별·연령 등에 편중되지 않아야 한다는 것은 기본이다. 편중되게 뽑은 표본은 대표성 있는 표본일 수 없기 때문이다. 만약 관찰된 사례가 다양하지 못하고 편중되어 있다면 **편향된 통계의 오류**를 저지른다고 말한다. 우리나라처럼 지역색이 강한 나라에서 특정 지역만의 여론 조사 결과로 대통령 선거를 예측한다면 그 여론 조사 기관은 문 닫을 가능성이 아주 크다. 그리고 특정 인터넷 누리집홈페이지을 방문한 누리꾼을 대상으로 이루어지는 여론 조사는 그 편중성이 의심스러울 수밖에 없다. 그 누리집에 적극적으로 참여하는 누리꾼에 의해 크게 좌우되므로 여론 조사에 참여한 집단에 대표성이 있다고 보기 어렵기 때문이다. 예를 들어 어떤 연예인의 누리집에 방문하는 누리꾼들은 그 연예인의 팬이거나 적어도 관심이 있는 사람일 텐데, 그들을 대상으로 어떤 연예인을 가장 좋아하느냐고 묻고 그 결과를 공표하는 것은 우습다. 어떤 연예 기획사의 인터넷 누리집에서 '21세기에 가장 뛰어난 K-POP 가수'를 뽑는 여론 조사를 한 결과 어떤 가수가 투표자의 50퍼센트가 넘는 지지를 받았다고 해도, 그 결과는 '우리 회사 인터넷 누리집에 방문한 누리꾼' 가운데 1위라고 해석해야지 '인터넷 사용자의 절반 이상으로부터 지지를 받았다'라고 주장하는 것은 민망한 일이다.

그러나 이렇게 표본을 터무니없이 선택하는 경우에는 오류인지 아닌지가 얼른 드러나지만, 우리 주변에서는 얼른 눈에 안 띄는 편향된 통계의 오류가 일어나는 일이 더 많다. 가령 의심이 많은 내가 부산으로 출장을 가는데, 신문에 보도된 통계에서 지난 10년 동안 비행기·자동차·기차 중 비행기의 사고율이 가장 낮다는 것을 보고 공항으로 갔다. 그러나 비행기를 타기 직전 공항에서 비행기 사고가 났다는 TV 보도를 보고 마음

> "거짓에는 세 가지가 있다. 거짓, 새빨간 거짓, 그리고 통계"
> 벤저민 디즈레일리1804-1881, 영국 정치가

> "비행기 사망률은 팔십오만 분의 일에 불과
> 하대요. … 게다가 비행기는 보험이 잘되어
> 있잖아."
> 이만교, 『결혼은 미친 짓이다』 중에서

을 바꿔 기차를 타러 갔다. 방금 보도된 비행기 사고를 신문에 보도된 사고율 통계에 집어넣고 다시 계산해도 사고율 순위는 바뀌지 않는다. 그런데도 눈으로 직접 본 사례 한 가지에 근거해서 판단을 내리는 것이다. 심리학자들도 지적하지만 사람들은 생생한 정보에 더 솔깃해 하는 경향이 있다. 이런 심리적 경향 때문에 생기는 오류를 편향된 통계의 오류 중에서 특별히 **오도된 생생함의 오류**라고 부른다.

💬 성급하지는 않지만 TMI인 일반화

TMI는 '너무 과한 정보Too Much Information'라는 뜻으로 "내가 그런 것까지 알아야 해?"라고 물을 수 있는 성격의 지식을 말한다. 다음은 귀납적 일반화를 거쳤기에 성급하지는 않지만 '쓸모없는 사실'이다.

- 세계에서 가장 흔한 이름은 모하메드이다.
- 사람들은 평생 코털이 2미터 자란다.
- 남성은 여성보다 딸꾹질을 많이 하고, 여성은 남성보다 눈을 더 많이 깜빡인다.
- 사람의 피부는 끊임없이 벗겨져서 4주마다 완전히 새 피부로 바뀌고, 뼈의 조직도 끊임없이 새 조직으로 바뀌어 7년이면 모든 뼈가 새로 바뀐다.

- 미국 사람들은 매일 화장실을 평균 6번 간다. 그것은 평생 약 2년 반을 쓰는 셈이다.
- 성인 남성은 평균적으로 1년에 500그램의 수염을 면도한다.
- 미국인 전체는 하루에 피자를 6900만 제곱미터만큼 먹고, 1초마다 350조 각의 피자를 먹는다.
- 한국인은 한 해에 평균 20마리의 닭을 먹고, 77개의 라면을 먹는다.

귀납적 일반화를 거친 지식은 설득력이 강하긴 하지만 꼭 TMI가 아니더라도 무미건조하기에 사람들은 오히려 강하지는 않아도 생생한 개인의 경험에 주목한다. 오도된 생생함의 오류는 그래서 생긴다.

편향된 통계의 오류의 또 다른 특별한 경우는 **태만한 귀납화**라고 부르는 것으로서, 주로 사회적으로 억압받는 소수에 대한 편견과 관련해서 생긴다. 가령 내가 외국인 노동자들은 범죄자가 많다는 편견에 사로잡혀 있다고 해 보자. 그리고 내가 만나거나 전해 들은 외국인 노동자 중 범죄자는 기억해서 나의 편견을 강화하는 반면에 그렇지 않은 외국인 노동자를 만나거나 전해 들어도 그 사례는 완전히 무시해 버린다. 이것은 모든 사례를 동등하게 대하지 않고 나의 판단에 유리한 사례만 의도하든 의도하지 않든 편향되게 대하는 것으로서 편견을 고착화하는 못된 버릇이다. 19세기 유럽에서 골상학이라는 학문이 발전한 적이 있었다. 골상학은 두개골의 형태를 측정함으로써 사람의 정신적 특징들을 발견할 수 있다고 생각한 학문이다. 그런데 골상학자들은 단지 한

두 명의 피험자를 관찰하여 두개골과 정신적 특징 사이의 상관관계를 연구하였고, 어떤 사람의 행동이 그들의 이론과 맞지 않을 때는 그 불일치를 무시하였다고 한다. 결국 골상학은 과학으로 발전하지 못하고 사이비 과학으로 전락하고 말았다. 동양의 역학이나 사주도 미신이라는 비판에 맞서 통계에 근거하고 있다고 대꾸한다. 그러나 얼마나 많은 표본 집단에 의한 통계인지도 알려지지 않았지만, 점을 볼 때 우리는 흔히 자신의 경우와 맞을 때는 용하다고 말하면서 맞지 않는 경우는 무시해 버린다.

관찰된 사례가 다양해야 한다는 기준에서도 사례의 수에 대한 기준과 마찬가지로 판단을 내리려고 하는 집합에 관한 배경지식이 중요하다. 상사 맨이 무슨 일을 하는지 잘 안다면 한 회사의 상사 맨들만 만나 보고 귀납 논증을 해도 충분히 강한 논증이 될 수 있다. 가을걷이가 끝난 벼의 등급을 매길 때 가마니 속에 든 낱알을 가마니 여기저기서 하나씩 골라내 검사하지 않는다. 무작위로 추출해 검사하는 것은 한 가마니에 든 쌀이 고를 것이라는 믿음이 있기 때문이다. 반면에 윗부분에만 질 좋은 과일을 올려놓고 아랫부분에는 질 낮은 과일을 깔아 놓은 과일 상자에 속은 경험이 있는 사람은 과일 상자 속을 골고루 관찰하고서야 과일 전체를 판단

> 동서고금을 막론하고 수천 년 전부터 연구해 오고 있는 것이 바로 사주 역학으로서, 인간의 운명을 판단하는 통계 학문이자 천문 과학이며 철학이다.
> 어느 사주 누리집에서

> "많은 사람은 단순히 자신들의 편견을 재배치해 놓고 자신이 생각하고 있다고 생각한다."
> 윌리엄 제임스 1842-1910, 미국의 철학자

ⓒ상주시청. 한 쌀가마니에서 쌀의 일부만 보고 전체의 등급을 매길 수 있는 것은 가마니 속의 쌀이 고르리라는 믿음이 있기 때문이다. 케이크 맛을 보기 위해 케이크를 다 먹을 필요가 없는 것도 마찬가지 이유이다.

할 것이다. 요약하자면 일반적으로 말해서 관찰된 사례의 수가 많고 다양할수록 더 강한 귀납 논증이 된다. 사례가 많으면 많을수록, 다양하면 다양할수록 강한 논증이 되기는 할 것이다. 그러나 배경지식이 있으면 적은 수와 다양하지 않은 사례로부터도 강한 귀납 논증을 할 수 있다는 것 역시 잊지 말아야 한다.

　마지막 평가 기준으로 결론의 범위는 결론의 범위가 좁을수록 귀납은 더 강하다는 뜻이다. 전제에 든 사례나 진술이 똑같다면 결론의 범위가 좁아질수록 더 강한 논증이 된다. 예컨대 한국인 몇 명을 관찰한 다음에 '아시아인은 가족을 중시한다.'보다 '한국인은 가족을 중시한다.'

라고 결론을 내리면 더 강한 논증이 된다. 결론에 보편 진술('모든…')보다 통계적 진술('대체로')이 나오면 더 작은 범위에 대해 주장하고 있다. 따라서 '한국인은 가족을 중시한다.'보다 '한국인은 모두 대체로 가족을 중시한다.'라는 결론을 내리면 더 강한 논증이 된다.

가추법

세 명의 친구가 캠핑을 가서 텐트 속에서 자고 있는데, 텐트 지붕에서 후드득후드득 하는 소리가 난다. 친구들은 이 현상을 설명하기 위해 각각 다음과 같은 가설을 세웠다.

A: 비가 거세게 내려 지붕을 때리고 있다.
B: 드라마 촬영을 위해 살수차가 물을 뿌리고 있다.
C: 도깨비가 나무 위에서 나무 열매를 던지고 있다.

누구의 가설이 현상을 가장 잘 설명할까? 상식적으로 A의 가설이 가장 설명력이 있다. 오늘 밤에 비가 내릴 것이라는 예보와도 일관적이기도 할 뿐만 아니라, B와 C는 밤에 야영장에서 예고 없이 촬영한다는 것과 도깨비가 있다는 것이 상식에 맞지 않기 때문이다. 이렇게 일어난 현상에 대해 가장 좋은 설명을 제시하는 논증을 **가추법**이라고 한다. 가설을 세워 추론한다는 '가설 추리'의 준말이다.

A는 다음과 같이 논증한 것이다.

① 텐트 지붕에서 후드득후드득하는 소리가 난다.

② 비가 거세게 내려 지붕을 때리고 있다는 가설이 텐트 지붕에서 후드득후드득하는 소리가 난다는 현상을 가장 잘 설명한다.

③ 따라서 비가 거세게 내려 지붕을 때리고 있다.

가추법은 철학자 찰스 샌더스 퍼스Charles Sanders Peirce, 1839-1914가 연역과 귀납 이외의 제3의 논증으로 제시했는데, 그를 따라 논증을 연역, 귀납, 가추법으로 분류하는 논리학자가 가끔 있다. 그러나 앞의 논증에서보듯이 전제가 참이라도 결론은 거짓일 수 있다. 개연성이 아주 낮지만 B의 가설처럼 드라마 촬영을 위해 살수차가 물을 뿌릴 수도 있고, 다른 야영객들이 물총 놀이를 할 수도 있기 때문이다. 따라서 가추법은 귀납 논증의 하나로 보아야 한다. 비록 이 가설이 절대 틀리지 않는 유일한 설명은 아니어도 현상을 가장 잘 설명한다. 그래서 가추법은 **최선의 설명으로의 추론**이라는 이름으로도 부른다.

가추법은 과학자들이 잘 쓰는 방법이다. 가령 다윈은 비글호를 타고 여러 섬을 여행하면서 서로 다른 섬에서 같은 새의

가추법은 영어로 abduction인데, 이것은 논리학 이외의 맥락에서는 '유괴'라는 무시무시한 뜻이다. 그리고 피트니스할 때 팔이나 다리를 몸 바깥쪽으로 움직이는 것을 뜻하기도 한다. 가추법, 유괴, 운동법의 공통점은 무엇일까 생각해 보자.

부리가 다른 모양이 된 현상을 관찰하였다. 당시는 신이 종을 창조했다는 견해가 지배했지만, 그는 자연 선택에 의한 진화라는 가설을 세워 이 현상을 설명했다. 그는 『종의 기원』에서 이렇게 말한다.

잘못된 이론이 위에 명시된 몇 가지 큰 부류의 사실을 자연 선택 이론처럼 만족스럽게 설명할 수 있다고 생각하기는 어렵다. 최근에는 이것이 안전하지 않은 논증 방법이라는 반론이 제기되었지만, 이것은 삶의 일반적인 사건을 판단하는 데 사용되는 방법이며 위대한 자연 철학자들에 의해 자주 사용되었다.

ⓒShutterStockStudio. 영국 런던 자연사 박물관의 찰스 다윈 기념 동상

다윈이 여기서 말한 '논증 방법'이 바로 가추법이다. 19세기 초까지 천왕성은 태양계에서 관측 가능한 가장 먼 행성이었다. 그런데 천왕성의 궤도가 뉴턴의 이론으로 계산된 궤도와 달랐다. 이 현상을 설명할 수 있는 한 가지 방법은 뉴턴의 이론이 틀렸다고 하는 것이다. 그러나 뉴턴의 이론이 당시 200년 이상 경험적으로 성공한 이론으로 평가받은 것을 감안하면 이것은 좋은 설명 방법이 아니었다. 이에 영국의 천문학자 존 애덤스John Adams, 1819-1892와 프랑스의 천문학자 위르뱅 르베리에Urbain Le Verrier, 1811-1877는 천왕성의 궤도 밖에 또 다른 행성이 있어서 천왕성의 궤도에 영향을 준다는 가설을 세워 설명했는데, 이것은 이후 그 행성이 실제로 관측되어 옳다는 것이 입증되었다. 그 행성이 해왕성이다.

가추법은 탐정도 잘 쓰는 방법이다. 홈스는 왓슨 박사에게 이렇게 말한다.

자네가 아프가니스탄에서 왔다는 것을 나는 바로 알아봤어. 오래된 습관 덕분에 일련의 생각이 번개같이 뇌리를 스쳐 지나갔고, 중간 단계는 의식할 것도 없이 바로 결론에 이르렀지. 하지만 여러 단계를 거치긴 했어. 일련의 추리 과정을 말하자면 이런 거야. '이 신사는 의사 유형인데 군인 분위기를 풍기는군. 그렇다면 군의관일 수밖에. 열대 지방에서 온 지 얼마 안 됐군. 얼굴이 검게 탔는데, 손목이 흰 걸 보면 살갗이 원래 검은 것은 아니거든. 얼굴이 핼쑥한 걸로 봐서 고생깨나 했고 아팠군. 왼팔에 부상을 당했어. 움직임이 뻣뻣하고 부자연스럽거

©ZAINO·쿠큐, 네이버 웹툰 〈A.I. 닥터〉. 가추법은 의학에서도 잘 쓰는 논증 방법이다. 주인공인 의사 수혁은 '뇌간 압박'이라는 가설이 '환자의 뇌압과 갑작스러운 의식 변화'를 가장 잘 설명한다고 말한다. 작가는 '유추'라고 말했지만 유추는 유비 논증(☞23장)을 말하므로 정확하게는 '가추법'이다. 수혁은 어떤 사고로 인해 의학 인공 지능인 바루다 칩이 머리에 박혀 방대한 의학 정보를 머릿속에 담게 되었다. 가추법을 쓰기에 최적화된 것이다.

든. 열대 지방에서 영국 군의관이 그토록 고생을 하고 팔에 부상을 당할 만한 곳이라면? 아프가니스탄밖에 없지.' 이 모든 생각을 하는 데는 1초도 걸리지 않았어. 그래서 자네가 아프가니스탄에서 왔다고 한마디 한 건데, 자네는 깜짝 놀랐지.

– 코난 도일, 『주홍색 연구』 중에서

여기서 말하는 '일련의 추리 과정'이 바로 가추법이다. 단 홈스만큼 "1초도 걸리지 않"게 이런 추리를 잘하기 위해서는 평소에 많은 관찰과 풍부한 독서가 필요함을 2장에 이어 다시 한번 강조하지 않을 수 없다. 홈스는 "나는 관찰하면서 추리를 하는 버릇이 있어. 거기[관찰을 강조한 홈스의 글]서 내가 말한 이론이 자네한테는 허무맹랑해 보이는 모양인데, 실은 아주 실용적이야. 그걸로 내가 밥벌이를 할 정도로 실용적이란 말씀이지."라고 자신의 영업 비밀까지 공개한다.

열거에 의한 귀납이나 통계적 귀납이 강한 논증이 되기 위해서는 관찰된 사례의 수, 관찰된 사례의 다양성, 결론의 범위라는 기준을 만족시켜야 한다고 말했다. 가추법은 최선의 설명으로의 추론인 만큼 설명력이 있어야 강한 논증이 된다. 앞의 보기들에서 보았지만, 어떤 현상을 설명하는 가설이 하나만 있지는 않다. 최선의 설명이 되기 위해서는 다른 가설들과 경쟁해야 한다. 그때 상식에 부합하는가, 이미 확립된 이론들과 모순되지는 않은가, 똑같은 설명력을 갖는 다른 가설이 있지 않은가, 불필요하게 복잡한 새로운 가정을 도입하지는 않는가 따위를 고려해야 한다. 그것을 만족했을 때 설명력이 있는 최선의 설명이 되고, 그렇지 못했을 때 실패한 설명이 된다. 예컨대 누군가가 감기에 걸렸을 때는 고춧가루를 탄 소주를 마시면 낫는다고 가설을 세우고, 실제로 고춧가루를 탄 소주를 마셨더니 나았다고 해 보자. 이 가설은 최선의 설명일까? 감기는 환자가 치료 효과가 있다고 믿으면 낫는다는 가설이나 감기는 기간이 어느 정도 지나면 자연스럽게 낫는다 등의 경쟁하는 다른 가설이 있고, 이 가설은 기존의 의학 지식과 일관적이기도 하다. 그러므로 고춧가루 탄 소주 가설은 최선의 설명이 아니다. 감기에 걸렸을 때 몇 번 해 보아라. 최선은커녕 차선의 설명도 안 될 것이다.

1. 인터넷, 방송, 신문, 광고 따위에서 열거적 귀납, 통계적 귀납, 가추법에 해당하는 사례가 있는지 찾아보라. 그리고 오류가 있다면 지적하라.

*2. 다음 진술이 열거적 귀납, 통계적 귀납, 가추법에 해당하는지 찾아보고, 만약 오류가 있다면 지적하라.

(1) 서울에서는 너구리가 살지 않는다. 촬영 팀은 양재천에서 석 달 동안 기다렸지만 너구리를 발견할 수는 없었다.

(2) 화학을 배우는 어떤 학생이 매우 순수한 구리의 두 샘플의 끓는점이 2,567℃라는 것을 실험으로 알아냈다. 그래서 2,567℃는 구리의 끓는점이라고 결론을 내렸다.

(3) 서울에는 거의 매년 겨울에 최소한 한 번의 폭설이 내린다. 그래서 이번 겨울에도 서울에 최소한 한 번의 폭설이 내릴 것이다.

(4) 『해리 포터』에 그려진 마법의 세계는 지금의 아이들이 길들여져 있는 자본주의 소비문화를 그대로 담아내고 있었다. 예컨대 해리 포터가 가지고 다니는 마법의 빗자루는 '님부스 2000'의 최첨단 브랜드다. 몇십 만 원짜리 최첨단 브랜드 운동화가 아니면 창피해서 신지 않으려 하는 아이들의 소비문화를 그대로 옮겨 놓은 것이다. 아마도 『해리 포터』가 특별히 아이들을 끌어들이는 힘이 있다면 그 많은 부분은 아이들의 자본주의적 소비 욕구를 마술적으로 대리 실현하는 데서 오는 것

인 듯싶다.

-《한겨레》, 2002년 2월 25일 자

(5) 나는 이번에 차를 새로 샀다. 차는 한 번 사면 10년 정도는 타야 하고 워낙 고가이기 때문에 나는 신중에 신중을 기했다. 여러 신문과 자동차 전문 잡지를 조사해 보니 그랜다이저가 소비자 만족도가 가장 높았고 전문가들의 평가도 좋았다. 그래서 그랜다이저를 사기로 결심하고 계약까지 하려고 했다. 그러나 아내가 직장 동료 한 명이 그랜다이저를 타는데 불만이 많다고 하지 않는가? 그래서 나는 다른 자동차를 샀다.

(6) 아침에 출근하려고 하는데, 자동차 시동이 걸리지 않는다. 연료가 부족할까? 연료계를 보니 연료는 충분하다. 배터리가 방전되었을까? 실내등이 켜지는 것을 보면 배터리 방전은 아니다. 그렇다면 스타터 모터에 문제가 생긴 것이다. 열쇠를 돌렸을 때 틱틱 소리가 나는 것을 보니 분명하다.

(7) 엄마 친구 아들은 모두 공부도 잘하고 취직도 잘하는데, 너는 왜 그 모양이니?

(8) 이번에 대학생 알바를 썼는데 시간도 안 지키고 근무 시간에도 휴대 전화만 보고 있어. 다시는 대학생 알바를 안 써야지.

(9) 두만: 그래서 말인데요 반장님, 전 이게 오히려 '힌뜨'가 아닌가 싶거든요. 현장에서 범인 께 아무것도 안 나오는 거.

　　반장: 뭔 소리지?

　　두만: 강간 사건 때는 원래 범인 거시기 털 같은 게 반드시 몇 개씩 나오게 마련 아닙니까?

반장: 그렇지.

두만: (자신 있게) 따라서 범인은 말이죠, 애초부터 거기에 털이 하나도

없는 놈이다, 이겁니다.

반장: 무모증 같은 거?

두만: 그렇죠, 완전 백대가리.

반장: 현장에 흘릴 음모가 아예 하나도 없다….

- 영화 〈살인의 추억〉[2003]

* 표시된 문제의 정답 및 해설은 512쪽에

23장   나도 콘푸로스트 먹으면
호랑이 기운이 솟을까?

유비 논증, 인과 논증

유비 논증

유비 논증analogy도 아주 많이 쓰이는 귀납 논증이다. A와 B 두 집단이 있다고 하자. a_1, a_2, a_3, …는 A의 구성원이고 b는 B의 구성원이라고 할 때 유비 논증은 다음과 같은 구조로 되어 있다.

① a_1, a_2, a_3, …, b는 모두 성질 P_1, P_2, …를 갖고 있다.
② a_1, a_2, a_3, …는 모두 성질 Q를 갖고 있다.
③ 따라서 b는 Q를 갖고 있다.

쉽게 말해서 두 종류의 대상이 몇 가지 점에서 비슷한 성질을 가지고 있으므로 다른 점에서도 비슷하다고 결론을 내리는 것이다. 다음 논증이 전형적인 보기이다.

■ 철수 아버지와 형제들은 모두 하루에 담배를 두 갑씩 피우고, 일주일에 하루 이상 과음을 하며, 스트레스받는 일을 하며, 운동을 전혀 안 한다. 철수 아버지와 큰형은 심장 마비로 일찍 돌아가셨다. 그러므로 철수도 심장 마비로 일찍 죽을 것이다.

철수 아버지와 큰형이 a_1, a_2, 철수는 b이며, 흡연, 과음, 스트레스, 운동 안 하기가 P_1, P_2, P_3, P_4, 일찍 죽는 것이 Q에 해당한다.

동물 실험을 통해 밝혀진 실험 결과가 인간에게도 적용되리라고 생각하는 것도 유비 논증에 의한 판단이다. 가령 쥐와 인간은 생리학적 특성에서 같은 점이 많기 때문에 특정 약품의 쥐에 대한 반응이 인간에게도 똑같은 결과를 낳을 것이라고 추론하는 것이다.

짐작하겠지만 유비 논증이 얼마나 강한 귀납 논증이 될 수 있느냐 하는 관건은 비교되고 있는 두 집단이 얼마나 비슷하냐에 있다. 그러나 어떤 두 대상을 고르더라도 거기서 비슷한 점을 찾을 수 있다. 슈바이처 박사와 히틀러는 비슷한 점이 있는가? 남자이고 독일인이라는 점에서 비슷하다. 하늘과 바다는 비슷한 점이 있는가? 모두 푸르다는 점에서 비슷하다. 그러므로 비교되는 두 집단이 공통으로 갖고 있다고 생각한 성질 P_1, P_2, …이 지금 논증의 논쟁거리와 **관련 있는 점**에서 비슷한가 하는 점이 중요하다. 유비 논증은 바로 그 관련 있는 유사성이 많으면 많을수록 강하다. 가령 인간과 쥐의 경우 생리학적 성질이 유사하다는 것은 약품 반응과 관련 있는 유사성이다. 비록 인간은 꼬리가 없고 쥐는 꼬리가 있지만 그런 차이점은 약품 반응과 관련이 없으므로 무시해

인간에게 유효한 약품을 개발할 때 실험 대상이 왼쪽에서 오른쪽으로 갈수록 더 강한 귀납 논증이 된다.

도 괜찮다. 쥐보다 침팬지가 인간과 생리학적 성질이 더 유사할 것이므로 침팬지에게 한 동물실험이 더 강한 증거가 될 것이다. 그리고 같은 인간에게 검증된 약효는 아주 강하게 믿을 만한 증거가 될 것이다.

> "인생은 초콜릿 상자에 있는 초콜릿과 같다. 어떤 초콜릿을 선택하느냐에 따라 맛이 달라지듯이 우리의 인생도 어떻게 선택하느냐에 따라 인생의 결과도 달라질 수 있다."
>
> 영화 〈포레스트 검프〉1994에서 포레스트 검프의 어머니 말씀. 유비 또는 비유는 우리 일상생활에서 즐겨 쓰인다.

법원에서 판결할 때 비슷한 사건에 대해 먼저 내린 판결 중 선례적 가치가 있는 것을 '판례'라고 부른다. 판사는 앞선 판례를 보고 비슷한 이 사건에도 같은 판결을 한다. 이것도 유비 논증의 하나이다. 우리나라 법원은 굿과 같은 무속 행위가 대중들 사이에 널리 퍼져 있는 오래된 전통임을 인정하여 무속 행위라고 해서 처벌하지는 않는다. 그런데 2017년에는 아들에게 액운이 있으니 아들 이름을 적은 골프공을 골프채로 쳐서 액운을 몰아내야 한다며 피해자에게 1억여 원을 뜯어낸 무속인에게 사기죄를 인정했다. 피해자에게 불행이 일어날 것이라고 속여 일상적인 수준을 넘어선 돈을 빼앗은 것은 위법성이 있다고 본 것이다. 2014년에는 이 판례를 참고하여 로또 당첨이 되려면 굿 비용이 필요하다며 피해자로부터 2억 원 이상을 뜯어낸 무속인에게 사기죄를 선고했다. 두 사건이 신앙의 전통을 넘어 과도한 믿음을 줘서 돈을 뜯어냈다는 점에서는 유사하다고 본 것이다.

그러나 유비 논증에서 유사성이라고 생각되는 것이 사실은 관련이 없는 것으로 드러나거나, 관련이 있는 차이점이 있는데 그것을 무시한다면 그때는 **잘못된 유비**가 된다. 예를 들어 머리에 바르는 무스와 먹는 생크림의 빛깔·모양·촉촉함이 비슷하다고 해서 케이크를 만들 때 생크림 대신에 무스를 쓸 수 없다. 케이크에 장식하는 문제에 관해 빛깔·모양·촉촉함은 관련 있는 유사성이지만, 먹는 문제에 관해서는 관련 없는 유사성이기 때문이다. 그러나 유사성 또는 차이점이 지금 문제 되는 논쟁거리와 관련 있는지 없는지는 어떻게 아는가? 그 대강의 방법을 이 책의 18장에서 소개했다. 그러나 정작 중요한 것은 언제나 그렇듯이 많은 양의 지식이다.

다음 보기의 유비 논증은 논란거리가 될 수 있다.

얼마 전 뛰어난 철학자가 쓴 논문 한 편을 우연히 접할 기회가 있었다. 그가 주장하는 시나리오는 다음과 같다. "비교적 경미한 두통을 앓고 있는 10억 명이 있다. 무고한 1명을 죽이지 않으면 이 많은 사람의 두통이 1시간 동안 지속된다. 그 사람을 죽이기만 하면 모두의 두통이 즉시 사라진다. 그렇다면 무고한 사람을 죽여도 괜찮은가?" 실은 이 문제가 왜 딜레마인지 알 수 없었다. 답은 '괜찮다'이다. (…) 이러한 결론이 기이하며 직관에 반한다고 생각하는 철학자는 분명 경험이 매우 궁핍한 사람이다. 실제로는 누구나 항상 무작위 살인에 동의한다. 우리는 운전을 하고, 수영장을 만들고, 배수관 청소기를 사용하고, 데킬라를 들이킨다. 이 모든 행위 때문에 몇 명이 죽으리라는 사실을 분명 알고 있는데도 말이다. 자가용을 몰고 오페라를 보러 갈 수 있는 것도 누군가의 죽음 덕분이다. 이런 상황에서는 다른 사람의 두통을 치료할 목적으로 1명쯤 죽이는 것도 괜찮지 않은가?

– 스티븐 랜즈버그, 『경제학자 철학에 답하다』 중에서

두통을 앓고 있는 10억 명을 위해 무고한 1명을 죽일 수 있다고 주장하는 사람들이 있다. 흔히 공리주의자들이 그런 주장을 하는데, 그런 주장이 직관에 반한다는 비판도 많다. 이 글을 쓴 경제학자는 운전, 수영장, 술 등의 유비를 들어 그런 비판이 잘못되었다고 다시 반박한다. 우리는 자동차가 주는 편리함을 위해 무고한 몇 명이 죽는 것은 허용하면서 왜 10억 명의 두통을 완화하기 위해 무고한 1명을 죽이는 것은 허용하지 않느냐는 것이다. 이 유비 논증이 성공하기 위해서는 10억 명의 두통을 완화하기 위해 무고한 1명을 죽이는 행위와 자동차가 주는 편리함을 위해 무고한 몇 명이 죽는 것 사이에 관련 있는 유사성이 있어야 한다. 정말 유사성이 있는가? 자동차 운전이나 수영장이나 술 같은 것은 주의를 기울이면 얼마든지 사상자를 줄이거나 없앨 수 있지만, 10억 명의 두통을 완화하기 위해 무고한 1명을 죽이는 행위는 죽는 사람이 정해져 있으므로 유사성이 없는 것 아닌가? 그게 아니라 자동차 운

전이나 수영장이나 술은 아무리 주의해도 사상자가 날 수밖에 없으므로 유사성이 있는 것 아닌가? 이 판단에 따라 이 유비 논증이 강한지 약한지가 정해질 것이다.

주의할 것은 강한 유비 논증이라고 하더라도 어디까지나 귀납 논증이기 때문에 결론이 거짓일 가능성이 있다는 점이다. 앞서 동물 실험은 동물과 사람 사이의 유사성에 근거한다고 말했다. 그런데 동물 실험을 거쳤는데도 동물에게는 없었던 부작용이 인간에게는 나타나는 경우가 있다. 1950년대 후반에 수많은 동물 실험을 거쳐 탈리도마이드라는 입덧 방지 약이 시판되었다. 그러나 이 약을 먹은 임산부에게서 만여 명의 기형아가 태어났다. 이 경우에도 인간과 동물 사이에 어떤 '관련 없는 유사성'이 있었는지 조사해 보아야 한다.

🗨 광고의 유비 논증

켈로그사의 콘푸로스트 광고에서는 호랑이 토니를 등장시켜 콘푸로스트를 먹으면 토니처럼 호랑이 기운이 솟고 달려서 버스를 따라잡을 수 있다고 선전한다. 어떤 사람이 이 광고를 보고 인터넷에 다음과 같은 글을 올렸다.

> - 여러분 큰일 났어요.. 저 사기 당했어요.. ㅜ.ㅜ
>
>   콘푸로스트 우유에 말아 먹었는데…
>
>   호랑이 기운이 샘솟질 않아요.. 흑흑.. ㅜ.ㅜ

켈로그사 콘푸로스트의 광고 모델 토니의 초기 모습.

이 글에 여러 답변이 올라왔다. 유머이긴 하지만 유비 논증에서 무엇을 유비의 대상으로 하는지 귀띔해 주는 바가 있다.

- 사용법을 정확하게 익히셨나요?? 이것은 사기라기보다는 이용의 잘못일 가능성이 높습니다. 콘푸로스트를 우유에 배합한 순서, 배합할 때의 비율… 그리고 이때 그릇은 회사에서 추천한 것과 호환이 되는지 정확하게 따져 봐야 합니다. 매뉴얼을 정확하게 읽고 드시면 분명 호랑이 기운이 솟아날 것입니다.

- 그건… 아동에게만 효과가 있는 걸로 알고 있습니다… ^^

- 아침 공복과 같이 허기가 졌을 때에만 효과가 있을(?) 것 같습니다. 또, 효과라는 게 광고와 같이,

1) 어린이가 먹으면 갑작스레 공을 잘 찰 수 있다.

2) 어린이가 먹으면 갑작스레 2인 1조 달리기를 잘 할 수 있다.

3) 갑작스레 빨간 마후라(!)를 한 호랑이가(게다가 사람 기준으로 하면 홀라당 다 벗은) 덜렁 옆에 있는 걸 발견할 수 있다.

정도일 것 같네요. 첫 번째와 두 번째 효과를 보기는 힘들고(광고에서는 고등학생 이하로 보임), 세 번째는 당장 효과가 있을 겁니다. 혹시 지금 콘푸로스트를 먹고 있으신가요? 바로 옆에 콘푸로스트 상자를 보세요! 빨간 마후라를 한 호랑이가 보일 겁니다.

인과 논증

원인과 결과 관계는 과학과 상식에서 없어서는 안 되는 것이다. 예컨대 흡연율이 떨어졌을 때, 바람맞았을 때, 예상보다 낮은 학점을 받았을 때 우리는 왜 그럴까 궁금해하고 그 원인을 알아보고 싶어 한다. 그리고 그 결과를 '담뱃값이 올라서 흡연율이 떨어졌다.', '내가 바람맞은 이유는 지난번에 바람피운 것을 들켰기 때문이다.', '과제를 내지 않아서 예상보다 학점이 낮게 나왔다.'와 같이 진술한다. 이 책 10장에서는 논증과 인과의 차이점을 설명했다. 그 인과 관계를 논증으로 바꿀 수 있다.

■ 여러 나라의 실제 사례를 보면 담뱃값이 오르면 흡연율이 떨어진다는 통계를 보여 준다. 우리나라에서 이번에 10년 만에 담뱃값을 올

렸다. 따라서 우리나라도 곧 흡연율이 떨어질 것이다.

이 논증은 전제에 인과적 진술이 나오고, 다음 논증은 결론에 인과적 진술이 나온다.

■ 나는 카페인이 없는 커피를 마시면 잠을 잘 자지만 카페인이 든 커피를 마실 때면 잠을 못 잔다. 따라서 카페인이 잠을 못 자게 만드는 원인일 것이다.

"페르시아 왕이 되기보다 인과 관계 하나를 발견하겠다."
데모크리토스BC 460·BC380, 고대 그리스의 철학자. 인과 관계를 발견하겠다는 것은 학문을 하겠다는 뜻이다. 인과 관계를 찾는 것이 학문이 하는 일이다.

이렇게 인과적인 진술이 전제나 결론에 나오는 논변을 **인과 논증**causal argument이라고 부른다. 인과 논증을 더 잘 이해하기 위해서는 인과 관계, 곧 어떨 때 원인이라고 말할 수 있는지를 잘 이해해야 한다. 'X가 Y의 원인이다'라는 것은 'X가 일어나지 않으면 Y도 일어나지 않았다'라는 필요조건으로 이해할 수도 있고, 'X가 일어나면 항상 Y도 일어난다'라는 충분조건으로 이해할 수도 있다. 뇌염모기에 물려 뇌염에 걸렸을 때 뇌염모기에 물리지 않았다면 뇌염에 걸리지 않았을 것이므로 뇌염모기에 물린 것이 뇌염의 원인이다. 이것이 필요조건으로 이해한 원인이다. 한편 압력이 높아지면 항상 온도가 높아지므로 압력의 증가가 온도 상승의 원인이다. 이것이 충분조건으로 이해한 원인이다. 이 중 어느 것이 원인 개념을 제대로 이해했는지 딱 잘라 말하기 어렵다. 어디에 관심이 있느냐에 따라 다른 원인 개념에 주목하기 때문이다. 뇌염모기의 예에서처럼 바람직하지 않은 결과가 생기지 않게 하는 데 관심이 있을 때는 필요조건으로서의 인과 관계에, 거꾸로 어떤 결과를 생기게 하는 데 관심이 있을 때는 충분조건으로서의 인과 관계에 관심이 있다. 그뿐만 아니라 이 원인 개념들은 우리가 일상적으로 이해하는 원인 개념과 사뭇 다르기도 하다. 산소가 없었다면 불이 일어나지 않았을 것이므로 필요조건으로서의 인과 관계에 따르면 산소가 불의 원인이다. 그러나 우리는 산소 때문에 불이 났다고 말하지 않는다. 그리고 충분조건으로서의 인과 관계가 말하듯이 조건이 하나만 있어 그것이 어떤 사건의 발생에 충분조건이 되는 경우는 드물다. 화재가 발생하기 위해서는 산소도 필요하지만, 불똥이 튀어야 하고 주위에 타는 재료가 있어야 하고 그것이 젖어 있지 않아야 하는 필요조건이 갖추어져야만 한다. 실제로 일상에서 충분조건으로서의 인과 관계는 그리 많지 않다. 인과 관계는 필요조건도 충분조건도 아니고 확률적 관계일 때가 많다. 예컨대 흡연은 폐암의 필요조건도 충분조건도 아니지만 그렇다고 해서 흡연이 폐암의 원인이라는 점을 부인할 수는 없다. 원인이라고 생각될 수 있는 것이 없을 때보다는 있을 때 문제의 결과가 생길 확률이 높기 때문이다. 인과 개념은 이렇게 철학적 논쟁을 불러일으키는 어려운 개념이다. 그러므로 이 책에서는 이 정도 설명에 그치고 인과 논증에서 생길 수 있는 오류를 지적하는 것으로 만족하자.

선후 관계와 인과 관계를 혼동하는 오류

인과 관계의 중요한 특징은 A가 B의 원인이면 A가 B보다 시간상으로 먼저 일어난다는 것이다. 이것은 아주 당연한 말인데, 가령 당신이 빈혈 때문에 창백해진다면, 먼저 빈혈이 일어나고 그다음에 창백해질 것이다. 만약 먼저 창백해지고 그다음에 빈혈이 일어났다면 창백함의 원인은 빈혈이 아닌 다른 데에 있을 것이다. 인과 관계에서는 다음이 성립한다.

① A가 B의 원인이다.
② 따라서 A는 B보다 먼저 일어난다.

그런데 반대의 관계, 그러니까 ②에서 ①이 나오는 것도 인과 관계로 착각하기 쉽다.

① A는 B보다 먼저 일어난다.
② 따라서 A가 B의 원인이다.

두 사건이 시간적인 선후 관계에 있다고 해서 그중 앞선 것을 원인, 뒤에 오는 것을 결과로 볼 수 없음은 분명하다. 두 사건이 우연적으로, 즉 아무런 인과 관계도 없이 그렇게 되는 경우도 많기 때문이다. 이런 착각을 **선후 관계와 인과 관계를 혼동하는 오류**post hoc라고 부른다.

우리 속담 중 '까마귀 날자 배 떨어진다.'는 이 오류의 대표적인 보기이다. 까마귀 난 다음에 배가 떨어지는 우연한 일치를 인과 관계로 볼 수는 없다. 이 오류는 너무 터무니없기 때문에 쉽게 저지르겠냐고 생각할지 모르지만, 우연한 일치의 오해, 미신, 징크스가 대부분 이 오류에 속한다. 다음과 같은 보기가 이 오류이다.

- 시험 보는 날 아침에 미역국을 먹어 시험에서 떨어졌다고 생각한다.
- 어떤 필요 때문에 조상의 묘를 이장하자마자 불운한 일이 일어났을 경우 그 원인을 바로 묘 이장으로 생각한다.
- 내가 옷 가게에 들어갔는데 그때부터 옷 가게에 손님이 붐벼서 내가 옷 가게에 들어간 것이 손님을 몰고 온 원인이라고 생각한다.

가끔씩 유행하는 아폴로 눈병은 출혈성 결막염의 별명인데, 1969년 아폴로 11호가 달 착륙에 성공했을 때 아프리카 가나 일대를 중심으로 크게 유행한 데서 그 이름이 생겼다고 한다. 아폴로 우주선의 달 착륙이 눈병 유행의 원인이라고 생각하는 것도 선후 관계와 인과 관계를 혼동한 것이다.

단순히 우연의 일치인지 아니면 진정한 인과 관계인지 구분하기 위해서는 **대조 실험**이라는 것을 해 보면 된다. 예를 들어 시험 보는 날 아침에 미역국을 먹은 것이 정말로 시험에

미역국을 먹은 것이 시험에 떨어진 원인이라고 생각하는 것은 시험에 떨어진 이유를 자신이 아니라 미역국을 차려 준 애꿎은 엄마에게 돌리려는 마음 때문일 수도 있다. 미역은 미끄럽다고 해서 시험에 떨어진다는 속설이 생겼지만, 미역 표면은 잘 달라붙는 끈적끈적한 섬유질로 되어 있다. 발상의 전환을 해 보라.

	시험에 떨어진다	시험에 붙는다
미역국을 먹는다	1	2
미역국을 안 먹는다	3	4

[표 23-1] 미역국과 시험의 관계

서 떨어진 원인인지 밝히려면 미역국을 먹고도 시험을 봐 보고 미역국을 안 먹고도 시험을 봐 보면 될 것이다. 이 과정을 여러 번 반복해서 (한 사람뿐만 아니라 여러 사람의 사례를 관찰해서) [표 23-1]에서 1과 4가 아주 많아야 미역국을 먹은 것은 시험에 떨어진 원인이라고 할 수 있다(1뿐만 아니라 4도 많아야 하는 이유는 앞에서 말한 충분조건으로서의 원인뿐만 아니라 필요조건으로서의 원인도 검토해야 하기 때문이다).

하지만 대개는 이런 실험을 해 보지도 않고 미역국을 먹는 것이 시험에 떨어지는 원인이라고 생각한다. 사람들은 미역국을 먹은 날 시험에 떨어진 사례처럼 자신에게 유리한 것만 선택적으로 기억하는 습성이 있기 때문이다. 심리학자들은 이런 심리적 경향을 '선택 편향'이라고 부른다. 그러나 대조 실험은 말처럼 쉽지가 않다. 수험생이 시험날 선뜻 미역국을 먹어 볼리가 없기 때문이다. 그래도 논리적으로 생각하기 위해서는 그런 심리적 저항을 이겨 내야 한다. 이런 예는 개인적인 미신이나 징크스에 불과하지만, 선후 관계와 인과 관계를 혼동했을 때 심각한 사회적 문제를 낳기도 한다. 미국의 유명 배우 짐 캐리는 여자 친구의 아들이 백신 접종 후 자폐증에 걸리자 백신이 자폐증의 원인이라고 생각하여 백신 반대 운동에 적극적으로 나섰다. 그리고 영국의 한 의사가 MMR 홍역·볼거리·풍진 백신이 자폐증과 관련 있다는 논문을 발표하기도 했다. 이들의 영향을 받고 백신을 접종하지 않아 죽는 사람이 늘어나는 사회적 문제가 생겼다. 그러나 무려 천만 명이 넘는 아이들을 대상으로 한 연구 결과 백신을 맞은 아이나 맞지 않은 아이나 자폐증에 걸리는 비율은 비슷한 것으로 드러났다.

선후 관계와 인과 관계를 혼동하는 오류는 성급한 일반화의 오류로 해석되는 경우도 많다. 우연의 일치의 경우, 대체로 한두 번의 관찰 사례를 가지고 판단하기 때문에 그것을 인과 관계로 착각하는 것이다. 따라서 열거에 의한 귀납을 설명할 때 소개한 강한 귀납 논증의 기준을 잘 적용하면 이 오류를 피할 수 있을 것이다.

> **바람이 불면 통장수가 돈을 번다.**
> 일본 속담. 바람이 부는 것과 통장수가 돈을 버는 것 사이에 무슨 상관이 있는가? 이것도 우연의 일치인가? 바람이 불면 흙먼지가 눈에 들어가 눈병을 앓는 사람이 늘고, 눈먼 사람이 쓰는 세 줄 현악기의 수요가 늘어 악기의 재료가 되는 고양이 가죽이 필요하고, 결과적으로 쥐가 늘어 통을 갉아 먹으니 통장수가 돈을 번다는 식이다. 인과 관계가 멀 뿐이지 우연의 일치는 아니다.

💬 우연은 우연일 뿐

나와 생일이 같은 사람을 만나면 신기하게 생각할 수 있지만, 얼마든지 가능한 우연일 뿐이다. 유비 논증에서 말했지만, 어떤 두 대상을 고르더라도 거기서 비슷한 점을 찾을 수 있다. 따라서 우연의 일치인지 인과적 관련이 있는지 따져 보기 위해서는 필요조건이든 충분조건이든 원인 개념을 적용해 보아야 한다. 다음은 링컨과 케네디 사이의 유명한 우연의 일치이다. 물론 둘 사이에는 아무런 인과적 관련이 없다.

1. 링컨은 1846년에 하원 의원으로 당선되었고 케네디는 1946년에 당선되었으며, 링컨은 1860년에 대통령으로 당선되었고 케네디는 1960년에 당선되었다.
2. 링컨Lincoln과 케네디Kennedy의 이름은 모두 일곱 글자이고 n이 두 개씩 들어 있다.
3. 링컨을 암살한 존 윌크스 부스John Wilkes Booth와 케네디를 암살한 리하비 오즈월드Lee Harvey Oswald는 이름이 세 단어로 이루어져 있고 글자 수가 15개이다.
4. 링컨은 포드 극장에서 암살되었고, 케네디는 포드 자동차에서 만든 링컨 자동차를 타고 가다가 암살되었다.
5. 링컨의 암살자는 극장에서 링컨을 쏜 뒤 창고로 도망갔고, 케네디의 암살자는 창고에서 케네디를 쏜 뒤 극장으로 도망갔다.
6. 링컨의 뒤를 이은 부통령 앤드루 존슨Andrew Johnson과 케네디의 뒤를 이은 부통령 린던 존슨Lyndon Johnson은 성이 같고 이름의 글자 수가 13개이다. 게다가 둘 다 미국 남부 출신이다.
7. 정작 미국 사람들은 모르는 공통점도 있다. 링컨과 케네디 모두 뱀띠이다!

원인과 결과를 혼동하는 오류

이 오류의 전형적인 보기는 이런 것이다.

■ 성공한 사람들은 벤츠를 타고 다니고 호텔에서 식사한다. 그러므로 너도 성공하고 싶으면 그렇게 해야 할 것이다.

벤츠를 타고 호텔에서 식사하는 것은 성공의 결과이지 원인은 아니다. **원인과 결과를 혼동하는 오류**이다. 이 예는 웃고 넘어갈 수 있지만, 일상생활에서 어떤 것이 원인이고 어떤 것이 결과인지 헷갈리는 심각한 경우가 많다. 몸매가 좋아서 피트니스 센터에 오는 걸까, 피트니스 센터에 와서 몸매가 좋은 걸까? 해리 포터는 용기가 있어서 호그와트 학교에 간 것일까, 호그와트 학교에 가서 용기가 생겼을까? 17장에서 거론한 경비원은 친절해서 주민들에게 좋은 대접을 받을까, 주민들에게 좋은 대접을 받기에 친절할까? 딱 잘라 말하기 어렵기 때문에 원인과 결과를 혼동하는 일이 생긴다. 사후 응급 피임약인 노레보정의 시판이 허용될 때 일부 시민 단체와 종교계에서는 이를 반대했는데, 그 이유 중의 하나가 성 윤

> **닭이 먼저인가, 달걀이 먼저인가?**
> 오래된 이 수수께끼는 아리스토텔레스에게 가면 단박에 해결된다. 그는 자연을 탐구하는 방식으로 '그것은 무엇으로 되어 있는가?'(질료인), '그것은 무엇인가?'(형상인), '그것은 무엇이 만들었는가?'(운동인), '그것은 무엇을 위한 것인가?'(목적인) 네 가지를 말한다. 그런데 닭의 본질 중 하나는 달걀을 낳는 것(형상인)이고, 닭은 달걀을 있게 한 원인(운동인)이고, 닭은 달걀이 되려고 하는 목적(목적인)이다. 설마 달걀 프라이가 달걀의 목적이겠는가? 그러니 닭이 달걀보다 먼저이다.

리의 문란이다. 정말로 사후 피임약이 성 윤리 문란을 야기하는가? 성 문화가 자유롭게 된 것은 사람들의 성에 대한 의식이 변화했기 때문이고, 피임약의 개발과 보급도 그런 자유로운 성 문화의 결과이지 원인은 아니다. 만약 사후 피임약인 성 윤리 문란의 원인이라면, 필요조건으로서의 원인 개념을 적용하여 사후 피임약을 금지하면 '성 윤리'라는 것이 바로잡혀야 한다. 그렇겠는가? 따라서 사후 피임약이 성 윤리 문란의 원인이라고 보는 것은 원인과 결과를 혼동한 오류이다.

욕쟁이 할머니 집은 대부분 유명하고 손님이 많다. 그래서 식당을 경영하는 어떤 할머니가 자신도 욕쟁이 할머니로 변신하면 장사가 잘될 것이라고 생각한다고 해 보자. 그런다고 해서 식당이 잘될까? 식당 주인이 욕을 많이 하는 것은 유명해진 결과로 알려진 것이지 그것이 유명한 원인은 아니다. 음식이 맛있거나 서비스가 좋지는 않으면서 욕만 하면 욕이 나오는 식당으로 바뀔 것이다.

공통 원인의 무시

A가 원인이 되어 B와 C 모두 결과로 일어날 수 있다. 곧 A는 B와 C의 공통 원인이다. 그런데 B와 C 사이에 규칙적인 관계가 있다고 해서 B와 C 사이에 인과 관계가 있으리라고 생각하는 것이 **공통 원인의 무시 오류**이다. 인과 관계는 A와 B 또 A와 C 사이에 있고 B와 C 사이에는 상관관계만 있을 뿐인데, **상관관계를 인과 관계로 혼동**하는 것이다.

이솝 우화에는 주인 때문에 새벽 일찍 일어나야 하는 하인 이야기가 나온다. 하인은 새벽에 닭이 울어 주인이 일찍 깨운다고 생각해서

닭 모가지를 비틀어 죽였다. 그러자 주인은 닭이 울기도 전에 먼저 하인을 깨웠다. 주인이 일찍 일어나는 것은 닭 때문이 아니라 새벽잠이 없어서이다. 새벽이 온다는 공통 원인 때문에 닭도 울고 하인도 깨우는 것이다. 여기서 '닭의 모가지를 비틀어도 새벽이 온다.'라는 속담이 나왔다. 이 속담은 필요조건으로서의 원인 개념을 적용해 본 것이다. 학교에서 학생들의 리포트를 받아 보면 두 학생의 리포트가 토씨 한 자 다르지 않고 똑같은 경우가 있다. 한 학생이 다른 학생의 것을 베꼈으리라고 생각했는데 알고 보니 두 학생은 전혀 모르는 사이이다. 어떻게 된 일인가? 두 명 모두 어느 인터넷 누리집(공통 원인)를 보고 베껴 제출한 것이다. 인터넷의 보급 이후 자주 일어나는 일이다. 그러나 요즘에는 표절 과제를 잡아 주는 프로그램도 많다.

이 이야기는 우화이고 에피소드일 뿐이지만, 과학의 영역에서 공통 원인을 무시하면 심각한 결과를 초래할 수 있다. 홍역 바이러스는 붉은 반점과

> 선생님: 철수야. 네가 쓴 「우리 개」라는 글은 네 형이 쓴 거랑 완전히 똑같구나. 베낀 거니?
> 철수: 아니요. 개가 같아서 그래요.
> 무엇이 공통 원인이었을까?

고열을 동시에 일으킨다. 반점과 고열의 발생도 규칙적이라 할 수 있지만 붉은 반점이 고열의 원인이라고 또는 고열이 붉은 반점의 원인이라고 생각하면 잘못이다. 그래서 홍역 바이러스를 없애는 근본적인 치료는 하지 않고 열만 낮춘다고 해서 붉은 반점이 없어지겠는가? 비가 오는 날은 언제나 습도계의 눈금도 올라가지만, 가뭄 때 비를 내리게 하려고 습도계의 눈금을 억지로 올린다고 해서 비가 내리지 않는 것이나

마찬가지이다. 습도가 높아지는 공통 원인으로 해서 비도 내리고 습도계의 눈금도 올라간 결과가 생긴 것이다. 다음 그림을 보면 이해가 쉬울 것이다.

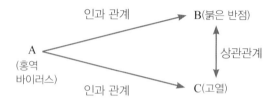

공통 원인의 무시는 사회 정책을 세울 때도 중요하다. 경찰 수가 많을수록 범죄 건수가 많다는 통계가 나왔다. 그래서 '높으신 분들'이 범죄를 줄이기 위해서는 경찰을 줄여야겠다고 결정하면 어떻게 될까? 가령 어떤 동네는 우범 지대가 많다든가 하는 이유로 범죄 건수도 많고 그래서 경찰 수요가 많게 된다. 경찰 수가 많은 것과 범죄 건수가 많은 것은 상관관계인데 그것을 인과 관계로 착각하면 비참한 결과가 생기게 된다. 인과 관계가 아닌 상관관계는 필요조건으로서의 원인 개념도 충분조건으로서의 원인 개념도 적용되지 않는다.

1. 인터넷, 방송, 신문, 광고 따위에서 유비 논증과 인과 논증에 해당하는 사례가 있는지 찾아보라. 그리고 오류가 있다면 지적하라.

*2. 다음 진술은 필요조건으로서의 원인 개념인가, 충분조건으로서의 원인 개념인가, 둘 다인가? 또는 확률 관계로서의 원인 개념인가?

(1) 코로나19 바이러스에 노출되어 코로나에 감염되었다.

(2) 화분에 한 달 동안 물을 안 줬더니 나무가 말라 죽었다.

(3) 지은이는 시험 기간에 열심히 공부한 덕분에 이번 시험에서 좋은 성적을 받았다.

(4) 철수는 하루에 담배를 두 갑씩 피우고 일주일에 하루 이상 과음을 하며 스트레스받는 일을 하며 운동을 전혀 안 해서 심장마비로 죽었다.

(5) 손이 미끄러워 컵을 떨어뜨렸는데 바닥에 부딪혀 컵이 깨졌다.

(6) 산소가 충분히 있는 곳에서 바짝 마른 나뭇잎에 불을 붙이자 나뭇잎이 탔다.

*3. 다음 진술이 유비 논증 또는 인과 논증에 해당하는지 찾아보고, 만약 오류가 있다면 지적하라.

(1) 한국시리즈 우승한 다음에 항상 샴페인을 터트리더라고. 우리도 우승하려면 샴페인을 터트려야 해.

(2) 전쟁이 일어나기 직전에는 언제나 국방비 지출이 늘어났다. 따라서 국방비 지출의 증가가 전쟁의 원인이다.

(3) 공적 자금 운용과 관련된 공무원을 징계하는 것은 불을 꺼 주니까 가재도구와 화단 망가진 것 가지고 항의하는 것과 같다. 불을 끄다 보면 물도 흘릴 수 있고 화단도 밟을 수 있는 것 아닌가?

- IMF 경제 위기 이후에 회자된 '소방수론'

(4) 전문직 치고 보수가 평범한 곳은 없다. 그러므로 교사를 전문직으로 만들려면 보수를 대폭 올려야 한다.

(5) 순리를 무시한 인간의 탐욕이 부른 재앙이라는 점에서 광우병은 환경호르몬 못지않은 환경 파괴의 업보로 여겨진다. 현대 문명의 시발이 된 산업 혁명이 일어난 영국에서 광우병이 발생했다는 사실이 그것을 잘 말해 준다.

(6) 번개가 번쩍이고 난 다음에 천둥소리가 들리는 것을 보니 번개가 천둥소리의 원인이다.

(7) 하루에 6시를 두 번 맞는 사람은 성공한다. 성공한 CEO들을 보라. 그들은 아침 일찍 일어나 활동한다.

(8) 지은이는 세차할 때마다 비가 왔다는 것을 떠올리고, 오늘 세차를 했으니 비가 올 것으로 생각한다.

(9) 암에 걸린 환자가 정서적 불안정에 시달리는 것을 보고 정서적 불안정이 암의 원인이라고 판단한다.

(10) 어느 바닷가에서 동글동글한 돌멩이를 발견했다. 이런 돌멩이는 바닷물에 닳고 닳으면 만들어질 수 있다. 이번에는 모래 속에서 시계를 발

견했다. 태엽과 톱니바퀴로 움직이며 바늘이 시간을 가리키는 시계는 동글동글한 돌과 달리 돌이 바닷물과 바람에 씻겨서 만들어진 것이 아니라 누군가가 만들었기 때문에 가능하다. 그렇다면 시계보다 훨씬 정교한 인간의 눈은 누군가가 만들었기 때문에 가능하다. 시계와 마찬가지로 눈도 제작자가 있어야 하고, 그는 다름 아닌 신이다.

- 18세기 영국 철학자 페일리의 설계 논증

(11) 우리 축구 대표팀은 혹한의 러시아에서 치른 경기에서 좋은 성적을 거두었고, 열사의 이집트에서 벌어진 경기에서도 승리했다. 최근에는 일본과의 수중전에서도 좋은 경기를 보였다. 많은 사람들이 멕시코의 고산 기후를 걱정하지만, 나는 내일 멕시코와의 경기에서도 우리 팀이 좋은 성적을 거둘 것이라고 믿는다.

- PSAT 기출 문제

* 표시된 문제의 정답 및 해설은 514쪽에

24장   자, 이제 논리의 힘이 솟는다

종합적 평가

우리는 지금까지 논증을 평가하는 세 가지 기준과 그 기준을 만족시키지 못해서 생기는 오류들을 살펴보았다. 사실 우리의 목표는 오류 이름 몇 개 외우는 것이 아니다. 상대방의 논증이 설득력이 있는지 평가하는 것이다. 그리고 스스로 논증할 때도 그 기준에 맞게 설득력 있는 논증을 펼치는 것이다. 따라서 어떤 논증을 보면 세 가지 평가 기준을 동원해 종합적으로 평가하는 연습을 해야 한다. 이 책에 나온 여러 논증들, 그리고 인터넷·방송·신문·광고 따위에서 볼 수 있는 각종 논증이 훌륭한 연습 문제가 될 수 있다. 논증 평가는 대충 다음과 같은 순서를 따르면 된다.

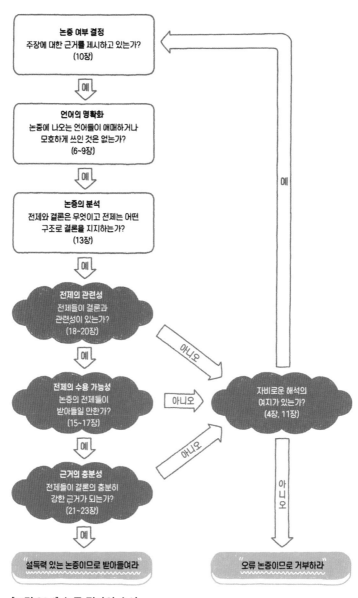

논증 여부 결정
주장에 대한 근거를 제시하고 있는가?
(10장)

예

언어의 명확화
논증에 나오는 언어들이 애매하거나
모호하게 쓰인 것은 없는가?
(6~9장)

예

논증의 분석
전제와 결론은 무엇이고 전제는 어떤
구조로 결론을 지지하는가?
(13장)

예

전제의 관련성
전제들이 결론과
관련성이 있는가?
(18~20장)

예

아니오

전제의 수용 가능성
논증의 전제들이
받아들일 만한가?
(15~17장)

아니오

아니오

근거의 충분성
전제들이 결론의 충분히
강한 근거가 되는가?
(21~23장)

예

**자비로운 해석의
여지가 있는가?**
(4장, 11장)

예

아니오

설득력 있는 논증이므로 받아들여라

오류 논증이므로 거부하라

[그림 24-1] 논증 평가의 순서

논증 평가의 과정

가장 먼저, 주어진 진술이 논증인지, 인과 관계인지 아니면 단순한 서술인지 판단한다. 만약 논증이면 그 논증에서 애매하거나 모호하게 쓰인 언어가 있는지 찾아본다. 만약 있다면 혼동의 여지가 없도록 명확하게 고쳐 준다. 그다음에 전제와 결론, 그리고 필요하면 숨은 전제와 숨은 결론을 찾아 논증의 구조를 다이어그램으로 그린다. 논증이 꽤 길어서 문장 하나하나를 다 분석하기가 힘들다면 중요한 전제와 결론만으로 논증의 뼈대부터 세우면 쉬울 것이다. 나중에 필요하면 그 뼈대에 하위 논증들을 입히면 된다.

논증 분석이 끝나면 평가를 시작한다. 이 책에서 설명한 순서대로 하자면 첫 번째 평가 기준인 전제가 받아들일 만한가 확인하는 작업부터 해야 한다. 그러나 논리적으로 볼 때는 두 번째 평가 기준, 곧 전제가 결론과 관련성이 있는지 없는지를 먼저 따지는 게 낫다. 전제가 받아들일 만한지 확인하는 과정은 사실 확인의 작업으로 쉽지 않은 일이기 때문이다. 기껏 힘들게 전제가 받아들일 만하다고 확인했어도 그 전제가 결론과 관련이 없으면 그만이다. 허탈하게도 그 논증은 설득력이 없다. 따라서 아예 전제가 받아들일 만하다고 가정해 놓고서 그 전제가 결론과 관련이 있는지 없는지를 먼저 조사하는 게 효율적인 순서이다. 전제가 아무리 참이더라도 결론과 관련이 없으면 결론을 지지하지 못한다. 따라서 전제 중 결론과 무관한 것이 있는지 확인해서 있으면 버려라. 그다음에 전제가 받아들일 만한가 확인하라. 전제가 아무리 결론을 강하게 지지해도 거짓이거나 의심스러우면 과감하게 버려라. 논증의 진정한

힘은 받아들일 만한 전제에서 생긴다.

이제 거짓인 전제와 관련 없는 전제는 버렸고, 남은 전제들만 가지고 이것들이 결론을 얼마나 강하게 지지하는지 평가할 준비가 되었다. 이때 논증이

연역이라면 전제가 참임을 확인했으므로 건전한 논증이기도 하다. 이미 전제에서 결론이 필연적으로 따라 나오므로 전제가 결론을 얼마나 강하게 지지하는지는 평가할 필요가 없다. 그리고 논증이 귀납이라면 전제가 결론을 얼마나 강하게 지지하느냐 평가하라. 귀납 논증에서 소개한 오류들을 저지른다면 아주 약한 논증일 것이다.

이상과 같은 과정을 거쳐 연역 논증일 때는 건전하기까지 하거나 귀납 논증의 경우에는 전제가 결론을 강하게 지지하면 우리는 그 논증을 좋은 논증, 설득력이 있는 논증으로 받아들이는 것이다. 물론 14장에서 말한 것처럼 논증을 분석하면서 연역과 귀납을 구분하는 것은 쉽지도 않고 비효율적일 수도 있다. 따라서 연역인지 귀납인지 의식하지 않더라도 전제가 받아들일 만한가, 받아들일 만하다면 그것이 결론을 지지하는가 검토해서 설득력이 있는가 판단하는 일이 가장 중요하다. 주의할 점이 있다. 세 가지 평가 기준을 만족시키지 못한다고 해서 그 논증을 바로 거부하는 것은 성급하다는 사실이다. 여러 번 강조한 것처럼 그 논증을 최대한 자비롭게 해석할 여지가 있는지 다시 한번 살펴보아야 한다. 아무리 자비를 베풀어 해석해도 평가 기준 중 하나라도 만족시키지 못하면 그 논증은 물리치는 것이다.

논증 평가의 실례

러셀의 다음 논증을 평가해 보자.

내 생각으로는 정통적인 도덕주의자들(경찰과 관리들은 포함되지만 현대적 교육자는 거의 포함되지 않는다)의 성교육에 관한 견해는 다음과 같이 서술될 수 있을 것 같다. ① 의심할 여지 없이 성적 비행은 성적인 생각들에 의해 촉진된다. ② 또 덕을 지키는 가장 좋은 방법은 젊은이들의 몸과 마음을 성적인 것과는 전혀 관계가 없는 일에 몰입하도록 하는 것이다. 그러므로 ③ 그들은 성에 관해서 어떤 것도 들어서는 안 되며,

ⓒClaudio Divizia. 러셀은 영국의 철학자로 1950년에 노벨 문학상을 받았다.

가능한 한 서로 성적인 문제에 관해 대화를 나누지 못하게 해야 한다. ④ 그리고 어른들은 그런 화제가 없는 것처럼 행동해야 한다. ⑤ 이런 방법에 의해서 소녀들은 신혼 초야 때까지 성에 관해 거의 백치 상태일 수 있으며, 따라서 ⑥ 첫날밤 상당한 충격을 받게 될 것이다. ⑦ 그러나 소위 건전한 도덕주의자들은 오히려 성에 관한 그런 태도가 여성들에게는 더욱 바람직하다고 생각한다.

– 버트런드 러셀, 『결혼과 도덕』 중에서

ⓐ 성적 비행을 저지르지 않고 덕을 지킨다.

ⓑ 첫날밤 상당한 충격을 받는 것은 건강한 결혼 생활을 위해 바람직하지 않다.

ⓒ 도덕주의자들의 성교육에 관한 견해는 잘못되었다.

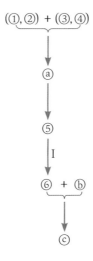

대부분의 논증은 맥락 없이 분석하고 평가하기가 어렵다. 이 논증은 그리 어려운 논증은 아니지만 적어도 러셀이 성 문제에 관해 (현재의 관점으로 봐서도) 상당히 개방적인 사람이라는 점을 알면 도움이 될 것이다. 일단 그는 논증을 하고 있다. 그런데 현재 이 구절만 가지고 보면 결론이 숨어 있다. 그것을 ⓒ와 같이 찾아 줘야 한다. 곧, 러셀은 도덕주의자들의 성교육에 관한 견해를 비판하려고 한다.

앞의 논증에서 ①부터 ⑥까지가 도덕주의자들의 견해이다. 그것은 러셀의 견해가 아니라 상대방의 견해를 전한 것이므로 전제가 받아들일 만한지는 평가하지 않아도 된다. 그러나 그중 ①부터 ④(아니면 적어도 ①과 ②)까지가 도덕주의자들의 증언이고 ⑤와 ⑥은 그것으로부터 추론되는 결론이다. 러셀은 도덕주의자의 견해를 비판할 때 맨 처음 전제인 ①과 ②가 받아들일 만하지 아닌지부터 평가할 수도 있었을 텐데 그렇게 하지 않고 그 전제에서 따라 나오는 결론을 비판하는 방법을 썼다. 우리는 ①과 ②의 수용 가능성은 따지지 않더라도 우선 두 가지를 따져 보아야 하는데, 하나는 ①~④가 도덕주의자들의 견해를 제대로 전했는가 하는 점이고, 또 하나는 거기서 ⑤가 올바르게 도출되느냐이다. 이 글은 도덕주의자들의 견해를 직접 인용하지는 않았지만, ①~④는 그들의 견해로 봐도 무방할 것 같다. 지금도 그런 생각을 하고 있는 도덕주의자들이 적잖게 있는데 이 글이 쓰인 20세기 초에는 더할 것이다.

그럼 그 전제들은 ⑤를 지지하는가? 전제가 결론을 지지하는가는 두 가지 기준에서 보라고 했다. 먼저 ①~④가 ⑤와 관련이 있는가? 모두 젊은이들의 성교육에 대해 말하고 있으므로 관련은 분명히 있다. 그런데 충분히 강하게 지지하는가? 만약 ①만 놓고 볼 때, 젊은이들에게 성을 주제로 이야기를 꺼내는 것만으로도 그 생각은 성적 비행을 가져온다고 했으므로, 성적인 이야기를 접하지 않게 되면(③, ④) 당연히 성적 비행을 저지르지 않을 것이다. 그리고 ②에서 성적인 것과 전혀 관계없는 일에 몰입하면 덕을 지킨다고 했으므로 역시 ③과 ④가 옳으면 덕을 지킬 것이다. 성적 비행을 저지르지 않고 덕을 지킨다는 중간 결론이 나온다. 재미있는 것은 성에 대해서 잘 알지만 성적 비행을 저지르지 않고 덕을 지키는 것이 아니라, 성에 대해 아예 모르기 때문에 성적 비행을 저지르지 않고 덕을 지킨다는 것이다. 그러나 우리는 그 반례를 얼마든지 상상할 수 있지 않은가? 곧 성이 무엇인지 전혀 몰라도 성적 비행을 저지를 수 있지 않은가? 그러나 도덕주의자들 입장에서는 성적 비행을 저지르는 것 자체가 성에 대해서 아는 것이라고 말할지 모른다. 어쨌든 러셀은 그 상태를 ⑤에서 성에 대해 백치인 상태라고 부정적으로 표현했다. 그리고 거기서 ⑥은 개연성 있게 따라 나올 것이다.

만약 이 논증이 대화로 이루어졌다면 도덕주의자들의 반응이 있을 것이다. 곧 "나도 ⑥을 인정합니다." 또는 "⑥은 제 의견이 아닙니다."라고 말이다. 그러나 이 논증은 대화가 아니므로 우리는 이성적 추론으로 ①과 ②에서 출발한 주장이 ⑥에 제대로 이르렀는지 판단하는 수밖에 없다. 러셀이 직접 공격하는 진술은 ⑥이므로 ⑥이 도덕주의자의 견해가 아니라면 허수아비를 공격하는 셈이 될 것이다. 그러나 ⑥은 허수아비는 아닌 것 같다.

이제 문제는 ⑥을 어떻게 평가할 것이냐이다. 러셀은 숨은 전제 ⓑ를 통해 그것이 바람직하지 않다고 생각한다. 그러나 도덕주의자들은 ⑦에서 그것은 여성들에게는 더욱 바람직하다고 말한다. 물론 ⑦의 '그런 태도'가 꼭 ⑥을 가리키는지는 분명하지 않다. 그러나 설령 ①부터 ④까지의 태도를 가리킨다고 하더라도 거기서 ⑥이 도출된다는 것을 인정한다면 상관없다. 같은 현상을 놓고 한 사람은 바람직하지 않다고 생각하고 한 사람은 바람직하다고 생각한다. 어느 쪽 손을 들어줘야 하는가? 사람들에게 물어봐야 할까? 대중에 호소하는 것은 오류이다. 러셀과 도덕주의자 모두 ⓑ와 ⑦을 입증해야 할 책임이 있다. 지금 상태로는 둘 다 지지하는 전제가 없는 맨 처음 전제이다. 현재로는 양쪽 다 선결문제 요구의 오류를 저지르고 있다고 볼 수 있다. ⓑ와 ⑦ 모두 아직 입증되지 않은 쟁점이 되는 전제인데 끌어다 썼기 때문이다. 무승부로 판정 내리기 싫다면 우리는 우리의 상식과 전문적인 지식을 동원하여 ⓑ와 ⑦ 중 어느 쪽이 더 설득력이 있는지 판단해야 한다. 여러분의 생각은 어떤가?

논리 연습

1. 신문의 사설, 독자 투고, 인터넷 게시판 따위에서 논증을 찾아 평가해 보자.

*2. 다음 논증을 평가해 보자.

(1) 인위적으로 올린 최저 임금의 부작용이 컸다. 문재인 정부 '소득주도성 장'의 대표적 실행 방안이 이것이었다. 하지만 수년간 두 자릿수로 마 구 올린 최저 임금의 오류에 대해서는 같은 진영의 소위 '진보 경제학 자'들도 강한 비판을 쏟아낼 정도였다. 국제적으로도 잘못된 정책이라 는 평가를 받은 바 있다.

임금이란 무엇인가. 기본적으로 생산성의 결과다. 부가가치를 올려 이 익을 내고, 미래 수익이 보장될 때 그 보상으로 받는 것이 임금이다. 그 런데 생산성이나 부가가치 수익은 감안하지 않은 채 임금을 올리면 어 떻게 되겠는가. 사업자, 고용주가 자기 돈에서 주거나, 빚을 내 지급하 거나, 제품을 부실하게 만들면서 임금을 올리는 것이다. 그런 제품의 질이 올라가거나 사업이 지속적으로 이어질 수 있겠나. 경제 이론으로 든 현실적으로든 불가능하다. 한국경영자총협회를 비롯한 경제 단체 들과 수많은 경제 전문가가 인위적으로 많이 올리는 최저 임금의 문제 점을 얼마나 지적해왔나. 당장 일시적으로 작은 도움이 될지는 몰라도 일자리 감소로 이어지면서 궁극적으로 취약계층에 어려움을 가중할 뿐이다.

-《한국경제신문》, 2022년 5월 2일 자

(2) 동물권을 주장하는 사람들은 동물 실험에 반대한다. 동물에게도 인간과 마찬가지로 훼손할 수 없는 권리가 있는데, 인간의 이익을 위해 그것을 훼손하는 동물 실험은 옹호할 수 없다는 것이다.

그러나 동물 실험은 인간의 생명과 건강을 위해 꼭 필요하다. 20세기 의학에서 항생제와 백신으로부터 항우울제와 장기 이식까지 사실상 거의 모든 진보는 실험실에서 동물을 사용함으로써 이루어졌다. 이런 실험의 결과로 천연두, 소아마비, 홍역 등의 전염병을 박멸하거나 억제하게 되었고 인명을 구조하는 수많은 치료나 수술 기술이 발전하게 되었다. 동물 실험을 통해 얻은 이러한 이익은 실험에서 희생당한 동물의 손실을 훨씬 능가한다.

동물 실험을 반대하는 쪽은 동물 실험을 대체할 수 있는 실험이 있다고 주장한다. 동물 개체 전체를 사용하는 것이 아니라 조직 배양을 이용하여 실험을 하거나, 컴퓨터 모의실험을 하는 것이 그런 대안이다. 그러나 그런 대체 실험은 확실하거나 신뢰할 만한 결과를 얻을 수 없다. 인간이나 동물의 몸은 생물학적인 부분을 단순히 모아 놓기만 한 것이 아니라 글자 그대로 '유기체', 곧 많은 부분이 일정한 목적 아래 통일되고 조직되어 각 부분과 전체가 필연적 관계를 가지는 조직체이기 때문이다. 새로운 백신이나 약품이 개발되어 마지막 단계에서 생명체에 실험해야 한다고 할 때 어떤 생명체에 실험해야 할까? 만약 동물 실험을 금지한다면 인간을 대상으로 하는 실험의 유혹이 생길 텐데, 그렇게 되면 과거 사회의 생체 실험 악몽을 떠올릴 수밖에 없고 이에는 수많은 비난이 쏟아질 것이다. 설령 인간 대상의 실험이 가능하다고 하더라도 실험의 오류를 줄이기 위해서는 여러 변인들을 통제해야 하는데 인간에 대해서는 그것이 가능하지 않다. 그러므로 인간의 생명과 건강을 위해서는 실험을 하지 않을 수는 없으므로 동물 실험은 꼭 필요하다.

* 표시된 문제의 정답 및 해설은 515쪽에

7부

논리적으로 글쓰기

25장　논리와 논술은 친구 사이

논리적인 글쓰기와 논술

　우리나라에서 사람들이 논리에 관심을 갖게 된 것은 순전히 논술 시험 때문이다. 대학 입시에서 논술을 준비하긴 해야 하는데 무엇을 어떻게 해야 좋을지 모르는 학생들에게 논리 책을 읽힌 것이다. 논술을 잘하기 위해서 논리적 사고가 필요한 것이 거짓은 아닌 것 같고, 논리적 사고를 잘하기 위해서는 논리를 알아야 할 것 같다는 것도 나무랄 생각은 아니다. 문제는 이 책에서도 여러 번 말했듯이 그 논리가 어떤 논리냐는 것이다.

　정작 더 문제는 논술에서 논리적인 사고력이 얼마나 많은 부분을 차지하느냐이다. 도대체 논술이 무엇이냐는 정의가 달라짐에 따라 이 문제에 대한 대답이 달라질 것 같은데, 분명한 것은 논리적인 사고력은 창조적인 사고력, 통합적인 사고력, 글쓰기를 통한 사회 실천 능력, 언어 표현 능력 등 논술에 필요한 여러 요소 중에 하나라는 것이다. 다시 말해서 논리적인 글쓰기가 논술과 동치는 될 수 없다. 따라서 이 책을 읽고 나서 논술을 막 잘할 것 같은 기대는 진작에 버리는 게 낫다.

그러나 그렇게까지 낙담할 필요는 또 없다. 논술문이 설명문이나 기행문 등과 달리 논증으로 이루어져 있고 논증을 구성하고 분석하는 것은 무엇보다도 논리적인 능력이므로 논리적인 사고력을 논술의 다른 구성 요소보다 더 중요하게 다루어야 하는 것은 분명하기 때문이다. 이것을 21장에서 말한 논리적인 용어로 말해 보면, 논리적인 사고력은 논술을 잘하기 위한 충분조건은 아니지만 필요조건은 된다. 다시 말해서, 논리적인 사고력이 있다고 해서 곧바로 논술을 잘하는 것은 아니지만, 좋은 논술을 위해서는 논리적인 사고력이 꼭 필요한 것이다.

논리적인 사고력이 논술의 필요조건이라는 것은 논리가 논술의 최소한의 형식이라는 뜻이다. 따라서 논리적 형식 외에 거기에 담길 내용이 추가로 있어야 한다. 논리라는 형식도 앞에서 말한 것처럼 지식이라기보다는 기술이기 때문에 단박에 생기는 것이 아니지만, 그 형식에 담기는 내용도 하루아침에 생기는 것은 아니다. 시중에 나와 있는 논술 참고서들을 보면 서론·본론·결론 작성법부터 시작해서 어휘 선택, 문장 표현 기법까지 제시하고 있다. 그러나 논술의 형식인 논리적인 사고력과 내용인 풍부한 배경지식 그리고 상상력은 그런 책을 밑줄 그어 가며 열심히 본다고 해서 바로 생기는 것은 아니다. 논술이란 주어진 과제에 대해 자신의 입장을 선택하여 나름대로 올바른 해결책을 제시하는 것이다. 따라서 3장에서 강조한 것처럼 논술의 주제가 될 만한 것들에 관한 풍부하고 깊이 있는 배경지식이 쌓여야 하고, 그것을 바탕으로 독창적인 대안을 마련할 수 있는 상상력까지 갖추어야 다양하고 가장 적절한 해결책을 찾아낼 수 있을 것이다.

　논리적인 사고력을 키우는 것이 목표인 이 책은 주로 다른 사람이 만든 논증을 분석하고 평가하는 데 초점을 맞추었다. 논술문을 쓴다는 것은 논증을 만드는 것이다. 다른 사람의 논증을 분석·평가하는 것이 아니라 스스로 논증을 만드는 것이다. 그러나 논증을 분석하고 평가하는 작업이나 논증을 만드는 작업이 별도의 일이 아니다. 스스로 논증을 만들면서 제삼자의 입장에 서서 내가 만든 논증을 분석해 보고 설득력이 있는지 평가해 보면 더 좋은 논증을 만들 수 있기 때문이다. 그러므로 이 책 곳곳에서 논술문을 작성할 때 논리적인 관점에서 주의해야 할 점이 설명된 셈이다. 논술문을 쓸 때 논리적인 길잡이가 될 수 있도록 이 장에서는 그중 중요한 것을 단계별로 간추려 이야기해 보겠다.

논리적 글쓰기

　논술문의 제일의 목표는 누가 뭐래도 글로써 다른 사람이 나의 주장을 납득하게 하는 것이다. 그러나 남을 납득시킨다고 할 때 일상에서는 이 책에서 비논리적이라고 설명하는 방법이 유용할 때가 많다. 격한 감정에 호소하거나 상대방의 약점을 찌르고 심지어는 사실을 왜곡하는 글이 효과가 있을 수 있다. 이런 글쓰기를 편의상 **수사적 글쓰기**라고 해 보자. 수사적 글쓰기는 4장에서 논쟁을 전쟁에 비유한 것처럼 글쓰기를 통해 다른 사람을 이기려는 것이 목적이다. 수사적 글쓰기는 긍정적이든 부정적이든 그 효과가 크므로 연구할 가치가 매우 크지만, 2장에서 말한 것처럼 논리적인 사고는 설득 커뮤니케이션이나 수사학과 약간 다른 영역이므로 여기서는 수사적 글쓰기보다는 **논리적 글쓰기** 또는 **논증적 글쓰기**에 관심을 집중하겠다.

🗨 수사적 글쓰기와 상징 조작

현실에서 사람들을 설득하여 원하는 행동으로 이끄는 데는 논리적 글쓰기보다는 수사적 글쓰기가 훨씬 더 효과적이다. 수사적 글쓰기를 대표하는 것으로 정치적인 선전·선동을 들 수 있는데, 여기서는 대중의 감정을 예리하게 통찰하고 그것을 행동으로 옮기게 하는 것이 핵심이다. 특히 대중이 가진 정치적·사회적 불평과 불만, 분노 등을 일정한 상징으로 통일하고 그것을 각인시키는 것을 '상징 조작'이라고 한다. 상징 조작의 교과서적인 사례는 나치스이다. 나치스의 선전 부장이었던 파울 요제프 괴벨스Paul Joseph Goebbels, 1897-1945는 "끊임없이 반복해서 대중의 심리를 파악한다. 그러면 '네모꼴이 실제로는 원'이라고 논증하는 것도 어렵지 않다."라고 말했다. 히틀러는 한술 더 떠, "추상적인 관념 따위는 피하라. 그 대신에 감정에 호소하라. 몇 마디 정해진 문구를 끊임없이 반복하라. 결코 객관적이지 않아도 좋다. 즉, 논의의 한 측면만 부각하여 시켜 적을 격렬히 비난하되, 항상 특정한 적을 하나씩 정해서 하라."라고 말했다. 영화 〈주유소 습격 사건〉1999의 "난 한 놈만 패!"라는 대화를 연상시킨다. 나치스는 이 방법을 이용해서 히틀러를 영웅적인 인물로 만들었고, 유대인에게 부정적인 이미지를 심었다. 우리나라에서 군사 독재 정권을 미화·찬양하며 지역감정을 조장하고 비판 세력을 빨갱이로 낙인찍은 것도 같은 수법이다.

[그림 25-1] 논리적인 글쓰기의 순서

논리적인 글쓰기는 [그림 25-1]과 같은 단계를 거쳐 이루어져야 한다. 하나씩 설명해 보자.

단계 1: 논점을 정확히 파악하라

지금 논쟁거리가 무엇인지, 다시 말해서 지금 뭐가 문제 되고 있는지 정확히 이해해야 한다. 논점을 정확히 파악하지 못하고 글을 쓰면 번지수를 잘못 짚은 엉뚱한 글이 되거나, 주변만 맴돌다가 핵심은 찌르지 못하는 글이 될 것이다. 2002년 초에 가수 유승준^{스티브 유}이 미국에 가서 시민권을 획득하고 우리나라로 입국하는 길에 법무부 출입국 관리국에 의해 입국 거부된 일이 있었다. 당시 유승준은 방송을 통해 바른 생활 이미지를 꾸준히 보여 주었고 국방의 의무를 성실히 수행하겠다고 여러 번 다짐했던 터라, 갑자기 미국 시민권을 획득한 그의 행동에 많은 국민이 배신감을 느꼈다. 그렇다고 하더라도 그의 입국을 거부한 당국의 조처가 정당한지 논란이 일었다. 만약 이 논란에 대해 자신의 견해를 밝히는 글을 쓴다고 해 보자. 그때 다음과 같은 것이 논점이 되어서는 안 된다.

■ 유승준이 팬들에게 병역의 의무를 다하겠다고 약속한 것을 저버리고 미국 시민권을 획득한 행위가 옳은가?

국민들은 방송을 통해 국민을 속인 그의 행동이 옳지 않다는 것을 이미 잘 알고 있기 때문이다. 오히려 다음과 같은 것이 논점이 되어야 한다.

■ 입국을 거부한 당국의 조치가 감정적인가, 아니면 법적인 근거가 있는가

어떤 사람이 잘못된 행동을 했다고 해서 모두 입국을 거부하지는 않는다. 테러리스트나 스파이처럼 우리나라의 이익이나 공공의 안전을 해치는 행동을 할 염려가 있다고 인정될 만한 이유가 있는 사람인 경우(출입국 관리법 제11조) 입국을 거부한다. 따라서 이 논쟁거리에 대해서는 유승준의 행동이 이 법 조항에 해당한다고 주장하거나 당국의 조처가 법적인 근거 없이 국민의 여론에 떠밀려 감정적으로 이루어진 것

이라고 주장하면 논점을 제대로 파악한 것이다. 그러나 그런 논증 과정 없이 그의 미국 시민권 획득이 얼마나 배신이고 국민을 우롱하는 것인가만 주장하는 것은 논점을 잘못 파악하고 헛다리를 짚는 것이다. 그 정도가 아니라 요즘 사회 지도층의 병역 기피가 얼마나 심각한지, 다른 사례들까지 들먹이며 이야기하는 것은 논점에서 더 멀리 나간 것이다. 그런 병역 기피가 문제인 것은 모두 알고 있을 뿐만 아니라 유승준의 사례는 일반적인 병역 기피와 상황이 다르기 때문이다.

논점을 잘못 파악하면 19장에서 말한 논점 일탈의 오류를 저지르게 된다. 유승준이 옳지 않은 행동을 했다거나 사회 지도층의 병역 기피가 심각하다는 주장은 맞는 말이라고 해도 당국의 조치가 법적인 근거가 있는지와 관련이 없어서 그것을 지지해 주지 못하기 때문이다. 따라서 논술 시험이라면 문제 또는 제시문 분석을 제대로 해서 논점에서 일탈하지 말아야 할 것이다. 아무리 맞는 말을 많이 나열한다고 하더라도 논점에서 벗어나면 0점을 받을 수도 있다. 논증적인 글을 읽고 분석하는 것에 대해서는 3부에서 자세하게 설명했다. 이 일은 어떻게 보면 아주 따분하고 지겨운 일이지만, 논점을 잘못 파악하면 아예 딴 길로 새기 때문에 그 중요성을 깨달아야 한다.

단계 2: 논지를 설정하라

논리적인 글쓰기의 목표는 남을 논리적으로 설득하는 것이다. 남을 논리적으로 설득하는 일은 자신의 주장에 적절한 근거를 제시함으로써 이루어진다. 따라서 논리적인 글쓰기란 논증을 잘 만드는 것이라고 생각해도 괜찮다. 다만 좀 긴 논증 또는 여러 논증의 모임이라고 봐야 할 것이다. 우리는 13장이나 24장에서 그런 긴 논증을 보았다. 논증은 주장결론과 근거전제로 이루어져 있으므로 논리적인 글쓰기의 두 요소도 주장과 근거이다. 여기서 주장을 다른 말로 **논지**라고 할 수 있다. 논지를 설정할 때 가장 주의할 점은 논지가 분명해야 한다는 것이다. 다시 말해서 횡설수설해서는 안 되며, (2부에서 설명한 것처럼) 여러 의미로 해석될 수 있거나 의미를 모르는 낱말들로 논지를 표현해서는 안 된다. 23장에서 두통을 앓고 있는 10억 명을 위해 무고한 1명을 죽일 수 있느냐는 주제를 유비 논증으로 접근한 예를 보았다. 이 논쟁거리는 다수의 이익을 위해 소수가 희생될 수 있느냐가 논점이다. 이 논점에 다음과 같은 논지를 내세웠다고 해 보자.

인간을 결코 수단으로 대해서는 안 될 것이다. 우리는 엄밀한 도덕 법칙에 따라 행동해야 하고 그것이 이 사회를 이끌어 나가는 힘이 되기 때문이다. 그러나 사회를 보다 효과적으로 이끌어 나가려면 상황에 맞는 윤리 의식도 필요하다. 다수의 행복과 안녕을 위해 소수가 희생될 수밖에 없다면 그건 불가피한 일로 받아들여져야 할 것이다.

엄밀한 도덕 법칙을 따르는 것과 상황에 따라 행동하는 것은 상반되는 윤리설이다. 서로 충돌하는 두 입장을 아무런 조화 노력 없이 나열만 하는 것은 문제의 심각함을 전혀 파악하지 못하고 횡설수설하는 것으로밖에 들리지 않는다. 그리고 당연한 말이지만 자기가 자신 있게 논거를 댈 수 있는 논지를 설정해야 한다. 위와 같은 주장을 지지하기 위해서는 새로운 철학 이론이 하나 필요할 것이다.

또 다른 예를 보자. '노동자의 이익은 투쟁을 통해서 얻어진다.'라는 논점에 대해 다음과 같은 글을 썼다고 해 보자.

노동자의 이익은 기업의 반대편에 서서 투쟁할 때 얻어지지 않는다. 노동자가 기업과 조화로운 관계를 유지하며 상생할 때 얻어진다. 즉, 원만한 노사 관계를 바탕으로 기업의 경쟁력이 향상될 때 노동자가 이익을 얻을 수 있는 것이다.

기업의 현실을 외면한 노동자의 투쟁과 이에 따른 기업의 극단적인 대처는 여러 가지 문제를 가져온다. 노사 대립이 극심해지면 소비자들에게 해당 기업에 대한 부정적인 이미지를 불러일으키고, 이는 제품 매출 감소로 이어진다. 이런 현상이 계속되면 결국 기업의 경영 환경은 뿌리째 흔들릴 수밖에 없고, 그 결과 노동자는 임금 삭감, 정리 해고 등의 불이익을 당하게 된다. 장기간의 노동쟁의로 회사가 문을 닫는 사례를 실제로 볼 수 있다.

따라서 노동자들은 투쟁을 최우선 과제로 삼기보다는 대화와 타협을 통해 노사 관계를 원만히 하고, 이를 바탕으로 기업의 내실을 튼튼히 다지는 데 협조해 경쟁력 향상의 이익을 나누어 가질 수 있게끔 해야 한다. 물론 기업가들도 노동자들을 배려해야 하며, 투명한 경영을 위해 기업에서 발생하는 이익을 노동자들에게 밝히고 공유해야 할 것이다.

세 개의 단락은 각각 서론, 본론, 결론에 해당한다. 이 글의 논지는 결론에서 주장하는 것처럼 노동자는 투쟁보다는 타협해야 하고, 기업가들은 노동자를 배려하고 투명한 경영을 해야 한다는 것이다. 그러나 공자님 말씀 같은 이런 주장도 하나 마나 한 주장이다. 그렇게 되면 좋다는 것을 모르는 사람이 어디 있겠는가? 현실은 그런 이상적인 상황이 아니기 때문에 노동자와 기업가의 투쟁이라는 갈등이 생기는 것이고 그것을 어떻게 해결할지 논점으로 삼은 것이다. 노동자는 투쟁보다는 타협해야 하고 기업가는 노동자를 배려하고 투명한 경영을 해야 한다는 아름다운(?) 논지를 밀고 나갈 수 있지만 그러기 위해서는 구체적인 실현 방안을 써야 한다.

본론은 노동자의 투쟁이 가져오는 부정적인 점만 나열하고 있다. 그게 논지일 수는 있다. 그러나 반대로 투쟁을 지지하는 사람들은 그런 부정적인 점이 있는데도 왜 투쟁을 지지할까? 노동자의 투쟁이 가져오는 부정적인 점을 얼마든지 주장할 수는 있지만 그러기 위해서는 반대쪽의 주장에 성공적으로 답변할 수 있어야 한다. 그래야 자신의 논지가 설득력이 생긴다. 이 점은 잠시 후에 다시 말하겠다.

단계 3: 논증을 만들어라

논지를 설정했으면 그 논지를 지지하는 논거^{論據}를 제시해야 한다. 그것이 곧 논증을 만드는 과정이다. 이 책에서 그동안 살펴본 것처럼 논증의 종류는 아주 다양하다. 연역 논증을 할 것인지 귀납 논증을 할 것인지, 귀납 논증에서도 어떤 종류의 논증을 할 것인지는 상황과 자신이 갖고 있는 증거의 성격에 따라 달라질 것이다. 각 논증은 모두 장단점이 있으므로 어느 논증이 좋다고 단정할 수는 없다. 논증을 만들 때 주의할 점이 있다.

1. 누가 읽을 글인가?

독자가 누구냐에 따라서 논증의 내용이 달라질 것이다. 글의 주제^{논제}를 잘 모르는 사람이 볼 글이라면 배경에 대한 설명이 있어야 하겠지만, 전문가에게는 그런 과정이 필요 없을 것이고 대신에 논증이 치밀해야 할 것이다. 학교에 제출할 리포트인가, 법정에 제출할 문서인가, 인터넷 블로그에 쓸 글인가, 대중에게 강연할 원고인가에 따라서, 다시 말해서 누구를 상대로 하는 논증이냐에 따라서 논증은 달라야 한다. 가령 '국가 보안법은 폐지되어야 한다.'라는 논지의 논증은 진보 진영을 상대로 할 때보다 보수 진영을 상대로 할 때 더 짜임새 있어야 할 것이다. 그리고 합리적인 대화가 아예 불가능한 상대에게 쓰는 글이라면 논리적 글쓰기보다는 수사적 글쓰기 형식이 더 효과적일 수도 있다. 풍자와 독설과 같은 형식 말이다.

> "부드러운 말은 살과 같이 빨리 썩고, 독설은 뼈처럼 오래 남아 그것만 보인다."
> 신해철1968-2014, 가수

2. 논거가 논증 평가의 세 가지 기준을 만족시키고 있는가?

다른 사람이 제시한 논증을 평가할 때처럼 자신이 만든 논증의 논거도 논증 평가의 세 가지 기준을 만족시켜야 한다. 곧 그 논거^{근거}는 받아들일 만해야 하고, 논지^{주장}와 관련이 있어야 하고, 논지를 충분히 지지해야 한다.

먼저 제시된 논거가 받아들일 만한 것인지 확인하고 또 확인해야 한다. 직접 관찰한 것만을 논거로 삼을 수는 없는 노릇이므로 남에게 들은 것이나 각종 매체에서 보고 들은 것을 논거로 이용할 수밖에 없는데, 그때 출처가 믿을 만한 것인지 확인해야 한다. 특히 인터넷에서 얻은 정보는 가짜 뉴스이거나 잘못된 정보일 가능성이 크므로 주의하자. 어떨 때 논거들을 받아들일 수 있는지는 15장을 보라. 사실에 관한 것만 논거가 되는 것은 아니다. 도덕이나 미추^{美醜}와 같은 가치 판단도 아주 좋은 논거가 될 수 있다. 단, 당연한 말이지만 보편적으로 지지 가능해야 한다. 필요하면 논거를 지지해 주는 또 다른 논거들을 제시해야 한다.

논거가 아무리 받아들일 만한 것이라고 해도 그것이 논지와 관련이 없는 것이라면 논지를 지지해 주지 못한다. 애초에 문제를 제대로 파악하지 못해서 엉뚱한 주장을 하는 것도 논점을 일탈하는 것이지만, 문제는 제대로 이해했는데 그 문제에 대한 논거가 논지와 관련 없는 것일 때도 논점을 일탈한 것이다. 앞에서 예를 든 유승준 입국 거부에 대한 글을 쓰면서 '월드컵 본선 진출의 기쁨'과 같이 전혀 상관없는 것을 논거로 드는 엉뚱한 사람은 없을 것이므로, 대부분의 논점 일탈이란 같은 주제를 이야기하고 있기는 한데 엄격하게 보면 논지에서 벗어난 경우이다. 19장에서 말한 전문 용어로 말해 보면 거시적인 관련성은 있지만 미시적인 관련성은 없는 경우이다. 유승준이 입국하면 국가와 사회에 끼칠 영향이 아주 크기 때문에 입국 거부는 정당하다는 주장을 한다면,

일단 논점은 정확하게 파악하고 있다. 그러나 왜 유승준의 입국이 끼칠 영향이 큰지 그 논거를 댄다고 하면서 우리 사회의 병역 기피가 얼마나 심각하고 특히 지배 계층이나 연예인의 병역 기피는 더 큰 문제라고 주장하는 것은 논지와 미시적으로 관련이 없는 근거를 드는 것이다. 어떻게 보면 논거가 논점에서 벗어나지 않아야 한다는 것은 논리적인 글쓰기에서 가장 중요한 점이다. 그러나 어떤 논거가 논지와 관련이 있고 어떤 논거는 관련이 없는지 판단하기란 말처럼 쉽지가 않다. 여러 가지 논점 일탈에 대해서는 5부에서 자세하게 설명했다.

마지막으로 논거가 논지와 확실히 관련이 있다고 해도 약하게 지지한다면 독자를 납득시키는 데 실패할 것이다. 어떨 때 논거가 논지를 충분히 지지하느냐는 어떤 종류의 논증이냐에 따라 달라진다. 이 점에 대해서는 6부에서 자세하게 설명했다.

3. 논증은 참신한가?

다른 사람이 이미 말한 논증을 반복하는 것에 만족해서는 안 된다. 그런 논증은 상대방도 이미 다 알고 있기 때문에 그들을 설득하기 위해서는 다른 사람이 미처 생각하지 못한 참신한 논증을 펼치도록 노력해야 한다. 언뜻 생각하면 논리적인 사고는 창의적인 사고와 거리가 먼 것 같다. 그러나 논리적인 사고의 한 요소인 열린 마음(2장 참고)은 기존의 주장만 고집하지 않고 자유롭게 여러 가지 가능성을 고려하는 것이므로 거기서 창의적인 생각이 나올 수 있는 것이다.

그런데 어떻게 해야 창의적인 생각이 나올 수 있는가? 창의적인 생각을 할 수 있는 비법을 제시하는 순간 그것은 창의적이지 못하다. 누구나 따라 할 수 있는 방법이라면 그것은 더 이상 창의적이지 않기 때문이다. 그런 문제점이 있기는 하지만 여기서는 창의적인 논술을 쓸 수 있는 한 가지 비법을 전수하려고 한다. 그것은 자신의 주장만 일방적으로 제시하는 것이 아니라 자신의 주장에 가능한 반론을 고려하여 그것에 대한 답변까지 써 보는 것이다. 그러면 자신의 주장을 여러모로 생각해 보게 되고 미처 생각하지 못한 심오한 면까지 발견하게 된다. 창의적인 사고란 대단한 것을 말하는 것이 아니라 바로 그런 생각을 말한다.

> "현존하는 모든 훌륭한 것은 창의성의 결실이다."
> 존 스튜어트 밀

단계 4: 반론을 염두에 두라

논증을 완성한 다음에 자신의 논증에 어떤 반론이 가능한지 생각해 보아야 한다. 비록 논거를 댔다고 하더라도 자신의 주장만 일방적으로 하는 것은 주관적이고 단순하며 창의적이지 못한 논증이 되기가 쉽다. 앞서 보았던 노동자의 투쟁 글을 생각해 보라. 단순히 자신의 주장만 나열하다 보니 반대쪽 입장은 고려하지 않게 되고 그러다 보니 설득력이 없게 된다. 논리적인 글쓰기의 목적은 자신을 설득하는 것이 아니라 다른 사람을 설득하는 것임을 잊지 말아라. 다른 사람의 시각에서 자신의 논증을 검토하여 가능한 반론을 예측해 본 다음, 거기서 수용할 것은 수용하든가 아니면 거기에 답변을 해서 원래 논증을 업데이트해야 한다.

타이타닉호의 경우처럼 어떤 배가 망망대해에서 침몰하게 되었는데 구명보트에는 승객들이 모두 탈 수 없다고 해 보자. 정원이 초과한 보트가 침몰하여 모두가 죽는 길을 기다리는 수밖에 없을까, 아니면 일부 사람들을 보트 밖으로 뛰어내리게 해 나머지 사람들이라도 살게 해야 할까? 이런 도덕적 딜레마 상황에 다음과 같이 논증했다고 해 보자.

> "모든 사람들은 자신이 이미 능수능란하게 토론하고 있다고 생각한다."
> 찰스 샌더스 퍼스
>
> "비판자는 비판 대상으로부터 무언가를 배운다."
> 페터 뷔르거 1936-2018, 독일 문예학자

논증

일부 사람들을 자발적이든 강제적이든 보트 밖으로 뛰어내리게 해서 나머지 사람이라도 구하는 것이 도덕적으로 옳은 선택이다. 모두 죽는 것보다는 일부라도 사는 것이 현명한 선택이 아니겠는가?

어떤 행위의 옳고 그름은 그 행위가 가져오는 결과에 따라 결정되어야 한다는 주장이다. 그러나 다른 생각을 가진 사람이 이 정도의 논증에 납득이 되겠는가? 다음과 같은 반론을 검토해 봐야 한다.

반론

그런 상황에서 자발적으로 뛰어내릴 사람이 있겠는가? 있더라도 소수에 불과할 것이다. 결국 강제로 뛰어내리게 하는 수밖에 없을 텐데 그것은 명백히 살인이다. 이것은 우리의 도덕 감정과 일치하지 않는다. 당신 같으면 순순히 뛰어내리겠는가?

따라서 이런 반론이 나올 것을 미리 예측하고 논증을 펼쳐야 한다.

수정된 논증

일부 사람들을 자발적이든 강제적이든 보트 밖으로 뛰어내리게 해서 나머지 사람이라도 구하는 것이 도덕적으로 옳은 선택이다. 모두 죽는 것보다는 일부라도 사는 것이 현명한 선택이 아니겠는가? 물론 이런 상황에서 자발적으로 뛰어내릴 사람이 없을 것이고 있더라도 소수에 불과할 것이다. 결국 강제로 뛰어내리게 하는 수밖에 없을 텐데 이것은 명백히 살인이 아니냐는 반론을 제기할 것이다. 그러나 '살인을 하지 마라'라는 의무가 어떤 상황에서도 어겨서는 안 되는 의무는 아니지 않는가? 전쟁·사형·정당방위 같은 경우에는 살인이 허용된다. 도덕적 의무는 상황에 따라 다르게 적용되어야 하고, 이 상황에서는 이 의무를 지키기 위해 모두 죽는 것은 어리석은 일이다.

물론 이 수정된 논증에 또 반론이 가능할 것이다. 그 반론까지 생각해서 다시 논증을 다듬는다면 더욱더 훌륭한 논증이 될 것이다. 바둑을 둘 때 고수들이 상대방이 둘 몇 수 앞까지 고려하고 두는 것을 생각해보라.

그런데 자신의 논증에 스스로 반론을 할 때 주의할 점이 두 가지 있다. 첫째는 가능한 반론을 예측할 때 자신의 논증을 비판적인 자세로 검토하여 최대한 강한 반론을 생각해야 한다. 약한 반론만 생각하는 것은, 상대방이나 독자가 바보가 아닌 이상 단박에 그것보다 더 강한 반론을 할 것이므로, 시간만 낭비하는 셈이 된다. 둘째는 반론을 한답시고 논점에서 일탈된 반론을 해서는 안 된다. 애초의 논증에 반론한다고 하면서 단순히 그 논증의 주장에 반대되는 주장만 하는 경우가 있다. 그것은 애초의 주장에 대한 **딴소리**에 불과하지 **반론**은 아니다. 예를 들어 다음과 같은 논증이 있다.

논증 1

사형은 폐지되어서는 안 된다. 왜냐하면 사형이 있음으로써 흉악한 범죄가 어느 정도 예방되기 때문이다. 만약 어떤 자가 사람을 죽여도 그를 사형에 처하지 않는다면, 살인 사건이 더욱 증가할 것이다.

이 논증에 다음과 같이 반론을 한다고 해 보자.

반론 1

사형도 역시 사람을 죽이는 것이다. 살인을 용서할 수 없기 때문에 그것을 벌하는 것이라면 그 벌은 살인이어서는 안 될 것이다. 그러므로 사형은 폐지되어야 한다고 생각한다.

논증 1은 사형은 폐지되어서는 안 된다고, 다시 말해서 사형 존치론을 주장하고 있다. 그런데 반론 1은 사형 폐지론을 주장하므로 언뜻 보면 반론 같다. 논증 1과 반론 1의 주장만 비교하니까 그래 보인다. 그러나 논증은 주장과 근거로 이루어져 있고, 반론은 주장에 대해서만 펼치는 것이 아니라 주장에 대한 근거에 대해서도 펼쳐야 함을 잊지 말아야 한다. 논증 1을 보면 사형을 존치해야 하는 근거로 흉악한 범죄를 예방할 수 있다는 것을 들고 있다. 따라서 이 논증에 반론하기 위해서는 바로 그 근거를 비판해야 한다. 그래서 적어도 다음과 같은 반론이 되어야 한다.

반론 2
사형에 범죄 억지력이 있다는 것을 인정할 수는 있겠지만 그것을 과대평가해서는 안 될 것이다. 실제 범행을 생각하다가 사형이 있기 때문에 그만두는 경우는 그다지 많지 않을 것 같다.

이에 비해 반론 1은 그 근거에 대한 언급은 전혀 없다. 이런 반론은 논점에서 벗어난 딴소리이고 하나 마나 한 반론이다. 반론을 하는 이유는 애초의 논증을 다각도로 생각해 보고 심도 있는 논의를 이끌어 내기 위해서인데, 논점 일탈된 반론으로는 그런 효과를 전혀 달성할 수 없기 때문이다. 반론할 때는 나와 반대되는 주장을 최대한 자비를 베풀어 해석해야지 그렇지 않으면 허수아비를 공격하는 잘못을 저지르게 될 것이다(자비로운 해석과 허수아비 공격의 오류에 대해서는 4장과 21장에서 설명했다).
이 점은 중요하므로 예를 하나 더 보도록 하자.

사형은 없어져야 한다. 왜냐하면 우리에게는 오심의 가능성이 있기 때문이다. 사형을 집행해 버리고 나면 오심은 돌이킬 수 없다. 하지만 무기징역이라면 아직 잘못을 고칠 여지가 있다.

이번 논증은 사형 폐지론 쪽의 입장에서 펼친 것이다. 이에 대해 다음과 같은 반론이 나왔다고 할 때 제대로 된 반론인가?

반론 3

물론 가벼운 범죄 행위를 한 자에 대해서까지 사형에 처해서는 안 되지만, 가령 정상 참작의 여지없이 살인을 반복한 범인의 경우 등등 죽음으로밖에는 자신의 범죄 행위를 보상할 길이 없는 경우도 있지 않을까?

이 반론은 사형 존치론의 입장이므로 언뜻 보면 논증 2에 대한 반론 같다. 그러나 논증 2는 사형 폐지를 주장하기 위해 오심 가능성을 근거로 들었고, 논증 1의 예를 이미 살펴본 우리는 논증 2에 제대로 반론하기 위해서는 이 오심 가능성을 비판해야 한다는 것을 안다. 그러나 반론 3은 오심 가능성을 전혀 언급하지 않으므로 논점에서 벗어난 반론이다. 다음과 같은 반론이 되어야 한다.

반론 4

오심의 가능성이 없지는 않다고 해도 지극히 낮다. 확률이 낮은 잘못의 가능성을 두려워해서는 아무것도 할 수 없게 된다. 오히려 우리는 잘못의 가능성을 감소하도록 노력하면서 더 좋은 제도를 생각해야 한다.

이런 식으로 스스로 반론해 보는 것은 답변을 함으로써 더욱 강화된 수정 논증을 만들기 위함임을 잊지 말아야 한다. 당연히 답변하는 과정에서도 논점을 벗어나지 말고 반론에 정확하게 대답해야 한다. 혹시 아무리 궁리해도 답변할 수 없다면 그것은 반론이 아주 강력하기 때문일 수 있다. 그럴 때는 자신의 원래 주장을 더 이상 유지할지 말지 심각하게 고민해야 한다. 잘못되었다고 생각하면 자신의 생각을 바꿀 줄 아는 것이 열린 마음이다.

반론할 때 가능한 가장 강한 반론을 찾고 논점 일탈을 하지 말아야 한다는 점은 자신의 주장을 스스로 반론할 때뿐만 아니라 다른 사람의 주장에 반박하는 글을 쓸 때도 똑같이 적용되어야 한다. 자신이 가장 자신 있다고 생각한 부분을 정통으로 공격당한 상대방은 돌이킬 수 없는 타격을 입을 것이다.

어떻게 써야 창의적인 논술문을 써야 할지 막막할 때는 이러한 반론 방법을 이용하면 된다. 대체로 [그림 25-2]와 같은 방법을 따라 글을 쓰면 된다.

①이 글의 서론에 해당하고 ⑤가 결론에 해당할 것이다. ②가 논지이고 ③이 그것의 논거이다. ④에서 자신의 논증에 가능한 반론과 그것에 대해 답변해 본다. 짧은 논술문 같지만 논술문에 요구되는 기본적

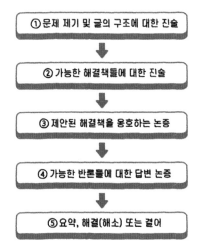

① 문제 제기 및 글의 구조에 대한 진술

② 가능한 해결책들에 대한 진술

③ 제안된 해결책을 옹호하는 논증

④ 가능한 반론들에 대한 답변 논증

⑤ 요약, 해결(해소) 또는 결어

[그림 25-2] 창의적인 논술문을 쓰기 위한 반론 방법

인 요소가 모두 들어 있는 훌륭한 글이 될 수 있다.

단계 5: 다시 한번 읽어 보라

글을 완성한 다음에 다시 한번 읽어 보아 부족하거나 잘못된 곳이 있으면 고쳐야 한다. 글을 쓴 직후보다는 그다음 날 읽어 보는 것이 객관성을 유지하는 데 도움이 될 것이다. 다음과 같은 점에 유의하면서 읽어 보라.

1. 명료하지 않은 표현이 있는가?

논증에 쓰이는 표현이 애매모호하거나 정확하지 못한 정의를 사용했다면, 논지도 헷갈리고 논증도 설득력이 없게 된다(2부를 보라).

2. 숨어 있는 전제나 결론이 있는가?

다른 사람의 논증에 숨어 있는 전제나 결론이 있는지 찾아보는 연습을 하는 것처럼 자신의 글에서도 그런 것이 있는지 찾아보아야 한다. 만약 중요한 전제나 결론이 명시되지 않은 채 숨어 있다면 그것은 공정하지 못하다. 수사적 글쓰기에서는 그것이 오히려 권장되겠지만, 논리적 글쓰기는 상대방과 논증을 통해 최선의 해결책을 찾는 데 목적이 있음(☞ 4장)을 잊지 말아라. 숨어 있는 전제나 결론을 분명하게 드러내는 것은 위에서 말한 것처럼 반론을 예측하는 일이기도 하고 자신의 논증을 더욱 빈틈없이 만드는 효과도 있다(숨은 전제와 결론은 11장을 보라).

3. 오류를 찾아라.

글 속에 논리적인 오류가 있는지 살펴보아야 한다. 수사적인 글쓰기 같으면 의도적으로 오류를 이용할 수도 있겠지만, 논리적인 글쓰기에서는 오류는 피해야 한다. 오류를 잘 아는 사람들에게는 반론의 빌미를 줄 수 있기 때문이다(오류는 4부, 5부, 6부를 보라).

🙂 소크라테스와 글쓰기

지금으로부터 2500년 전에 살았던 철학자 소크라테스는 놀랍게도 글이라는 매체를 신뢰하지 않았다. 당시에는 신기술이었던 문자가 의사소통의 수단으로 단점이 많다고 생각했기 때문이다.

ⓒRichard Panasevich. 그리스 아테네 학술원 입구에 있는 소크라테스의 동상

글쓰기는 그리기와 이상한 점이 같습니다. 그리기의 결과는 살아 있는 것처럼 있습니다만, 누군가가 뭐냐고 묻는다면 침묵하고 맙니다. 쓰인 낱말도 마찬가지입니다. 당신은 쓰인 낱말에 어떤 이해를 하고 있는 것처럼 말하고 있다고 생각하겠지만, 당신이 더 알고 싶어서 말해진 것이 뭐냐고 묻는다면 똑같은 대답을 하게 됩니다. 모든 대화는 일단 쓰이고 나면 그것과 관련 없는 사람이나 이해하고 있는 사람이나 모두에게 이리저리 돌아다니며, 누구에게 말해야 하며 누구에게 말해서는 안 되는지 알지 못합니다. 그리고 거기에 잘못이 있거나 부당하게 공격받았을 때, 언제나 그 말을 한 사람의 도움이 필요합니다. 그러지 않고 혼자서는 스스로를 옹호할 수 없습니다.

- 플라톤, 「파이드로스」 중에서

입에서 나온 말이 글로 옮겨지면서 원래 의도가 왜곡될 수 있다. 그리고 생생한 토론에서는 상대방의 주장이 이해가 안 되면 바로 물어볼 수 있고 즉석에서 반박할 수 있으나 글에서는 그러지 못한다. 소크라테스는 그런 점을 문제 삼아 글쓰기는 변질된 의사소통의 형태라고 생각했다. 제자 플라톤은 스승 소크라테스의 생각을 어쩔 수 없이 글로 기록하긴 해야 하므로 말의 특성을 최대한 살린 대화체로 글을 썼다(녹음이나 녹화 기술이 있었다면 글보다는 그것을 이용했겠지). 스승의 생각을 정확히 이해한 것이다. 소크라테스와 플라톤의 생각은 촌스럽다고 치부하기에는 깊은 뜻이 담겨 있다.

그러나 인터넷의 등장과 정보 기술의 발전으로 글과 말의 차이는 그리 크지 않게 되었다. 전자 우편·인터넷 게시판·문자 메시지·SNS 따위는 입말에서처럼 즉각적인 상호 작용이 가능하기 때문이다. 이런 매체들은 불변성이라는 글의 특징과 현장성이라는 말의 특징을 동시에 지니고 있다. 소크라테스와 플라톤이 이런 매체는 반길까? 그것이 궁금하다.

논리적 토론

토론은 사람들이 서로 말을 주고받거나 대화하는 상호작용의 특별한 한 종류인데, 특별히 어떤 특정한 문제나 논점에 대해 의견을 교환하는 행위이다. 다시 말해 사람들이 서로 의견을 합쳐 해결하고자 하는 문제^{논점}를 가지고 그것에 대해 다양한 제안과 이해 방식을 내놓고 그 타당성이나 적실성 등을 검토하는 대화를 가리킨다. 우리는 '찬반 토론'이나 '공방' 형식의 텔레비전 토론 프로그램이나 대통령 선거에서의 '후보자 합동 토론회' 등에서 토론을 쉽게 접할 수 있다. 그리고 인터넷의 발달로 인해 인터넷에서는 게시판을 중심으로 다양한 토론이 벌어지고 있는데, 이 토론은 글의 성격과 대화의 성격을 모두 지니고 있다는 점에서 특이하다.

토론이 단순한 대화와 다른 점은 둘 이상의 사람들이 서로 경쟁적으로 어떤 주제에 관해 어떤 논증을 펴서 누가 더 설득력이 있는지를 따져 본다는 점이다. 그런 점에서 토론은 논술과 직접적으로 연결되는 말하기의 형식이라고 이해할 수 있다. 토론은 말하자면 말로 하는 논술이고, 논술은 글로 쓰는 토론이다. 두 경우 모두 어떤 주장·신념·가치·태도 등이 올바르고 정당하다는 것을 논증을 통해 보여 주는 것이 핵심이다. 논술은 글로써 논증을 펼치는 것이고, 토론은 말로써 논증을 펴는 것이다. 다만 토론은 논술과 달리 추상적이고 잠재적인 독자나 반대자들을 대상으로 논증이 이루어지는 것이 아니라 직접 대면하고 있거나 의견을 주고받는 상대방, 곧 대화 상대자나 논적을 대상으로 직접 이루어진다. 따라서 토론에서는 논술과 달리 논리적인 사고력 외에 순발력과 상황에 대한 판단력 그리고 의사 전달 능력이 별도로 요구된다. 그러나 토론도 기본적으로 논증으로 이루어졌다는 점에서 논리적인 글쓰기에 요구되는 능력과 기술이 똑같이 적용된다고 봐야 할 것이다.

*1. 다음 중 논리적인 글쓰기를 잘 설명한 것은?

(1) 논거가 논지와 관련이 없으면 과감히 버려야 한다.

(2) 반론을 미리 생각하는 것은 글을 쓰는 데 방해가 된다.

(3) 전제나 결론은 겉으로(명시적으로) 드러내지 않는 것이 좋다.

(4) 다른 사람을 설득할 수 있는 모든 방법을 최대한 이용해야 한다.

2. 다음 논증에 반론해 보자.

(1) 노 키즈 존은 모든 어린이의 출입을 무조건 금지하는 것이므로 어린이
의 자유와 권리를 침해하는 폭력이다. 부모가 돌보지 않는 아이 때문에
다른 손님에게 피해를 준다는 이유로 노 키즈 존을 만든다지만, 모든 어
린이가 다른 손님들에게 피해를 주는 것도 아니다. 단지 피해가 예상된
다는 이유로 어린이의 출입을 금지하는 것은 지나친 조치이다.

(2) 원자력은 치명적인 사고도 우려될 뿐만 아니라, 지속 가능한 에너지원
이라고도 말할 수 없다. 우라늄의 매장량은 한정되어 있고, 무엇보다
미래 세대에게 폐기물 처리라는 엄청난 부담을 지우기 때문이다. 이런
비용까지 모두 고려하면 핵 발전은 찬성론자들의 주장과 달리 경제성
도 크지 않다.

(3) 현재 만 10세 이상 14세 미만인 촉법 소년의 연령 상한을 만 12세로 낮
춰야 한다. 갈수록 소년 범죄가 흉포해지고 늘고 있는 상황이기 때문이

다. 특히 촉법 소년의 경계인 만 13세의 범죄 비중이 높다. 경찰청에 따르면 2017~2021년 강력 범죄를 저지른 만 13세는 2만 2202명으로 만 10~12세를 모두 합친 수(1만 3112명)보다 70%나 많다. 반대로 전과 기록이 남고 최대 20년까지 징역형에 처해질 수 있는 만 14세 이상 19세 미만의 범죄 소년^{소년 사범} 사건은 줄고 있다. 강력한 처벌이 예방에 효과가 있다는 이야기다.

*3. 다음 글에는 어떤 문제점이 있는지 지적해 보아라.

최근 인간의 존엄성에 대한 인식이 높아지면서 사형 제도는 논란의 대상이 되었고, 일부 국가들은 사형 제도를 폐지하기도 했다. 그리고 우리나라 또한 사형 제도에 대한 논란이 지속적으로 제기되고 있다. 강도, 살인 등의 흉악 범죄가 발행할 때마다 범인을 사형에 처하라고 목소리를 높이는 사람들이 많지만 우리나라는 지난 1997년 이후 25년 넘게 사형을 집행하지 않고 있어서 실질적인 사형제 폐지 국가라고 불리기도 한다.

그러나 나는 사형 제도 폐지에 대해 반대한다. 먼저 사형 제도는 형벌 중 가장 무서운 극형으로 다른 범죄를 억제하는 수단이 된다. 자신이 저지른 범죄에 의해 자신의 생명이 박탈당할 수 있다는 것을 알게 되면 범죄에 대해 경각심을 갖게 될 것이며 자연스럽게 강력 범죄도 줄어들게 될 것이다. 사형 제도로 범죄 예방 효과를 기대할 수 있는 것이다.

그리고 무엇보다 강력 범죄를 저지른 범죄자의 생명을 박탈하는 것은 사회 정의를 위해 꼭 필요한 일이라고 생각한다. 그들에게도 반성의 기회를 주고 회개하도록 해야 한다는 말이 있다. 하지만 반성이나 회개도 어느 정도에나 통하는 것이지 정말 악질적이고 비인간적인 범죄를 저지른 사람에게 있어 그러한 배려는 필요 없다고 생각한다. 그 범죄자가 반성하고 회개한다고 해서 피해자나 혹은 피해자의 가족들이 받은 고통이 사라지는 것은 아니기 때문이다. 만약 사형 제도가 없어진다면 그런 사람들은 대부분 무기징역을 받을 텐데, 솔직히 말해서 우리 가족이나, 혹은 미래의 내가 내는 세금이 그런 범죄자들을 교도소에 수감하기 위해 쓰인다는 것이 무척이나 아깝다.

점점 사형 제도를 폐지하는 나라들이 늘어난다고 한다. 그리고 사형수들의 인권도 보호해야 한다고 말한다. 그러나 외국이 사형 제도를 폐지한다고 해서 우리가 꼭 따라 할 필요는 없는 것이며, 사형수의 인권보다는 피해자의 인권을 더 먼저 생각했을 때 사형제는 폐지되지 않아야 한다.

4. 다음 주제에 대한 한 편의 논술문을 완성해 보는데, 457쪽의 방법에 따라 글을 쓰라.

(1) 선의의 거짓말은 해도 괜찮은가?

(2) 우리나라의 공공 기관은 그 기관이 소재하는 지역 대학 졸업자를 우선 선발하는 지역 인재 할당제를 시행하고 있다. 이 제도는 정당한가?

(3) 로봇 때문에 실업자가 생겨나는 상황을 대비하기 위해 로봇세를 부과해야 한다는 주장이 있다. 이 주장에 동의하는가?

(4) 길고양이에게 먹이를 주는 것을 금지해야 하는가?

(5) 연명 치료를 중단하는 소극적 안락사를 넘어 의료진에게 약물 투여를

요구하는 적극적 안락사도 허용해야 하는가?

* 표시된 문제의 정답 및 해설은 519쪽에

논리 연습 정답 및 해설

1장

2. 정답: (2)

　해설: (1)은 아무 이유 없이 주장을 하고 있다. (3)은 어떤 주장을 하고 있는 것이 아니라 일어난 사실을 단순히 서술하고 있다. 따라서 이유를 댈 필요가 없다.

2장

2. 정답: (4)

3. 정답: (1), (3), (4)

　해설: (1)은 단순한 사실 확인이다. (3)과 (4)는 논리적 사고를 넘어선 설득력이 필요하다.

3장

2. (1) 정답: 미현이는 토론을 시작하면서 무엇을 토론할 것인지 토론의 주제를 명확히 말하고 있다.("여성 할당제가 여성들의 사회적 진출을 확대하고 평등 사회를 실현하는 데 진정 걸맞은 것인지 토론해 보면 좋을 것 같아.") 윤희는 '공평하다'는 말의 뜻이 무엇인지 철호에게 묻고 있는데 이것은 개념의 의미를 명확히 해 두는 것이다. 세 명의 학생은 여성 할당제에 대한 토론 과정에서 자기 주장을 지지할 적합한 증거를 끌어들이고 있다. 윤희는 현재 여성의 열악한 사회적 지위라는 사실적 증거와 형식적인 기회의 평등보다는 불리한 집단의 구성원들에게 우선적인 대우를 하는 것이 실질적인 평등을 가져온다는

의견을 증거로 제시하고 있다. 철호는 여성 할당제 때문에 여성이었으면 합격했을 남성이 불합격하게 된다는 예측을 여성 할당제가 또 다른 불평등이라는 주장에 대한 증거로 제시하고 있다. 한편 윤희는 여성의 열악한 사회적 지위에 대한 사실적 정보에 대해 출처의 신빙성을 평가하는 과정을 철호의 동의를 받아 밟고 있다. 미현은 여성과 달리 장애인이나 국가유공자 가족에 대한 우선적인 대우에는 이의가 없다는 사실을 드는데, 이것은 유사한 상황을 비교하는 것이다. 그런데 철호는 그 상황이 지금 논의 주제와 관련해서 여성의 상황과 유사하지 않다고 반박한다. 한편 윤희는 여성 할당제를 공직뿐만 아니라 교육에도 확대해야 한다고 주장하고, 철호는 군대 다녀온 남자, 소외당하는 계층에까지 할당제를 확대하는 데서 오는 폐해를 지적하고 있는데, 두 명 모두 이 제도가 가지고 있는 원리의 함축을 검토하고 있다.

4장

1. 정답: (2)

2. 정답: (4)

해설: 자비로운 해석의 원리는 상대방의 주장을 최대한 맞는다고 해석해야 하는데, (1), (2), (3)은 일단 틀린 주장으로 해석하고 있다.

5장

1. 정답: 아리스토텔레스

3. 정답: (2)

해설: (1) 논리학은 참말과 거짓말을 가름하는 것이 아니라, 참말 또는 거짓말이라고 가정하고 그것들 사이의 논리적 관계에 주목한다.

(3) 김득순은 곧 이어 다음과 같이 말한다(16쪽). "형식 논리학도 다름 아닌 새로운 결과를 발견하기 위한 방법이며, 아는 것으로부터 모르는 것으로 나아가기 위한 방법이다. 이미 알고 있는, 그리고 실천에 의하여 정확하다고 검증된 전제로부터 어떻게 이와 필연적 연관이 있는 새로운 지식을 정확히 도출할 것인가 하는 것을 연구하는 것이 논리학의 주요 과제다." 이 말이 왜 잘못인지는 12장에서 설명이 된다.

(4) 셜록 홈스가 잡지에 기고한 「인생의 글」이란 논문에서 한 말. 홈스가 "관찰력이 뛰어난 인간이 정확하고 체계적인 고찰을 통해 주위의 모든 것을 얼마나 깊이 알 수 있는지에 관한 글"이라고 본문에서는 소개하고 있는 것을 보면 '논리학자' 자리에 '탐정'을 넣으면 적절하지 않은 말이라고 할 수 없다.

6장

1. (1) 정답: 취향에 관한 의견 불일치와 언어에 관한 의견 불일치가 섞여 있다.

   해설: 먹는 것에 관한 의견 불일치는 기본적으로 취향을 두고 의견이 불일치하는 것이다. 그러나 홍차는 탕수육을 '소스를 부어 먹는 음식'으로 정의함으로써 언어에 관한 의견 불일치의 여지도 있다. 토론할 거리이다. 이 드라마에서는 이 논쟁 앞뒤로 민트 초콜릿과 파인애플 토핑 피자를 두고 백중과 홍차가 의견 다툼을 벌이는 장면이 나온다.

   (2) 정답: 사실에 관한 의견 불일치

   해설: 조오련과 바다거북 중 바다에서 누가 더 빠른지는 사실을 확인해야

알 수 있다. 참고로 바다거북은 시속 24킬로미터를 낼 수 있고, 4800킬로미터까지 헤엄칠 수 있다. 그러나 사람은 수영 세계 신기록자도 시속 6.9킬로미터밖에 안 되며, 이 속도도 몇십 분 동안 계속 낼 수는 없다.

(3) 정답: 사실에 관한 의견 불일치와 언어에 관한 의견 불일치가 섞여 있다.

해설: 일단 '호수'의 정의를 알아야 하고, 영랑호가 그 호수에 해당하는지 사실 확인을 해야 한다. 참고로 호수는 보통은 민물이 괸 곳을 말하지만 석호처럼 바다와 일부 연결된 곳도 호수라고 한다. 영랑호는 석호이다.

3. 정답: (4)

해설: 표상이 서로 다르더라도 대체로는 의사소통이 가능하다. 다만 말하는 사람은 먹는 사과를 말하는데 듣는 사람은 미안하다는 말로 알아들을 때처럼 표상이 전혀 다르다든가, 사과 재배자들이 한 명은 부사를 생각하고 한 명은 홍옥을 생각할 때처럼 미세한 차이라고 해도 그 차이가 대화에서 민감한 부분이라면 의사소통에 문제가 생긴다.

7장

1. 정답: (4)-(3)-(5)-(2)-(1)

2. (1) 정답: 신체의 발달 단계는 나이에 따라 달라지니 나이가 적절한 추상화이다. 그러나 창업이나 성공이 나이에 따라 달라지는 것은 아니니 그것과 관련해서 나이를 언급하는 것은 적절한 추상화가 아닐 수 있다.

(2) 스마트폰과 같은 공산품의 경우 동일한 모델의 생산품은 기능과 디자인이 동일하다고 보는 것이 합리적이다. 따라서 기능과 디자인을 언급하는 것은 적절한 추상화이다.

(3) 손님이 말한 노 어덜트 존이 부당하다면 노 키즈 존도 부당해 보인다. 어른 전체가 아니라 깽판 치는 그 사람이 문제이듯이 어린아이 전체가 아니라 뛰어다니고 시끄럽게 하는 그 아이가 문제이므로, '키즈'로 추상화하는 것은 적절한 추상화가 아닐 수 있다.

8장

2. (1) 정답: 모호

　해설: 어디가 '제자리'인지 알 수 없다.

(2) 정답: 애매

　해설: 절반 복사했다는 뜻으로 '반 했습니다'라고 말했는데, 마음에 든다는 말로 알아들었다.

(3) 정답: 모호

　해설: '항상'이 집에서까지 패용하라는 말인가?

(4) 정답: 애매

　해설: 기도할 때 '아버지'와 가족 관계의 '아버지'는 다른 말.

(5) 정답: 애매

　해설: 딸의 대답은 "대부분을 풀고 몇 문제만 못 풀었다."라는 뜻으로도, "몇 문제밖에 못 풀었다."라는 뜻으로도 해석된다.

(6) 정답: 애매

　해설: 첫 번째 줄의 '바람'이 있으므로 마지막 줄의 '바람'은 공기의 움직임을 말하는 것 같다. 그러나 '죄'가 있는 것을 보니 몰래 다른 이성과 관계를 가진다는 뜻을 말하는 것처럼도 보인다. 그러나 작사자가 의도한 것은 어

떤 일이 이루어지기를 기다리는 간절한 마음이라는 뜻의 '바람'이다. 앞의 두 '바람'은 동음이의어이고 이것들과 뒤의 '바람'은 다의어이다. 실제 노래에서는 이런 혼란을 막기 위해서인지 맞춤법에 어긋나게 '바램'이라고 부른다. '바램'은 색이 변하는 것을 말한다.

(7) 정답: 애매

해설: '빨리 먹을 수 있는 것'이 주문이며 빨리 나오는 음식을 말하는지, 식사 시간이 짧은 음식을 말하는지 애매하다.

(8) 정답: 모호

해설: 법률가가 아닌 입장에서는 얼마만 한 판돈을 가지고 오락을 했을 때 '일시 오락'인지, 얼마나 자주 도박을 해야 '상습'인지 모호하다.

9장

1. (1) 정답: 설득적 정의

해설: '부자연스러운'이라는 말로 동성애를 부정적으로 정의한다.

(2) 정답: 사전적 정의

(3) 정답: 설득적 정의

해설: '민주주의'는 그 어원에 따라 정의하면 '국민에 의한 통치' 정도가 될 것인데 여기에는 긍정적이거나 부정적인 감정이 들어 있다고 보기 힘들다. 그러나 '권리·기회·대우의 평등이라는 원리를 받아들이고 실천하는 정치'라고 정의하면 사정이 달라진다. 대부분의 사람들은 '권리·기회·대우의 평등'이라는 말에 호의적인 가치를 부여하기 때문에 이 정의는 사람들을 긍정적인 방향으로 설득하는 효과가 있는 것이다.

(4) 정답: 설득적 정의

(5) 정답: 조작적 정의

(6) 정답: 사전적 정의

(7) 정답: 조작적 정의

4. (1) 정답: 너무 좁다.

해설: 컴퓨터는 수학 계산뿐만 아니라 자동 제어, 데이터 처리, 사무 관리, 언어나 영상 정보 처리 따위에 광범위하게 이용된다.

(2) 정답: 토론거리

해설: '총각'은 결혼하지 않은 성인 남자를 뜻하기도 하고, 여자와 성적 관계가 한 번도 없는 남자를 뜻하기도 하는(이때는 '숫총각'이라고도 부른다) 다의어이다. 만약 첫 번째 다의어만 생각한다면 좁지도 않고 넓지도 않은 정의이다. 그러나 두 번째 다의어까지 생각한다면 결혼하지 않은 성인 남자지만 숫총각이 아닐 수도 있으므로 너무 넓은 정의이다.

(3) 정답: 토론거리

해설: 아이돌을 정확하게 정의했다는 의견도 있을 수 있다. 그러나 누군가 춤과 노래와 외모 중 하나는 뛰어나지 않지만 아이돌이라 부를 수 있는 가수를 반례로 들거나 가수가 아니지만 아이돌이라 부를 수 있는 연예인을 반례로 든다면 너무 좁은 정의가 된다.

(4) 정답: 너무 넓은 정의

해설: 물속에 사는 포유류는 고래 말고도 바다코끼리, 물개, 수달 따위가 있다.

10장

2. (1) 정답: 논증

　　해설: 본문의 왕건 사례와 비교해 보라.

(2) 정답: 설명

(3) 정답: 설명

(4) 정답: 논증

(5) 정답: 논증 또는 설명

　　해설: 우유는 약과 함께 먹으면 안 된다는 것을 모르는 사람에게는 논증이지만, 이미 알고 있지민 그 이유를 모르는 사람에게는 설명이다.

3. 정답: A의 첫 번째 대답("보조등을 켰거든.")은 인과적 설명이고, 두 번째 대답("아까는 신문의 글씨가 잘 안 보였는데 지금은 잘 보여.")은 논증이다.

　해설: A의 첫 번째 대답은 B의 "왜?"라는 질문의 의도를 오해했다.

11장

2. (1) 우리는 극우 세력의 망언과 도발을 경계해야 한다. 이들은 여야 관계를 싸
　　└➔ 결론　　　　　　　　　　　　　　　　　　└➔ 전제
　　움판으로 만들어 정치적 이득을 챙기려 한다.

(2) 대학 도서관의 증축은 마땅히 빨리 이루어져야 한다. 교육은 국가의 백년
　　└➔ 결론　　　　　　　　　　　　　　　　　　└➔ 전제
　　대계이며 대학 교육은 그 나라 교육과 문화의 핵심적인 요소이다. 게다가
　　한 나라 대학 교육의 수준은 대학의 도서관 시설을 보면 알 수 있다는 말도
　　있지 않은가?

(3) 국가와 국민을 위해 봉사하는 사람이라야 공직에 있을 수 있다. 따라서 친
　　└➔ 전제　　　　　　　　　　　　　　　　　　결론 ◄────
　　일파는 공직에서 물러나야 한다.　　　　　　　숨은 전제: 친일파는 국가와 국민을
　　　　　　　　　　　　　　　　　　　　　　　위해 봉사하는 사람이 아니다.

(4) **그녀는 프로다. 프로는 아름답다.** → 전제
숨은 결론: 그녀는 아름답다.

해설: "그녀는 프로다. 프로는 아름답다."는 옷 광고의 카피이다. 박민규의 소설『삼미슈퍼스타즈의 마지막 팬클럽』에는 이 옷 광고에 대해 다음과 같이 말하는 대목이 있다. "한국 경제사에서 여성 고급 인력의 필요성이 대두될 때 나온, 그러나 여성 고급 인력의 필요성과는 아무런 상관이 없는 프로 복음 10호 되겠다. 역시 거창한 문구로 위장해 있으나, 그 원래의 뜻은 '옷 사세요'라는 말이다." 이런 사회적 맥락을 안다면 숨은 결론은 "그녀는 아름답다."가 아니라 "옷 사세요."라는 것이다.

(5) **수면 시에 뇌를 비롯한 몸의 장기들은 낮 동안 축적된 피로를 회복하고 신**
└→ 전제
체 면역력을 강화한다. 멜라토닌, 성장호르몬 등이 분비되게 하고, 감정을 순화시키며, 깨어 있을 때 보고 들은 것을 장기 기억으로 저장한다. 때문에
└→ 결론
제대로 잠을 자지 못하면 이러한 과정에 방해를 받아 건강관리에 적신호가 켜진다.

(6) **우성과 열성이라는 표현은 과학적으로도 틀린 표현일 뿐만 아니라 오해와**
└→ 전제
편견 그리고 혐오로 이어질 수 있다는 점에서 정치적으로 올바르지 못하다. 우성은 뛰어나고 열성은 뒤떨어진다는 오해를 받기에 열성 유전자를 가지고 있는 사람은 부정적인 평가를 받기 십상이다. 우생학의 근거가 되고 인종 차별의 이론적인 배경이 되기도 한다. 우성과 열성이라는 말은 이
└→ 결론
제 폐기되어야 한다.

해설: 원글을 약간 수정한 논증이다. 참고로 이 글의 저자는 우성과 열성 대신에 '눈에 띄는 성질'이라는 뜻의 '현성'과 '숨어 있는 성질'이라는 뜻의 '잠성'을 제안한다.

(7) 논리학자들은 전능^{全能}과 전지^{全知}가 상호 양립할 수 없다는 점을 놓치지 않

└─▶ 전제

았다. 신이 전지하다면, 그는 자신이 전능을 발휘하여 역사의 경로에 개입

하여 어떻게 바꿀지를 이미 알고 있어야 한다. 그러나 그것은 그가 개입하

겠다고 이미 마음먹은 것을 바꿀 수 없다는 의미이며, 따라서 그가 전능하

└─▶ 결론

지 않다는 뜻이다.

해설: 전지와 전능은 신을 정의하는 특성이다. 따라서 전지와 전능이 양립

할 수 없다면 신을 정의하는 특성이 없게 되므로, 도킨스는 이 결론을 이용

해서 "신은 존재하지 않는다."라는 궁극적인 결론을 이끌어 낸다.

(8) 사진작가 슬레이터는 나루토라는 이름의 원숭이에게 카메라를 빼앗긴 일

이 있었는데 다시 찾은 카메라에는 나루토의 모습이 찍힌 사진이 저장되어

있었다. 나루토가 찍은 사진은 과연 '셀카'였을까? 셀카는 자신의 모습을

담으려는 의도로 스스로 찍은 사진이다. 나루토가 찍은 사진이 셀카로 인

정받으려면, 그가 카메라를 사용하여 그 자신의 사진을 찍었을 뿐 아니라

찍을 때 자기 모습을 찍으려는 의도가 있어야 하고 그 의도를 실현할 능력

이 있어야 한다. 슬레이터는 나루토가 이런 의미의 셀카를 찍었다고 주장

하지만 이는 인간의 행위를 원숭이에 투사하는 바람에 빚어진 오해다. 자

아가 없는 나루토가 한 일은 단지 카메라를 조작하는 인간의 행위를 흉내

└─▶ 전제

낸 것뿐이기 때문이다.
숨은 전제: 자아가 있어야 자기 모습을 찍으려는 의도가 있다.
숨은 결론: 나루토의 사진은 셀카가 아니다.

해설: 표시하지 않은 첫 세 문장은 배경 지식 또는 정의이다.

3. 정답: ③

해설: 이 글의 결론은 "사형 제도는 폐지되어야 한다."이고 이것을 지지하는

핵심 전제는 "국민의 법 의식과 법 감정은 사형 제도 폐지를 지지한다."이다.

전제로부터 결론이 도출되기 위해서는 "법 제도는 국민의 법 감정과 법의식에 기초해야 한다."라는 숨은 전제가 필요하다.

12장

202쪽 퍼즐

정답: ① 독약 ② 쐐기풀 술 ③ 앞으로 가게 하는 약 ④ 독약 ⑤ 독약 ⑥ 쐐기풀 술 ⑦ 뒤로 가게 하는 약

해설: 셋째 단서에 의해 ③과 ⑥은 독약이 아니다. 넷째 단서에 의해 ②와 ⑥의 내용물이 같다. 쐐기풀 술이 두 개고 독약은 세 개라는 것을 알고 있으므로, ②와 ⑥은 쐐기풀 술 아니면 독약이다. 그러나 ⑥은 독약이 아니라고 했으므로, ②와 ⑥은 쐐기풀 술이다. 첫째 단서에 의해 ①과 ⑤는 독약이다. 둘째 단서에 의해 ⑦은 독약도, 앞으로 가는 약도 아니니 남은 것은 뒤로 가는 약이다. ③은 독약이 아니니 남은 것은 앞으로 가는 약밖에 없고 ④가 독약이다.

3. (1) 정답: 법칙적으로 가능. 법칙적으로 가능한 것은 모두 논리적으로도 가능

하다.

해설: 4주 연속 로또 1등에 당첨되는 것은 매우 낮은 확률이지만 일어날 수는 있다.

(2) 정답: 논리적으로 불가능. 논리적으로 불가능하니 법칙적으로도 불가능하다.

해설: 뜨거우면서 동시에 찰 수는 없다.

(3) 정답: 법칙적으로 가능

해설: 서울은 현재 대한민국의 서울이지만, 바뀌는 것이 법칙적으로 불가능하지는 않다. 물론 이때의 '법칙'은 자연법칙이 아니라 법률을 뜻한다. (영어에서는 법칙과 법률 모두 law이다.) '서울'은 한반도의 중심부에 있는 도시 이름이기도 하지만, 한 나라의 수도를 뜻하는 일반 명사이기도 하다. 혹시 "서울은 대한민국의 수도가 아니다."에서 앞의 '서울'이 그런 뜻으로 쓰였다면 이 명제는 논리적으로 불가능하지만, 문맥상 그렇게 읽히지는 않는다.

(4) 정답: 법칙적으로 불가능하지만 논리적으로 가능.

해설: 지니와 같은 요정이 있다는 것은 자연법칙에 어긋나지만 상상할 수는 있다.

(5) 정답: 법칙적으로 가능

해설: 덕이 있는 사람인데도 이웃이 없는 사람도 있겠지만, 있을 수도 있으니 법칙적으로 가능하다.

4. (1) 정답: 연역

해설: 어떤 사람보다 키가 큰 사람이 있으니 세상에 가장 키 큰 사람은 있는 일은 논리적으로 불가능하다. 참고로 한 시점만 놓고 보면 세상에서 가장

키 큰 사람이 누군가 있을 테니 전제가 실제로 거짓일 수는 있다. 그러나 과거와 미래까지 놓고 보면 설령 세상에서 가장 키 큰 사람이 있더라도 더 키가 큰 사람이 나타날 수 있으니 그때는 전제가 실제로 참이 된다. 그러나 전제가 실제로 참·거짓인지는 중요하지 않다고 말했다.

(2) 정답: 귀납

해설: 복제 인간은 이론적으로 나와 유전자가 같은 인간을 새로 태어나게 하므로, 나와 나이 차이가 나며 당연히 생김새도 똑같지 않다.

(3) 정답: 연역

해설: 수학적 계산에 의해 연역이다. 참고로 "서울특별시에는 한 개 구에 경찰서가 딱 하나씩 있다."라는 전제는 실제로는 거짓이다. 서울특별시는 치안 수요가 많아 한 개 구를 두 개 경찰서가 관할하는 사례가 6개 있다. 그러나 실제로 거짓인지 여부는 역시 중요하지 않다.

(4) 정답: 귀납

해설: 전제가 참이라고 하더라도 결론은 거짓일 수 있다. 하루에 타이어 크기만큼 불에 탄 고기를 먹는 사람이 있을 수 있으니 그 사람은 암에 걸릴 것이며, 그게 아니더라도 다른 이유로 암에 걸릴 수 있다.

(5) 정답: 귀납

해설: 이 논증은 두 가지 논증이 연쇄되어 있다. 먼저 세상 모든 일에 원인이 존재한다는 전제가 참이더라도 첫 번째 원인이 있다는 결론이 거짓일 가능성이 있다. 전제에 따르면 그 '첫 번째 원인'의 원인이 있을 것이기 때문이다. 그다음에 첫 번째 원인이 있다는 전제가 참이더라도 신은 존재한다는 결론은 거짓일 수 있다. 그 원인이 신이 아닌 다른 존재나 사건일 수

있기 때문이다.

(6) 정답: 연역

해설: 첫 번째 전제와 두 번째 전제가 참이면 결론은 거짓일 수 없다. 이런 종류의 논증은 전형적인 법률 논증이다. 첫 번째 전제는 법률이나 판례, 두 번째 전제는 일어난 사건, 결론은 그로부터 도출한 법적 주장이다.

(7) 정답: 귀납

해설: 구두에 보기 싫은 상처가 났다고 해도 하녀가 게을러서 아니라 거꾸로 정성 들여 닦다가 생긴 상처일 수도 있다. 또 왕진이 아니라 무슨 실험을 하다가 요오드포름 냄새가 나거나 청진기를 가지고 있을 수 있다.

5. 정답: (3)

해설: 주어진 논증은 연역 논증이다. 일주일은 7일이므로 여덟 명 중 같은 요일에 태어난 사람은 반드시 두 명 이상 될 것이기 때문이다. 따라서 (1)~(5) 중에서 연역 논증을 찾으면 된다.

(3)에서 유도의 일인자가 되려면 반드시 올림픽 대회와 세계 선수권 대회 모두에서 우승해야 한다고 했는데, 갑수는 올림픽 대회에서 우승은커녕 나간 적도 없으므로 유도의 일인자가 아닌 것은 거짓의 가능이 전혀 없다. 따라서 연역 논증이므로 정답이다.

(1)은 개연성이 상당히 높지만 결론이 거짓일 논리적 가능이 있으므로 귀납 논증이다.

(2)도 철수와 영수는 코가 닮았고 영수와 길수는 웃는 모습이 닮았다면 철수와 길수는 닮지 않았을 가능성이 있으므로 귀납 논증이다.

(4)도 좋은 백과사전이라고 해서 모든 항목이 있어야 하는 것은 아니므로 결론

이 거짓일 가능성이 있으므로 역시 귀납 논증이다.

(5)도 (1)처럼 결론이 거짓이 될 가능성은 적지만 논리적 가능성은 있다. 사망
자가 무고하지 않은 사람들일 수 있기 때문이다.

13장

(1) 정답: ① 우리가 출발할 때는 초저녁이었으므로 ② 햇빛이 있을 턱이 없다. 더
구나 ③ 초승 무렵이어서 ④ 달빛도 없었다. ⑤ 우리는 칠흑 같은 어둠 속에서
걸어야만 했다.

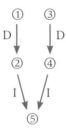

(2) 정답: ① 정부의 구조 조정은 옳지 못하다. ② 서민층의 희생만을 강요하는 경
제정책은 옳지 못한데, ③ 정부의 구조 조정은 서민들에게서 너무 많은 것을
빼앗아 가고 있기 때문이다. ④ 더구나 구조 조정이 이루어진다 하더라도 경
제가 개선될지 장담할 수 없다.

(3) 정답: ① 왜 사람들은 좁은 공간에서 배낭을 벗지 않아 자신과 남을 불편하

게 하는가? ② 그것은 우리에게 남을 배려하는 마음이 없기 때문일 것이다. ③ 남에게 불편을 끼치면 안 된다는 생각이 우리에게는 없다. ④ 버스에서 큰 소리로 휴대폰을 받지 않는 사람이 드물 정도이고 ⑤ 땀 냄새를 풍기면서도 땀도 닦지 않고 옆자리에 바지 한쪽 걷고 앉아 있는 사람도 자주 볼 수 있다. ⑥ 버스에서 두 사람이 앉는 좌석일 경우 다른 사람에게 무릎이 닿을 정도로 다리를 뻗고 앉는 아저씨들도 많다. ⑦ 남을 배려하지 않는다는 것은 공공 의식이 없다는 것이다. ⑧ 공공 의식이란 남과 함께 살아가기 위한 의식을 말하는 것이다.

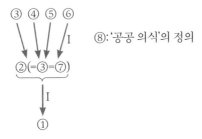

⑧:'공공 의식'의 정의

(4) 정답: ① 오리의 다리가 짧다고 길게 늘여 주어도 괴로움이 따르고 학의 다리가 길다고 잘라 주어도 아픔이 따른다. ② 그러므로 본래 긴 것은 자를 것이 아니며 본래 짧은 것은 늘이는 것이 아니다. ③ 두려워하거나 괴로워할 까닭이 없다.

해설: 결론이 ②가 아니라 ③임에 주의하라. 그러나 고전의 번역은 번역자마다 다양하기에 ③을 "그런다고 해서 두려움이나 괴로움이 없어질 까닭이 없다."라고 번역하기도 한다. 그러면 결론은 ②가 된다.

(5) 정답: ① 천 년 역사의 권위를 의지하여 조선이 독립한 나라임과 조선 사람이 자주적인 민족임을 선언함이며, ② 2천만 민중의 충성을 합하여 이를 두루 펴서 밝힘이며, ③ 영원히 한결같은 민족의 자유 발전을 위하여 이를 주장함이며, ④ 인류가 가진 양심의 발로에 뿌리박은 세계 개조의 큰 기회와 시운에 맞추어 함께 나아가기 위하여 이 문제를 내세워 일으킴이니, ⑤ 이는 하늘의 지시이며 시대의 큰 추세이며, 전 인류 공동 생존권의 정당한 발동이기에, ⑥ 천하의 어떤 힘이라도 이를 막고 억누르지 못할 것이다.

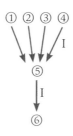

(6) 정답: ① 어떤 행위에 의해 직접적으로 영향을 받을 사람 모두가 그 행위가 이루어지길 선호한다면 그 행위는 도덕적으로 정당하다. ② 체세포 제공자는, 자연 임신에 의해 아이를 낳을 경우 자신의 유전자를 반만 물려줄 수 있지만 복제 기술을 이용할 경우 자기 유전자를 온전히 물려줄 수 있다는 이유에서 복제 기술을 선호할 것이다. ③ 복제 기술을 통해 태어날 인간은 복제기술이 사용되지 않았더라면 태어나지 못했을 것이므로 복제 기술의 사용을 선호할 것이다. ④ 복제 기술에 의해 직접적으로 영향을 받을 사람은 자기 체세포를

이용하는 복제 기술을 통해서 아이를 가지려는 사람들과 복제 기술을 통해서 태어날 인간뿐이다. ⑤ 체세포 제공자와 복제기술로 태어날 인간은 모두 복제 기술의 사용을 선호할 것이다. ⑥ 복제 기술을 인간에게 사용하는 것은 도덕적으로 정당하다.

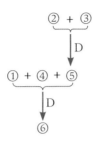

(7) 정답: 지난 1월 서울에서 만삭의 임신부가 욕조에서 죽은 채 발견되었다. 부검 결과 질식사였다. 의사인 남편이 신고했는데, 남편은 6시 41분에 아내의 배웅을 받고 외출했지만 17시 11분 귀가할 때 아내가 죽어 있었다고 주장했다. ① CCTV를 확인했으나 다른 사람의 출입은 없었다. ② 그런데 남편의 행동에 수상한 점이 있었다. ③ 딸과 연락이 안 된다는 장모의 전화를 받고 몇 명의 지인에게 전화하면서 정작 아내에게는 전화하지 않았다. ④ 그리고 죽은 아내를 보고도 감정의 동요 없이 신고했다. ⑤ 남편이 게임 중독이어서 자주 부부 싸움을 했다는 증언이 있었는데, 남편은 일방적으로 혼났다고 말했다. ⑥ 그러나 시신의 손톱에서 남편의 DNA가 발견되었고, 시신에서는 저항한 흔적과 상처가 있었다. ⑦ 경찰은 남편을 용의자로 체포했다.

ⓐ: 남편은 거짓 증언을 했다.

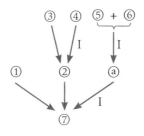

해설: 첫 번째와 두 번째 문장은 배경 설명이므로 분석에 포함할 필요는 없다.

14장

2. (1) 정답: 거짓

　　해설: 설득력 있는 논증이라고 해서 모두 건전한 논증인 것은 아니다. 논증
　　이 건전하기 위해서는 일단 연역이어야 하는데, 설득력 있는 논증에는 연
　　역만 있는 것은 아니기 때문이다. 단 건전한 논증은 선결문제 요구의 오류
　　(☞17장)가 아닌 한 설득력 있는 논증이다.

　(2) 정답: 거짓

　　해설: 결론을 받아들일 수 있느냐 없느냐는 논증 평가의 기준에 들어가지
　　않는다.

　(3) 정답: 참

　　해설: 전제는 결론의 참을 옹호하는 증거가 조금만 있어도 결론과 관련이
　　있다. 그러므로 전제가 결론과 관련은 있지만 충분히 지지하지 못할 수
　　있다.

　(4) 정답: 거짓

　　해설: 타당한 논증은 전제가 참이라고 가정할 때 결론이 반드시 참인 논증

이지, 전제가 실제로 참인 논증은 아니다.

(5) 정답: 참

해설: 타당한 논증은 전제가 참이라고 가정할 때 결론이 반드시 참인 논증이므로 전제가 실제로는 거짓일 수 있다.

(6) 정답: 참

해설: 전제가 실제로 참이고 결론이 개연성이 높게 도출된다면 논증 평가의 세 가지 기준을 모두 만족시키므로 설득력 있는 논증이다.

(7) 정답: 거짓

해설: 건전한 논증이므로 일단 전제가 참이고, 건전한 논증은 타당한 논증이기도 하므로 결론이 반드시 참이다. 따라서 결론이 거짓일 수 없다.

(8) 정답: 거짓

해설: 논증의 타당성은 전제가 참이라고 가정해서 결론이 반드시 참인지 판단하므로 실제로 참·거짓인지는 중요하지 않다. 그런 의미에서 논증의 내용보다는 형식에 의존한다.

15장

(1) 정답: 전문가의 의견. 받아들일 수 없다.

해설: 광고가 아니라면 그 유명한 의사의 말을 믿겠지만 광고라면 상황이 달라질 것이다. 공정한지 의심된다.

(2) 정답: 선험적으로 참인 진술. 받아들일 수 있으나 설득력은 없다.

해설: 결론을 반드시 참이게 만들기는 한다. 그러나 하나 마나 한 말이므로 설득력은 없다.

(3) 정답: 증언. 받아들일 수 있기도 하고 없기도 하다.

해설: 어떤 인터넷 게시판인가에 따라 다르다. 믿을 만한 언론사나 정보 제공

사이트라면 받아들일 만하겠지만, 그렇지 않다면 받아들이기 힘들다.

(4) 정답: 증언. 받아들일 수 없다.

해설: 이런 경우 중고차 판매인의 말을 얼른 신뢰하는 사람은 드물다.

(5) 정답: 전문가의 증언. 받아들일 수 없다.

해설: 예방 접종은 의학에서도 예방 의학이나 감염 의학의 전문 영역이므로

산부인과 의사가 전문가라고 말하기는 어렵다.

(6) 정답: 자신의 경험과 상식. 받아들일 수 없다.

해설: 처음 두 진술은 경험적인 진술이다. 그것은 받아들일 수밖에 없다. 그러

나 세 번째 진술은 상식의 영역에 속하지만 홈스 시대의 잘못된 상식이다. 당

시에는 머리가 크면 아는 게 많다는 골상학(☞ 22장)이 받아들여졌다.

(7) 정답: 증언. 받아들일 수 없다.

해설: 전형적인 가짜 뉴스이다. 출처가 없으니 신뢰성을 판단할 수 없다.

(8) 정답: 전문가의 의견. 받아들일 수 있다.

해설: 국민 건강 보험 공단은 공신력이 있는 기관이고 신뢰성 있는 데이터를

가지고 이루어진 연구이므로 받아들일 수 있다.

16장

2. (1) 정답: 부적합한 권위에의 호소

해설: 컴퓨터 공학 전공 교수는 진화론에 대해 전문가가 아니다.

(2) 정답: 논란의 여지가 있다.

해설: 유대종 박사의 양심이 보장된다면 적합한 권위에 호소하고 있다고 봐야 하지만 그것을 보장하기 어렵다.

(3) 정답: 논란의 여지가 있다.

해설: 블랙핑크 제니가 패션 분야에서 전문가인가 아닌가에 달려 있다. 특히 공항 패션을 포함한 연예인의 패션은 협찬일 가능성이 높으므로 공정성도 따져 봐야 한다.

(4) 정답: 부적합한 권위에의 호소

해설: 아인슈타인의 상대성 이론은 문화나 도덕 영역에 관한 것이 아니다.

(5) 정답: 부적합한 권위에의 호소

해설: 푸틴 대통령은 동계 올림픽 종목의 전문가가 아니다.

(6) 정답: 부적합한 권위에의 호소

해설: 6장에서 말했듯이 입맛은 논증의 대상이 아니므로 전문가가 따로 있을 수 없다.

(7) 정답: 논란의 여지가 있다.

해설: 여성 해방은 철학의 주제이기도 하니 니체가 꼭 부적합한 권위라고 말할 수는 없다. 그러나 적합한 권위자가 옳은 발언만 하는 것은 아니다. 니체의 발언은 폭력을 정당화하니 반인권적이다.

(8) 정답: 논란의 여지가 있다.

해설: 가톨릭 신자에게는 교황이 낙태나 안락사 문제에 관해 적합한 권위일 수 있다. 그러나 세속의 영역에서는 부적합한 권위이다.

(9) 정답: 부적합한 권위에의 호소

해설: '과학자들'이 누군지 밝히지 않아 적합한 권위라고 말할 수 없다. 특

정 과학자를 언급하더라도 그 과학자가 과학계를 대표한다고 말할 수 없다.

17장

3. (1) 정답: 선결문제 요구의 오류

해설: "국가 전체에 이익이 된다."라는 말이나 "공동체의 이익을 조장한다."라는 말이나 같은 말이다.

(2) 정답: 선결문제 요구의 오류일 수도 있고 아닐 수도 있다.

해설: B의 대답은 다음과 같은 논증으로 바꿀 수 있다.

■ 깡패들은 시장에서 자릿세를 뜯는 법이다. 따라서 김두한과 그의 부하들 자릿세를 뜯는 것은 있을 수 있는 일이다.

A가 김두한과 그의 부하들이 왜 돈을 받아 가는지 몰라서 묻는 질문이라면 이것은 독립적인 이유라고 볼 수 있다. 그러나 자릿세를 뜯는 것을 알고 있고 그래서야 되겠느냐는 질문이라면 B의 대답은 선결문제 요구의 오류이다. 깡패들이 자릿세를 뜯는 것은 있을 수 있는 일이라는 주장에 옹호하기 위해 깡패들은 원래 자릿세를 뜯는 법이라는 근거를 내세웠기 때문이다.

(3) 정답: 거짓 딜레마

해설: 승리하지 못한다고 해서 꼭 살아남지 못하는 것은 아니다. 그러나 현실은 승리하지 못하면 살아남지 못하게 굴러가고 있는 것 같다. 삶이 오류다!

(4) 정답: 선결문제 요구의 오류

해설: 다음과 같이 근거가 뺑뺑 돌고 있다. "저 남자애는 날 좋아한다 → 좋아하는 사람에게 거짓말을 할 리가 없다 → 날 좋아한다고 말한 것도 거짓

말이 아니다 → 저 남자애는 날 좋아한다"

(5) 정답: 거짓 딜레마

해설: 특별 검사 조사에서 혐의가 드러나지 않았다는 것은 죄가 없다는 것
만 말해 주지, 하늘을 우러러 한 점 부끄러움이 없다는 것을 증명해 주지는
않는다. 죄가 있는 사람과 하늘을 우러러 한 점 부끄러움이 없는 사람은 양
극단이고, 그 사이에는 죄까지는 아니지만 부끄러운 행동을 하는 많은 사
람이 있다.

(6) 정답: 선결문제 요구의 오류

해설: '윤리 원칙에 위배된다'는 말은 '비도덕적이다'라는 말을 살짝 바꿔
쓴 것일 뿐이다.

(7) 정답: 선결문제 요구의 오류

해설: 앨리스가 미쳤는지 안 미쳤는지는 입증해야 할 결론인데 그것을 전
제로 삼고 있다.

(8) 정답: 거짓 딜레마

해설: 이 논증에서 말하는 신은 크리스트교의 절대자이다. 그러나 306쪽
박스(진화론 vs 창조론)에서 말한 것처럼 신이 존재하지 않는다고 해서 꼭 그
신이 존재하는 것이 아니라 다양한 선택지가 가능하다. 이 논증은 거짓 딜
레마라고 비판할 수도 있지만, 신이 존재하고 신이 존재한다고 믿었을 때
과연 천국에 갈지(내기를 통해 신을 믿었다고 큰 벌을 받을 수도 있다) 또 신이 존
재하지 않고 신이 존재한다고 믿었을 때 과연 잃을 것이 별로 없는지(무지
속에 산 삶은 큰 손해일 수 있다) 비판할 수도 있다.

18장

2. (1) 정답: 관련 없다.

해설: A에서 '평등'은 기회의 평등을 말하지만, B에서 내포하고 있는 평등은 결과의 평등이다. 그러므로 관련이 없다.

(2) 정답: 관련 없다.

해설: A에서 미국이 부자라는 것은 나라가 부자라는 것이지 개인 한 명 한 명이 모두 부자라는 말은 아니다. 이 책에서는 소개하지 않았지만, 이처럼 전체가 갖는 성질을 부분도 가질 것이라고 오해하는 것을 '분할의 오류'라고 한다. 그 반대로 부분이 갖는 성질을 전체도 가질 것이라고 오해하는 것을 '합성의 오류'라고 한다. "저 축구팀의 선수들은 모두 개인기가 뛰어나므로 이번 시즌에 틀림없이 우승할 것이다."가 그 예가 될 것이다.

(3) 정답: 관련 없다.

해설: 자연재해는 인간의 행동과 관련된 것이 아니므로 그것을 통제할 수 없다고 해서 인간에게 선택의 자유가 없는 것은 아니다.

(4) 정답: 관련 있다.

해설: 자연 선택에 의해 선호되었다는 것이 곧 진화라는 견해가 있으므로 A가 참이라면 B와 관련이 있을 것이다.

(5) 정답: 관련 있다.

해설: 우리가 먹는 개는 처음부터 식용으로 키운 개이고 그런 개는 인간의 가장 가까운 친구라고 할 수 없으므로 A는 B와 관련 없다고 말하는 사람이 있다. 그러나 그것은 관련성을 잘못 이해한 사람이다. 전제의 관련성은 A가 참이라면 B와 관련이 있는지 따지는 것이므로 인간과 친하지 않은 개는

여기서 거론할 이유가 없다. 또 어떤 사람들은 개가 인간과 가까운 친구지만 그래도 먹을 수 있고 오히려 먹는 것이 친근함의 표시라고 주장한다. 그래서 A와 B는 관련이 없다는 것이다. 그러나 그런 사람들도 사람의 경우에는 가까운 친구니까 먹을 수 있다는 주장에는 동의하지 않을 것이다.

(6) 정답: 관련 있다.

해설: 안전사고는 예방 설비 구축뿐만 아니라 안전 불감증을 해소하고 법령을 정비하는 등의 작업도 필요하기는 하다. 그래도 설비 구축은 일부 관련이 있는 것은 사실이다. 다만 그 전제는 결론을 충분히 지지해 주지는 못한다.

(7) 정답: 관련 없다.

해설: 전제에서 말하는 '스포츠 세계'에는 운동선수뿐만 아니라 바로 단장을 비롯한 지원 조직도 참여한다. 따라서 운동 경력은 단장의 자격과 관련이 없다.

(8) 정답: 관련 있기도 하고 없기도 하다.

해설: 다음 장을 참고하라.

19장

2. (1) 정답: 사람에게 호소하지만 오류는 아니다.

해설: 우리는 교수에게 지식의 전수뿐만 아니라 인격적인 가르침도 요구한다. 따라서 성희롱한 교수는 강의할 자격이 없다고 보아야 한다. 따라서 인신공격성 사람에게의 오류가 아니다.

(2) 정답: 대중에게 호소하는 오류

(3) 정답: 논점 일탈의 오류

해설: 전제가 맞더라도 그것은 징병제·모병제 논쟁과 관련 없는 주장이다. 징병제 폐지를 요구하는 쪽은 육신이 편하려고 그런 주장을 하는 것은 아니기 때문이다. 이것은 20장에 나오는 허수아비 공격의 오류라고 볼 수도 있다.

(4) 정답: 전통에 호소하는 오류

해설: '전례가 없다'는 것만으로는 어떤 주장의 관련 있는 근거가 될 수 없다. 만약 그것이 근거가 된다면 역사에서 전례가 없는 새로운 시도는 전혀 할 수 없다.

(5) 정답: 피장파장의 오류일 수도 있고 아닐 수도 있다.

해설: 교육감에게 자녀 교육의 의무가 있다면 피장파장의 오류가 아니지만, 자녀 교육과 교육 행정은 별개의 문제라고 생각한다면 피장파장의 오류이다.

(6) 정답: 우물에 독 풀기

(7) 정답: 대중에게 호소하는 오류

해설: 물론 간통죄가 위헌이라는 쪽과 소수라는 쪽 모두 다른 지지 근거를 제시했으나, 국민의 의식만을 근거로 제시했다면 대중에게 호소하는 오류이다. 재미있는 것은 다수 의견과 소수 의견 모두 국민의 의식을 지지 근거로 삼았다는 것이다. 국민의 의식이라는 것이 실체가 없는 것일 수 있다.

(8) 정답: 인신공격성 사람에게의 호소 오류

해설: 이 근거로 마르크스의 이론은 가치가 없다고 주장하려는 의도라면 인신공격성 사람에게의 호소 오류이다. 물론 존슨은 마르크스가 경제학자

로서 객관적 자료를 찾은 게 아니라 도서관에서 자신의 가설에 맞는 증거만 찾았다는 비판도 하는데, 이것은 오류는 아니다.

20장

(1) 정답: 무지에의 호소 오류

(2) 정답: 감정(동정심)에 호소하는 오류

해설: 이 검사가 말하는 사례와 검사들의 주장은 관련성이 아주 낮다. 유시민의 다음 칼럼을 참조하라.

"대한민국 검사들의 권력욕과 특권 의식이 참담할 정도로 강합니다. 감기에 걸린 아내를 돌보지 못하는 남자가 어디 한둘입니까? 어느 검사의 아내가 폐렴에 걸려 사망한 것은 무척 안타까운 일입니다. 그러나 남편이 곁에 있으면 폐렴이 낫습니까? 남편이 곁에 있고 없음과 아내의 폐렴 사이에 어떤 생물학적·생리학적 상관관계가 있습니까? 혼자 아이를 키우는 검사가 격무 때문에 아이를 챙기지 못해 불행한 일이 일어났다면 문제이겠지만 성인인 검사의 아내가 남편이 곁에 없어서 폐렴에 걸렸다는 것이 말이 됩니까. 어느 여검사가 출산 직전까지 쉬지 못하고 근무했다는 것 역시 안타까운 일입니다. 그러나 만삭의 여검사에게 산전휴가를 제공할 권한과 책임은 검찰 자신에게 있습니다."

— 《한겨레》, 2003년 3월 10일 자

(3) 정답: 허수아비 공격의 오류

해설: 재미있는 것이라서 도박을 반대하는 것은 아니다.

(4) 정답: 무지에 호소하는 오류

해설: 단, 이 스포츠 신문이 아주 권위 있고 많은 사람의 신뢰를 받고 있다면 이야기가 달라진다. 그런 신문에 보도되었는데 해명하지 않는 것은 인정하는 것으로 받아들여도 되므로 무지에 호소하는 오류는 아니다. 그러나 권위 있고 신뢰받는 신문이 연예인의 열애 기사나 실을 일은 없을 것 같다.

(5) 정답: 감정(공포심)에의 호소 오류

(6) 정답: 허수아비 공격의 오류

해설: 양심적 병역 거부는 병역 기피, 병역 비리, 병역 면제와 관련 없다.

(7) 정답: 무지에 호소하는 오류일 수 있다.

해설: 민사 소송의 일반 원칙에 따르면 입증 책임은 환자 쪽에 있으므로 무지에 호소하는 오류는 아니다. 그러나 최근 법원의 판단은 환자 쪽의 입증 책임을 완화하는 추세이다. 상당한 수준의 전문적 지식이 있어야 하는 의료 분야에서 환자 쪽에서 의료진의 과실을 입증하는 것이 쉽지 않으므로, 환자 쪽에서 의학적으로 높은 수준의 개연성을 입증할 필요는 없다는 취지이다(대법원 2023년 9월 17일 판결).

(8) 정답: 허수아비 공격의 오류일 수 있다.

해설: 대북 지원을 중단하자는 것이 곧 전쟁을 하자는 주장은 아니므로 B는 허수아비를 공격하고 있다. 그러나 B가 대북 지원이 전쟁을 막는 길임을 보여주면 허수아비를 공격하는 것이 아닐 수 있다.

(9) 정답: 감정(동정심)에 호소하는 오류

해설: 조갑제는 동정심을 유발하여 박근혜 대통령 탄핵이 정당하지 않다고 주장한다. 그러나 탄핵 여부는 대통령직을 제대로 수행했는가를 판단하는 것이므로 동정심과 관련이 없다. 그리고 박근혜 대통령은 성인이므로 '비명에

간' 부모를 언급한 것은 참작할 만한 정상도 아니다.

21장

2. (1) 정답: 후건 부정식

    해설: 논증을 표준 형식으로 바꾸면 다음과 같다. "비 맞으면 감기 걸린다. 감기 걸리는 것을 원하지 않는다. 따라서 비를 맞지 않아야 한다."

(2) 정답: 후건 긍정의 오류

    해설: 등록금 냈다고 다 졸업하는 것은 아니다.

(3) 정답: 후건 긍정의 오류

    해설: 논증을 표준 형식으로 바꾸면 다음과 같다. "한화 이글스가 코리안 시리즈에서 우승하려면 우수한 투수를 영입해야 한다. 이번에 우수한 투수 두 명을 영입했다. 따라서 한화 이글스는 틀림없이 우승할 것이다."

(4) 정답: 전건 부정의 오류

    해설: 형식적으로만 보면 내가 술버릇을 고치는 것은 다시 만나는 것의 충분조건이 아니라 필요조건이므로 술버릇을 고친다고 해서 꼭 다시 만난다는 보장은 없다. 그러나 희선이가 내용상으로는 필요충분조건으로 말했다면 오류가 아닐 수 있다.

(5) 정답: 후건 부정식

(6) 정답: 후건 부정식

    해설: 논증을 표준 형식으로 바꾸면 다음과 같다. "진짜 한국 사람이라면 저런 행동을 하지 않는다. 저 사람은 저런 행동을 했다. 따라서 저 사람은 진짜 한국 사람이 아니다."

(7) 정답: 후건 긍정의 오류

해설: 첫 번째 전제를 형식화하면 "사형 제도 때문에 살인범이 없어지면 그 제도는 정당화될 수 있다."가 아니라 "사형 제도는 정당화될 수 있다면 그 제도 때문에 살인범이 없어져야 한다."이다.

(8) 정답: 후건 긍정의 오류

해설: 논증을 표준 형식으로 바꾸면 다음과 같다. "무죄라면 영장 청구가 기각될 것이다. 영장 청구가 기각되었다. 따라서 무죄이다." 이 예는 2023년 9월에 실제로 있었던 발언을 논증으로 정리한 것이다. ○○당의 대표는 '후건 긍정의 오류'라는 말을 쓰지 않더라도, "내가 무죄면 기각이라고 했지, 기각이면 무죄라고 하지는 않았다."고 응수하면 좋았을 것이다. 그러나 '영장 청구 기각이 죄 없다는 것 아니다."라고 대꾸했다. 이 논증의 첫 번째 전제를 "무죄면 영장 청구가 기각될 것이고, 영장 청구가 기각되면 그게 곧 무죄이다."라는 의도로 말한 것처럼 자인하는 꼴이 되었는데, 그러면 이 논증은 후건 긍정의 오류가 아니게 된다.

(9) 정답: 전건 긍정식

해설: 논증을 표준 형식으로 바꾸면 다음과 같다. "정말 열심히 먹지 않으면 안 된다. 우리는 배가 불러 정말 열심히 먹을 수 없다. 따라서 우리는 안 된다."

22장

(1) 정답: 편향된 통계

해설: 석 달 동안 기다린 다음 결론을 내린 것은 성급하지는 않지만 양재천만

관찰한 것은 편향되었다.

(2) 정답: 열거에 의한 귀납

해설: 성급한 일반화라고 할 수 없다. 순수한 구리라는 것을 알고 있다면 두 샘플만 조사해서 구리의 끓는점을 판단하는 것은 성급하지 않다고 봐야 할 것이다.

(3) 정답: 통계적 귀납

해설: '거의 매년'이라고 했으므로 강한 귀납 논증이다.

(4) 정답: 성급한 일반화의 오류

해설: 해리 포터의 마법의 세계가 철저히 자본주의화되어 있다는 것을 보여 주는 증거로서 한 가지 예만 드는 것은 성급한 일반화이다. 더구나 마법사에게 빗자루는 중요하므로 최첨단 브랜드라고 해도 과소비는 아니다.

(5) 정답: 편향된 통계. 구체적으로는 오도된 생생함

(6) 정답: 가추법

해설: '틱틱 소리가 나는 것'을 가장 잘 설명하니 강한 논증이다.

(7) 정답: 편향된 통계. 구체적으로는 태만한 귀납이다.

해설: 엄마 친구 아들이 모두 공부 잘하고 취직 잘하지는 않을 것이다. 그런 아들만 눈에 들어왔을 가능성이 크다.

(8) 정답: 성급한 일반화의 오류

(9) 정답: 가추법

해설: 현장에서 '범인 거시기 털'이 발견되지 않은 현상을 범인이 애초부터 거기에 털이 하나도 없다는 가설 외에 더 잘 설명하는 가설이 있는지 생각해 보라. 있다면 두만의 가추법은 약한 논증이다.

23장

2. (1) 정답: 필요조건

해설: 충분조건은 아니다. 코로나에 감염되기 위해서는 면역력이 약하다거나 하는 다른 필요조건도 있어야 하기 때문이다.

(2) 정답: 충분조건

해설: 물을 안 주는 것만으로 충분히 나무는 말라 죽는다.

(3) 정답: 확률 관계

해설: 안타깝지만 열심히 공부한다고 모두 좋은 성적을 받는 것도 아니고, 좋은 성적을 받는 사람이 모두 열심히 공부한 것도 아니다. 확률이 높을 뿐이다.

(4) 정답: 확률 관계

해설: 역시 확률이 높을 뿐이다.

(5) 정답: 필요조건. 충분조건은 아니다.

해설: 컵이 깨지기 위해서는 바닥이 딱딱하거나 하는 다른 필요조건도 있어야 하기 때문이다.

(6) 정답: 필요조건이면서 충분조건

3. (1) 정답: 원인과 결과의 혼동

(2) 정답: 공통 원인의 무시

해설: 가령 국제적 긴장이 전쟁과 국방비 지출 모두의 원인일 수 있다.

(3) 정답: 잘못된 유비

(4) 정답: 원인과 결과의 혼동

(5) 정답: 선후 관계와 인과 관계의 혼동

해설: 산업 혁명 때문에 광우병이 일어났다는 증거가 없다. 우연의 일치일 뿐이다.

(6) 정답: 공통 원인의 무시

해설: 전기의 방전 때문에 번개도 치고 천둥소리도 들린다.

(7) 정답: 공통 원인의 무시

해설: 부지런해서 일찍 일어나고 성공도 하는 것이다.

(8) 정답: 선후 관계와 인과 관계의 혼동

(9) 정답: 원인과 결과의 혼동

해설: 암 때문에 정서적 불안정에 시달리는 것이지, 정서적 불안정이 암의 원인은 아니다.

(10) 정답: 잘못된 유비

해설: 시계와 인간의 눈은 유사점보다 차이점이 더 많다. 우리는 시계를 누가 만들었는지 알지만 인간의 눈을 누가 만들었는지는 모르는데, 만든 사람을 모른다는 점은 이 논증에서 논점이기도 하다. 만든 사람을 모른다는 점에서는 인간의 눈은 시계보다는 돌멩이에 더 가깝다.

(11) 정답: 잘못된 유비

24장

(1) ① 인위적으로 올린 최저 임금의 부작용이 컸다. 문재인 정부 '소득주도성장'의 대표적 실행 방안이 이것이었다. ② 하지만 수년간 두 자릿수로 마구 올린 최저 임금의 오류에 대해서는 같은 진영의 소위 '진보 경제학자'들도 강한 비판을 쏟아낼 정도였다. ③ 국제적으로도 잘못된 정책이라는 평가를 받은 바

있다. ④ 임금이란 무엇인가. 기본적으로 생산성의 결과다. 부가가치를 올려 이익을 내고, 미래 수익이 보장될 때 그 보상으로 받는 것이 임금이다. ⑤ 그런데 생산성이나 부가가치 수익은 감안하지 않은 채 임금을 올리면 어떻게 되겠는가. 사업자, 고용주가 자기 돈에서 주거나, 빚을 내 지급하거나, 제품을 부실하게 만들면서 임금을 올리는 것이다. ⑥ 그런 제품의 질이 올라가거나 사업이 지속적으로 이어질 수 있겠나. 경제 이론으로든 현실적으로든 불가능하다. ⑦ 한국 경영자 총협회를 비롯한 경제 단체들과 수많은 경제 전문가가 인위적으로 많이 올리는 최저 임금의 문제점을 얼마나 지적해왔나. ⑧ 당장 일시적으로 작은 도움이 될지는 몰라도 일자리 감소로 이어지면서 궁극적으로 취약 계층에 어려움을 가중할 뿐이다.

ⓐ 최저 임금을 올려서는 안 된다.

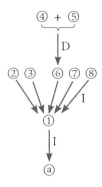

평가: ⑥은 임금의 정의와 그것의 적용인 ④와 ⑤로부터 연역적으로 따라 나온다. 그러나 ⑤를 받아들일 수 있는지 따져 보아야 한다. 임금이 오르면 사업자나 고용주는 부담이겠지만 노동자의 생산성이 올라가서 제품을 더 잘 만들 수도 있지 않겠는가? ⑧도 논란거리이다. 최저 임금이 오르면 역시 생산성이

올라가서 일자리가 늘어날 수도 있기 때문이다. ⑤든 ⑧이든 추가적인 지지 근거가 필요하다. ②와 ③ 그리고 ⑦은 구체적으로 누가 그런 주장을 했는지 출처를 밝혀야 평가를 할 수 있다. 입증 책임은 당연히 글쓴이에게 있다. 특히 ⑦의 경제 단체는 최저 임금이 오르지 않으면 이익을 보는 단체이므로 공정성에서 의심된다. 물론 그런 비판에 우물에 독 풀기라는 재비판도 가능하다.

(2) ① 동물권을 주장하는 사람들은 동물 실험에 반대한다. 동물에게도 인간과 마찬가지로 훼손할 수 없는 권리가 있는데, 인간의 이익을 위해 그것을 훼손하는 동물 실험은 옹호할 수 없다는 것이다.

② 그러나 동물 실험은 인간의 생명과 건강을 위해 꼭 필요하다. ③ 20세기 의학에서 항생제와 백신으로부터 항우울제와 장기 이식까지 사실상 거의 모든 진보는 실험실에서 동물을 사용함으로써 이루어졌다. ④ 이런 실험의 결과로 천연두, 소아마비, 홍역 등의 전염병을 박멸하거나 억제하게 되었고 인명을 구조하는 수많은 치료나 수술 기술이 발전하게 되었다. ⑤ 동물 실험을 통해 얻은 이러한 이익은 실험에서 희생당한 동물의 손실을 훨씬 능가한다.

⑥ 동물 실험을 반대하는 쪽은 동물 실험을 대체할 수 있는 실험이 있다고 주장한다. 동물 개체 전체를 사용하는 것이 아니라 조직 배양을 이용하여 실험을 하거나, 컴퓨터 모의실험을 하는 것이 그런 대안이다. ⑦ 그러나 그런 대체 실험은 확실하거나 신뢰할 만한 결과를 얻을 수 없다. 인간이나 동물의 몸은 생물학적인 부분을 단순히 모아 놓기만 한 것이 아니라 글자 그대로 '유기체', 곧 많은 부분이 일정한 목적 아래 통일되고 조직되어 각 부분과 전체가 필연적 관계를 가지는 조직체이기 때문이다. 새로운 백신이나 약품이 개발되어 마지막 단계에서 생명체에 실험해야 한다고 할 때 어떤 생명체에 실험해야

할까? ⑧ 만약 동물 실험을 금지한다면 인간을 대상으로 하는 실험의 유혹이 생길 텐데, 그렇게 되면 과거 사회의 생체 실험 악몽을 떠올릴 수밖에 없고 이에는 수많은 비난이 쏟아질 것이다. ⑨ 설령 인간 대상의 실험이 가능하다고 하더라도 실험의 오류를 줄이기 위해서는 여러 변인들을 통제해야 하는데 인간에 대해서는 그것이 가능하지 않다. ⑩ 그러므로 인간의 생명과 건강을 위해서는 실험을 하지 않을 수는 없으므로 동물 실험은 꼭 필요하다.

ⓐ 동물 실험에 반대하는 주장은 잘못이다.

ⓑ 동물 실험의 대안은 없다.

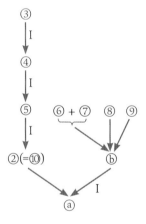

평가: 이 논증의 관건은 과연 ②와 ⓑ가 ⓐ를 지지할 수 있느냐이다. ①은 동물권을 주장하는 사람들이 동물 실험을 반대하는 내용이므로, 논증 분석에 따로 들어가지는 않았다. 그러나 ①이 비판이 되어야 ⓐ가 따라 나온다. ①의 핵심은 아무리 인간의 이익이 크다고 해도 동물권을 훼손하는 동물 실험은 옹호될 수 없다는 것이다. 따라서 ②를 지지하는 근거를 아무리 모아도 ①을

비판할 수는 없다. ⓑ도 마찬가지이다. 인간 대상의 실험만큼 확실한 것은 없지만 그것의 대안이 없다고 해서 인간 대상 실험이 옹호될 수 없는 것이나 마찬가지이다. 인간은 침해될 수 없는 인권이 있는데 말이다. 따라서 위 논증은 허수아비를 공격하는 소지가 있다. ①을 비판하기 위해서는 과연 동물에게 인간과 마찬가지로 훼손할 수 없는 권리가 있는지 비판하는 게 정공법이다. 그럴 때 ⑤도 힘을 받는다.

25장

1. 정답: (1)

3. 정답: 자신의 주장만 있고, 스스로 반론해 보는 과정이 없다. 사형 제도 반대 근거 중 가장 강한 근거인 예방 효과가 없다는 것이나 인권을 침해한다는 주장을 검토해야 한다. 물론 마지막 문단에 인권 문제를 거론하기는 하지만 거기에 답변이 제대로 되어 있지 않다.

찾아보기

생각의 힘을 길러 주는 논리 학습의 결정판

논리는 나의 힘

초판 1쇄 펴낸날 2024년 8월 26일
초판 2쇄 펴낸날 2024년 10월 11일

지은이 최훈
펴낸이 홍지연

편집 홍소연 이태화 김선아 김영은 차소영 서경민
디자인 이정화 박태연 박해연 정든해
마케팅 강점원 최은 신종연 김가영 김동휘
경영지원 정상희 여주현

펴낸곳 ㈜우리학교
출판등록 제313-2009-26호(2009년 1월 5일)
제조국 대한민국
주소 04029 서울시 마포구 동교로12안길 8
전화 02-6012-6094
팩스 02-6012-6092
홈페이지 www.woorischool.co.kr
이메일 woorischool@naver.com

ⓒ최훈, 2024
ISBN 979-11-6755-283-9 03170

만든 사람들
편집 김영은
디자인 THISCOVER
조판 강임순